路德与惠能思想 比较研究

张仕颖 著

中国社会科学出版社

图书在版编目(CIP)数据

路德与惠能思想比较研究 / 张仕颖著 . —北京：中国社会科学
出版社，2018.2
ISBN 978-7-5203-1635-4

Ⅰ.①路… Ⅱ.①张… Ⅲ.①马丁·路德（Martin Luther
1483－1546）—哲学思想—研究②惠能（638－713）—哲学
思想—研究 Ⅳ.①B979.951.6②B949.92

中国版本图书馆 CIP 数据核字（2017）第 299606 号

出 版 人	赵剑英
责任编辑	冯春凤
责任校对	张爱华
责任印制	张雪娇

出　　版	中国社会科学出版社
社　　址	北京鼓楼西大街甲 158 号
邮　　编	100720
网　　址	http：//www.csspw.cn
发 行 部	010－84083685
门 市 部	010－84029450
经　　销	新华书店及其他书店

印　　刷	北京君升印刷有限公司
装　　订	廊坊市广阳区广增装订厂
版　　次	2018 年 2 月第 1 版
印　　次	2018 年 2 月第 1 次印刷

开　　本	710×1000　1/16
印　　张	23
插　　页	2
字　　数	377 千字
定　　价	98.00 元

目　录

第二部分　惠能的宗教思想

第三部分　路德与惠能宗教思想之比较

序　言

德国宗教改革家马丁·路德的生平事迹比较起伏跌宕，波澜壮阔。他于 1517 年 10 月 31 日在维滕堡城堡教堂门口张贴了论赎罪券功效的《九十五条论纲》，不幸成为引发 16 世纪宗教改革运动的先驱，被推上了当时西欧社会变革的舞台，处在神圣罗马帝国宗教、政治和社会生活的旋涡之中。其宗教改革思想对当时的西方社会产生了广泛的影响，最终成为新教思想的奠基人，是新教第一个宗派路德宗的创始人。宗教改革运动实为西方近代文明的开端，他也因此成为西方文明由中世纪转向近代的关键性人物。在麦克·哈特所著的《影响人类历史进程的 100 名人排行榜》一书中，路德排名第 25 位，足见他在世界文明史上的地位和影响。

惠能作为禅学的革命者，佛教中国化的重要代表人物，一生过着证悟佛道、弘法利生的禅修生活。除了黄梅求法，他一生几乎没有离开岭南家乡，拒绝皇室召请，也不参与地方政治，对社会生活保持超然的态度，始终保持着纯粹的佛教徒身份，其影响仅局限于佛教内部和唐宋以后的中国传统思想文化。他被教界和文化界视为禅宗六祖，是中国禅宗的实际创立者。[①]

把基督新教的鼻祖马丁·路德与中国佛教禅宗的实际缔造者六祖惠能联系起来，乍一看，显得有些突兀，似乎是一件风马牛不相及的事情。但是，中国的诸多佛教和文化学者都乐于将惠能对佛教的创造性贡献视为一种宗教革命行为，并将其与基督教宗教改革家路德相比拟。如佛教学者杜

---

① 关于禅宗实际创立者的问题，一直存在争议。如胡适认为禅宗的实际创立者是六祖弟子神会和尚，正是他在滑台无遮大会确立了惠能南禅在禅宗的正统地位。另外，从禅宗作为一个完备的宗教派别来看，有学者认为马祖道一及其弟子百丈怀海才是禅宗的实际创立者，百丈清规的制定为禅门寺院和僧团制定了规式，成为后世禅门遵循的组织制度。

继文在《中国禅宗通史》中，认为《坛经》实现了宗教崇拜由外向内，宗教信仰道德化，并将马克思对路德宗教改革的评价运用在惠能身上。①知名美籍华裔学者余英时在《中国近世宗教伦理与商业精神》中，将惠能南禅称为新禅宗，认为其实现了宗教由出世到入世的转向，这与路德的宗教改革精神一致，并将路德的天职观与禅门的农禅普请做了类比性探讨。② 当代著名史学家钱穆在《再论禅宗与理学》一文中直接将惠能称为东方的马丁·路德。③ 尽管西方学界目前还没有这种比较学上的认识，但非西方学界的这种看法是值得重视的，路德与惠能宗教思想之间的比较研究值得探索研究，当然也会面临诸多困难。

首先，这引发了历史时空的交错，公元 7 世纪的东方大唐盛世，各种宗教信仰和思想学说在宽松的文化氛围中蓬勃发展，从印度传来的佛教逐渐中国化并且逐渐建立起了自己信仰的群众基础；而 16 世纪初的西方，中世纪信仰的时代行将落幕，地理大发现和民族国家的兴起，现代的曙光已然乍现，日见颓废的信仰正在以一场足以改变整个西方文明的宗教改革运动来完成自我复苏。其次，这引发了文化时空的交错，源自古印度和闪族的文明体系在起点上就有无法逾越的质的差异，这些差异决定并持续地影响着它们的发展历程。虽然惠能和路德都处于宗派兴盛的时代，但是惠能的禅学思想和路德的改教思想从理论和实践来看都深深植根于各自的宗教传统之中，各自宗教思想中的关键性概念存在着极大的差异，思想语言的隔阂多大程度上会在对话和比较研究的碰撞试验中消除，或许又会产生解释上的新困境，对话和比较研究究竟是可能的吗？再次，人物性格特征、历史地位和社会影响力的交错，马丁·路德博士在讲道的同时，也一直在大学从事教学工作，这个被誉为"敢于和上帝撑跤的人"，为了真理和信仰甚至斥责教皇是敌基督，只愿意服从上帝之道，听从自己的良心，而敢于挑战和拒绝教皇的权威和教会的教导，最终成为了一场宗教和社会革新运动的思想领袖；惠能，这个被誉为"目不识丁"的绝顶颖悟之人，

---

① 参见杜继文、魏道儒：《中国禅宗通史》，江苏人民出版社 2007 年版，第 209 页。

② 参见余英时：《中国近世宗教伦理与商业精神》，联经出版事业股份有限公司 2004 年版，第 13—26 页。

③ 参见钱穆：《再论禅宗与理学》，载入《中国学术思想史论丛》第四册，台北东大图书公司 1978 年版，第 232 页。

为求佛法辗转迁徙，平淡一生，不食俸禄，甘于寂寞，偏地弘法，却一花五叶，蔚成禅宗的辉煌后来。宗教改革运动奠定了路德在西方文明发展史上的重要地位，他本人也成为了整个基督新教的奠基人和路德宗（信义宗）的鼻祖，其影响也超出了宗教的范围；惠能极大地推动了佛教中国化的过程，其著作《坛经》是唯一一部被中国人以经命名的佛教典籍，尽管他被视为禅宗的实际奠基者，但其影响仅限于佛教文化内部。最后，是比较研究对象的非对称性，路德是著作等身的博士，受过系统的经院神学训练，对当时的社会思想流派都比较熟知，其作品《路德全集》（魏玛版）自1883年起开始编辑，直至2009年完成，共123卷，内容和议题非常广泛，其宗教思想也体现在政治、哲学、教育、社会经济、音乐等诸多方面，而不只是局限于宗教和伦理领域。惠能作品《坛经》仅两万余字，内容仅局限于宗教伦理领域，其思想的内涵还需要辅以惠能禅系的考察才能更丰富地呈现。

　　如此这般的困难似乎阻碍着我们从事比较研究的探索，但是，困难总是激励着克服它的勇气。仔细地深究一下，我们就会发现二者宗教思想之间的交错和比较研究的非对称性，这是表面性的，二者宗教思想其实在如下方面存在着可会通之处：（一）从宗教理论来说，无论路德的救赎论还是惠能的解脱论都是对人类终极问题的不同探索方式，如何脱离现实和自然的尘世是他们共同关注的核心问题，他们做出的解答都非常尖锐和深刻，触及了人性中的那些最为晦暗和光明的地方，也把解决之道回复到了经典意义上的原初境遇之中，遗憾的是他们无意对这些深邃的见解加以系统的阐述，自然，这项工作也就落到了宗门后学的肩上。（二）从宗教实践来说，他们都强调对实践活动的批判性反思，宗教的外在形式（礼仪、善行、修行活动等）必须要有精神内涵，否则就会导向世俗的而非宗教的目标，宗教的真正精髓在于生命的转化而非宗教知识的摄取。在惠能是本心具有的佛性的开启和慧命知见的增长，在路德是信心的生成和基督爱心的培养，解脱和救赎都是一个走向彼岸的开放过程，不是一蹴而就的终点。（三）从事业上来看，他们所做的一切并不是什么创新甚至革新，反而是向宗教赖以维系活力的原初经验的回溯，这种回溯是以推翻或脱离千百年来的宗教传统来实现的，因此他们的贡献就在于在一个宗教至深生命被淡化甚至模糊的时代里，唤醒信众的宗教热情，承担起了先知的职责。

（四）从宗教间比较和对话来看，二者思想在各自宗教传统里具有典型意义，以之为切入点，可以透视出佛教和基督教在精神旨趣方面的一般差异，为宗教间的对话和理解做出理论上的准备。从以上因素来看，对马丁·路德和惠能的宗教思想做一个比较研究就显得非常必要，甚至会成为整个佛教和基督教对话的一条捷径，由此引起的各种交错不应该成为这一事业的障碍。

第一部分　路德的宗教思想

第一章　路德生平著作简介

第一节　路德生平

路德 1483 年 11 月 10 日生于图林根地区的艾斯勒本（Eisleben），家庭为宗教信仰最为保守的农民阶层，全家既是基督徒，也固守德国民间信仰中的诸多迷信。父亲汉斯·路德是巴伐利亚人，父母很早就从务农转为矿工，拥有自己的 6 所铸造厂，生活虽不算富裕，但也还算殷实。据自己的回忆，路德在童年时期受到了父母极其严厉的管制，接受了父母的宗教信仰习俗，喜欢唱《尊主颂》，也曾看见恶鬼从附体的人身上走出。路德出生后的第二年，举家迁往曼斯菲尔德，14 岁前的童年生活基本在此度过。路德的青少年学习生活相继在曼斯菲尔德、玛格德堡和艾森纳赫度过，主要学习了拉丁文、逻辑学、文法、修辞学等课程。1501 年 5 月，路德进入爱尔福特大学文艺学院就读，学习法律，接受了经院新学（Via Moderna）的唯名论和逻辑学学术训练，学习了亚里士多德的著作，为以后修习神学打下了很好的知识基础。1502 年 9 月 29 日，获文学学士学位，1505 年 1 月 7 日获文学硕士学位。路德的父亲对他期望甚高，送给他一部《法典大全》（Corpus Juris），希望他日后能当上律师，有美好的前程，老年有所依靠。出乎意料的是，路德却选择了当修士的道路，让父母大失所望。

1505 年 7 月 2 日，路德在离家返校的路上，经过斯道特亨村郊时，雷电交加，大雨倾盆，一跤摔倒在地上，仿佛看到了人生的最后结局。他艰难地爬起来，声嘶力竭地向矿工的保护神圣亚拿（St. Anne）发誓，希望当修士获得拯救。1505 年 7 月 17 日，路德进入了当时以教规严厉著称的爱尔福特奥古斯丁修道院，虔修祷告，圣洁己心，步圣徒之后，跟随基督，等待最终的拯救。在修道院的最初一年里，路德内心比较平静。1507年5月2日，他第一次主持弥撒献祭，深觉自己卑微不配与至圣者相遇，战栗和恐惧之情油然而生，随后他力图以修道的自力圣洁来自救，反而发现自己没法满足上帝的要求。1510年11月，作为爱尔福特奥古斯丁修道院的代表之一，他被派往罗马，带着对圣城、圣物的崇敬之情，满心希望能够得到朝圣的诸多恩惠，却见闻了罗马神职人员的不道德和不虔诚行为，颇有几分失望。路德在修院期间，一直在从事神学学习，1508年冬天，他被借调到刚成立不久的维滕堡大学代课，一年后返回爱尔福特。

　　大概在1511年底，路德被派往维滕堡大学，自此展开了自己的教学、教牧和改教事业，其间很少离开。在此，他遇见了自己生命中的良师益友奥古斯丁修会教区长约翰·斯陶皮茨（Johann Staupitz），他给了路德的灵性成长有益的建议，劝告他修学神学博士学位，以后在大学讲道和教授圣经，路德不负所望，于1512年10月19日获得神学博士学位。此时路德遭遇灵性危机，他省察自己的内心，发现罪恶无时无处不在，内心的不洁使他觉得自己无法达到上帝审判的标准，而救主基督耶稣坐在上帝身旁审判一切的形象使他觉得自己无法在上帝面前站立得稳，时常处于一种灵性的绝望之中，内心剧烈争斗，感到沮丧和失望。一俟获得博士学位，路德便接替了斯陶皮茨的圣经学教席，从此开始注释和讲授《圣经》的事业，1513年8月16日开始讲授《诗篇》；1515年4月—1516年9月7日讲授《罗马书》；1516年12月27日起讲授《加拉太书》；1517年讲授《希伯来书》。通过圣经注释实践，路德逐渐走出了灵性的黑暗，摆脱了纠缠心魄的"精神困苦"（anfechtung），尝到了福音的甜蜜，明白了"上帝之义"（iustitia dei）的真意，对赦罪称义的救法获得了基于圣经的本质性理解，奠定了宗教改革运动的神学理论基础。路德的神学突破，或者"上帝之义"的本质性洞见，发现的时间一直存在争议，以1514—1515年间讲解《罗马书》时发生的塔楼经验为准的观点占有微弱优势。

　　1517年9月4日，路德草拟了98个论题，即后世学者称谓的《反经院神学之辩》，站在《圣经》的立场上，援引奥古斯丁在自由意志和恩典论上的教导，对经院新学家在自由意志和恩典方面的论点展开了批判。赎罪券售卖是中世纪宗教实践的一个要素，在中世纪末期已经声名狼藉。当时的教皇利奥十世为修建圣彼得大教堂，与德国选帝侯美因茨大主教阿尔伯特进行赎罪券买卖交易，共享利益。阿尔伯特雇用了多米尼克修士台策尔负责销售和宣传赎罪券，他们夸大了赎罪券的功效，宣传赎罪券能消除冒犯上帝的一切罪恶。路德并不知晓赎罪券背后的政治经济利益，出于神学家的职责和义愤，他写下了关于赎罪券效力的《九十五条论纲》，于是年10月31日粘贴在维滕堡大学教堂正门上，引发了大学内外学术上的讨论。针对台策尔的"钱币叮当落入钱柜，灵魂立即从炼狱飞升天堂"的夸饰言辞，路德认为相信赎罪券能带来拯救是徒劳的，听从赎罪券讲道而放弃上帝之道的宣讲将失去对上帝的敬畏，赎罪券售卖活动使教会和教皇的声誉受损。论纲由莱比锡两个印刷匠付梓，广为传播，影响越来越大。阿尔伯特向教皇发出警讯，台策尔和神学家埃克首先对此做出了批判，路德在1518年做了进一步辩解，写了《九十五条论纲之解释》，坚持教皇没有赦罪的权柄，赎罪券只能免除教会所课以的现世处罚，对炼狱中的灵魂无效，信心中领受的恩典才能赦罪，圣礼并不具有此功能，路德同时做了《论赎罪券与恩典》的讲道文章。1518年4月26日，路德主持了在海德堡举行的德意志奥古斯丁三年一次的辩论会，并准备了28条神学论题和12条哲学论题，这就是著名的《海德堡论纲》，论纲中提出了与其名同侪的"十字架神学"。

　　随着德国民怨的高涨，教廷想一次性解决路德的问题，把路德传唤至罗马。与之辩论的人并不关心他对赎罪券的态度，也不在乎与之在圣经经文的基础上讨论，只是担心其言论对教皇制度的威胁，断定教皇和教廷的判断毫无疑问是正确的。1518年8月7日，路德被正式指控为异端，将被传唤至罗马接受审判，他本打算10月7日到罗马，等待他的恐怕是消灭胡斯的火刑。经朋友劝告，申请在德国接受审判，路德给萨克森选帝侯弗里德里希的私人秘书乔治·斯帕拉丁写信，表达此意愿，选帝侯拒绝他到罗马受审。此时，帝国会议在奥格斯堡召开，弗里德里希和斯帕拉丁与教皇特命代表红衣主教迦耶坦商议，先将路德传唤至奥格斯堡，面谒大主教。路德9月26日启程前往奥格斯堡，10月12—14日三天谒见迦耶坦，大主教并不愿与他进行神学的论争，只是指出了他的论点违反了教皇训谕，希望他道歉并撤回自己的观点。形势比较危急，路德很快就逃离奥格斯堡，于10月30日回到维滕堡，选帝侯拒绝了迦耶坦要求他立刻交出路德异端的请求。1519年1月12日，神圣罗马帝国皇帝马克西米良驾崩，他希望帝位由自己的孙子西班牙国王查理继位，教皇则希望由弗里德里希继位，因此改变了对付路德的策略，便派了米尔提茨（Carl von Miltiz）屈意奉承选帝侯，并使路德缄默，直到选举完成。6 月 28 日，查理五世当选皇帝。7 月 4—14 日，路德与埃克在莱比锡大学进行辩论，他为此做了准备，发现教皇制是人的制度，教皇制是 400 年以来的教皇谕令中确立起来的。论辩没有谈及赎罪券问题，而是集中在教皇和教会的权力上，埃克用圣经经文论证了作为彼得继承人教皇的赦罪权柄，这就把路德逼到了否认教会救恩和教皇权威的境地，最终被埃克斥为萨克森的胡斯，路德英勇地维护真理，不向任何权威屈服。

　　路德的言论获得了德意志民族主义者的支持，亦吐露出普通民众对教会盘剥的不满心声，德意志国家主义者胡腾和西金恩就声明要帮助路德。1519 年底至 1520 年，路德讲道、信件、论文中的主题回到了圣礼，他认为圣礼包含可见的记号（饼、水和酒）与应许的话语，弥撒是上帝在基督里的应许，并非"祭品"或"善功"。如果圣礼必须要有基督应许所带来的可见标记，那么中世纪教会的坚振礼、祝圣、婚配、临终受膏四项圣礼就不算数。在《教会的巴比伦之囚》一文中，路德在否定教皇有神的权柄的同时，还大胆地否定教皇对人和教会的权柄。1520 年 6 月 15 日，教皇发布《主啊，求你起来》教谕，限他 60 日内屈服，否则绝罚，革除教门，接着罗马、科隆和鲁汶等地教会公开焚毁路德的著作。1520 年是路德写作的高产之年，宗教改革运动的 3 部作品便产生于此。5 月的《论善功讲章》，阐明真正的善功来自信仰。6 月的《论罗马教皇制》探讨了教会的性质，路德反对把教皇凌驾于基督之上，教皇的所作所为必须要有圣经上的依据。8 月的《致德意志基督教贵族书》，揭批了罗马天主教会为自己建立的 3 个护身符：教权高于俗权，只有教皇有权解释圣经，只有教皇才有权召集大公会议，路德认为平信徒（皇帝和贵族）有权参与教会的改革，"信徒皆祭司"，他希望所有德国基督徒都致力于建设一个廉简的民族教会。11 月 16 日的《论基督徒的自由》，基于福音神学的原则，提出了著名的基督徒社会生活和灵性生活的原则：自由与服从的辩证统一。10 月 10 日路德接到教皇的通谕，11 月作《斥敌基督可咒教谕》，将利奥十世斥为敌基督。12 月初，谕令即将生效，维滕堡大学的学生和拥护路德的信众组织游行聚会，点燃篝火，当众焚烧经院哲学、教皇谕令集和教廷档案。路德深受鼓舞，亲手将教皇谕令扔进火中，正式与罗马教会决裂，两周后写下《焚教皇及其党徒书宣言》。

　　路德被教会绝罚的命运是无法扭转了，开除路德教籍的教廷判决书于1521年1月3日发行，其中提到智者弗里德里希和胡腾鼓励异端，由于弗里德里希反驳教廷并未合理地驳斥路德的言论，是不负责任的行为。教廷有所顾忌，5月发行的最终判决只提及路德。教皇使节亚德里安希望崇信罗马天主教的新皇查理五世能够认可教皇的绝罚令，颁布一条帝国禁令，了解此案，或者只召开一个不公开的听证会。智者弗里德里希为路德力争在皇帝与陪审团召开一个公平的帝国听证会，当时德国的民众百分之九十都支持路德与教会改革，经过几番权衡，皇帝终于同意在保证路德安全的前提下将其传唤至沃尔姆斯国会上，不是给他争辩的机会，而是要求他撤回反对传统信仰的言论。3月6日传唤令下发，路德于4月16日在同伴的陪同下进入沃尔姆斯城，诸多市民怀着景仰的心情欢呼他的到来。路德由特里尔总主教的秘书约翰·厄克审问，他承认所列的书籍均是自己的著作，然后又将自己的著作分为三类加以辩解。当厄克问他是否放弃书籍中的错谬言论时，路德以圣经和明白的道理来抵挡教皇和议会的权威，申明自己的良心仅为上帝之道束缚，绝不违背良心而撤销任何言论。最早的沃尔姆斯会议记录上还加上了名言："这是我的立场，我不得不如此。"4月19日，查理五世做出决定，将路德斥为"声名狼藉的异端"，随后发布了正式将路德开除教籍的沃尔姆斯敕令。4月25日，厄克告知路德还有21天的时间回到维滕堡，他将被置于帝国禁令之下，不得以任何方式搅乱民众。

　　4月26日，路德离开沃尔姆斯。智者弗里德里希不愿意自己的明星神学家受到伤害，也避免皇帝的愤怒，便与其秘书斯帕拉丁策划了劫持行动，在路德归途中实施绑架，5月4日抵达坚固无比的瓦特堡，隐匿起来，取了化名容克·格奥尔格，卸下僧袍，穿上了骑士服。5月26日，沃尔姆斯皇帝谕旨正式发布。在瓦特堡期间，路德备受病痛的煎熬，甚至受到魔鬼的试探，他以写作来排遣孤独沮丧的情绪，12月开始依据伊拉斯谟1516年版的希腊文《新约》进行翻译并编写讲章集，次年9月德语版新约面世，译文风格生动活泼，词汇富有想象力，措辞平易近人，行文浅显易懂，为路德版《圣经》奠定了基础。路德隐居瓦特堡期间，维滕堡发生了改革运动风波。卡尔斯塔特号召修道士离开修道院，结果 13 位奥古斯丁修会修士做出了响应，1521 年底至 1522 年，维滕堡教会的革新接踵而至。1521 年 12 月 31 日，路德所属的奥古斯丁修道院停止弥撒祭，许多人建议彻底废止弥撒，卡尔斯塔特开始质疑圣画和圣像的合理性。祭司、修士和修女结婚，修道士遭到民众嘲讽；弥撒祭上，祭司不穿祭袍，饼酒同时发放给信徒手中，以德语施行弥撒礼，追思弥撒遭废弃；守夜祈祷停止了，晚祷更改了，塑像被捣碎，斋戒期吃肉，捐赠基金大幅减少。通过信件听闻这一切之后，路德于 12 月 3—4 日乔装返回维滕堡，住在阿姆道夫家里，了解到许多使用暴力和叛乱的农民非常欢迎他的宗教改革言论，回瓦特堡后，写下了《马丁·路德致全体基督徒反对造反和叛乱的中肯劝诫》，反对一切形式的暴力和叛乱。维滕堡的混乱消息及时传来，来自次维考的三位"先知"自称面见到神并受到启示，反对给婴儿施洗的信仰传统。卡尔斯塔特也持相同的观点，认为上帝可以直接在人心中做出启示，无须书籍，甚至《圣经》的中介。1522 年 1 月，卡尔斯塔特颁布了《维滕堡法令》，将在维滕堡大幅实施宗教改革。

维滕堡处于一片混乱之中，市议会决定不理会选帝侯而邀请路德回来。路德于 3 月 7 日回到维滕堡，连续八天给学生、教员和会众讲道，宣讲信心、爱和自由意志的福音真理，《维滕堡法令》被更改过来，激进的改革只能损害信徒的信心，卡尔斯塔特的时代结束了，路德走上了以福音真道取代天主教教义的改教之路，以武力和流血与福音真理相悖为最低底线。许多路德的追随者比之有过之而无不及，托马斯·闵采尔就是这么一位激进宗教改革家，他因路德所传福音而重生，但却不以为上帝的话语只在圣经字句中，认为基督的灵就住在信徒中间，没有基督的灵，就住在魔鬼之中。闵采尔后来成为农民起义的领袖，认为亲王和神职人员是德国民众苦难的原因，严词批评路德的胆怯、妥协，不愿意承担福音所需要的苦难，尖刻地嘲讽他扭曲经文，强解圣经，不敢抗争，是个不属灵的软弱之徒。面对激进宗教改革造成的混乱状况，路德认真思考了福音与社会政治之间的关系，发展出自己的政治神学。1522 年 2 月，效忠教皇的乔治公爵在自己领地上禁止出售路德翻译的圣经版本，路德在 1523 年 3 月做了《论国家政府》小册子，阐明了两个国度的政治思想，认为大多数基督徒是不可能单单服从福音的，世俗政府的权柄是上帝在地上权力的一个必要组成部分，其权限受到约束，不能僭越信心。失去公民权的农民和商人响应路德的号召，发出社会公平的诉求，1525 年 2 月出现的《农民十二文》清楚地表达出农民的宗教信仰和社会经济权利。4 月路德读到此文时，基本赞同农民的公平诉求，指责贵族对农民的剥削和压迫，写下了《和平的劝诫：回复斯瓦比亚农民十二文》。但当农民叛乱风起云涌时，特别是闵采尔打着福音的旗帜，控制着缪尔豪森，抢劫财产，戕杀生命，路德感到非常震惊，这已经突破了福音的底线，他写了《反对杀人越货的农民暴徒》，呼吁亲王贵族对叛乱民众进行武力镇压，这使他日后声名狼藉。5 月 15 日，斯瓦比亚联盟与农民叛军在弗兰克豪森作战，闵采尔被俘虏并被斩首。

就在农民叛乱失控，选帝侯弗里德里希奄奄一息的时刻，路德打算与附近西多会逃出来的修女凯瑟琳·冯·波拉结婚，6 月 13 日他俩正式订婚，随后举办婚礼。路德的婚姻观仍然属于中世纪传统，婚姻是上帝指定的表达性欲和抚养孩子的好办法。自 1525 年起，路德逐渐发现自己被视为宗教改革运动的贵族煽动者，与其他宗教改革团体间的隔阂越来越深，首先是与人文主义者之间的冲突。路德早年深受人文主义的影响，宗教改革运动也拜文艺复兴所赐。德国人文主义领袖伊拉斯谟主张教会实行温和的改良，1524 年 3 月将修改稿《论自由意志》寄给倡议者英王亨利八世，9 月公开出版，伊拉斯谟主张人类意志拥有选择偏向神或背离神的能力，人基本上有能力选择去做导致救恩的事情。1525 年 12 月，农民叛乱偃旗息鼓，路德在振奋之余写下了《论囚徒意志》，正式答复伊拉斯谟，他承认在我们之下的日常生活中，人类拥有自由意志，但在我们之上的赦免和与上帝的关系上，一切以善行取悦上帝的行为都将被禁止，没有自由可言，只有上帝的恩典改变人心，人必须对自己的能力死心，在信靠基督的单纯信心中获得行善的能力。某种程度上，路德和伊拉斯谟的自由意志之争，颇类似于奥古斯丁的佩拉纠之争。

自 1521 年沃尔姆斯国会之后，德国社会各阶层面临着宗教信仰的抉择，路德改革派和传统的罗马天主教派之间的分裂撕裂了德国政治的大一统，之后的每一次会议都不得不处理路德派问题。至 1527 年，萨克森选侯领地，德国北部，以及帝国自由城市都属于改革派；而勃兰登堡、巴伐利亚和哈布斯堡家族则是天主教的坚定支持者。从帝国议会的角度上来说，尽可能地维护宗教信仰的统一是当务之急，1524年4月18日的沃尔姆斯谕旨要求福音的传讲应与普世教会一致，诸侯亲王在自己领地内要尽量执行国会决议。随着农民叛乱的出现，路德派牧师受到天主教亲王的迫害，路德改教思想往往成为社会动乱的思想旗帜而备受守旧势力的指责，于是路德派诸侯统一战线渐渐形成，黑森亲王菲力成为了路德主义联盟的领袖。1526年帝国国会在斯拜尔（Speyer）重开时，菲力亲率骑兵护送路德派传道者进入该城，国会暂缓两个月实施沃尔姆斯谕旨，不想暂缓期限竟然被拖延三年之久。随着改革派势力的膨胀，第二次斯拜尔国会于1529年4月召开，会议决议在天主教领地内重新肯定沃尔姆斯谕旨，其中路德派人士不享有宗教自由，但在路德派领地内，天主教人士却享有宗教自由。这种不平等的宗教政策激发了路德派诸侯的抗议（protestant），新教的名称即来自此。斯拜尔抗议促使新教阵营建立广泛的政治和军事同盟，首先要解决的是路德派、瑞士人和斯特拉斯堡人在圣餐礼上的分歧，以便达成信仰上的联合声明。10月1—4日，改革派领袖悉数齐聚马堡，路德坚持圣餐中饼酒有基督的临在，茨温利与布塞尔认为圣餐礼只是纪念基督在十字架上的死，不具有物质显现，双方互不让步，致使联合信仰声明与联合领圣餐的目标没能实现，造成了德国改革派之间的分裂。

　　1530年，德皇查理五世莅临德国，迫于土耳其人咄咄逼人的攻势，皇帝不想让欧洲的分裂扩大，不愿再挑衅改革派，愿意举行一个宗教听证会。萨克森选帝侯约翰要求维滕堡的神学家编辑一份信仰声明，结果梅兰希顿和约纳斯赴奥格斯堡参加国会，路德因帝国禁令而不能出席会议，只能在邻近的科堡，随时保持联系。4月24日路德到达科堡，怀着与罗马教会和解的心愿写下了《对聚集在奥格斯堡的所有神职人员的劝诫》，认为福音派纯洁了教会，与天主教并不相悖。6月25日，国会上宣读了梅兰希顿起草的路德派28条信纲即《奥格斯堡信条》，至今仍是路德派最可靠的信仰陈述。路德对此基本表示赞同，梅兰希顿的语调比较温和，他仍希望与教皇的教会达成某种一致。其他福音派人士并不赞同路德派的宣言，各自发表了自己的信仰宣言。皇帝的判决于9月22日发表，要求新教人士服从教皇的教会，奥格斯堡国会标志着天主教与新教和解希望的彻底破灭，从此以后，欧洲统一的基督教社会正式分裂。1531年，选帝侯约翰签署文件，组织新教防御性联合阵线，即施马加登（Schmalkalden）

联盟，保卫自己的领土，防止教皇派的进攻，同盟的领袖是萨克森的约翰和黑森伯爵，先后有 14 个地区的诸侯和 21 个城市参加。查理五世见无法压制路德派诸侯，遂宣布下次国会之前暂不执行《沃尔姆斯谕旨》和迫害路德派信徒。1535 年施马加登同盟为即将召开的教会会议，委托路德起草关于宗教信仰的文件，路德借此机会撰写了 21 个信条即《施马加登信条》，全面表达了其神学思想，鲜明地凸显出路德派与罗马天主教在信仰上的分歧，克服了《奥格斯堡信条》中梅兰希顿的妥协性。1536 年脱稿交呈选侯约翰，选侯大为赞赏，拟在教皇保罗三世将于 1537 年 5 月召开的曼图阿全体教会会议中为之辩护，为此他于 1537 年 2 月在施马加登召开诸侯及神学家大会，诸多路德派神学家签名同意，惜其在圣餐论上与其他改革派的分歧，施马加登同盟未采纳，而接受了《奥格斯堡信条》及辩护，但路德的《施马加登信条》仍然成为路德派的核心信条。

路德的晚年生活并不平静，身体每况愈下，患有多种慢性疾病，经常遭遇到病痛的折磨，变成了一个性急暴躁的老人。1527 年 12 月瘟疫来袭，他遭遇精神觉悟和恐惧，之前的旧疾也一直在折磨着他，他自称受到了魔鬼的攻击。16 世纪 30 年代，他仍然忍受着昏厥发作、肾结石和连续的头痛，1537 年他差点死于膀胱问题，被迫结束教学工作。虽然病痛不断，路德仍然带病工作，翻译和注解圣经，传讲福音，从事教牧侍奉，书写讲章和诗歌，并对欧洲范围内的事务保持关注。1534 年路德翻译完《旧约》，他使用流畅通俗的德国口语来翻译，而不是照希伯来原文直译，对《圣经》字句仔细斟酌，直至死前仍在修订圣经译文。1539 年，改革派诸侯领袖黑森伯爵菲力要和自己的情妇结婚，希望从路德、梅兰希顿和布塞尔等宗教改革家获得支持，他们勉强对菲力重婚表示支持，路德还从旧约中以色列人的一夫多妻制为之做辩护，这给自己的声誉带来了不良的影响。路德变得越来越好斗和热衷辩论，1543 年他一改以往友好对待犹太人的态度，大肆攻击犹太人，1545 年天主教因应宗教改革召开特兰托（Trent）公会议，路德再也不指望公会议能做出他所要求的变革，而且相当痛恨教皇及其拥护者。当路德看到一本犹太人劝信基督徒的小册子时，顿感无比愤慨，写下了《论犹太人和他们的谎言》一文，文章末尾提出了流毒甚广的建议：烧毁犹太人的会堂、居所和书籍，将其贬为农奴，最终赶出德国，回到巴勒斯坦。路德的反犹言论为 400 年后的纳粹分子屠杀犹太人预备了理论上的依据。1546 年，路德造访曼斯菲尔德，成功地处理了伯爵的遗产纠纷，2 月最后一次造访艾斯勒本，在圣安德鲁斯教堂讲道后中风或心脏病复发，口齿不清，被从讲坛抬到寓所，18 日凌晨去世，在自己出生地死去。

第二节　路德著作版本简介

与六祖惠能仅有一部《坛经》不同，马丁·路德博士的著作可谓汗牛充栋，原因在于两人所受教育程度不同，人生经历也大不相同。惠能几乎没受过教育，仅凭聪颖天资而悟解佛法，之后隐居山林，弘法利生，所说佛法被弟子辑录，始有《坛经》。路德则接受过中世纪系统的教育，大学期间有很好的经院哲学训练，同时担任大学教授和牧师，对《圣经》诸多篇章做了注解，教牧实践积累了大量的布道词，改教运动中出于论战和辩论的需要，写下了许多阐发改教神学思想和信仰的文章，晚年与友人的谈话也被学生记录下来。路德著作的写作时间基本上都可以确定，随着大量手稿的陆续发现，路德早期的一些著作也被逐渐得到甄别确认。路德著作有拉丁文和中古德文两种。

路德著作的编辑工作在他去世之前就已经开始了。1517 年路德发表《九十五条论纲》之后，他的改教运动作品广泛流传，书商和印刷商多次印刷他的作品，获利不菲。1518 年路德已经是家喻户晓的人物，当时巴塞尔印刷商约翰内斯·弗洛本（Johnnes Froben）印刷发行了由巴塞尔大教堂讲道者和神学教授沃尔夫冈·卡皮托（Wolfgang Capito）编辑的第一部拉丁文文集，虽印数很高，但很快就售罄，1520 年继续出版了拉丁文版和德文版。1539 年，在路德的亲自关注下，维滕堡出版商开始编辑他的文集，工作开展并不顺利，历时 20 年，1559 年才完成。维滕堡版（Witenberger Ausgabe）《路德文集》共 19 卷，没有按照时间顺序编排，而是按照内容优先的原则，给文本加了注释，还对文本做了多种改编和删节。拉丁文本附加了德文译本，同时增加了外文文本，出于教会与政治的原因，对一些名称和有争议的表达做了删节。该版本未收入讲道集、桌边谈和德语圣经，虽引起诸多争议，但却为后来所有路德作品的出版奠定了基础。1558 年耶拿大学建立，成为路德正统派的精神中心，在选帝侯约翰·弗里德里希的倡导下，出版了 12 卷本的路德全集。耶拿本（Jenaer Ausgabe）避免了维滕堡本的许多错谬之处，尽可能保留了路德文献的原始风貌，确立路德思想的权威，以此为路德派的正统解释奠定了一个基础。耶拿版按照时序编排，文集分为拉丁文和德文两个部分，但作品离真正的完整性相差甚远，内容不全，未尽量采用原始文献，故当时并不受重视，人们依然使用维滕堡版本。于是路德的学生约翰·奥里法柏（Johann Aurifaber）于 1564—1565 年出版了艾斯勒本增补版二卷，但仍然不完整，路德讲道（赞美诗集）、演讲（桌边谈）、圣经注解和书信。

　　1618 年，30 年宗教战争开始，耶拿版重印。1600—1664 年，约翰·克里斯弗里德·萨基塔留斯（Johann Chrisfried Sagitarius）参考了维滕堡版和耶拿版，出版了《路德全集》新的增补版，被称为阿尔滕十卷版，全部使用德文，1702 年，在哈雷又增补一卷。18 世纪，出现了两个重要的版本。1729—1740 年，出版了 23 卷的莱比锡版（Leipziger Ausgabe）《路德全集》，出版商采德勒委托神学家博纳（Christian Friedlich Börner）编辑。全集按内容编排，参照原始文本进行校对，拉丁文被译为德文，收集的路德著作比以往多，还附有一个索引目录，是第一个学术性的《路德文集》版本。1740 年，哈雷的出版商格鲍尔委托神学家约翰·乔治·瓦尔西（Johann Georg Walch）领导编辑出版《路德全集》，一共 24 卷，借鉴莱比锡版本，采用德文及德文译本，在编排体例的风格上有所变化，增添了书信内容和外文文本（多是宗教改革运动的历史档案和证明文件），加入了演讲稿的内容，首次将奥里法柏编辑整理的《桌边谈》纳入其中。由于瓦尔西版（又称哈雷版）《路德全集》全为德文版，加之内容翔实，资料丰富，很受欢迎，但其学术价值和以上版本一样，可用性不强。19 世纪以来，萌生了出版《路德文集》最新修订版的需要，埃尔郎根版（Erlangener Ausgabe）应运而生。当时在埃尔郎根曾出版有路德在家庭和教会的讲道集，人们想在这一套未被加工整理的修道读物基础上编辑出一套物美价廉的德文版《路德全集》，类似于方便携带的宗教读物手册。编写的原则是既要参考古老版本进行修订，又要兼顾历史的真实采用拉丁文和德文两种语言。埃尔郎根版首次以八开版面世，删除了以前版本中非路德的文献，尽量采用原文。1827—1857 年，约翰·普洛赫曼（Johann Plochmann）编辑出版了 67 卷《德语文集》，包含演讲文稿（含桌边谈）；1827—1836 年编辑出版了 38 卷拉丁语《路德文集》。这两个版本均根据文献的真实性和历史客观现实加以安排，但拉丁文本并不完全。1862—1885 年，恩斯特·路德维希·恩德斯（Ernst Ludwig Enders）又出版了 23 卷本的德文第二版，但内容亦不完整。1884—1932 年，他将路德的通信作品作为埃尔郎根版的第三部分加了进去，一共 19 卷。恩德斯死后，埃尔郎根版的编辑仍在继续，但编辑目标并未实现。

　　随着路德诞辰 400 周年的临近，一个更宏大的《路德全集》出版计划展开了，这就是被称为"校勘版"的魏玛版（WA，Weimar Ausgabe）《路德全集》。魏玛版最初由卡尔·科纳克（Karl Knaake）单独承担，作为牧师，他专研宗教改革史，对当时现存的 16 世纪 1900 多件路德作品做了源头上的考察，其中不少是首次出版，还收录了大量历史文件。时值 1883 年，普鲁士科学院向社会发出一个有奖征答题目：根据什么原则来整理出版直至 1521 年已经面世的《路德文集》？科纳克向文化部提交的申请报告得到了路德专家犹流·奎斯特林（Julius Köestlin）和柏林科学院的拥护，他的编辑理念也得到了肯定。他继承了老师卡尔·施耐德（Karl Schneider）的编辑方法，按照著作的时间顺序，回到原始手稿和印刷本，遵照路德的语言形式，一字一句地记录下路德所用的正字法和标点应用。1881 年 5 月 4 日威廉一世批准了 4 万马克的研究经费，文化部在 1 月之后正式通知科纳克作品应从 1883 年开始出版，10 年之内完成。

　　编辑出版工作并不太顺利，显然超出了个人的力量。事实上，在文化部的财政支持下，科纳克领导成立了国家委员会，成员来自文化部和皇家科学院，多为教会史家、语言学家、神学家和《圣经》研究专家。自 1881 年以来，这个国家委员会一直伴随着魏玛版的工作，直到第二次世界大战结束。在与众多出版商谈判之后，1882 年选择了魏玛的赫尔曼·伯劳斯（Hermann Böhlaus）出版社并签订了出版协议，得到了文化部的批准，伯劳斯出版社一直鼎力支持《路德全集》的出版，给予科纳克编辑事务上的自主权。1883 年路德诞辰周日准时出版了第一册，科纳克在出版前言中，表明了出版的原则：全集必须纳入路德所有的文字，按照时序原则不再单独区分德文和拉丁文作品文集，以便更清楚地了解到路德思想发展的脉络。全集三个部分的划分以路德 1521 年瓦特堡和 1530 年科堡逗留时期为界线，内容包括著作、书信和桌边谈话。但由于路德著作繁多，按时间顺序编排的方式很难执行，委员会决定增加路德翻译的《圣经》，这在《路德全集》编辑上是首次。这样，魏玛版按内容便分为著作、《圣经》、书信和桌边谈四个部分，按时序出版原文著作。1928 年，委员会决定不编辑总目录，而是分别对四个部分编写目录。1890 年 4 月，普鲁士文化部为编辑出版委员会特设了一个秘书职位，负责协调和指导编辑工作，实际上是编委会的领导，1890—1945 年，三任领导均是权威的日耳曼学者。出版委员会对之前的错误做了订正，特别是第一卷出现的纰漏。随着编辑工作的展开，路德的许多手稿和历史文献陆续面世，至 1893 年，10 年期限已到，文集才出了 9 卷，幸运的是官方决定继续给予资助。

　　1918 年德皇倒台，编委会失去了财政支持，克服战争和经济危机的重重影响，1920 年出版了路德著作第 53 卷，1921 年 6 卷本《桌边谈》编辑出版完毕。幸赖国家科学紧急救援协会的资助，瑞典和美国路德宗的支持，编辑工作才得以继续进行。1939 年，第二次世界大战爆发，编辑工作暂时停止。战后，编辑工作重新启动。1950 年，在德国路德新教联合会与巴伐利亚科学院的支持下，6 位宗教改革学者 5 月签署了《路德全集出版备忘录》，6 月重新组建《路德全集》出版委员会，决定在完全独立自主的学术立场上来开展工作，拒绝服从任何国家或教会机构，这是编委会的第二次组织变革，自此，编委会成为一个独立的学术团体。1961 年，德语《圣经》编辑完成；1983 年出版最后一部著作；1984 年最后一部书信出版。魏玛版的最后部分是持续半个世纪的索引编辑，1986 年分别出版了地名、人名、拉丁语和德语的索引，2009 年最后一卷索引出版，标志着魏玛版的完成，这项浩大的人文科学工程一共历时 126 年。其学术价值和影响非常巨大，以至成为当今路德研究的基础，科纳克曾在第一卷中对其意义如是说道："是基督新教和德意志民族对这位宗教改革家、我们的新高地德语书面语的最有影响力的塑造者所当偿还的荣誉债务。"[①]

　　魏玛版《路德全集》一共 123 卷，其中著作 84 卷；《桌边谈话》6 卷；德语《圣经》15 卷；《书信》18 卷；索引 8 卷，总共约 8 万页。路德著作内容为神学论著、论辩文章、布道集和《圣经》讲义，涉及神学、

---

① WA 1, S. XXI.

哲学、伦理、政治、经济、教育、民族和社会等领域。路德身兼牧职，布道无数，流传下来的布道词约有 2082 篇，魏玛版有 31 卷布道词，21 卷圣经讲义。《桌边谈话》（Tischreden，WA，TR）一共 6 卷，是路德在餐桌旁与家人、朋友、客人和学生之间的谈话，主要由路德的 12 个学生记录和整理。19 世纪末，有新的原始材料发现，1—5 卷为路德的原始材料；第 6 卷是奥里法伯编辑的版本。书信按内容排列，有时是类似的主题并列在一起。《书信集》（Briefweschel，WA，Br.）一共 18 卷，收录了路德与皇帝、选侯、朋友、家人、教皇、主教、修士、农民等各阶层人士的通信。魏玛版保存了 3600 封信，自己写的信有 2600 封，其余都是来信。德语《圣经》（Deutsche Bibel，WADB）首次被收入《路德全集》，路德于 1522 年利用伊拉斯谟的希腊文《新约》版本，参考了拉丁文武加大本，将《新约》译为德文；1534 年路德将《旧约》从希伯来文翻译成德文，具体所用底本不明，他虽反对次经的正典性，但仍然翻译并列于《圣经》正典后面。魏玛版收录了不同时期路德的《圣经》翻译、修订的各种版本，再现了他翻译《圣经》和规范德语的历程。

英语世界很早就对路德的作品做了翻译，其中规模最为庞大的是美国圣路易斯版（St. Louis Version）《路德文集》，共 55 卷。美国路德宗曾于 1880—1910 年，以瓦尔西版为基础，同步参考了魏玛版，于 1957 年后陆续出版。中文版的《路德文集》，有 1957 年金陵神学院托事部出版的《路德文集》（上、下部）；香港道声出版社 10 余小册的《路德文选》。1997 年《路德文集》中文版编辑委员会成立，计划出版 15 卷，分别包括改教运动文献、信仰与社会、《圣经》讲章、神学和其他文选等五个主题，基本上收录了路德的主要著作，目前由上海三联出版社出版了两卷。

第二章　路德宗教思想形成的背景

第一节　改教前的宗教文化状况

如果说中世纪末期称义神学编织了众多谜团，那么在纷繁复杂、扑朔迷离的宗教文化生活中，灵魂获救的问题就更难得到解答，其结果是真诚的追寻找到困惑，忧伤的心灵备受煎熬，疲惫的精神愈加消沉。改革前的宗教文化生活孕育着变革的契机，也塑造着路德的宗教情感，生于斯长于斯，路德称义神学处境化思考表明，对改教前的宗教文化状况做一介绍是必要的。

自教会的"阿维农之囚"和之后的"大分裂"起，教皇和教会的权威遭遇世俗国家和城市的巨大挑战。中世纪教皇对普世最高权力的觊觎，使他们暂时获得了对世俗最高权力和宗教最高权力的控制。世俗最高权力，就其最广泛的意义说，指的是废黜国王，解除臣民对国王的效忠誓言和将国王的国土转赠他人的权力。宗教最高权力指的是教皇乃普世主教，集教会和宗教之一切大权于一身，而各级教职人员只不过是协助其管理教会的职员，教皇实质上是专制君主。1453 年英法百年战争结束，英法两国民族自我意识抬升，国家制度日益走向集权化。路易十一执政期间，法兰西王国的君主专制进一步加强，国家统一得到巩固。30 年"红白玫瑰战争"后，亨利七世建立了都铎王朝，君主专制得以在英格兰王国确立。西班牙在 1492 年收复了阿拉伯人占据的格拉纳达后，彻底实现了国家的统一，国王斐迪南二世和王后伊莎贝拉利用宗教裁判所，使政治、军事和宗教合而为一。神圣罗马帝国境内的大诸侯和自治城市也在限制教会权力，意大利城市国家走向自治化。尽管有着神圣罗马皇帝查理五世及其孙菲利普二世的苦心经营，教会要成为一个泛欧洲政治统一体的要求也难以实现。教皇满足于作为意大利邦国诸侯的一员，为教皇国的利益而不惜发动战争，如亚历山大六世。英法两国在 13 世纪前就禁止什一税输入教廷，"阿维农囚禁"时期，法国更是使教皇为国家利益服务，克莱门特五世为取悦法王腓力四世，竟宣布取缔"圣殿骑士团"，将其财产划归法兰西王室，教皇再难使国王诸侯贯彻自己的意志。同时，市长和城市议会也通过措施限制或废除传统教牧特权和教会在教育、福利和道德方面的责任，他们向地方教会财产和神职人员征税，详细地规定了教会在地方辖区之内的财产获得范围，严禁城市教会和修道院成为刑事罪犯的避难所。教会政治权力的失落，促使其经济收入锐减，为了维护其庞大机构的运转，它不得不滥用其宗教权力，这就带来了教会的危机。

　　教皇对宗教最高权力的要求是：所有教士不应听命于居住国的君王；他们不受当地法律的约束，不向世俗统治者纳税；他们必须遵守教廷颁布的一切法规，只向教皇纳税，教皇对宗教最高权力的诉求，是谋求教会及教产不受世俗政权控制以及教会侵占世俗领土的一种努力，世俗事务和宗教事务纠缠不休，教皇也假借宗教之名，行干预欧洲各国世俗主权之实，教皇利用圣职授予权与世俗君主讨价还价，谋求自己的经济利益。大量主教职位因其俸禄丰润，引来世俗贵族统治者的竞争，如 16 世纪初，教皇利奥十世为筹款建造圣彼得大堂而发行赎罪券，为了赎罪券售卖能在勃兰登堡境内实行，他与选侯阿尔布莱希特（Albrecht）达成协议，选侯以 2 万杜卡特买下美因茨大主教职位，与教皇分享其境内售卖赎罪券所得收入。14 世纪时，教皇凭借圣职授予保留权制度，力图完全控制教会教职的任命，教皇约翰二十二世制定了一些新条例，规定了留待教皇亲身任命的圣职数目，肯定了教皇拥有超越法律（supra legem）的特权。约翰的后继者将圣职制度扩展到任何一种圣职，当时的《罗马法院法律全书》竟断然宣称所有圣职均归罗马教廷任命。著名宗教改革史家托马斯·林赛（Thomas M. Lindsay）对此评论道："宗教改革之前的半个世纪，出现了罗马教会的全盘世俗化，正是那本《罗马大法院法律全书》开列了各种圣职的价目表，不问是否能拯救众生，一旦买卖成交，买主总能获得一项可以不顾恩主们世俗权利的保证。"①

---

① 林赛：《宗教改革史》，孔祥民等译，商务印书馆 1992 年版，第 15 页。

　　教皇不仅剥夺了教士选举主教的权利，还利用教会法削弱欧洲各国民法的效力，罗马教廷是整个西方教会的最高上诉法庭，教廷经常要处理大量诉讼案件，大量合法的可观收入流入教廷国库。教廷还将许多主教和都主教法庭便能审理的案件包揽过来，诱使信众直接向罗马申诉，鼓励托钵僧抗拒教区教士，唆使修道院脱离主教的控制，通过多种途径削弱主教的权力，加强教廷的专制制度。教皇约翰二十二世及其后继者将教皇制度打造成为一部敛财机器，他们将什一税、上任年贡、巡视费、置僧衣费，空缺圣俸收入、津贴及各种豁免都定为教廷的经常收入。教会还有大量非经常性收入，对违反教会法和道德法的行为发放无数可以用金钱购买的豁免，这些伤风败俗的肮脏交易使得教廷声名狼藉，加上自马丁五世以来，利奥十世之前的十位教皇热衷于文学艺术，生活奢侈淫逸，道德败坏，罗马城被视为罪恶的所多玛。以至于路德在 1520 年发表的《致德意志基督教贵族公开信》中愤怒地写道："真可怕，那些自命为继承彼得并代表基督统治全基督教的，所过的生活是那样豪华奢侈，就令任何国王和皇帝都望尘莫及，他还自诩为'最圣洁的'和'最属灵的'，其实他比世界的本身还要庸俗。"①

　　教皇滥用教会权力造成了教士等级的进一步分化，激发了世俗专职正规教士之间的矛盾，平信徒日益被排斥在宗教权力的外面。许多重要的教职出于经济和政治的考虑，而非出于才干资质方面的考虑，为世俗贵族所占据，从而变成他们的特殊避难所，许多教会领袖缺乏教牧热情和基督的精神，仅凭法律主义去管理教区事务，平信徒对教会中普遍存在着的拜金主义、不履行职务、渎职、姘居和教职人员过多等弊端深恶痛绝。主教们手里握有约束下层教士和平信徒的权力，他们经常以收取罚金的方式控制属下。据载在德国中部，凡是教士推迟就职、不履行职责，未经主教批准越权履行职务者，主教有权收取罚金，凡是修会为病人收集的奉献，教士到别的教区匿名履行服事职务，教士渴望利用便携祭坛举行圣礼，宗教节期帮助世俗教士处理事务的中介人，主教都有权收取费用。主教还从允许婚礼中使用蜡烛，办理宴席，教士遗嘱公证，安插教职，颁发赎罪券和批准新福利中获得相应的报酬。和教皇一样，主教也有权赦免平信徒和教士

---

　　① 章文新编：《路德选集》上册，金陵神学院托事部 1957 年版，第 174—175 页。

某些余留下的罪过（reserved sins）和悔改教牧事工，并因此而收取费用。这些罪行包括反对教会权威、圣物及圣人，各种性犯罪，违犯婚誓，将私生子合法化，重婚，高利贷，恶意诽谤，杀人，渎神作伪证，等等。主教还能从教士同居，如非婚子女洗礼中收取费用。下层教士们也纷纷效尤，盘剥平信徒，主要有两种途径：一为从教区信众收取的正规什一税；二为履行各种圣礼，守夜和追思弥撒所获的隐性收入。平信徒们作为社会的底层，既要交纳国家相侯的税金，又要接受教士们的敲诈勒索，生活于水深火热之中。

教会在世俗政治和经济利益方面取得的每一点成功，都以灵性绝对权威的减损为代价。对于信众来说，基督教会只不过是基督耶稣在尘世上的可见身体；对于教会内外各行各业日益对教会抱怀疑态度的人来说，教会正像是一部巨大的法律、司法、财政、管理和外交机器，至少可以说难以寻见其灵性关怀，教会的精神日见颓废。为了保持其在尘世上的利益，教会不惜在灵性上保持平庸状态，在教会领袖们看来，只要基督的身体还立于世上，教廷制度和教阶体制得以巩固，像克吕尼运动和托钵僧运动之类的灵性奋兴运动迟早都会到来，教会仍会赢得信众的信赖和尊敬。身处窘况的教会没有穷则思变，反而"不稼不穑，率由旧章"，罗马教会以路德所说的三道城墙护卫自己，傲慢又自信地以为自己就是永恒的上帝之国。为要巩固自己在尘世的统治，教会着力渲染末世审判的临近和地狱中的悲惨遭遇，从而更加牢靠地捆绑平信徒。通过教士的宣赦，忏悔者自觉的罪疚因痛悔而在上帝面前变为乌有，但是人犯罪亏欠了上帝的荣耀，罪所当受的罚在永恒里必然存在，上帝作为受害的一方，必须得到完全和公正的补偿。天国里的上帝追加于罪人之上的惩罚可通过教士转化为可操作的暂罚，例如特别祈祷、斋戒、奉献、隐修、朝圣等，结果忏悔者通过今生的努力，可减轻来世的惩罚。

出于经济利益的考虑，教会神职人员乐于宣扬"圣功宝库论"和从事于补赎实践，善功获救的信念充斥于教会，赎罪券广为发布，忏悔者可买张赎罪券，并因"奉献善功"抵消教士追加的暂罚。1343 年，教皇克莱门特六世发布谕令《万类霜天》（*Unigenitus*），肯定了善功宝库的存在，宣称基督以其血液之副本就能赦免人类一切的罪过，而且只要一滴就足够了，为防止基督宝血过量溢到慵懒和无用之人身上，教皇有权任意将宝血施与罪人。1476 年，赎罪券功效扩及炼狱，教皇西克图斯四世允许活人购买赎罪券，抵偿所爱的死者因未悔改的罪在炼狱里所受的苦难。在路德的时代，赎罪券发放的频率越来越高、数目越来越大，1517 年发放的圣彼得大堂赎罪券，著名的多米尼克修士约翰·台策尔绘声绘色地宣传赎罪券的功能，仿佛"钱币叮当落入钱柜，灵魂立即从炼狱飞升天堂"。路德于 1517 年 10 月 31 日在维滕堡城堡教堂大门上张贴《九十五条论纲——关于赎罪券效能的争辩》，赎罪券的滥发最终引起宗教改革运动的爆发，成为宗教改革的直接导火索。

为了有效地控制平信徒，教会在大肆渲染末世恐怖图景的同时，还制定了详细的忏悔规则，大多以手册的形式发放给信众们，据史蒂芬·奥兹门特所述："1504 年使用的忏悔手册迫使忏悔者不仅要为由自己的行动直接造成的罪和间接由别人的建议或被动犯下的罪悔改，即所谓犯罪或疏忽于罪恶，而且还要描述出每一桩罪过发生的确切情况。"① 这样，忏悔者就要向神甫说出犯罪的时间、地点、参与者、方式、动机以及影响等内容，在神甫面前毫无隐私可言。还有一些手册认为一次好的忏悔应当是简单、谦卑、自愿、羞辱和痛苦的，忏悔者要下定决心不要再犯罪并且坚信教会握有赦罪的权力，心甘情愿更正自己的错误并服从于神甫的裁定。

改革前夕的教会依然处于文化生活的中心，教会为纪念耶稣、使徒及众圣徒而制定的节日成为群众性聚会的时日，比较重大的节日有基督圣诞节、圣体节、圣灵降临节、复活节和丰收感恩节，教会看到人民喜爱各种戏剧表演，所以也就乐于举行壮观的节庆游行。盛大的宗教仪式和演出耶稣受难剧及奇迹剧以满足当时大众的兴趣，当时的史书还记载有节庆期间请教士求雨和邀请教廷大员出席仪式的情节。无论是城市、小镇和乡村，教堂都不仅是精神庇护所，还是生活的中心。教堂钟声每天准确报时，并向群众宣告重大事件。城市居民拥入教堂，不只限于做弥撒，还为了举行婚礼，接受洗礼，举行葬礼，欢度民间及宗教节日，逐出教籍以及庆祝胜利等活动。时常有云游四方的传道士利用教堂讲道，激发信众的热烈信念，补充灵命供给。城市的大教堂还时常用作王公贵族召开大会或市政当

---

① Steven Ozment, *The Age of Reform 1250—1550*, New Haven and London: Yale University Press, 1980, p. 217.

局召集群众大会的场所。在重大节日，教堂将遍燃蜡烛，五彩缤纷的队伍，沿着教堂侧廊熙熙攘攘地向前行进，然后走出教堂大门进入狭窄的城市街道游行。每座教堂都以拥有圣徒遗物为荣，据说圣者遗物有医治疾病或伤残的奇妙能力，各大教堂都建有圣徒遗物收藏室，以便在重大节庆活动中展览，使观众分享到圣徒善功的恩泽。路德的保护者，萨克森选帝侯智者弗里德里希在维滕堡的一城堡教堂收有圣徒遗物 5005 件，而附于这些遗物上的赎罪力量足以将炼狱刑期缩短 1443 年。教士还鼓励信徒朝拜圣徒遗迹，有经济能力的贵族们被劝告一生之内应至少去耶路撒冷朝拜一次，其他信徒被告知至少应到罗马朝圣一次，因为那里的功德最为丰盛。

　　改教前的宗教实践表明，教会的一切宗教活动只不过强化了外在的敬拜仪式，使传统宗教变成了仪式体制和一种"习惯宗教"，即仅仅注重外在服从和善功的宗教。等级森严的教阶制度使高级教士和祭司阶层享有种种特权，而普通教士和信众备受压迫，在宗教生活中俯首听命于教廷和主教，具有客观有效性的宗教仪式并没有包容强烈的主观情感。普通教士所受教育日益低下，高级教士为世俗得失所忧虑，教士的腐败生活和低劣德性玷污了理想化的修道主义敬虔生活方式，从前曾激发俗世信徒灵性奋兴的修道生活，如今变成了人文学者和改革者们批评和嘲讽的对象。一种适合于在俗信众的敬虔生活方式没有生发出来，教会坚持僧侣高于俗人的原则，认为修士生活是最蒙上帝喜悦的敬虔方式，因此他们就是平信徒们走向上帝的活榜样。史蒂芬·奥兹门特认为中世纪教会失败和宗教改革的成功源于此，他说："失败之处在于，缺乏俗世信徒宗教生活的明确概念和强加于俗世信徒之上的传统宗教理念。"[①] 平信徒模仿僧侣，中世纪晚期在德国最为流行的平信徒教义问答是《基督徒之镜》，作者为迪特里希·克尔德（Dietrich Coelde），书中劝勉平信徒要努力成为教士的一面镜子。但俗世信徒不可能过完全纯粹的宗教生活，大量俗世事务需要花费时间和精力，加上现实教士的道德状况，模仿不是在罪上加罪吗？普通虔诚信众脱离教会的倾向愈发明显，教会陷于灵性疲惫、道德破产和教义混乱的困境之中，基督信仰的生命血液不可能在教会这一血管中流动，而要寻找其

---

　　① Steven Ozment, *The Age of Reform 1250—1550*, New Haven and London: Yale University Press, 1980, p. 219.

新的顺畅渠道。

家庭成为敬拜上帝的重要场所，家庭聚会时大家吟诵圣歌和赞美诗，学习简单的经文。家庭宗教生活使儿童受到朴素而又虔诚的教育，路德本人就学过《使徒信经》《十诫》和《主祷文》，儿童时代就接受过母亲膝头上的宗教教诲，即儿童宗教教育（kinderlehre），改教后于1529 年亲自写作《基督教小教义问答》，专门给青少年讲道。家庭宗教生活的兴起是对教士宗教的温和反动，它继承了虔诚祈祷派中的神秘主义思想，一种烈火般的宗教在家庭中获得了柴薪。家庭保存和培育了中世纪福音派信仰，福音派信仰的核心是，信徒不要把他在上帝面前的地位和他灵魂可以得救的信念，归于他实际所做的善功，而要归于基督在他的使命和功德中显示出来的上帝的恩典，完全信赖自上而下降临的恩典并以信心去领受。福音派轻视神学思辨，重视个人灵性修炼，推崇祈祷、默想、讲道，向往一种效法基督、敬虔度日的生活方式。在明谷的圣贝尔纳和阿西西的佛兰西斯看来，人都是罪人，若无上帝赐予之恩典，人所做的一切善功均毫无价值，托马斯·肯培的名著《效法基督》（*Imitatio Christi*）将这种生活方式表达得很透彻。随着谷腾堡发明活字印刷技术，大量供家庭用的通俗宗教教本和教义问答印行出来，"迪特里希·克尔德（写于1470 年）的《教义问答》说道：'人只应将其信念，希望和爱寄托于上帝，而非上帝的创造物，他除耶稣基督之功德外，余均不可信赖。'《灵魂的芳香园》（*Seelenwurzgartlein*），一本论述虔诚信仰的广泛用书，告诫忏悔者说：'除耶稣基督之功德及其受难致死外，其余汝均不可信。'"① 类似的纯朴虔诚思想，最终汇入到路德、慈温利和加尔文改革宗教神学思想之中。

在福音虔诚派思想的影响下，各种非教会宗教信仰兴起，当时每个城镇都设有慈善姊妹会，实践着关爱穷苦人、患病者和无依无靠者的兄弟友爱之情，他们不大理会教会关于行乞是基督教高尚美德和基督徒的友爱离不开教会监督的教导，自发地成立了各种祈祷团体和专门崇拜圣者的组织，他们虽以自己的方式过宗教生活，但也与教会有着密切联系，他们选择一些普通教堂来实行自己的特殊宗教仪式，并出钱请教士来指导他们的

① 林赛：《宗教改革史》，孔祥民等译，商务印书馆 1992 年版，第 113—114 页。

祈祷，这些团体中最有名的是"一万一千圣女会"，一般人都只知道它那奇怪的名称"圣厄修拉的小舟"。与此同时，在各种行会中还存在另一种宗教生活和虔敬的团体，受艾克哈特和陶勒等德国神秘派的影响，尼德兰的格哈德·格鲁特（1340—1384）与其弟子弗洛伦蒂乌·拉德温（1350—1400）创建了"共同生活兄弟会"，该会办有自己的学校，并与"上帝之友"派保持紧密联系。"共同生活兄弟会"会员经常邀请非会员到自己的学校教室里聚会或到礼拜堂中听讲道，他们在那里阅读和讲解本族语《新约》，传播自己辑录的宗教教诲性书籍和各类教义问答。这类学校到15世纪末已扩展到整个德国，它们对激发和保持个人生动活泼的宗教信仰所起的作用不可低估。路德于1497年春被父母送至马格德堡的"共同兄弟生活会"所办的学校学习，一年后转至爱森纳赫。

15世纪后半叶出现巨大而又广泛的宗教信仰复兴，这一期间中欧似乎被极度的恐惧所笼罩。一些国家不断遭受鼠疫的侵害，前所未闻的新疫病加重了人民的恐惧。土耳其入侵的告急警报随时拉响，德国所有教区教堂在正午敲响钟声，召唤居民祈祷阻止土耳其人的进攻，同时也提醒人保持战时警惕，父母亲也将土耳其人描绘成凶神恶煞般的魔鬼，以吓唬不听话的小孩，这种恐惧心理为这次宗教信仰复兴奠定了心理基础。惶惶不可终日的人们轻信各式各样的预言，能从异样的征兆中联想到上帝的愤怒和审判，占星士和巫士大量涌现并拥有民众认可的离奇权力，假先知不断地向世人传达末世降临的消息，教士们鼓励信众多做善功和朝圣以消除心头的恐惧，大量宗教迷信、巫术和民间信仰渗透到教会中来。这次复兴的高潮发生在1475年，人民突然着了魔似的奔向勃兰登堡的一个区（普里格茨）的维尔斯纳克村，据传那里自1383年就有一块奉为神圣的圣饼，隐含有基督的鲜血，大批信徒要么抛下农活，携妻带子；要么抛下孩童，长途跋涉，忍饥挨饿，加入朝圣行列要见"流血的圣饼"，以求上帝的宽恕，这股朝圣风起自德国中部，波及奥地利和匈牙利，据托马斯·林赛所说："以后若干年，还出现过类似的奇怪的朝圣风——1489年前往朝拜阿尔特廷的'穿黑衣的圣母马利亚'；1492年前往朝拜斯特恩贝格的'圣血'；同年还前往朝拜多纳赫的'慈悲的圣骨'；1499年前往朝拜格里门塔尔的圣母马利亚的画像；1500年前往朝拜迪伦的圣安娜的头颅；1579

年前往朝拜美丽的圣母马利亚。"① 教士们鼓励诸侯和富商去朝拜耶路撒冷的许多神圣场所，相当富有的德国人去罗马，中等阶级和穷苦的德国人则去西班牙的康普斯泰拉或瑞士的艾因西德尔恩。此次宗教信仰复兴的明显特征是：基督不再是救世主和代祷人，变成了坐在全能父上帝右边的威严审判者，马利亚被敬奉为代祷人。圣母崇拜甚至发展到圣母的母亲（圣亚拿）也成了盲目崇拜对象的地步，佛兰西斯会和奥古斯丁会都推崇圣母崇拜，路德所在的奥古斯丁会将圣母与奥古斯丁尊为保护神，路德本人就以父母的崇拜对象圣亚拿（St. Anne）为保护神，在他发修道誓愿时，就是向圣亚娜求救，呼求帮助的。

　　短暂的宗教信仰复兴运动并未挽回教会精神权威衰落的颓势，朝圣善功并不能解决信徒精神的危机，教会的道德状况使得多纳图派问题又凸显出来，教会称义教义的混乱给信徒的灵性生活蒙上了阴影，西方教会的预定论焦虑日益加剧，中世纪的敬虔制度引起虔诚信众的疑虑和思考，教会的滥用职权和道德败坏已使许多信众感到绝望，种种迹象表明中世纪"恩典——功德"的救赎论模式已不再能有效满足信众的灵性渴求，时代提出了两个要求：教会改革和灵性更新。平信徒和普通教士渴望过一种使徒般的简单生活，一种简单、明了和有效的宗教成了人们的期待，回归使徒教会和福音源头的呼声不绝于耳，保罗书信受到许多学者的重视，许多教外人士企图撇开教会敬虔制度找到救恩，建立与上帝的直接关系。

　　在个人如何找到救恩的问题上，16 世纪初意大利帕都安（Paduan）有教养的人文主义小团体中两个人的答案值得我们深思。保罗·久斯提尼阿尼（Paolo Giustiniani）及其友人加斯帕罗·孔塔里尼（Gasparo Contarini）组成的小圈子，都为个人圣洁和终极拯救而感到苦恼，1510 年保罗进入修道院，他认为此生获救的希望仅在于修院，只有克己苦行的生活方式才能消除罪孽。其举动引起孔塔里尼的深思，如果他的朋友们在修院中仍怀疑过严峻生活能否赎罪，那么还未进修院的他该如何办才好？1511 年复活节前夜，在近乎绝望的精神状态下，孔塔里尼与神父促膝长谈之后，决定不再随友人进入修道院，这样一个巨大转变表明他已走出精神困境。他说道："纵使我完成所有可能的忏悔，或者更多，它们也不足以赎

---

① 林赛：《宗教改革史》，孔祥民等译，商务印书馆 1992 年版，第 116 页。

清我过去所犯的罪过，更莫奢谈赚取救恩……相对于人的弱点来说，作为人所犯罪的赎价，基督的受难就足够了，而且绰绰有余。这样一想，我就立刻从恐惧和痛苦中转向福乐，我开始全身心地转向我曾目睹的至善，因他爱我，在十字架上，他的双臂伸开，胸膛敞开，直露心襟。于是，我这没有勇气离弃红尘并为自己的罪忏悔赎罪的家伙，竟转向他，求他一个无罪之人允许我分享他所为我们完成的补赎。他很快地应允了我的请求，并使天父完全取消我所欠下的债务。而靠我债务是永远没法还清的。"① 孔塔里尼在基督里找到修院中的宁静和幸福，走出了精神的困境。两位人文学者所遇到的精神困苦，青年路德同样得面对，路德先走了保罗的道路，发"三绝誓言"，入修院，最后又破墙而出，成为另一个孔塔里尼。

教会面临危机，不乏有识之士起而呼唤改革教会行政管理和道德状况，约翰·威克里夫（John Wyclif）和约翰·胡斯（John Huss）成为改教先行者。威克里夫于 1366 年在牛津发表《论世俗统治权》一书，强调宗教职权是上帝委托教会管理的，教皇及高级神职人员对世俗财产不享有管理权，教产应予以没收。《圣经》是教会的唯一法律，教会的唯一首领是基督，上帝的全体选民才是教会核心。教皇首先是上帝的选民，其次必须像使徒彼得一样，献身于牧职，做上帝的忠实仆人。威克里夫博学多能，通晓《圣经》，他高举《圣经》权威以反对教皇专制，认为托钵修会缺乏依据，而且一切主教的权力都不符合《圣经》教导，他猛烈抨击"化体说"，否定神甫有权代表上帝使饼酒变质的教义。怀着强烈的爱国主义精神和深切的虔诚心，威克里夫将圣经译成英语，对英语文学的发展贡献颇大。威克里夫的追随者被称为罗拉德派（Lollards），后遭镇压，改教时期认同抗议宗。

威克里夫在波希米亚的学生胡斯继承了他反教权的民主和民族思想，主张教会是由上帝预定的人组成，它的真正首脑是基督而非教皇，教会的法律是《新约》，教会的生活应像基督那样贫困。胡斯并不否定变体说，神学观点上比威克里夫保守。在反对教皇和德国教士的斗争中，胡斯成了民族英雄，因否定教皇的赦罪权，在 1415 年举行的康斯坦茨会议上被定罪烧死。胡斯的追随者有"圣杯派"和"塔波尔派"，圣杯派主张饼酒同

---

① Alister E. McGrath, *Luther's Theology of the Cross*, Oxford, 1985, p. 219.

饮，因此得名，代表贵族阶段的利益，最终消灭了激进民主的塔波尔派，取得了波希米亚教会事实上的独立。如果只考虑反对教会腐化，抬高《圣经》地位以及鼓励改革教会方面的贡献，威克里夫和胡斯当之无愧地应被视为改教先驱，如果要考察他们的神学教义，就会发现他们对信仰、福音和教产的观点基本上是中世纪的。路德在爱尔福特大学学习期间曾接触过胡斯的著作，1519 年莱比锡辩论会上，路德宣称其发现胡斯的信仰声明中，有许多普世教会不能定罪，属基督和福音的成分，但绝对不能将宗教改革的功劳归于胡斯和威克里夫。

面对教会的危机，也有人提出从教政方面着手，帕多瓦的马尔西利奥在 1324 年发表《和平保卫者》一书，提出公会议至上的思想，此后巴黎大学的两位学者吉恩豪森的康拉德（1320—1390）和兰根斯泰因的亨利希（1342—1397）撰文阐述此思想。1414 年教皇约翰二十三世与神圣罗马帝国皇帝西吉斯孟德联手召开康斯坦茨公会议，会议结束教会百年分裂，使教廷从绝对专制制度转为一种君主立宪。教皇虽仍握有教会的最高执行权，但他要受到教会立法机构的约束，该机构将定时召开会议，代表各基督教国家的利益。由于 1431 年按计划召开的巴塞尔会议由于教皇尤金四世从中作梗，教会行政和道德改革问题被搁置，公教会高于教皇的实践破产了，通过召开公会议来实现必要的改革的希望破灭，教会自上而下的改良运动也只能作为一个理想存在着。

教会的敬虔制度依然在运转着，在人文学者冷嘲热讽、嬉笑怒骂的鞭挞声中，教会也不得不表面上倡议改革以平息众怒，虔诚的修士们关注灵魂的解脱和向往与世无争的修道生活，像孔塔里尼之类的平信徒也因个人灵魂找到平静和归宿而失去了神学探究的兴趣和能力，称义教义的重要性随着灵性复兴和道德革新的迫切性而增长，信众中对灵魂来生的安顿存在着普遍困惑，这一切都似乎预示着上帝伟大先知的到场。人应该怎样做或者做些什么，才能消除灵魂的重负，与神和好？马丁·路德出生于德国图林根地区宗教上最为保守的农民家庭，自幼受德国古老迷信和基督教信仰的熏陶，生就一颗敏感的心灵，一生为情绪波动所左右。1505 年，路德刚取得爱尔福特大学文学硕士学位，前程一片光明。却因好友猝死而顿感人生之倏忽，来世之不逮，时代的困惑纠缠着青年路德的心魂，他拂逆其父希望其从事律师职业的愿望，在返乡途中遭遇雷电打击，向圣安娜发誓愿做一修士。尽管天主教徒们攻击路德并没真正蒙召做修士，以致他后来抛弃了修道主义。但是路德真心感受到上帝审判的恐怖和追求救恩的必要性，这是无可否认的事实。自此以往，路德严守奥古斯丁修会的各项规条，乃至他晚年仍自豪地认为再也没有比他更好的修道士，但是修道士生活并没使他与上帝和好，相反却使他陷入灵性的深渊之中。正是这种精神灼痛驱使着路德去质疑并追问教会传统宗教理论和实践的有效性，进而去认识上帝的正义和慈爱为何物。1512 年 10 月 22 日路德获得圣经神学博士学位，获准继承斯陶皮茨教席，讲授《圣经》，对《圣经》文本进行了大量注解，发现了上帝的义乃是启示在基督里并为他所拥有的外在之义，并最终提出了"十字架神学"（Theologia Crucis）。

　　本文的研究正是基于对路德称义神学思想发展的描述，来展示路德如何解决了时代提出的问题。1509—1519 年间，路德致力于研究称义教义，在他看来，道德革新和灵性更新尽管很重要，但与基督教教义的革新相比只具有第二位的重要性。路德批判改教先驱威克里夫和胡斯以及宗教会议运动仅从教皇制和教会体制入手，幻想在教会内部实现改良，没有攻击支撑教皇制度乃至中世纪敬虔制度的整个教义体系。而整个基督信仰的福音真道囊括于称义教义之中，因为称义教义肯定了生为罪人并且此生永为罪人的人，只能通过基督的受死和复活进入与上帝的恩惠关系之中，祭司和圣礼制度在教会内有其恰当的律法规定了的位置，但不能介入活生生的上帝与罪人之间，作为人神之中保。路德认为耶稣基督是上帝的义，在耶稣身上同时启示了上帝对罪的谴责和医治，通过圣灵的创生力量和聆听福音真道，罪人通过信仰基督分享到神圣之义。

　　关于称义教义的重要性，路德在 1535 年《加拉太书注释》中这样写道："称义的确是最基本的信仰，我们都持守此一信仰，就能持守所有基督教的信仰条例。"① 正是借着称义教义的新发现，路德摧毁了教皇制在救恩上的权力②，获救靠的是基督的信，而非服从教皇的命令，基督才是教会的真正首领。1537 年路德执笔写就的《施马加登信条》第二部分第

———————

① 路德：《加拉太书注释》，道声出版社 1966 年版，第 118 页。
② 教皇在救恩论上的极端要求的经典表述，表现在卜尼法斯八世 1302 年颁布的教令《一圣通谕》中：对于获救来说，每个人服从于罗马教宗也是必要的。

五条上写着："根据圣道和神圣权利，教皇不是基督教世界的首领，因为这个位置仅属于一个人，即基督耶稣。教皇仅是罗马城诸教区的主教和牧者，也是那些自愿或者通过一种人为的制度（即世俗政府）归附教皇的教会的主教和牧者。"[①] 路德使福音得到重光，他认为自己所传讲的并没有与普通基督教教义有所差别。但是研究路德称义教义在 1509—1519 年间的发展，尤其是称义教义思想的高潮——十字架神学，对于历史学家和神学家都具有巨大的吸引力。对于历史学家来说，路德称义神学的发展乃是著名的改教运动的思想来源，此研究有助于理解西方文明从中世向近代的嬗变。对于神学家来说，此研究有助于弄清路德称义学说的内容，以及这些学说如何汇聚成为十字架神学。更为重要的是可以澄清这样的问题：路德是变革了天主教对于称义的理解，还是恢复和还原了天主教称义学说的实质。如果路德突破了称义神学范式，那么如何理解路德所实现的称义神学突破？

　　路德称义神学直接源于中世纪晚期神学，在爱尔福特大学学习期间和维滕堡大学工作期间，路德是以一种典型的经院神学家的身份来教导和探索神学问题的，他花了近 10 年时间来摆脱这一神学模式。以往仅将中世纪末期经院神学作为宗教改革运动的一个序曲的看法，现在得到纠正，中世纪晚期神学作为一个独立领域来加以研究的重要性日益明显地被神学家们注意到，中世纪晚期神学自身的复杂性及其与路德称义神学的紧密关系超出了研究者的想象。路德不可能是一位从天而降，上帝所赐给德意志民族独一无二的神秘人物，他不可能天生就拥有能够摧毁腐败教会和开创一个新纪元的真正神学（vera theolgia）的力量。因而对路德称义神学背景的探讨就变得非常有必要，第一章已勾画出路德神学突破的整个中世纪神学背景，现今对晚期中世纪经院神学的探索表明，路德的神学见解发自维滕堡长期神学教学和教牧实践中，受到四种主要思想流派的影响：人文主义、神秘主义、奥古斯丁会新学和经院新学的唯名论。正是这四种思想交织作用，决定了"十字架神学"的出现，构成了路德称义神学突破的直接理论背景。以下我们将逐次讨论四种思想与路德称义神学思想发展的关系。

---

① ed. by Theodore G. Tappert, *The Book of Concord*, Philadelphia, 1959, p. 298.

第二节　人文主义运动

"人文主义"（Humanism）是与 14—16 世纪意大利文艺复兴运动紧密相关的文化运动。据说 19 世纪著名德国教育学家尼塔默尔（F. J. Niethammer）于 1808 年最先使用此词（Humanismus），鉴于当时德国青年教育中对实践性学科和科学技术的过分重视威胁到青年人文素质的培养，他本是用其来标定当时中学教育对古希腊和拉丁古典文化的强调，没想到这 19 世纪造就的新词竟被用来指称意大利文艺复兴运动的一般特征，而此词并不见诸十四五世纪"人文学者"（humanista）的著作中。"人文主义"一词就在宽泛的意义上被广泛应用于指称与意大利文艺复兴运动有关的古典学术复兴运动，当然，也指那些与意大利文艺复兴运动有关的北欧文化运动。①

先于宗教改革运动两百多年，肇始于意大利的文艺复兴运动造就了无数具有伟大天赋和个性的人才，他们被称为人文主义者（humanist），其中在文学史上有名的是但丁、彼特拉克、薄伽丘、马尔西利奥·菲齐诺、皮科·德拉·米兰多拉；艺术史上有名的是乔托·波提切利、达·芬奇、拉斐尔和米开朗琪罗。文艺复兴运动之所以发生，原因在于 13 世纪下半叶德意志民族的神圣罗马帝国的统治崩溃。14 世纪初教廷迁居阿维农，意大利全境解除了帝国皇帝和教皇的控制，形成米兰、威尼斯、西西里、教皇、佛罗伦萨五种政治势力并存的局面，城市商业活动在十字军运动刺激下日益繁荣昌盛，经济的发展又激励了文化的发展，当时意大利人可说是欧洲最有文化教养的民族了。政治上的严重分裂和经济交往的日益频繁需要大量人才处理外交关系、行政事务和法律诉讼等事务，这就给大量有才干（善于辞令、通悉社交礼仪）的人的出现提供了舞台。根据文化思

---

① "人文主义"是一个含义复杂多变的词语。19 世纪的学者卡尔·哈根（karl Hagen）和格奥尔格·弗伊特（Georg Voit）首先使用此词（Humanismus）来指称与文艺复兴相关的历史事件和文化现象，这是从启蒙运动的理性和人类中心的立场来看待文艺复兴的。19 世纪初，威廉·冯·洪堡（Wilhem von Humboldt）及其同时代学者认为人文主义的主旨是把理性和经验视为真理的唯一基础，马克思主义的社会解放和进步思想也被视为一种人文主义。20 世纪，英国哲学家罗素和科利斯·拉蒙特（Corliss Lamont）出于人类中心和反宗教的立场，将人文主义视为一种非有神论的宗教伦理运动。法国哲学家萨特声称自己的存在主义哲学是一种人道主义（Humanitarianism），这就混淆了人文主义与人道主义之间的区别。但是，从历史上来看，人文主义一词始终只与文艺复兴的思想和文学艺术密切相关。

想史家雅各布·布克哈特的观点，意大利人首先摆脱了罩在中世纪人类意识上的面纱，这层由信仰、幻想和幼稚偏见构织的纱幕使得内心的自我省察和外界的客观考察处于半梦半醒的状态之中。"在意大利，这层纱幕最先烟消云散；对于国家和这个世界的一切事物做客观的处理和考虑成为可能的了。同时，主观方面也相应地强调表现了它自己；人成了精神的个体，并且也这样来认识自己。"[①] 意大利人变成了近代欧洲的长子，他们反对中世纪神学世界观，将人性的正当权利和自然的美丽从原罪教义的"魔咒"中解放出来，肯定人性的尊严和高扬人格自由的价值，强调人是生活于现世、追求个人的完美和多种技艺的发展，并能从各种生产活动中获得满足和荣誉的人，而非基督教神学所定义的来世遭审判的罪人。

那些淡泊于政治，对文学艺术抱有浓烈而又持久兴趣的人们极力推崇异教的古希腊罗马文学艺术，反对经院神学的传统和权威。被誉为"人文主义之父"的彼特拉克非常蔑视经院哲学，经常非难亚里士多德，志在复兴拉丁文学，他曾模仿维吉尔的史诗《伊尼特》的韵律创作了一首拉丁叙事诗，讴歌第二次布匿战争中的罗马英雄西庇阿。[②] 创作了《十日谈》的作者薄伽丘促进了希腊文学的研究。文艺复兴的中心城市佛罗伦萨早在 1397 年就有翻译荷马和柏拉图著作的学者曼纽尔·克里索罗拉（Manuel Chrysoloras）教授希腊文，1438—1439 年弗拉拉和佛罗伦萨公会议东西方教会联合的前景激发了西方人向东方学习的愿望，1453 年君士坦丁堡陷落，大批通晓古希腊文化的学者流亡至此，带来大量希腊文献。[③] 1442 年梅迪奇家族的科齐莫创建柏拉图学园，该学园热衷于研究柏拉图，在菲齐诺领导下更注重将柏拉图主义研究与基督教的热忱相结合，菲齐诺回到基督教信仰源头（ad fontes）的倡议虽在意大利毫无声息，却得到阿尔卑斯山北的人文主义者雅克·勒费弗尔（Jacques Lefevre d'Etaples）、约翰·科列特（John Colet）和伊拉斯谟的热烈响应。皮科·德拉·米兰多拉热心研究希伯来文，精通犹太神秘哲学喀巴拉（Kabbala）和东方学，对约翰·罗伊希林（Johann Reuchlin）影响甚巨。根据考证，罗伦佐·瓦拉证明《伊西多尔教令集》为教会伪造，指出《使徒信经》

---

① 雅各布·布克哈特：《意大利文艺复兴时期的文化》，何新译，商务印书馆 1983 年版，第 143 页。

② 参见彼得·伯克：《欧洲文艺复兴：中心与边缘》，刘耀春译，东方出版社 2007 年版，第 24—27 页。

③ 参见林赛：《宗教改革史》，孔祥民等译，商务印书馆 1992 年版，第 46 页。

并非由十二使徒编订，基督并没鼓励信徒去修道①，对各种文本《圣经》的比较研究，促进了《圣经》考据学的发展。文艺复兴运动得到了教皇尼古拉五世的支持，这位教皇创建了梵蒂冈图书馆，大量教堂建筑装饰为艺术三巨匠达·芬奇、拉斐尔和米开朗琪罗提供了施展才能的场所，他们将绘画和雕塑艺术推向了顶峰，透视法得到更为准确地理解，在大量人物人体和自然风景画中，透视法的运用再现了自然的和谐之美。受启蒙思想的影响，布克哈特认为文艺复兴运动乃是意大利天才人物和古典文化结合的产物，本质上是一场文化运动，在其中人文学者们既发现了人自身，又发现了自然本身。

　　人文主义运动的主要特征和内容与意大利文艺复兴运动是一致的，人文主义运动普遍倾向于强调古典学术研究的重要性，特别值得一提的是，他们将古代经典视为评判一切文化活动的标准和人所应当效仿的普遍法则。文艺复兴时期，意大利的几所大学在原有的教会法、民法和医学讲座上增加了修辞学、哲学和天文学讲座，修辞学讲座是人文主义者最想得到的。教皇和许多大修院也开设了古希腊文和希伯来文讲座，贵族们还聘请大量著名的人文学者到自己宫廷学校培养和教育贵族青年，大量城市办有拉丁文学校，除教授读、写、算之外，还传授拉丁语和逻辑学的知识。当时的教师更迭频繁，师生间接触紧密，教学采取辩论的方式，经常使用拉丁文和希腊文。在这样一种"信而好古"的文化背景下，15 世纪末期文献中出现了"人文学者"一词②，用来指称多在学校从事人文学术（studia humanitatis）的专业教师们，就像社会上的律师（jurista）、立法者（legista）和艺术家（arista）一样，此词也用来指称大学里专门就某一学科授业解惑的教师们。根据著名文艺复兴史家保罗·奥斯卡·克里斯特勒（Paul Oskar·Kristeller）的观点，当时的人文学术通常包含语法、修辞、诗艺、历史和道德哲学 5 个学科，大学语法和修辞教席多为与人文主义运动有关的教师把持。③

---

　　①　参见《新约》中《马太福音》第 4 章 17 节。罗仑佐·瓦拉认为武加大本将悔改（repent）误译为赎罪（do penance）。

　　②　从词源学上来看，humanista（人文学者）一词出自意大利俚语 umanistitae，与拉丁文 studia humanitatis（人文学术）密切相关，后面一词主要出自于西塞罗，他相信演讲和诗艺最适合于传播 humaniora 或者人文学术，humanitatis 在 14 世纪末期的意大利，专指教授古典希腊和拉丁文文法的学术课程。人文主义一词正是从这两个拉丁语演化而来，并在 1812 年有了英文对应词（Humanism）。

　　③　Paul Oskar Kristeller, *Renaissance Thought and Its Sources*, New York : Columbia University Press, 1979, p. 97.

　　人文主义运动诞生于修辞和语法研究中，而非哲学、宗教和科学研究领域，在修辞和语法领域，人文主义者继承了早期中世纪传统，但却以古典标准来继承发扬它们，这就需要深入到古典学术研究中，以期达到古典文化的水平。人文主义者热衷于古典学术和柏拉图哲学，但并非为古典学术而古典学术，志在复兴古典学术和希腊哲学，而是将其当作达到其他目的的工具，他们的作品更多地是为了展示或鼓励读写和雄辩技能。尽管文艺复兴人文主义者创建了柏拉图学园，研习柏拉图、西塞罗和维吉尔等古典作家的思想，但并不能认为人文主义就是一种新时代的奥古斯丁主义或者新柏拉图主义哲学，且与主宰中世纪神哲学的亚里士多德主义相对立。①其实，许多人文主义者如皮耶罗·彭波那齐（Pietro Pomponazzi）和查巴雷拉（Zabarella）仍顽固地坚持着经院哲学，西塞罗并未作为一个哲人而是作为演说家来研究的，柏拉图的理念论（idealism）也未有人涉猎。正如教会史和神学家阿利斯特·E. 麦格拉思（Alister E. McGrath）所说："文艺复兴人文主义不是一个哲学体系，甚至也非具有某种哲学倾向的体系，它只是一切注重于某种类型古典文艺作品研究的文化运动而已。"②

　　现今的研究表明，作为一个文明整体，文艺复兴是异常复杂多元的，人文学者及其作品在宗教、政治、伦理和哲学方面没有一致的意见，很难用一个独特的"观念"来作出普遍化的概括，用以说明其本质和意义。③但是，我们可以肯定人文主义基本上是一种文化和教育的运动，它所关注

---

　　①　详细的分析，参见 Alister E. McGrath, *Luther's Theology of the Cross*, Oxford：Basil Blackwell Ltd., 1985, pp. 41—42.

　　②　Alister E. McGrath, *Luther's Theology of the Cross*, Oxford：Basil Blackwell Ltd., 1985, p. 40.

　　③　关于文艺复兴人文主义运动的本质和意义的探讨，自布克哈特之后，20 世纪形成了两种对立的观点。一种是以天主教新托马斯主义者埃特涅·吉尔松（Etiene Gilson）和雅克·马里坦（Jacques Maritain）为代表，出于以神为中心的人道主义立场，贬低甚至否定文艺复兴作为一个文明整体的重要性；另一种是以巴隆（Hans Baron）、克里斯特勒、加林（Eugenio Garin）、哈伊（Hay Denys）和伯克（Peter Burke）为代表的主流路线，重新肯定了文艺复兴和人文主义在人类精神和文化生活中的重要意义，他们在研究方法和理论上做出的努力发展了布克哈特的观点。克里斯特勒通过考察各城市共和国中的文化教育生活，提出了人文主义起源于"修辞学传统"的观点，对文艺复兴的多元特质进行了卓越的描述，不再对文艺复兴作观念上的定性研究，故而能够很好地兼容 20 世纪关于文艺复兴的诸多理论和观点。本文认为克里斯特勒的观点可以避免身受现代性和启蒙思潮影响的当今研究者在研究文艺复兴时所持有的解释学前见，因此以之展开人文主义与路德关系的研究。

的是如何发扬修辞和雄辩术的方式，而对人类精神文化生活中其他领域的关注只占据次要的地位。

人文主义对路德的影响主要归因于意大利文艺复兴运动的北传，具体地点在爱尔福特大学和维滕堡大学。阿尔卑斯山以北的文艺复兴运动是由于康斯坦茨会议和巴塞尔会议期间与会代表与意大利人文主义者相接触而开始的，15世纪末期蔚然成一股强势思潮。由于神圣罗马帝国与意大利特殊而又紧密的政治联系，以及意大利城市与多瑙河和莱茵河沿岸的帝国城市之间繁荣的贸易往来，德国人比其他北方国家更早地受到人文主义的影响，他们对古典文化和哲学的迷惘、兴趣、理解和尊敬都离不开山北意大利文艺复兴运动的传播。

意大利文艺复兴思想的北传大抵采取以下三种方式，一是人员频繁交往流动。意大利人文学者和艺术家作为外交使节、教皇特使、秘书、大学讲师和商业代表来到各诸侯国和自治城市，山北的"化外"学生来到意大利各大学留学，学成归国后到大学任教。[①] 二是与意大利人文主义者保持密切的书信联系。现存的大量书信原稿表明，人文学者对书写、讲说、雄辩能力的重视，导致了一种适合传播人文学术理想的艺术字体的出现。三是通过手稿和印刷书籍的流传，约1450年美因茨的古滕堡发明了活字印刷，大量意大利人文主义作品批量印刷，更多人可以及时了解到作者的思想。当时流行的为捐助者献书的风气也加剧了人文主义的传播，维滕堡大学就有许多献给选侯智者弗里德里希的作品，莱因文学会就是由美因兹的凯尔提斯于1491年创立，其成员互相通信，交流学术成果。总的说来，15世纪人文主义得以在德国大学中扎根，靠的是大量文学课程的设置，留学意大利学生和奥古斯丁之类的修会，当时的德国人文主义具有强烈的

---

① 例如"德意志人文主义之父"卢道夫·阿格里科拉（Rodolphus Agricola）留学归来后在海德堡大学任教，在促进学校古典语文教育方面功绩卓著，其学生亚历山大·赫吉乌斯使德文特学校（Deventer）成为古典教育的中心之一，著名人文学者伊拉斯谟曾在此受教。人文学者克里斯托弗·舒勒（christoph scheurl）16岁时留学意大利博洛那大学学习法律，有机会浸淫于晚期文艺复兴文化，特别着力于修辞术，1506年回到维滕堡，次年任校长，力图将维滕堡大学营造为人文学术研究中心。当时德国著名人文学者如康拉德·凯尔提斯（Konrad Celtis）、约翰内斯·特里特缪（Johannes Trithemius）、威里巴德·皮克海默（Willibald Prickheimer）、康拉德·普伊廷格（Conrad Peutinger）、约翰内斯·罗伊希林和穆蒂安·鲁夫斯（Mutianus Rufus）都曾留学意大利，回国后长期教授人文学术（Liberal arts），反对宗教迷信和挑战德国本土文化。

文化民族主义和渴望宗教启蒙的显著特征，不像意大利那样，大多数德国人文学者都是虔诚的基督徒，被后世研究者们称为基督教人文主义者。

爱尔福特大学自创立以来就是唯名论经院新学（*Via Moderna*）的主要阵地，奥卡姆高足迦伯列·比尔（Gabriel Biel）曾在此执教。15 世纪末期，在约多库斯·特鲁夫特（Jodokus Trutfetter）和巴托罗缪·阿诺尔第（Bartholomäus Arnoldi）等唯名论学者的宽容下，唯名论辩证法和对古典语言的人文主义热情和平共处，教学改革也多趋向于人文学术课程的设置。早期人文学者雅可布·威姆费宁（Jakob Wimpfeling）强调拉丁语的重要性不亚于智慧、公义、宗教、谨慎、好的道德和政府，穆蒂安·鲁夫斯甚至认为人应该受有教养语言的模造，其名言为"不学好拉丁语，就是个野蛮人"。在必修课之外，大学学者还在 1469 年左右，专门开设了十六门与古典作家诸如西塞罗、维吉尔、奥维德、泰伦斯、瓦勒留斯、马克西姆斯和萨鲁斯特有关的文学课程，这些课程多为人文学者所主持。路德在人文学系第一学期时，尼古拉·马夏克（Nikolaus Marschalk）首先在自己身旁组成一个人文学术圈子，其中包括与路德一生事业相关的斯帕拉丁（Georg Spalatin），其人原名为乔治·布克哈特，后来任智者弗里德里希的私人秘书。1502 年秋，马夏克曾率领其部分弟子离开爱尔福特到维滕堡大学，斯帕拉丁在那儿获得硕士学位，马夏克还组织出版了大量古典文学书籍。穆蒂安·鲁夫斯是与伊拉斯谟和罗伊希林齐名的德国人文主义者，主张属灵、普世和道德的基督教，反对经院哲学，于 1501 年在意大利博洛那大学获得法学博士学位，非常熟悉意大利人文主义，并与他们保持着长期的通信联系。作为爱尔福特大学的教师，他于 1503 年在哥达任牧师，在其周围形成了一个新的人文学术中心，斯帕拉丁、彼得·艾伯巴赫（Peter Eberbach）、亨利希·艾伯巴赫（Heinrich Eberbach）和诗人爱俄巴鲁斯·赫苏斯（Eobanus Hessus）也加入其中。可见，马夏克和鲁夫斯的活动无疑增强了爱尔福特大学作为北德一个人文主义中心的地位。[①]

路德 1497—1498 年间在马德堡的努尔布鲁德学校（the School of the Nullbrueder）学习，1498—1501 年间又在艾森纳赫的圣乔治学校学习，这

---

① 参见 Martin Brecht, *Martin Luther: His Road To Reformation* 1483—1521, trans. by James L. Schaaf, Philadelphia: Fortress press, 1985, pp. 39—41.

两所中学均或多或少地受到了德文特学校的影响。《桌边谈》（Tischreden）反映出他在这一时期受到了多纳图斯语法的影响，阅读了大量以伊索命名的寓言①，他的许多作品中也多次引用了伊索寓言中的故事。路德 1501 年 4 月或 5 月到爱尔福特大学求学，尽管认为路德与爱尔福特人文主义有着密切关系的观点是成问题的，但却不能否认路德后来与整个传统经院学术渐行渐远的走向，无疑是人文主义在爱尔福特大学发展的结果。虽然路德在大学四年学习期间没有与人文学者有过实质性的接触，但是有限的资料表明，路德在人文系接受哲学训练的时候，于繁重的经院哲学学业之外，私下挤出时间阅读了大量拉丁语著作和少量希腊语作品，他非常喜欢维吉尔、普拉图斯和西塞罗的作品，读过李维、特伦斯和贺拉斯的著作，浏览过其他拉丁作者的文选。② 据路德在爱尔福特的大学和修院好友约翰·兰（Johann Lang）的言论分析，自己在各门“人文学科”以及希伯来语的学习中得到了路德的不少帮助，兰的好友彼得·艾伯巴赫被认为是一名优秀的希腊学者，他把许多希腊作家的著作带入了爱尔福特奥古斯丁修院。据路德回忆，自己在进入修院之前，曾拥有一本希伯来词典《希伯来语初步》，且经常抱怨其作品不如西塞罗。③ 路德比较熟悉爱尔福特人文主义者克劳图斯·鲁比阿努斯（Crotus Rubianus），正是通过他，路德后来才与乌尔里希·冯·胡腾（Ulrich von Hutten）建立起联系，他对路德的大学和修院生平比较了解，据路德回忆，他这样来谈论自己：“在我们的宿舍里，你曾经是一名博学的哲学家和音乐家。”④ 在中世纪末期，哲学家往往就是人文学者的同义语。就爱尔福特人文主义对路德的影响，路德研究专家马丁·布莱希特说道：“总之，路德肯定已显著、全面地熟悉古典作家，并因此了解了这些文本的语言形式，也许也对原始古典文本产生了敬慕之情，当然首先是《圣经》，因为它们都是正品才尊敬它们，也许爱尔福特的哲学教师早就讨论过圣经言述与经院神学教义之间的区

---

① 参见 Martin Luther, *D. Martin Luthers Werke*, *Tischreden*, Weimar, 1912—1921, No. 2157, 3566A, 3753.

② 参见林赛：《宗教改革史》，孔祥民等译，商务印书馆 1992 年版，第 175 页。

③ 参见 WA, Br 2：547，（Martin Luther, *D. Martin Luthers Werke*, *Briefwechsel*, Weimar, 1930—1940. 以下同）line 3.

④ WA, Br 1：541—43；WA, Br 2：91, line 3ff.

别。当路德进入修院时，他并未抛弃人文主义遗产，与约翰·兰的交往更加深了这种对人文主义的态度。"①

1505 年夏季至 1512 年底，路德基本上是在修院度过自己的学习和修道生活的，众所周知，他是携着维吉尔和普拉图斯的著作进入以教规严格著称的爱尔福特奥古斯丁修院的。为了完成神学学位学业，他主要学习了彼得·隆巴德的《箴言四书》（Sententiarum Libri quatuor），于 1509 年秋天获得《箴言四书》学士学位，获准讲授该书，并研读奥古斯丁的选集作品，1512 年 10 月 19 日，路德获得圣经神学博士学位。大概在 1511 年底，路德被派往维滕堡大学，自此展开了自己的教学、教牧和改教事业，其间很少离开。萨克森选侯智者弗里德里希于 1502 年正式创建维滕堡大学，梅勒斯塔特（Mellerstadt）是大学首任校长、医学教授和选侯的私人医生，他虽是一位托马斯主义者，但对人文学术和其他学派都比较宽容。与爱尔福特大学不同，维滕堡大学的学术风气非常开放，来自各地各修会的大学教授汇聚于此，包括人文学者、托马斯主义者、司各脱主义者和唯名论者。许多人文学者相继在此任教，马特努斯·匹斯托里斯（Maternus Pistoris）和尼古拉·马夏克首先来到这里，克里斯托弗·舒勒（Christoph Scheurl）1506 年出任大学校长。1508 年初，选侯要求当时的法律系主任舒勒修改大学的规章制度，舒勒为全校系科制定了新规，对人文学系的课程作了特别增加。因此，在路德到来之前，维滕堡大学人文主义已经有了充分的发展。1518 年著名的人文学者和改教家菲利普·梅兰希顿（Philip Melanchton）加盟维滕堡大学，他的杰出才华和渊博知识，特别是对人文主义和古典学的丰富学识使路德受益匪浅，在其路德生平传记中，他一再提及路德在学生时代已遍读西塞罗、维吉尔、李维等古典拉丁语作家的作品，而且并非蜻蜓点水般地浏览，而是把它们当作人生的教导来阅读并牢记在心。

自从发表《九十五条论纲》之后，路德逐渐走向了改教之路，对罗马教会和经院哲学的批判与日俱增，与此相随，对人文学术的兴趣和与人文学者的联系也日益增强。他于 1517 年 11 月至 1519 年间以人文主义的

---

① Martin Brecht, Martin Luther: *His Road To Reformation* 1483—1521, trans. by James L. Schaaf, Philadelphia: Fortress press, 1985, p. 43.

名字 "埃琉西留斯" （Eleutherius） 自称，其希腊文意为解放者或自由人，他也把福音书称为 "神圣的学问" （*eruditio divina*）。① 在 1518 年 4 月举行的海德堡辩论会上，路德提出了 12 条哲学论纲，批判了亚里士多德哲学对基督教教义的扭曲理解，其中第 36 条和第 37 条论纲表达了柏拉图和毕达哥拉斯优先于亚里士多德的奥古斯丁立场。② 1518 年维滕堡大学的教学改革中，路德是人文学系课程改革的主要推动者，他经常向学生们谈论当时的科学和艺术，希望人文学系的学生不要受到经院哲学辩证法和三段论推理的影响，此时的圣经评注也反映出他使用了西塞罗和人文主义者的许多表达方式。③ 1519 年莱比锡辩论，特别是 1520 年宗教改革三大著作发表之后，路德获得了德国人文主义者的广泛同情和支持，他们赞赏路德关于基督徒信仰自由权利、德国的统一、建立廉洁的民族教会，反对教皇至上和教阶制度的主张。

1524 年路德发表《致德意志诸城议员以建立和维护基督教学校书》（*To The Councilmen of All Cities in Germany That They Establish and Maintain Christian Schools*），主张更多的初等学校毕业生应该进入拉丁语学校，学习语言、文法、历史、数学、自然科学、音乐和体操等人文学科的知识，优秀的拉丁语学校毕业生才可以接受高等教育，这样培养出来的人才方可以服务于国家和教会的需要。该书在反映路德的古典语言观方面极具代表性，路德特别喜欢西塞罗，同意他的道德哲学及其著作《论神的本性》（*De natura deorum*）中关于上帝存在证明的诸多思考，对他的赞誉超过了亚里士多德，他甚至主张一切想要学习真哲学的人都应该阅读西塞罗的作品。路德和当时的许多德国人文主义者一样，对西塞罗的雄辩相当钦佩并将其视为效法的楷模，据《桌边谈》所载，他曾宣称："当我读到西塞罗的演讲辞的时候，我顿时感到自己是那么的不擅言谈。我觉得自己像一个

---

① Marilyn J. Harran. Selinsgrove ed. , *Luther and Learning：The wittenberg University Symposium* , PA：Susquehanna University Press，1985，p. 72.

② WA 1：355（Martin Luther, *D. Martin Luthers Werke, Kritischche Gesamtausgabe*，88 Bandes, Weimar, 1883. 以下同），16—19. 其中，第 36 条，亚里士多德错误地挑剔和嘲笑柏拉图的理念，实际上柏拉图的理念要比他自己的强很多。第 37 条，毕达哥拉斯精妙地主张物质世界的数学秩序，但更为精妙的是柏拉图关于理念间相互作用的主张。

③ Marilyn J. Harran. Selinsgrove ed. , *Luther and Learning：The wittenberg University Symposium* , PA：Susquehanna University Press，1985，p. 72.

口吃的小孩。"①

　　受梅兰希顿的影响，路德晚年对历史学产生了浓厚的兴趣，他说道："多么遗憾的是我没有阅读更多的诗人和历史学家的作品，没有人教导我们这些东西。相反，我被迫阅读那些魔鬼的粪便，即哲学家和诡辩者的作品，花费了大量的时间和精力，甚至危害到自己的身体，我从中所能做的就是洁净自己。"② 在与罗马天主教会斗争的过程中，路德逐渐认识到洛伦佐·瓦拉工作的重要性，他认识到仅仅以圣经根据先天地反对教皇权利和教阶制度是不够的，还需要根据圣经和世俗历史的关联并从历史事实后天地攻击教皇制。从路德晚年给一些新教历史著作所作的序言中可以看出，他和人文主义者一样热爱历史，他不止是像年鉴学家和编年史家那样对特殊的历史事件感兴趣，而是对整个世俗历史感兴趣，他晚年的作品中充满了对历史的反思和判断。他认为上帝积极地活跃于历史之中，"上帝在一切之中并创造一切"，上帝之道则揭示了历史的内容和意义，世俗历史作为正义和邪恶力量较量的舞台，是上帝救世计划的展开场所。1541年，他制作了一份编年表，名为《世界年代的思考》（*Supputatio Annorum Mundi*），他认为："借此自己能够经常看到圣经中描述过的历史事件的时代和年份，提醒自己教父、士师、国王和王子生活了多少年，并且相继统治了多少年。"③ 也许是受到教会史家尤西比乌的影响，他写出了三卷本的大事纪年表，内容涉及西方、东方和德国历史，始于上帝创世，止于1540年，他按照千年制来编排表目，力图使得圣经的历史和世俗历史达成一致，但凡二者发生冲突的时候，他选择了圣经历史的可靠性。路德的历史观反映出他对历史学的工具性理解，即历史应该服从于道德和宗教的目的，编年史有助于增强对释经和教会史的理解，这也是他与人文主义历史观区别所在。

　　德国人文主义学者中，影响最大的要数罗伊希林和伊拉斯谟，路德受到了他们的直接影响也最大。在德国，圣经语言希伯来语和希腊语的复兴无不与罗伊希林相关，尽管其墓志铭过分夸大其贡献，称其将希伯来语和

---

　　① WA TR 3：4（Martin Luther, *D. Martin Luthers Werke*, *Tischreden*, Weimar, 1912—1921. 以下同），19—24，No. 2808b.

　　② WA 15：46，18—21.

　　③ WA 53：22—184；22，13—18.

希腊语从被遗忘的状态中拯救出来了，但他的确为《圣经·旧约》的希伯来文解读铺平了道路。罗伊希林受皮科·德拉·米兰多拉的影响，对喀巴拉（Kabbala）神秘教义非常着迷，并在德国从非犹太学者那儿深入学习希伯来语。1506 年，罗伊希林遭受反犹太主义者普费科恩（Pfeffer-korn）的攻击，普费科恩在科隆经院学者和僧侣的支持下，妄图烧毁除《旧约》之外的一切犹太作品，促使犹太人转皈基督教，罗伊希林据理力争，反对这种极端的做法，长期的论辩最终导致禁犹书目的颁定和教皇1520 年对他的谴责。"罗伊希林事件"引起了当时有教养的德国文化人的抗议，斯蒂芬·奥兹门特说道："许多德国人文主义学者将对罗伊希林的攻讦视为对自由学术的攻击，并与罗伊希林站在一起猛烈回击普费科恩。乌尔里希·冯·胡腾和爱尔福特人文主义者克劳图斯·鲁贝阿努斯出版了这次事件中最值得纪念的华章，标题为《鄙人书翰》（*Epistolae Obscurorum Virorum*）的讽刺经院哲学的大作。"① 1506 年，罗伊希林出版了《希伯来语入门》（*De Rudimentis Hebraicis*），此书内容为希伯来语法和词典，为基督教学者打开了希伯来语的宝库，刚出版就取代了两年前北欧第一本希伯来语工具书，康拉德·佩利坎（Conrad Pelican）所著《希伯来语读解方法》（*De Modo Legendi Intelligendi Hebraeum*），1512 年罗伊希林又增补了 7 篇希伯来忏悔诗。

　　路德在注解《圣经》和 1534 年把《旧约》翻译为德文时，无疑受惠于罗伊希林良多。虽然路德本人与罗伊希林没有直接联系，但对他非常敬重并引为同道。从路德的言论中可以看出，他并不怀疑罗伊希林的观点有害于信仰，主张禁书应该关注那些关于教会内部叛教和亵渎的主题，试图使犹太人改宗的努力有悖于圣经教导，他赞同斯帕拉丁的意见，认为普费科恩等反罗伊希林的作品中充斥着许多谬误。② 对于"罗伊希林事件"，他认为罗马教皇应该给出一个妥善的解决，他虽然对罗伊希林的支持者表示敬意，但并未完全倒向人文主义者一方，认为类似《鄙人书翰》作者之类的人文主义者轻浮、谩骂式的口吻是不适合于他的，在《罗马书讲

---

① 　Steven Ozment, *The Age of Reform* 1250—1550, New Haven and London: Yale University Press, 1980, p. 304.

② 　WA, Br 1: 28—29.

义》（1515—1516）中，他批判了争论双方各执己见和私心自用。①

　　人文主义巨匠伊拉斯谟的作品具有广泛影响。1509 年他写了《愚人颂》，辛辣讽刺了当时教会和国家的种种罪恶，他认为当时教会充满了种种迷信、愚昧和错误，需要救治而非改革。1512 年他写了《基督精兵手册》（*Enchiridion Militis Christiani*），此书站在中世纪晚期经院哲学的对立面，主张通过返回到圣经源头（*ad fontes*）和教父来救治腐败的教会，该书 1515 年后六年之中再版了 24 次，并被翻译成多种文字。伊拉斯谟尤其强调对圣经的不间断研究的重要性，他认为教父们写的《圣经》注释要优于经院学者的评注。这很大程度上是人文主义"好古"学风造成的，倒不是因为伊拉斯谟对中世纪末期经院神学背离信仰有何深刻之洞见。伊拉斯谟深信经院哲学在晚期搅乱了基督教会，基督教只有返回源头才能得到澄清，怀此信念，伊拉斯谟做了大量文献整理和编辑工作。1516 年，他的《新约总释》（*Novum Instrumentum Omne*）出版面世，这是希腊文本《圣经》的首次发行。接着一系列教父如哲罗姆、奥利金、巴西尔、奚里耳、克里索斯托、伊里奈乌、安布罗斯和奥古斯丁的著作也得到整理出版，在他的推动下，关于早期基督教的学术知识被提高到一个新水平，教父原著给改教家们提供了高于经院神学家的理论权威，成为宗教改革的原动力之一。

　　总的来说，路德特别是青年时期的路德对于伊拉斯谟的博学多识和人文学术是相当景仰的，在 1516 年后的圣经注释实践中，他充分利用了伊拉斯谟的《新约总释》，阅读过其编辑的奥古斯丁著作，并时不时地效仿其文风。即使 1524—1525 年发生了关于自由意志的辩论，路德对伊拉斯谟并不怀恨在心，他曾将其一部拉丁语作品翻译成德文，将其作品列入自己的阅读书目中，并向来访者和福音派教会学校推荐其作品。但是，青年路德对伊拉斯谟的不满和批判逐渐增多，在 1517 年 3 月初致好友约翰·兰的一封信中，路德写道："我现在正在阅读伊拉斯谟的作品，我对他的评价一日不如一日。我对他揭露和攻击僧侣和教士的无知感到高兴，但是我担心他不能增进基督和上帝的恩典……他太注重人事胜于神圣事物。虽然我是以沉痛的心情来审视伊拉斯谟的，但必须警告你不要毫无批判地从

_____

① 　WA，56：461，lines 23—28。

他那儿接受你读到的一切。我们生活在一个险恶的时代，我现在明白一个人并不因为能阅读拉丁文和希腊文，就被称为基督徒或真正的智者。圣哲罗姆懂得五种语言，但他不可能与只懂一种语言的奥古斯丁相媲美，尽管伊拉斯谟不这么看。"① 路德和伊拉斯谟返回教父传统时选择了不同的教父，伊拉斯谟高度评价哲罗姆的语言才华和文法解经工作，而路德则认为哲罗姆的解经方法相当肤浅，他认为伊拉斯谟的《新约总释》无法理解到《罗马书》第 5 章中的原罪教义，也不能准确理解福音之义和律法之义的区别，他甚至希望伊拉斯谟能阅读一下奥古斯丁的反佩拉纠主义作品。

1517 年《九十五条论纲》发表以后，路德逐渐被推向社会舆论的旋涡之中，为避免被主教和修道士称为"路德派"或"伪路德派"的危险，伊拉斯谟改变了以往欣赏路德的立场，结果在路德和罗马教会之间陷入了两难境地，他衷心地希望路德能与教皇和解，罗马天主教会能走向自我改良的道路，同时也担心路德的"病态意志"会驱使他的博学来危害人文学。但路德的坚定意志和倔强性格却使教会走向了改革的路径，在教皇的一再恳请之下，伊拉斯谟于 1524 年发表了《论自由意志》（*De Libero Arbitrio*），书中没有对路德进行人身攻击，也未是非宗教改革，只是从人文主义者的立场来探讨自由意志与恩典的关系，他认为人的意志受束缚是"毫无意义的教义"，根据预定和必然性而来的一切理论都有损于人的尊严。作为回应，1525 年路德撰写了《论囚徒意志》（*De Servo Arbitrio*），他强调了在道德和救赎事务上人意志的无能，指出屈从于人的伦理感觉的上帝不过是人的另外一个自我，并猛烈地抨击了伊拉斯谟的妥协立场。自由意志之争标志着路德与伊拉斯谟的决裂，前者通晓圣经，神学才华横溢；后者只钟情于文学，对教义争论没有兴趣，他们之间的深刻分歧也代表了人文主义与宗教改革精神旨趣上的区别。

上述可知，德意志人文主义对路德思想的发展产生了直接而又深远的影响，路德从中接受了人文主义文化精神的熏陶。具体而言，人文主义对路德思想的影响主要表现如下：

路德之所以能发现"因信称义"的改教理解，与其圣经注释工作密

---

① WA, Br 1: 90, lines 15—26.

不可分。作为圣经神学博士，他在33年的教职生涯中持续讲授圣经，人文主义运动无疑为路德提供了圣经研究所需要的工具，他似乎也充分利用了这一切成果。尽管路德早期使用希伯来语有障碍，但由于罗伊希林的希伯来语法和词典的帮助，他逐渐能够熟练地使用希伯来文。路德在首次赴维滕堡之前就买到《希伯来语入门》一书，并在1509—1510年的《箴言四书注释》中广泛参考此书。1513—1515年第一次诗篇注释中，路德广泛参考了勒费弗尔的《五译本诗篇合参》（*Psalterium Quincuplex*），该书对五种不同的拉丁文本进行了语言文献学的比较，在此基础上，提出了对诗篇的评注。可以看到，1515—1516年《罗马书讲义》中，路德的希伯来语水平有所提高；1517—1518年《希伯来书讲义》中，路德运用希伯来语的水平已臻成熟；《第二次诗篇注释》和1534年出版的《旧约》德译本中，路德的希伯来文语言功夫相当娴熟。1512年，勒费弗尔翻译的《保罗书信》（*Epistola Divi Pauli*）及评注问世，该书否定了善功有使人称义的价值，提出拯救完全靠上帝白白赐予的恩典，先于路德提出了"因信称义"的思想，加之1516年伊拉斯谟希腊文本《新约总释》的出版，对于路德注解《罗马人书》时所获得的改教发现至关重要。对此，麦格拉思说道："在这些讲义期间，我们可能会发现路德是多么仰赖于人文主义圣经学术研究和语言学，他不仅依靠人文主义学到了旧约希伯来文本知识，还从戴塔普尔·勒费弗尔1512年出版、内含希腊文本的《保罗书信》，和伊拉斯谟的《新约总释》中获得了《新约》的希腊文本知识。"[1]

不仅如此，人文主义对路德的圣经解释方法也有影响。勒费弗尔按语法规则来解释《圣经》，彻底破除了中世纪经院哲学家所秉持的四重（quadriga）解经法，他强调圣经文句的"文法—灵义"（literal—spiritual sense），认为圣经只含有一种为圣灵所意愿且与基督教有关的含义，这对路德的"基督中心论"的解经立场的形成影响很大。[2] 路德以基督中心论的立场来对待《旧约》的历史文句和先知文句，他甚至认为基督是《圣经》的认识论原则，当今神学解释学家格哈德·埃伯林（Gerhard Ebel-

---

[1]　Alister E. McGrath, *Luther's Theology of the Cross*, Oxford: Basil Blackwell Ltd., 1985, p. 48.

[2]　Steven Ozment, *The Age of Reform* 1250—1550, New Haven and London: Yale University Press, 1980, p. 71.

ing）就认为因信称义教义的恢复与路德的圣经解释学息息相关。①

　　人文主义在反对中世纪经院哲学传统方面与路德分享着共同的立场。人文主义者一般来说对经院哲学中的教义神学毫不关心，他们只需要一种简明易懂的神学，反对经院神学枯燥无味的烦琐分析和抽象思辨，认为经院神学无助于改良教会道德状况和培养人的品德。在 1517 年 9 月 4 日发表的《反经院神学之辨》（*Disputatio Contra Scholasticam Theologiam*）中，路德批判了经院神学中强调人的自然能力和自由意志的佩拉纠主义倾向，揭示出作为经院哲学基础的亚里士多德哲学与基督教信仰和恩典本质冲突。② 路德从基督教信仰本真来看待经院哲学，他认为经院神学固然在理智上取得了卓越功绩，但很可能遮蔽了基督信仰的本质，使信仰逻辑化，无助于宗教实践，重要的是回到《圣经》和福音中清楚明白地启示出来的神学立场上。出于批判中世纪经院哲学的需要，他们都强调《圣经》和早期教父的权威。人文主义者都认为早期教父代表一种简单和精练的基督教形式，历史上更加古远，教父的思想受到同等对待，普遍的崇古心理使得人文主义者不加研究地盲目崇拜教父思想。路德则认为教父著作中存有未被中世纪经院神学扭曲、腐蚀了的基督教原初信息，如果教义要革新，教会要改革，就有必要到教父中去寻找一种较为纯正的基督教形式。与人文主义不同，路德特别强调奥古斯丁著作的权威和重要性，认为他才真正代表了基督教的真神学（vera theologia）。

　　人文主义者对修辞术和语法相当重视，显然，路德和其他改教家利用了这一工具，视其为福音传讲（kerygma）的美好方式。根据《桌边谈》中路德的回忆，我们可以看到他对待古典文化（主要指古希腊罗马文化

---

　　① 详细的分析，参见 Gerhard Ebeling, *Luther: An Introduction to His Thought*, London: Collins, 1970. 在该书中，格哈德·埃伯林通过对路德 1513—1517 年间的诸多圣经篇章注释做了详尽的考察，特别是在《第一次诗篇注释》诗：70—72 页的注解中，路德尤其强调圣经文本字义和道德含义的区分：字义指基督，道德含义指凭信仰罪人被接纳和赦免。埃伯林认为上帝之义的发现源于路德将圣经的四种含义缩减为两种，即字义和道德含义。基督是字义，而信仰基督是道德含义，因此信仰就变为道德意义上对基督的理解，或者基督对人来说意味着什么，信之义与基督之义发生了关联，上帝之义就是外在的基督之义，借着信仰而加拔于人的义，这就是路德所理解的"因信称义"的基本含义。

　　② WA 1, s. 225.

和《圣经》文化）的积极态度。① 他认为古典文化对于神学家是好的，而且是必要的训练，接受过古典文化训练的人要比没有受过训练的人在神学研究和教牧工作上更有效力。对此，他说道："因此，一个懂得语言，并在人文学术上有些造诣的人要讲说和教导得更好，与一个不懂语言，且在人文学术上几无造诣的人大相径庭。"② 路德认为修辞学优于经院哲学辩证法，哲学思辨仅能说服理智而不能导致行动，因此不是真理本身，圣经是修辞性的章句，而非充满了三段论论证的迷宫。路德对福音中上帝之道传讲（verbum evangelii vocale）的强调表明，他理解到修辞表达与内含救赎信息的上帝之道之间的内在联系。从路德的圣经解释和教牧实践来看，他似乎认识到修辞术的感染力（ars movendi affectus）和圣灵触动下的灵性活力（vivificatio）之间存在着紧密的联系，在其《第一次诗篇注释》中，路德在解释《诗篇》第 119 章第 17 节时写道："基督的话语不止有教导的力量（vim docendi），也有内在的感动力量（vim excitandi seu movendi）……优秀的演说者必须知道做三件事，即教导人、使人高兴并受感动。因此，我永远不会忘记从十字架上而来的话语。"③ 路德似乎将耶稣视为优秀的演说家，他常年讲道，其语词如滔滔之江水，从天而降，直入信众心腑，很难设想只有灵性的触动就能道出如此瑰言。路德在翻译《圣经》时，也是非常考究和挑剔的，有时常为找不到一个合适的德文习语而苦恼，路德的讲道辞和他对新高地德语（new high German）发展的贡献使得诗人哲学家尼采钦佩不已，尼采曾将路德和歌德作为自己德语创作的楷模。

在教育观方面，人文主义者非常重视人文学科对人格培养、自由意识和精神情操的重要作用，他们反对抽象玄奥和脱离社会生活的经院学术和修院教育，复兴了身心和谐发展的完人教育理想，主张宗教教育是道德教

---

① 《桌边谈》中记录了许多路德关于人文学术学习经历的回忆，从马德堡和艾森纳赫中学开始，直至 1530 年代，反映了路德对古典文化的熟悉程度和兴趣偏好，E. G. 希勒基于《桌边谈》对此进行了详细地分析，请参见 E. G. Sihler, *Luther and Classics*, in ed. William Herman Theodore, *Four Hundred Years*, `Commemorative Essays on the Reformation of Dr. Martin Luther and Its Blessed Results*, *in the Year of the Four - hundred Anniversary of Reformation*, Saint Louis : Concordia Publishing House, 1916, pp. 240—254.

② Martin Luther, *D. Martin Luthers Werke*, *Tischreden*, Weimar, 1912—1921, No. 439.

③ WA 4：SS. 284, 32—33, 36—285.

育的基础，自然科学知识、美育和体育成为了教育的内容。路德在维滕堡大学课程改革中追随人文主义的路线，他认为大学教育中，拥有辩证法头脑的艺术系学生很难适应将来的神学教育，而接受了修改过的人文课程的学生更适合圣经研究和教牧工作。在 1530 年的《送子女入学布道词》(*Sermon on Keeping Children in School*) 中，他指出政府部门有义务督促父母送子女入学，在世界教育史上，他可以说是第一个主张青少年接受义务教育的教育家，他在公立中等学校中创立了体育馆和大学预科制度。在他看来，学生最终要服务于教会、国家和社会，因此，人才的培养和教育是非常重要的事情，也是教育的最终目的，在《致德意志诸城议员以建立和维护基督教学校书》中，他写道："城市的繁荣并不只在于其富有的财政、坚固的城防和充足的军需品，一个国家的巨大力量在于能干的公民，他们的理智力量能够保卫、维护和利用好财富和优势。因此他们应该建立学校，迫使市民供养它们，就好比他们迫使市民为建桥贡献力量一样。……我主张政府当局有责任强迫人们送孩子入学。"① 在路德的心目中，教育享有崇高的位置，他认为教师是仅次于牧师的神圣职业，而且任何牧师都必须先有学校教师的经历。

　　显然，人文主义对路德神学思想发展的影响是巨大的，没有人文主义中人的自我之觉醒，就没有蔑视教会和中世纪经院神学权威的精神氛围，宗教改革运动也就不会发生。对此，麦格拉思说道："如果没有进入《圣经》原文文本，没有对这些语言的努力认知，没有接触到圣奥古斯丁的著作，宗教改革就永远不会发生；如果没有人文学者在莱比锡之辩后的支持，改教运动就无法在其婴幼期存活；如果没有吸引到诸如梅兰希顿、布塞尔和加尔文之类的人文主义领袖，并且没有修辞方面的技艺去传播新神学，改教就永远不会持续下去。在各个方面，宗教改革运动都欠了人文主义运动一笔债。"② 就路德来说，他从人文主义运动中找到了完成改教任务的工具，并且始终保持着对人文主义的积极态度，即使是在与伊拉斯谟发生冲突之后，他仍然强烈建议自己的学生多阅读伊拉斯谟的著作，鼓励

---

① LW45, Martin Luther, *Luther's Works*, 55 Voles, Saint Louis and Philadelphia: Concordia Publishing House, 1955, pp. 355—356.

② Alister E. McGrath, *Luther's Theology of the Cross*, Oxford: Basil Blackwell Ltd., 1985, p. 52.

梅兰希顿与他保持书信往来。路德积极推动修辞、语法、诗艺、戏剧、道德哲学、历史、柏拉图主义、自然哲学等人文学科在大学中的教学和改革，强调古典语言和文法对于阅读《圣经》和理解上帝之道的重要作用，以及修辞、音乐、戏剧对于福音神学的传播和教牧实践中布道的重要意义。人文主义对路德的影响，通过其后的宗教改革家们以及整个新教的教育理念和制度，对西方现代文明的形成产生了持久而又深远的影响。

人文主义运动对路德的深远影响，表明了他们之间存在亲和性，但是必须注意到这种立场上的一致性是建基于深刻的差异之上的。人文主义与路德在以下四个方面存在着深刻的分歧：

（一）尽管他们都渴望回归《圣经》，但对待《圣经》的方式却各不相同。人文主义视《圣经》为西方重要的古典文献，推崇其简明和古典，并未持独断的"唯独《圣经》（Sola Scriptura）"的立场，而是将《圣经》与古希腊罗马典籍等而视之；路德则持宗教和神学上的纯正立场，认为《圣经》乃上帝之道启示的场所，体现了上帝的诫命和应许，记载了许多关于上帝拯救信仰者的恩典应许，高于教父和经院学者的著述，超越一切人类的文献和文化，基督教神学真理存在且只存在于《圣经》之中，"唯独圣经"的排外立场成了改教神学的战斗口号。人文主义对《圣经》中的救赎信息并没有抱以太多的关注，路德则通过对《圣经》文本的大量讲解和注释，不仅发现了上帝的福音，而且对《圣经》有了一种全新的理解。他认为《圣经》字句包含完整准确的基督教真理，通过查考《圣经》和聆听讲道，福音的原初信息就能够被把握到。路德后来否弃了中世纪注经的四重方法，但是他凭借对《圣经》的娴熟和博学，将旧约和新约视为一个自足的整体，从而奠定了神学解释学史上的自解原则。当代哲学解释学家伽达默尔对此评价道："路德的立场大致如下：《圣经》是自身解释自身（sui ipsius interpres）。我们既不需要传统以获得对《圣经》的正确理解，也不需要一种解释技术，以适应古代文字四重意义学说，《圣经》的原文本身就有一种明确的、可以从自身得知的意义，即文字意义（sensus literalis）。"[①] 上帝之道贯穿于理解过程之中，《圣经》整体指导着个别细节的理解；反之，这种整体也只有通过日益增多的对个别细节

---

①　伽达默尔：《真理与方法》，洪汉鼎译，上海译文出版社 1999 年版，第 227 页。

的理解方能获得。整体和部分的循环关系被发展成为文本解释的一般原则，由路德所开启的《圣经》诠释学就构成了现代精神科学诠释学的前史。

（二）古典语言、修辞术和语法是人文学术致力的目标，但在路德这里只是理解和传扬上帝之道的工具。我们不能简单地将他主张的"圣言产生信仰"（verbum facit fidem）的原则看作是写作和言说中修辞感染力的宗教表现，上帝之道使人生信的力量并不等同于修辞的说服力量。对路德而言，信仰（fides）是人对上帝应许和基督恩惠的无条件信赖，是一种的意志而非理智上的信靠（fiducia）。"因信称义"（justification by faith）教义所说的信，并非是人的一种行为和主观信念，因着言语对情感的触动而产生，而是作为上帝恩赐礼物的信，因着圣灵的工作而产生，上帝与人在灵魂救赎事务上的不可逆关系表明路德与人文主义对人性基本状况的判断是无法调和的。"因信称义"教义外在地包含着个体信仰自由以及对中世纪宗教敬虔制度的解放意义，但却内在地诉说着人在全能上帝面前的无能和顺服，人的自由与对上帝的服从是不可分割的两个方面。① 在此，马克思的话无疑是中肯的，"他（路德）破除了对权威的信仰，却恢复了信仰的权威。他把僧侣变成了俗人，但又把俗人变成了僧侣。他把人从外在宗教解放出来，但又把宗教变成了人的内在世界。"② 单纯只从宗教神学或文艺复兴人文主义的立场去理解路德的根本思想，都只会产生片面的结论，马克思的辩证性论断对于研究路德的宗教思想及其意义无疑具有指导性的意义，至今仍不过时。

（三）人文主义反对经院哲学而提出"回到源头"（ad fontes）的口号，主要是要回到异教的古希腊罗马文学艺术，当然也包括异教道德哲学。路德则只是返回到了《圣经》，他虽然讲授过亚里士多德的《尼各马可伦理学》，也崇敬西塞罗等罗马道德家的说教，珍视道德哲学对于信仰之外的自然人和重生之后的基督徒日常生活的指导作用，却洞见到了道德

① 路德在 1520 年发表的改教名著《论基督徒的自由》一文开首就提出了灵魂的主奴命题："一个基督徒是一个主宰一切的自由者，不服从任何人；一个基督徒是一个对一切都尽职尽责的人，服从所有人。"前一论断是从信仰和灵性的意义上来看待人的超越性，肯定人的精神自由；后一论断则是从属世和自然理性的意义上来看待人的义务，人要服从自然和社会中的种种律法。

② 《马克思恩格斯选集》第 1 卷，人民出版社 1972 年版，第 9 页。

哲学对于基督教救赎论神学的入侵是中世纪末期半佩拉纠主义流行和善功获救思想的来源。路德以启示的律法即十诫和登山宝训为基督徒灵性生活的标准，认为爱的律法是一切律法的根本，并以圣经伦理批判一切世俗道德哲学。在《反经院神学之辩》中，路德断定整个亚里士多德伦理学是恩典的敌人，并且主张人若不能抛弃亚里士多德哲学，就不能成为神学家。"总而言之，整个亚里士多德对于神学而言，就好比黑暗对于光明一样。"① 可见，人文主义者对经院哲学的批判主要基于其文风和表达方式，路德作为神学博士则通晓经院哲学，特别是中世纪末期的经院新学，他之所以批判经院哲学，主要是因为其神学在实践上导致了善功获救的错误，并且成为了福音神学建构路途上的障碍。

（四）人文主义教育的理想是培育社会和文化上的精英，仅从道德伦理的角度来强调宗教教育的重要性。路德认为"教育是上帝给予人类的神圣礼物"的立场，提出了普及义务教育的观点。他根据基督教"上帝面前人人平等"的教义，主张教育是人人应该享有的平等权利，每一个城镇都应该建立女校，以便让女孩能够接受福音的教导。就教育的内容而言，路德认为各人文学科的教育必须建立在真正的宗教教育乃至《圣经》中所蕴含的上帝之道的基础上，他确信没有全面宗教指导的科学终会增加邪恶和犯罪，不诚实和腐败便会盛行，而宗教不仅极大地惠及每一个个体，也是维系社会统一的有效力量，既捍卫了道德，又是履行职责的有力动机。科恩（W. C. Kohn）对路德的宗教教育观评价道："路德认为宗教教育既促进了社会正义又延续着教会的存在……它是国家和教会的基础。显然，路德认为学识和雄辩，艺术和科学若缺乏宗教训练，便没有多少价值。"② 就教育的功能和目的而言，路德提出了宗教和世俗的二重目的论。路德认为人文教育虽然对于世俗文化和人类社会相当重要，但却不是进入上帝之国和永生的必要条件，学识本身不能除却罪恶，并不具备救赎的力量，只有宗教教育中的信仰和圣灵才使人智慧并获得拯救。同样是把基督

---

① WA 1, s. 225.

② W. C. Kohn, *Luther's Influence on Popular Education*, in ed. William Herman Theodore, *Four Hundred Years*, *Commemorative Essays on the Reformation of Dr. Martin Luther and Its Blessed Results*, *in the Year of the Four - hundred Anniversary of Reformation*, Saint Louis : Concordia Publishing House, 1916, pp. 201—202.

当作完人，人文学者将基督理解为人性的楷模和道德的典范，认为他的复活和升天是其行为受到奖赏的结果；路德则把基督理解为屈卑降尊来到世间，为着救赎人类的罪恶而受难，最终被高举进入永生的救世主，他认为基督展示出了上帝对待人的方式。如果没有信仰的皈依，任何人文主义者，甚至基督教人文学者都无法理解到圣经神学中罪与恩典、律法与福音、生与死之对反关系的深度，这恐怕也是作为宗教改革家的路德与人文主义学者之间最深刻的分歧所在。

总而言之，虽然从路德的大量作品中可以看出他对古典作家及其文本的广博学识，甚至可以称他为"圣经人文学者"（biblical humanist），但他在这方面的知识并不如同时代的改革家如梅兰希顿、布塞尔和加尔文。宗教信仰和福音使他对文艺复兴的人文主义及其教育目的保持着警惕，虽然路德晚年对人文学术有着浓厚的兴趣并拥有更多的闲暇时间，但他绝对不可能成为一名杰出的人文学者。事实上，路德的精神旨趣完全迥异于人文主义，在个人精神困苦（anfechtungen）的挣扎中，他所面对的始终是基督教的根本问题，即一个罪人如何能得到上帝的恩惠，并拥有获救的确据，他认为真神学的本质在神的统治和人的顺服，人在拯救之事上毫无自由意志可言。他不像梅兰希顿那样温和地对待人文主义，1525 年与伊拉斯谟的自由意志之争标志着他与人文主义的彻底决裂，农民战争中的过激言论和委身于选侯的政治立场也使他失去了人文学者的好感。人文主义运动只不过是路德改教的催化剂而已，并不是其原因，如果说早期改教运动就潜在于路德 1509—1519 年神学思想发展过程中，那么可以说人文主义是宗教改革之父，而且是其助产婆（midwife），正如当时有谚曰："伊拉斯谟下蛋，路德孵鸡。"路德以上帝之道为中心，最终跳出了人文主义运动的圈子。

第三节　经院新学

经院新学（Via Moderna）是中世纪末期经院哲学或神学的代名词，在中世纪末期的理智和文化生活中居于主导地位，宗教改革运动领袖马丁·路德的改教神学思想（主要是"因信称义"）的形成和发展与之息息相关。当代欧美路德学界中的诸多学者认为路德的早期神学思考，特别是在称义神学模式和救赎论原则上深受经院新学的影响，也有学者认为奥古斯丁新学（Schola Augustiniana Moderna）的影响不容忽视。① 尽管这些学者对路德神学思想的中世纪起源做了充分的研究，也涉及路德与主要经院新学家关系的探讨②，但对青年路德与经院新学的关系做出专门的研究并不多见，国内对此问题的探讨基本阙如。本文在考释青年路德③所受教育与经院新学④关系的基础上，阐述他是如何作为一个经院新学学者来思考称义（Iustificatio）问题，并走向了对经院新学称义神学（Theologia Iustificationis）的批判，最终发现了"因信称义"的改教理解，实现了神学上的突破。

---

① 著名路德学者马丁·布莱希特（Martin Brecht）认为，青年路德的谦卑神学思想中体现出了经院新学的影响。中世纪史家斯蒂芬·奥兹门特（Steven E. Ozment）从中世纪救赎论的发展，探讨了经院新学对路德的影响，指出奥古斯丁新学预定论立场对其的影响主要体现在1525年的《论囚徒意志》一书中。中世纪史家保罗·维瑙克斯（Paul Vignaux）在研究中世纪末期经院神学中预定论与称义问题的基础之上，揭示了奥卡姆称义论对路德的影响。著名神学家和教会史家阿利斯特·麦格拉思（Alister E. McGrath）在系统研究基督教称义教义史的基础上，分析了经院新学对路德称义观的影响。中世纪史家海克·奥伯曼（Heiko A. Oberman）认为路德的神学思想深受唯名论新学的影响，主要体现在对"尽其所能，上帝不会拒绝给与恩典"（Facientibus Quod in se est Deus non Denegat Gratiam）的经院新学救赎论原则的思考和批判之上，同时也从中世纪末期奥古斯丁学术复兴的角度来强调奥古斯丁新学的影响。

② 代表性的论文有：Paul Vignaux, "On Luther and Ockam", in Steven E. Ozement, *The Reformation in Medieval Publishing*, Chicago: Quadrangle Books, 1971, pp. 107—119. 维瑙克斯根据路德的《反经院神学之辩》探讨了路德和奥卡姆思想之间的关联，认为他们之间的最大区别在于对人性和理性的评价；Heiko A. Oberman, "Facientibus Quod in se est Deus non Denegat Gratiam: Robert Holcot O. P. and the Beginnings of Luther's Theology", in Heiko A. Oberman, *The Dawn of The Reformation*, Grand Rapids and Michigan: Willam B. Eerdamans Publishing Company, 1992, pp. 84—104. 奥伯曼详细地分析了青年路德是怎样受到霍尔科特的怀疑主义和唯独恩典的影响，并最终把"尽其所能，上帝不会拒绝给与恩典"的新学救赎论原则当作佩拉纠主义（Pelagianism）来批判。

③ 本文考察宗教改革运动前的路德，限于1501—1517年，主要包括大学教育、修院生活、教授任职三个阶段。

④ 中世纪，以大阿尔伯特、托马斯·阿奎那、伯纳文图拉和邓·司各脱为代表的经院哲学思潮被称为经院古学（Via Antiqua），而奥卡姆的威廉、迦伯列·比尔、皮埃尔·戴利、罗伯特·霍尔科特和黎尼米的格利高里等人的思想被称为经院新学。前者代表了经院哲学中教条主义、思辨和论辩的传统；后者主要以批判、经验的态度和探索精神为主要特征，因而显示出时代的新意。在共相问题上，前者基本上是"实在论者"；而后者主要是"唯名论者"，在知识论和方法论上采取了"词项主义"（terminism）。

　　1501 年夏季学期，路德进入爱尔福特大学学习法律，就读于文艺学院。爱尔福特大学始建于 1392 年，该校最初的教师多来自布拉格大学，并且多是倾向于教皇的法朗西斯会修士，他们基本上遵循邓·司各脱的教导和方法，这就给大学学术取向打上了司各脱学派的烙印。15 世纪后期，奥卡姆的高足迦伯列·比尔（Gabriel Biel）曾在此担任神学教授。约翰·胡斯事件之后，唯名论普遍流行于巴黎、牛津和主要的德国大学，德国选帝侯要求各大学放弃实在论的经院古学（Via Antiqua），采用经院新学的唯名论。① 这些都说明经院新学在路德入学前的爱尔福特大学知识结构中占据了主导地位。②

　　按照当时大学的学科设置，学生必须完成文艺系的学业，并且接受初步的哲学训练，才能进入高等学院修习神学、法学和医学。路德谨守校规，刻苦学习，在繁重的经院哲学学业之外，还阅读了大量拉丁古典作品。他于 1502 年获学士学位，1505 年获硕士学位。虽然现在我们很难知道四年的大学生活对路德造成了什么样的影响，但是从当时大学的课程设置内容来看，可以看出逻辑学科最为重要，该大学还将语法视为基础知识并采用了新的教学方法。经考证，马丁·布莱希特写道："在此首先得学习十三世纪彼得·希斯帕努斯（Petrus Hispanus）撰写的《逻辑概要》，然后才学习新柏拉图主义者波菲利的亚里士多德评注即《旧艺》（Ars Vetus），最后学习亚里士多德本人所著的《前分析篇》（Prior Anlytics）、《后分析篇》（Posterior Analytics）和亚氏关于消除逻辑谬误的作品。"③ 从大学学术对逻辑的重视，可以看出经院新学在此占据了主导地位。另外，对于要获取硕士学位的学生来说，系统地学习亚里士多德学说是必不可少的训练，亚氏的形而上学、物理学、心理学、伦理学与修辞学著作被广为研

---

　　① 原因在于 14 世纪的宗教改革家威克里夫、萨伏那洛拉、胡斯和哲罗姆等人都是实在论者，加之新学的兴起，君王们都尽量避免"异端"嫌疑。参见赵敦华：《基督教哲学 1500 年》，人民出版社 1994 年版，第 523—532 页。

　　② 由于以人文学者穆蒂安·鲁夫斯（Mutianus Rufus）和尼古拉·马夏克（Nikolaus Marschalk）为首的学术团体的存在，爱尔福特大学成为了北德意志人文主义的中心。尽管人文主义在大学有很大影响力，但在大学的学术体制中，人文学术只在文艺学院开设，作为神学、法学和医学三大学科的基础。

　　③ Martin Brecht, *Martin Luther: His Road to Reformation* 1483—1521, trans. by James L. Schaaf, Philadelphia: Fortress Press, 1985, p. 33.

究。这种现象同样存在于神学研究之中。据路德的回忆，当时大学教授兼副主教拉斯培的约翰·波雷米尔希（Johann Bonemilch von laaspe）有言："不学亚里士多德，没人能当神学博士。"[1] 不管大学学者如何解释亚氏哲学，这话都明示了亚氏哲学是其他三个高等学科的基础。在此，哲学和神学都被一种逻辑清晰的研究方法主宰着，学者们都以能使用唯名论的明晰方法去分析文本而感到自豪。

路德在学期间，由于埃森纳赫的约多库斯·特鲁夫特（Jodokus Trutfetter of Eisenach）和乌仁恩的巴托罗缪·阿诺尔第（Bartholomäus Arnoldi Von Usingen）的工作，唯名论在爱尔福特大学吸引了不少学生，他在心里默认他们为自己的老师并与其有着密切关系。特鲁夫特师从约翰·布里丹（Johan Buridan）和迦伯列·比尔，于 1500—1514 年间出版了他对当时所有逻辑研究著作的评注和一简本自然哲学全书，但没有写过神学和虔修著作。1501 年他出任爱尔福特大学校长，并于 1506—1510 年转任维滕堡大学神学教授，将经院新学带到该学校。特鲁夫特虽然重视逻辑分析工具的使用，但论及启示与理性、神学与哲学的关系，他谨守爱尔福特学者们共同制定的"圣经原则"，即启示和圣经高于哲学的原则，这样，唯名论的方法就完全可以使神学和哲学和平共处。路德曾经说过，正是特鲁夫特告诉他只能以圣经对待信仰问题。[2] 然而，1518 年，路德明确反对特鲁夫特重视经院哲学甚于圣经和教父的唯名论立场，特鲁夫特也不再将路德视为"逻辑学家"（logicus）。[3]

阿诺尔第最初与路德关系密切，后来成为宗教改革的坚定反对者，1512 年在路德的影响下，他加入了奥古斯丁隐修会。阿诺尔第出版过一些关于自然哲学、逻辑和语法方面的书籍，以及关于亚氏《物理学》《论灵魂》的习题集，在思想的宏富和缜密方面，他远不如特鲁夫特，但是在追随奥卡姆及其神学方面，他远甚于特鲁夫特。他以此为基础也批评亚氏哲学，后来他又信奉经院哲学。根据路德的回忆，他忠告自己要严格按

[1]　Martin Luther, *Tischreden*, Kritsche Gesamtausgabe, Weimar: Verlag Herman Böhlaus, bd. 5, 1912, s. 412.

[2]　Martin Brecht, *Martin Luther*: *His Road to Reformation* 1483—1521, p. 35.

[3]　Martin Luther, *Briefwechsel*, Kritsche Gesamtausgabe, Weimar: Verlag Herman Böhlaus, bd. 1, 1930, s. 170.

照教会教父的注解来阅读《圣经》。① 从路德在爱尔福特的学习情况看来，逻辑及其形式结构占据了路德的主要教育内容，在这一方面，路德是一个唯名论者，并获得了一种区别亚里士多德和《圣经》的能力。

1505 年夏季学期，路德可能已经遵父命修习民法，但是几周之后，却因在萨克森的斯托滕海姆遭遇雷击，向圣安娜发誓要做修道士。路德加入了以教规严格著称的爱尔福特奥古斯丁会修院，从此开始了他认神识人的精神成长之路。1507 年路德被按立牧职，并进入修院领导层。按照爱尔福特神学院的规定，他需要上五年的课程并参与争辩，学习中世纪通行的教科书——彼得·隆巴德的《箴言四书》（*Sententiarum Libri Quatuor*）。1508 年，由于刚成立不久的维滕堡大学专任哲学讲师沃尔夫冈·奥斯特迈耶（Wolfgang Ostermayr）要准备博士学位考试，奥古斯丁修会萨克森教区长约翰·斯陶皮茨（Johann Staupitz）遂邀请路德到该校代课，也许还有特鲁夫特的举荐，路德在维滕堡待了一年，讲授亚里士多德的《尼各马可伦理学》和《物理学》。他非常讨厌亚里士多德的学问，根据 1509 年 3 月的一封书信，我们知道他真正兴趣在圣经研究而非哲学。② 同年秋天他获得了《箴言四书》学士学位，获准讲授该书，并研读了奥古斯丁的作品，根据保存下来的简短《边注》（*Randbemerkungen*）来看，路德依然遵循着奥卡姆主义的教导。③ 1510 年 11 月，路德受修会差遣前往罗马，此行满足了作为朝圣者的虔敬愿望，同时也让他目睹了罗马教廷的奢华和堕落。1511 年初，他返回修院。

在修院生活学习期间，路德与修会学校神学导师约翰·拿汀（Johann Nathin）关系密切。拿汀在图宾根大学师从比尔研习神学，于 1493 年在爱尔福特大学获得神学博士学位，被爱尔福特的人文主义者称为守旧的经院学者，未留下作品，后来成为宗教改革的坚定反对者。据说他曾劝路德不要孤立地研读圣经，而要多读迦伯列·比尔、皮埃尔·戴利（Pierre D'Ailly）和奥卡姆的著作，后来还指示路德在教区里禁止研究圣经，这也足见他是新学的热烈拥护者。路德后来的神学理论，特别是圣餐论就来自

① Martin Luther, *Tischreden*, bd. 2, s. 5—6.

② Martin Luther, *Briefwechsel*, bd. 1. s. 7.

③ Martin Brecht, *Martin Luther: His Road to Reformation* 1483—1521, p. 94.

对皮埃尔·戴利和奥卡姆的著作的研究。[①]路德起初很尊敬他，但罗马之行后就改变了观点，并与之渐生敌意。

　　大概在 1511 年底，路德被派往维滕堡大学，自此展开了自己的教学、教牧和改教事业，其间很少离开。萨克森选帝侯智者弗里德里希于 1502 年正式创建维滕堡大学，主要得益于梅勒斯塔特（Mellerstadt）和斯陶皮茨。前者是大学首任校长、医学教授和选帝侯的私人医生，虽是一位托马斯主义者，但对人文学术和其他学派都比较宽容；后者是首任神学系主任和奥古斯丁修会教区代理主教，他将图宾根大学的制度移植到维滕堡，并延聘了许多著名教授到此任教，正是因为他的努力，维滕堡大学才与奥古斯丁隐修会建立起了紧密的联系。与爱尔福特大学不同，维滕堡大学的学术风气非常开放，来自各地各修会的大学教授汇聚于此，包括人文学者、托马斯主义者、司各脱主义者和唯名论者。约多库斯·特鲁夫特 1506 年抵达维滕堡大学任教，次年秋天接替人文学者克里斯托弗·舒勒（Christoph Scheurl）出任大学校长。这一事实表明维滕堡大学对其经院学术背景的欢迎，他给大学带来了荣誉，也传播了经院新学。

　　1508 年初，选帝侯要求时任法律系主任舒勒修改大学的规章制度。舒勒为全校系科制定了新规，对文艺系作了特别增加。原来文艺系教师按照圣托马斯和邓·司各脱的学说授课，现在增加了黎里米的格利高里的学术（via Gregorii）与特鲁夫特的学说，改变了大学的学术结构。格利高里是中世纪晚期最著名的奥古斯丁修会神学家，但并不能说他就是圣奥古斯丁的忠实阐释者。著名中世纪史家海克·奥伯曼认为格利高里学术与奥古斯丁新学是同义词，但他也赞同教会史家格哈德·里特（Gerhard Ritter）将格利高里视为经院新学代表的观点，并将其称为唯名论者，且与威廉的奥卡姆关系密切。[②] 当今著名教会史和神学家阿利斯特·麦格拉思并不同意奥伯曼的看法，他认为舒勒非常了解 16 世纪初经院新学德国各名牌大学文艺系所具有的重大影响力，经常尊称校长特鲁夫特为新学首领（modernorum princeps），当时大学的经院新学常以此派学人的名字命名，

---

①　林赛：《宗教改革史》，孔祥民等译，商务印书馆 1992 年版，第 177—178 页。

②　H. A. Oberman, "Headwaters of the Reformation: Initia Lutheri— Initia Reformationis," Heiko A. Oberman, *The Dawn of the Reformation*, Grand Rapids and Michigan: Willam B. Eerdamans Publishing Company, 1992, pp. 65—80.

所以经院新学在大学课程设置中得到了肯定与强化。麦格拉思基于格利高里是唯名论者的事实，断定格利高里学术就是经院新学的同名语。① 事实上，路德本人也是在 1519 年与约翰内斯·艾克（Johannes Eck）的莱比锡辩论上才提到格利高里的。

1512 年 10 月 19 日，路德获得圣经神学博士学位，接替斯陶皮茨的圣经神学教席。从上面的论述可以看出，1501—1512 年期间，青年路德受到经院新学的熏陶和影响最深，他所拥有的唯名论学术经历，加上他与经院新学者们的密切关系，使我们可以有把握地说，爱尔福特和维滕堡大学的经院新学氛围，使得此时的路德首先是一位经院新学者，而非一位奥古斯丁新学者。② 据《桌边谈话》所载，路德愿意自己被称为"新词项主义者"（terminista modernus），③谈及自己的早期学习情况，他自认为是奥卡姆派和比尔派学者。④

基督教救赎论（Soteriology）的主题是罪和拯救，主要探讨上帝的救恩如何临到，以及罪人如何被赦罪称义，因此也被称为称义神学。基督教称义神学的讨论肇始于使徒保罗，他批判了法利赛人的律法主义称义观，提出了"义人必因信得生"的命题（罗 1:17），奠定了基督教"本乎恩，借着信"的因信称义教义。某种意义上来说，路德正是破除了中世纪经院神学称义观对此教义的建构性遮蔽，才回到了《圣经》及保罗的立场，因而也被许多新教徒称为"再世保罗"。教父时代，称义观的讨论在奥古斯丁反佩拉纠主义（Pelagianism）和多纳图斯教派（Donatists）的论战中达到了顶峰，结果产生了救赎论上的两大权威——上帝及其教会，这就使

---

① Alister . E. McGrath, *The Intellectual Origins of the European Reformation*, Oxford: Blackwell Publishers Ltd, 2004, pp. 106—107.

② 奥古斯丁新学是中世纪末期一个影响并不突出的修会学派，其代表人物主要有托马斯·布拉德瓦丁（Thomas Bradwardine）、黎里米的格利高里、奥维托的胡戈里诺（Hugolino of Orvieto）和蒙提那的狄奥尼修斯（Dionysius of Montina）。总体来看，奥古斯丁新学与经院新学区别不大，主要的差别在于救恩论，前者继承了奥古斯丁反佩拉纠主义的唯独神恩立场，并将后者的救恩论视为一种新佩拉纠主义。海克·奥伯曼极力强调这一学派的存在及影响，阿利斯特·麦格拉思则比较详尽地探讨了这一充满争议的学派，认为路德作为一名奥古斯丁会修士，受到奥古斯丁新学的影响是不容忽视的。参见 Alister . E. McGrath, *The Intellectual Origins of the European Reformation*, pp. 82—88.

③ Martin Luther, *Tischreden*, bd. 5, s. 653.

④ Ibid. , bd. 1, s. 19.

他不得不面对上帝恩典、教会善功和个人意志之间的矛盾冲突。奥古斯丁并非时刻坚守着反佩拉纠主义的极端立场，只强调上帝的恩典及预定，他也赞成教会指导下为成义而做出的努力，而且推崇修道主义，其恩典论也为意志自由保留了余地，这主要体现在他对"宽恕的恩典"和"圣灵充满的恩典"之区分上。他认为前者是在为后者做准备；后者内注于人心，作为一种具有医治和改造能力的超自然力量，驱动意志自觉自愿地趋向上帝，是一种与上帝本身有别、独立的"受造的恩典"（gratia creata），[1] 在中世纪称义神学语境中转化为"恩造习性"（the created habit of grace）概念。

　　鉴于奥古斯丁对整个中世纪神学的权威性影响，从某种意义上来说，中世纪称义神学的发展都是一种奥古斯丁综合，在新的时代和语境下实现上帝恩典与教会善功间的平衡。中世纪鼎盛期，彼得·隆巴德继承了奥古斯丁反佩拉纠主义的严酷立场，认为人不可能依靠爱上帝和邻人的品性去赚取救恩，奥古斯丁提出的受造恩典概念，固然有助于教会宗教实践的开展和人的道德素质之提升，但获救是圣灵在人心直接的工作，上帝救人无须人的帮助和意愿。隆巴德关于上帝直接在罪人中建立自己的救赎论同在的思想，深深地影响到青年路德的神学思考。保罗·维瑙克斯在仔细分析路德《箴言四书评注》之后，认为路德在1509—1510年间写作《箴言四书评注》时，强烈地赞同隆巴德的解释，而反对大多数经院神学家们的观点。[2]

　　多米尼克会神学博士托马斯·阿奎那既继承了奥古斯丁恩典在先的立场，也吸收了阿伯拉尔的自然人性观点，认为人本禀有上帝的形象，应该在自己的称义过程（processus iustificationis）中做出预备。他强烈反对隆巴德的救赎观，主张拯救的慈爱必须是一个自发自愿的属人行动，是一种由恩典的注入而生的习性即"恩造习性"（habitus gratiae）。作为称义所必需的一种灵魂特质，恩造习性是一切宗教功德的来源，竭力陪护和彰显它就会导致赦罪和蒙恩的后果，因此，恩造习性与拯救就构成了一种存在

---

　　[1]　关于奥古斯丁称义论上的两次争论的分析，详见汉斯·昆：《基督教大思想家》，社会科学文献出版社2001年版，第67—81页。

　　[2]　Paul Vignaux, *Luther: Commentueur des Sentences*, Paris: J. Vrin, 1935, p. 86.

论意义上的因果关系。托马斯的"恩造习性"概念与奥古斯丁的"受造恩典"极为类似，其内涵在于强调人应积极响应上帝的恩典，并践行各种宗教功德。与同时代的神学家一样，托马斯还使用上帝的"绝对力量"（potentia absoluta）和"命定力量"（potentia ordinata）概念①来讨论称义问题。与亚里士多德的潜能与现实概念相对应，上帝的绝对力量指的是最初的一种可能性，它向神圣现实化敞开，唯一的约束是其现实化的前提中不能包含矛盾；上帝的命定力量指的是当前的秩序，既然已经选择了建立目前的秩序，上帝就处于一种自我强加的义务之下，必须自己遵守。上帝的正义在于他的智慧或理性，虽然他是全能和自由的，可以做任何他所不愿意做出的事情，但他却宁愿选择耶稣基督受难这一救世法门，命定了教会制度，从而自加限制于己身，忠诚于自己选定的某种救赎秩序（Ordo Salutis，即天主教圣礼圣事制度）。可见，托马斯对上帝命定力量的重视和"恩典习性"概念都是在肯定天主教会"教外别无拯救"的主张，其称义神学充分包容了中世纪占统治地位的虔敬思想：恩典和功德，确立了中世纪神人协作共同走向拯救的原则（synergism）。②

　　佛朗西斯会神学博士邓·司各脱继承了本会的奥古斯丁预定论传统，认为上帝在拯救行动中享有绝对主权，而托马斯·阿奎那的"恩造习性"概念却使上帝屈服于自身之外的受造秩序，削弱了上帝意志的神圣性和绝对无限性。为此，司各脱先于奥卡姆提出了神学经济原则：一切受造都不应该为上帝所接纳（nihil creatum formaliter est a deo acceptandum），受造的慈爱习性（habit of chatity）只是神圣接纳的次要原因。他还认为，上帝的绝对力量意味着上帝在自己的所有决定中都是完全自由的，而命定力量则意味着上帝在自己的所有行动中都是完全可靠的，两种力量同时存在，不相矛盾。司各脱提出了"契约"概念来讨论称义问题，认为上帝

---

　　①　这是一组中世纪经院神学家普遍采用的概念，用来讨论基督教救赎论神学。上帝的绝对力量意指上帝在做出任何决定之前向他展开的可能性，它首先指的是上帝能做一切的能力，只服从于结果不应该包含逻辑矛盾的前提。上帝的命定力量意指既定的拯救秩序，虽然是偶然性的，但却是完全可靠的。晚期佛兰西斯学派（司各脱学派）、经院新学和奥古斯丁新学都使用了二者之间的辩证关系，用以强调恩典受造习性的偶然性含义。

　　②　Steven Ozment, *The Age of Reform 1250—1550*, New Haven And London: Yale University Press, 1980, pp. 31—33.

的公正体现在对契约的遵奉，称义过程中人所预备的特质或功德之所以起作用，乃是神圣契约使然。圣礼的功效也是如此，在圣礼完成之时，上帝同意以其恩典临在其中，并非托马斯所说的圣礼工具本身内含恩典，上帝的悦纳和恩典才是获救的必要条件（conditio sine qua non）。[①]

自奥卡姆以来，经院神学研究采用了被称为唯名论（Nominalism）的新方法，本体论上肯定个别和殊相的实在性，知识论上持怀疑主义，宗教实践上倡导信仰主义（fideism）和意志主义（voluntarism）。一般来说，在称义神学中，经院新学继承了中世纪将称义视为一个自由意志趋向上帝并抵制罪恶的运动过程的看法，包含恩典注入、恩典与意志的协作、内心痛悔和罪的赦免四个要素，肯定称义所需预备的特质的必要性，同时也采用了经院古学中的一些概念和方法，主要有上帝两重力量、道德和功德的区分和司各脱的契约论。

奥卡姆对发展上帝两重力量关系的理论贡献最为卓著，他使用上帝两重力量之间的张力关系来捍卫神圣自由，以此来凸显上帝命定秩序的偶然性。与司各脱不同的是，奥卡姆把上帝两重力量的辩证关系当作一种神学批判工具，他提出了著名的命题："无论上帝以第二层次意义上的理由做了什么事，他都可以直接完成，而无须这些理由"（QudiQuid Deus producit mediantibus Causis Secundis potest imediae, sine illis producere et Conserrare）。[②] 他认为，与上帝的绝对力量和神圣意志相比，上帝根据命定力量所选择的救赎工具（如教会、圣礼、教士、恩造习性和功德等）对于拯救来说是第二层次意义上的理由，他甚至大胆地论断上帝完全可以化身成为石头或蠢驴来拯救世人。根据上帝的绝对力量，他认为上帝也许可以不考虑受造习性的有无，把灵魂直接接纳到永生里，灵魂并不是因为拥有受造习性才配得永生，而是上帝的安排使得灵魂配得永生。因此，在上帝命定的接纳方式中，恩造习性乃是一种极端的偶然性方式，并不存在称义和习性之间的自然联系，如果二者之间真有因果联系，那也是因为上帝首先命定了这种联系。可见，奥卡姆的称义因果性概念具有契约论性质，趋向

---

① Steven Ozment, *The Age of Reform 1250—1550*, New Haven And Lodon: Yale University Press, 1980, pp. 33—36.

② W. Ockham, *Philosophical Writings*, ed. Philotheus Boehner, Edinburgh and New York: Nelson, 1962, p. 25.

称义的特质的功德性价值实际上是由上帝独自发起的救世命令和盟约赋予的。

一般来说，中世纪的善功理论都把人趋向于称义的特质的视为一种在上帝眼里适可（de congruo）而非配享（de condigno）的功德，在讨论道德行为的功德性价值时，中世纪经院神学家区分了两种功德：配享功德（metitum de condigno）和适切功德（meritum de congruo），前者指的是恩典的状态下所做出的道德行为，并因此而配得神圣的接纳；后者指的是在恩典之外的状态下所做出的道德行为，尽管严格说来不算功德，但它对于首要恩典（gratia prima）的注入来说，是一个"适当的"根据。经院古学中的理智主义者认为一个行为的道德和功德价值间有着直接的相互关联，自然状态的道德和恩典状态下的功德之间有着一种过渡，道德行为的内在价值（valor intrinsecus）与上帝恩典赋予的功德价值基本保持一致；而意志主义者与经院新学则肯定道德和功德领域间的不一致，道德行为的功德价值并不取决于其内在价值，只完全依赖于神圣意志自身，是一种由神圣契约赋予的外在的归附价值（valor impositus）。

奥卡姆曾用国王和小铅币的比喻来说明这种区分。[①] 中世纪时期，国王似乎一直就被认为有权发行"代用的"硬币，这种硬币经常是用铅铸成的，其内在价值可以忽略不计，但却因为契约内含的国王承诺而拥有比本身的价值大得多的归附价值。罗伯特·霍尔科特也使用了类似的比喻，他指出一个小铅币可以买一条面包，但后者却具有更大的内在价值。比尔认为，人的行动和神圣报应之间的关系就是神圣命定的结果，而不是实在自身的本性（ex natura rei）。因着契约，上帝恩惠地命定，人的趋向于称义的行动是可以被接纳为配得恩典的，因而是功德性的行动。[②] 由此可见，经院新学对称义因果性的理解具有契约的性质而非存在论性质，契约

① 在中世纪的货币制度中，主要的货币是金币和银币，货币的内在价值与面值是等同的。但是当经济发生危机，特别是战争时期，国王要回收这些金银币以铸新币，便发行了许多具有等额面值的小铅币，向人们允诺一旦经济危机过去，他会用金银币赎回这些代用的小铅币。经院新学们经常援引这种经济活动，用以解释善行和称义之间的关系。详细的分析，参见 Willam J. Courtenay, "The King and The Leaden Coin: The Economic Background of Sine Qua Non Causality," *Traditio*, Vol. 28, 1972, pp. 185—209.

② 转引自 Alister E. McGrath, *Iustitia Dei: A History of the Christian Doctrine of Justification*, Cambridge: Cambridge University, 1998, pp. 88—89.

因果性认为人灵魂里的恩造习性及人的善功在上帝看来微不足道，拯救完全是由上帝发出的命令，取决于上帝的意愿。当代诸多学者的研究表明，契约因果性原则清楚明白地见诸奥卡姆、罗伯特·霍尔科特（Robert Holcot）、皮埃尔·戴利和迦伯列·比尔等经院新学家的著作中。[①]

　　经院新学的契约因果性原则奠定了中世纪末期人神协作救恩论的基础：尽其所能，上帝绝对不会拒绝赐予恩典（Facienti quod in sc est, deus non denegat gratiam）。经院新学家们也正是在此基础上提出了称义论上的契约神学，视个体灵魂获救为神人之间的神圣约定：一方面，上帝自加赐予救恩的责任，命定人的行为配得永生并忠于自己的承诺，对人的功德行为给予奖赏；另一方面，人须运用自由意志，在上帝恩典的协助下，尽可能多地增进道德和善功，满足神圣接纳对人的适当要求，仿佛人是通过自己的努力配得永生的奖赏。与经院古学称义论相比，新学称义论对属人的一切在称义中的作用有了更为清醒的认识，但契约神学没有强调基督的受难和死而复活在称义中的决定性作用，是非基督中心论的称义观。而且，"尽其所能"原则对于行在灵魂救赎路途上的旅者（viator）来说缺乏确定性的保证，信徒到底要做到什么程度才算是尽其所能，这是经院新学契约神学无法做出明确回答的难题，也是其称义神学的含混性所在。此外，由于经院新学家持意志主义上帝观、信仰主义的宗教观和乐观主义的人性观，在称义理论上高扬上帝恩典权威的同时，实践上又仰赖教会权威，这就使得他们的称义理论很容易产生实践上的佩拉纠主义的后果，这也就是路德后来在改教前夕批评经院新学乃至整个经院神学的原因所在。

　　青年路德的称义神学思考，始于爱尔福特奥古斯丁修院生涯。如何清除与生俱来的罪恶，与上帝和好并获得永生，成了他精神生活中的首要关切。修院中克己苦修与虔敬侍奉，表明他坚信修道生活是最蒙上帝接纳和最可靠的救赎方式。修道生活在中世纪代表了以人之自义（self - righteousness）博取救恩的最高形式，是教会推崇的人走向上帝的最佳捷径，很大程度上也反映出经院新学称义神学的基本观点。《桌边谈》《书信》

---

①　关于经院新学家对契约因果性的具体分析，参见 Alister E. McGrath, Iustitia Dei: *A History of The Christian Doctrine of Justification*, pp. 87—90；Heiko A. Oberman, *The Harvest of Medieval Theology*, Grand Rapids：William B. Eerdamans Publishing Company, 1967, pp. 166—85.

与大量介绍路德生平的著作都表明，他誓愿做一名彻底的修士，摒弃一切俗务，专心践行成圣的功夫。为了拯救自己的灵魂，获得神所赐福的平安，他努力抓住一切赚取功德的机会。1506 年 9 月后，为了准备按立为司祭，他研究了经院新学家迦伯列·比尔的《弥撒经注释》，这是当时关于弥撒祭仪的最佳著作。比尔在图宾根大学时曾是奥古斯丁会会长斯陶皮茨和拿汀的导师，路德对比尔相当敬佩，曾言："整部圣经的权威都无法与比尔的著作相比"①，他甚至将阅读此书看作是一种"殉道"行为。通过研读此书，路德学会了崇敬教会礼仪，懂得尊敬教会权威和忠诚于教皇的深意。

但是，当路德严肃地对待自己的信仰时，并没有过上神圣和平静的修道生活，内心的不安反而变得愈发强烈。人的罪恶与上帝的崇高和神圣形成了强烈的对比，路德意识到人神之间巨大的鸿沟，觉得自己根本无法满足上帝的要求，对神圣超越的至圣者充满了恐惧。1507 年 5 月 2 日，在被按立为司祭数周后，他主持了第一堂弥撒，在祭坛上与饼酒中的上帝相遇。他对于这一中世纪最高的奥秘感到激越和畏怖②，由此激发出了对上帝的深思，"上帝之义"（Iustitia Dei）这个神学难题（theologoumenon）遂成为了青年路德神学思考的核心问题。他始终无法理解上帝的公义（iustitia）和慈爱（caritas）之间的辩证关系，无法找寻到一位恩惠上帝的慈爱，而只能面对报应性的公义上帝，以致对上帝的预定和永生感到绝望。路德经历着极端虔敬的失败，开始质疑完美神圣的僧侣生活，由此陷入了精神困苦之中，步入了他一生中最阴郁消沉的时期。

所幸的是，路德对自身的精神困惑做了神学上的反思，1889 年在茨维考图书馆发现的《箴言四书》边注很好地反映出他 1509—1511 年间的神学思想。作为一名《箴言四书》讲师，他广泛阅读了奥卡姆、戴依和比尔等经院新学家的作品③，也熟知司各脱、圣维克多的雨果和圣贝尔纳等中世纪神学家的作品。书中提到许多教父的二手作品，他极力抬高奥古

---

① Martin Luther, *Tischreden*, bd. 3, s. 564.

② Ibid., bd. 2, s. 133; bd. 3, ss. 410—411; bd. 4, s. 180; bd. 5, s. 86.

③ Martin Luther, *D. Martin Luthers Werke*, Kritsche Gesamtausgabe, Weimar: Verlag Herman Böhlaus, bd. 9, 1883. ss. 33, 34, 37, 40.

斯丁的权威，不过却是以奥卡姆主义的立场来解释其思想的。① 该边注基本上遵循了经院新学的神学方法，作为一名奥卡姆主义者，他强调信仰高于理性、启示高于哲学，严格划分了自然理性与超自然信仰之间的绝对界限，当然，在某种程度上他也吸收了隆巴德和奥古斯丁的思想。他坚持了当时奥卡姆主义者对信仰的看法，区分了作为理智上同意的信仰和作为恩典注入的信仰，认为后者是上帝的超自然恩典礼物，它与望、爱相联合，使罪人得以称义，似乎罪人在上帝眼里配得拯救。但是他沿用了中世纪神学中信由爱塑成（fides Caritate formata）的观点，对《罗马书》1 章 17 节的众多解释表明他并没有达到后来改教的福音理解，也即爱由信生（Caritas fide formata）。② 他强调恩爱优先于信仰，"事实上，凭借信仰你还不能被称为义，除非有上帝的恩爱，否则信仰将一事无成"（fides enim qua iustificatus es：Talis fides non est sine charitate）。③

路德虽然承认恩爱优先于信仰，但他并没有继承中世纪的恩造习性概念，而是在称义神学讨论中追随经院新学，批判了这一概念。路德和奥卡姆主义者一样，质疑托马斯主义关于超自然习性注入到灵魂实质中的观点，认为它是借自亚里士多德的形而上学假设，缺乏合理的依据。同奥古斯丁和隆巴德一样，他坚持认为使人称义的恩典与爱同行，是由圣灵激发或灌注而来，并非是一种形而上学的品质。④ 路德撇开了上帝两重力量的辩证法，主张慈爱和圣灵紧密相关，都是同时被给予的，他还援引林前1：30 来证实自己的观点。⑤ 对路德来说，恩造习性这一概念毫无必要，也无益处，如果要使用的话，也只能在奥古斯丁而非亚里士多德的意义上来使用，把习性仅视为人神之纽带，而非人神间介入的受造实体。他似乎认为彼得·隆巴德更接近奥古斯丁的真理，主张称义中所需要的习性不过是圣灵（habitus adhuc est spiritus sanctus）。⑥ 在此，路德确信称义包括圣灵与人直接遭遇，但他并未达到保罗的福音理解，而是局限于经院新学的

①　Martin Luther, *D. Martin Luthers Werke*, bd. 9, ss. 9, 12, 39, 43, 69.

②　Ibid. , ss. 72, 90, 91, 92.

③　Ibid. , s. 72.

④　Ibid. , ss. 42—43.

⑤　Ibid. , s. 42.

⑥　Ibid. , s. 44.

立场来思考称义问题。

1513 年夏至 1515 年春，路德注解并讲授《诗篇》，此时他只具有初步的希伯来文知识，并未采用希伯来文原本，而是采用了通行的武加大本。不过，他参考了罗伊西林的希伯来语法辞典《希伯来语入门》（*De rudimentis Hebraicis*）和勒费弗尔的《五译本诗篇合参》（*Psalterium Quincuplex*），沿袭了中世纪的三重或四重解经方法。虽然《第一次诗篇讲义》（*Dictata super Psalterium*，简称 Dictata，下同）既包含着他个人的宗教体验，也有他对保罗福音教导与经院新学间差异的认识，但他的思想很大程度上仍受制于唯名论神学。他追随经院新学的方法，采用了它们的大量观点和术语，比如信仰与理智的对立，罪的免除不是凭借转归，而是借着神的"契约"使罪人称义（Non justificarent nisi pactum dei faceret），[①] 配享功德和适切功德的区分，自由意志与恩典协作，人有能力为救恩尽力做好准备，等等。[②] 在称义论方面，他大量使用了经院新学契约神学的术语。"上帝通过他自己仁慈的允诺，而不是通过人以善功赚取的人性尊严，成了欠我们债的人。他只需要我们准备，目的是让我们接收救恩礼物，正如国王或王子向一个抢劫犯或杀人犯施与一百个弗罗林（florins），条件是他们要等候在特定的时间和地点。结果很清楚，由于不考虑功德，上帝的情谊性允诺和仁慈使他成为债务人，国王也不否认他的承诺并非出于人的毫无功德。"[③] 这段注释很好地诠释了经院新学契约论的典型特征，上帝主动与人立约，承诺赐予人类救恩并信守诺言，人必须满足契约所要求的最低称义条件，也即竭力为救恩做好准备，以适切功德博取救恩。正如在《诗篇》第 114 章第 1 节的评注中，路德写道："因此，正直的博士说道，竭尽全力做好的人，上帝肯定会给予他恩典。尽管从严格的意义上，人不能自己做出恩典的预备，因为这只能由上帝做出，但是在适切的意义上，因着上帝的应许和慈爱的约定，做出恩典的预备还是可能的。"[④] 路德在此所提到的正直博士，主要是指以迦伯列·比尔为代表的经院新学家，该评注展示出青年路德与经院新学称义神学的密切关联。

---

① Martin Luther, *D. Martin Luthers Werke*, bd. 3, s. 289.

② Ibid., ss. 44, 93, 259, 289.

③ Ibid., bd. 4, s. 261.

④ Ibid., s. 262.

在 Dictata 的前半部分，可以明显地看到契约因果性的救恩论原则同样处于路德称义神学的中心。"因为我们在上帝面前依然是不虔不义和一文不值，所以无论我们做了什么，在他眼里都算不得什么。是的，甚至今天我们得以称义的信仰和恩典，如果没有上帝的契约规范，也不会发生作用。确切地说，我们获救的原因在于：他与我们立了约定和契约，信而受洗的必获拯救。在此约定中，上帝是真实可信的，他保守他的所有允诺。因此，事实上我们在他面前仍是罪人，结果在他与我们立定的约定或契约里，他自己成了称义者（justifier）。"① 很显然，路德是在契约神学的框架内思考称义问题的，恩典和信仰使人称义乃是因为契约的效力使然，并非其本身具有此功能，这说明此时的路德尚未达到后来的"唯独信仰"（sola fide）和"唯独恩典"（sola gratia）的改教理解。契约来自上帝的神圣命令，为罪人的称义提供了可靠的基础。"他不是根据功德，而是根据他以慈爱与人所立之契约，持续不断地将恩典给予那些追求、乞求和呼求之人。"② 从这两段注释可以看出，青年路德的称义神学思考是多么依赖于契约因果性原则，如何满足契约所需的最低条件，成为困扰他心魄的问题。

路德似乎意识到正义并非人性中的一种特质，停止增进自义并谴责自己（accusatio sui）才是称义的开始，而完全的谦卑、贫乏、愧疚、屈辱、仰赖上帝并呼求其丰盛恩典，是人出现在上帝面前的唯一方式。"所以他应许了灵性的复临：'祈求，就得着；寻找，就找到；叩门，就给你开门。因为人祈求就得着……（太 7：7—8）'，故而教会教师们主张人尽其努力，上帝不会忘记给予救恩的说法是对的，即使他不能在义理上（de condigno）为恩典临到做好预备工作，因为恩典是无法做出比较的；然而出于上帝的仁慈契约和诺言，他可以在情谊上（de congruo）做好预备工作。故而他应许了复临。"③ 在此，"呼求""祈求""寻找"和"叩门"成为他表达谦卑的一种方式，贫乏和卑微似乎是对待上帝的合适态度，也是这一时期路德虔敬的标志。他明确赞同经院新学的救恩论原则，把谦卑

---

① Martin Luther, *Luther's works*, Saint Louis and Philadelphia: Concordia Publishing House, Vol. 10, 1955, p. 237.

② Martin Luther, *Luther's Works*, Vol. 11, p. 477.

③ Ibid., pp. 397—398.

和自我谴责视为称义的最低条件，能够满足神圣契约的要求，引发救恩的临到，"那人将是谦卑和敬畏的，故此上帝要给他恩典，并且圣灵也要临到他。"① 罪人的谦卑并非使人远离上帝，反而拉近了人神间的距离，蒙上帝喜悦的人实际上是厌弃自己的人。基督徒要尽力降卑自我，克服自义，努力做到谦卑顺从，认识到自己的罪和一无所有，并转向上帝，呼求自己所需的恩典礼物，这就是路德的谦卑神学（theologia humilitatis）的主要内容。

必须指出，谦卑本是基督教所宣扬的一种美德，是神所要求于人的一种合宜态度，广泛见于《圣经》中，其中尤以《诗篇》中论述为多。但在整个基督教神学史上，鲜见一种以谦卑命名的神学，谦卑神学主要是路德研究领域中通用的术语，用以指称他在精神困惑期（约 1509—1515）的称义神学思考。尽管他也谈到人不能自救，而要靠基督拯救，罪的赦免并不是获得性的，而是上帝给予的，但他仍然是把谦卑和自我谴责当作属人的极端行为来理解，视为人的一种自然努力，借此上帝可以称罪人为义，特别是此时他还未谈及作为神圣礼物的上帝正义。路德的谦卑神学是契约因果性原则下思考的产物，他把谦卑和自我认罪当作是满足称义的最低条件，于是"竭尽所能"（facere quod in se est）就等于"人承认自己的不义和在上帝面前的谦卑"（esse sibi iniustus et ita coram Deo humilis）。因此，我们可以认为，谦卑神学是经院新学称义神学的一种精致产物。

路德的谦卑神学反映出，他对称义过程中人走向上帝之路的最后希冀。随着 Dictata 的展开，他愈发觉得自己的道德品质诸如谦卑，并不能达到称义的要求，反而招致"上帝的愤怒"（the wrath of God），该词频繁出现于 Dictata 文本中。上帝的义对路德来说就是带有烈怒的审判，根据人的行为和功德给予奖赏，"我知道基督是一位严厉法官，在他面前我想转身逃走，然而却不能移动脚步。"② 虽然路德的谦卑神学仍旧像经院新学一样，把基督视为公义的审判者，但他却把基督耶稣纳入称义神学思考的核心。他认为，如果没有基督的虚己卑谦的榜样，人就绝不会摧毁自己的义，赞美上帝和承认己罪，谦恭地效法基督，做到真正的谦卑去满足称

① Martin Luther, *Luther's Works*, Vol. 10, p. 274.
② Martin Luther, *D. Martin Luthers Werke*, bd. 38, s. 148.

义所需的最低条件。Dictata 后半部分越来越清楚地表明，他逐渐认识到基督是上帝为我们而做的正义、智慧和拯救，"没有人知道，上帝的愤怒临到众人和众人在上帝面前都成了罪人。但是凭着他从天上启示出的福音，我们知道，通过基督我们怎样从愤怒中脱离出来，什么样的义使我们得到释放。"① 路德显然认识到了上帝的审判和赦免都在基督之中发生，基督使人知晓谦卑，也使痛悔的良心畏惧上帝，他显明了上帝的本质和行动，通过十字架上的屈辱和受难，人的称义和救赎得以发生。

将耶稣基督迎回称义神学思考的景观中心，是路德称义神学思想发展过程中的决定性步骤，标志着路德逐渐脱离了经院新学救赎论的限制，向保罗的新约圣经立场复归。如上所述，经院新学救赎论中，基督仅作为报应性的上帝和外在模范，引导人们去完成律法，尽其所能地去赚取适切功德，等待上帝接纳和赐予救恩。在 Dictata 中，路德多次谈到义（iustitia）和信（fide）这两个术语，以信来判定正义与邪恶，断定义不属于人性中的特质，而在基督信仰之中。② 在诗 35（36）：7 注释中，路德提出了信之义（iustitia fidei）这一概念，他写道："你的信之公义，在你面前是我们的义（Iusticia fidei tua qua coram te iusti sums）。"③ 这个注释表明路德认为称义的形式因在于基督之义，只有基督才具备完全的义，信仰把基督和正义带入信徒内心，并把基督持守在内心，作为内驻的正义和一切善行的来源。

信之义虽然意指人通过基督里的信仰而被称义，但是，我们并不能因此就判定，路德此时已经达到了对"因信称义"教义的成熟理解。他只不过是将信之义与在上帝面前（coram deo）联系起来，将信之义视为自身生长（sui generis）的义，在上帝面前有效。它似乎是人努力行出来的义，构成了称义所需的前提条件，对一个想要在上帝面前称义的人来讲，要求他首先信基督。不过，人信仰基督的行为之所以被称为义，终极原因仍然是上帝在拯救秩序中所立的圣约。路德依然是在契约神学框架下思考上帝之义和信之义的，信之义要成为义，只有契约的先在才有可能，信基

---

① Martin Luther, *Luther's Works*, Vol. 10, p. 145.

② Ibid., p. 268.

③ Martin Luther, *D. Martin Luthers Werke*, bd. 3, s. 199.

督代表了信的内在价值，义是上帝归附的价值，上帝之义最终是作为基督之义由信仰而转归予人的。因此，信之义实质上来自于上帝圣约的礼物，但却是上帝给予世人的普遍恩典礼物，即"信而受洗的必获拯救"，而非给某人的特殊恩典礼物，间接而非直接地得自上帝，无须位格上的接纳。显然，尽管契约将上帝之义与信之义联系起来，但二者并不相同。

　　稍后一些，路德对上帝之义这一概念的理解发生了变化。路德抛弃了中世纪传统的四重解经法，以基督中心论的立场来阐释《圣经》，将圣经文句的四重含义（quadriga）缩减为两种，即字义与道德含义，字义指基督耶稣；道德含义指基督凭信仰接纳和赦免罪人。在诗 71 注释结尾，路德对"神啊！你的公义甚高"这一诗句解释道："在此，他大概意指基督，通过伟大又深刻的谦卑，成为了上帝的力量和正义，因此现在借着至高荣耀居于高天。所以，无论谁想要理解使徒书信和别的经文的话，都必须从道德含义来理解一切：他借道理、智慧、力量、拯救和公义，使我们强大、安全、公义和智慧，等等。因为有了上帝的工作和道路，一切在文字上都是基督，并且在道德上是基督里的信。"① 自此，路德愈来愈强调圣经道德含义的重要性，将上帝之义等同为基督之义。在诗 71、诗 72 注解中，路德对神义的理解达到一个关键阶段。"同样，上帝之义也有三重含义。道德上看来，它指基督里的信仰（fides christi）。罗 1：17 上写着，上帝的义正是在福音上显明出来，因于信以至于信，而且这是圣经最常见的用法"。② 路德从道德含义上将上帝之义理解为信仰基督，实际上是在某种程度上肯定了上帝之义与信之义的同一性。于是，称义的问题就转化为信仰基督如何可能的问题，这涉及对信仰本质的理解。

　　在诗 69：1、2、3 注释中，路德认为信仰本身是上帝的实体。③ 这似乎是说信仰属乎上帝而非人，但未明言信仰基督是上帝的恩赐。然而，在 Dictata 后半部分里，路德对信仰这一概念的理解已经发生了新的变化，如诗 84：6 注释中，路德写道："的确，信仰是上帝赐予不虔之人的恩典，凭借信仰，罪人得称为义，它是一切灵性恩惠、礼物、美德、善功和

① Martin Luther, *Luther's Works*, Vol. 10, pp. 401—402.

② Ibid. , p. 404.

③ Ibid. , p. 384.

工作的头生子、实体、基础、喷泉、源头和核心。……信仰是一切事物的前提条件。"① 路德将信仰等同于上帝的恩典和一切爱行的源头，确立了信仰在神学三主德中的优先地位，这就颠覆了中世纪救恩论中"信由爱塑成"的原则。通过对 Dictata 后半部分的仔细分析，我们发现路德将信之义这一概念理解为上帝为人类的救赎而预备的礼物，并非属于上帝所有。它只在上帝面前而非在人面前有效，除非借着信仰，人无法知晓其真义，其实质是基督里的信仰（fides christi）。

从以上的分析可以看出，路德对称义的早期理解（1508—1514）可以总结如下：人必须认识到自己的灵性弱点和不足，转而以谦卑的态度，在自我称义的努力中希求上帝给予自己的恩典。上帝以契约的名义，把这种信心里的谦卑（humilitas fidei）当作称义的必要前提条件，按照契约，通过赐予人恩典的方式来履行职责。显然，路德认为在没有特殊恩典援助的情况下，人能够对上帝的要求做出回应，而这种信仰之义的回应是获得称义恩典的必要前提（尽其所能）。信仰基督就仍被理解为人的行为，可以单独由人的自然能力完成，一旦人完成了悔改并认信基督，上帝就会赐予他救恩。故而，还不能主张路德对"上帝之义"（Iustitia Dei）这一术语的理解，在他注释《诗篇》期间经历了重大的变化。路德仅仅在契约神学框架里澄清了其词源学来源，使得称义过程中不同的义之间的正确关系得到了明晰化，特别是区分了人要被称义必须具备的义即信之义，与上帝有义务把恩典奖赏给这种义的义即神之义。因此，截至 1515 年年初，路德仅从道德含义出发，将上帝之义理解为基督里的信仰（fides christi），信仰基督和谦卑满足了称义所需要的最低条件，这并不说明他已突破了契约神学。

1515 年春季到 1516 年夏季，路德集中对《罗马书》作了讲解。他借助勒费弗尔的拉丁文本评注，利用伊拉斯谟的希腊文本《新约圣经》及拉丁文注释，同时参看了奥古斯丁的《罗马书注释》《文字与精义》和反佩拉纠主义著作。《罗马书讲义》中充斥着对经院学者和异教哲学家的攻击，他发现经院新学，甚至整个经院哲学对保罗的解释存在很大的问题。通过亚里士多德、西塞罗和律法之义与圣经之义的对比，他愈发厌弃自己

---

① Martin Luther, *Luther's Works*, Vol. 11, p. 146.

以前使用过的义。路德在评注罗 4：7 时写道："圣经使用义和不义，与哲人和法学家完全不同。很明显，因为他们认为义和不义是灵魂的一种品质。但是圣经之义有赖于上帝之转归，而非事物自身的本质。……因此，我们生来就是可恶的不义之人，我们死在不义之中，只有通过信上帝之道和慈爱上帝之免罪，我们才能成为义人。"① 路德在注解罗 5：12，9：6，10：10，12：2 时批判了经院神学家，他们将亚氏的分配正义观和西塞罗正义观用来解释上帝对待罪人的方式，依据报应性原则来阐释义，"义是一种根据人是其所是的一切给予报酬的一种德性"（iustitia est virtus reddens Unicuique quod suum est）。于是，义便是获得性的，是道德行为的直接后果。依此来理解"上帝之义"概念，就是一种完全谨慎和公正不偏的法官之义，基于人是否尽其所能来实施奖惩。②

　　从路德对罗 3：22、4：7、7：17、7：25 和 10：6 的评释中，我们轻易就能发现，路德对称义之信的本质获得了许多新的洞见，《罗马书讲义》清晰地表达出使人称义的信仰是上帝的神圣礼物的思想。于是，基督的信仰这一概念的含义发生了实质性变化，现在，信仰基督被理解为上帝在人里的工作，而不是人主动以其自然能力回应上帝要求所做出的行为。Dictata 时期，信仰基督被当作是上帝的普遍恩典礼物，在契约神学框架内，要求人首先对上帝的救恩做出必要回应，信仰基督被视为放之四海皆准的普遍法门。如今，信仰基督被理解为上帝赐予个人的特殊恩典礼物，关涉到位格的接纳。在此，我们看到路德在 Dictata 诗 71、诗 72 注释里将上帝之义理解为信仰的重要意义。上帝向要被称义之人索要的义，不再被理解为靠人的努力去获得的某种东西，而是上帝自己直接赐予个体的

---

① Martin Luther, *Luther's Works*, Vol. 25, pp. 274—275.

② 当今诸多学者认为天主教会之所以存在"因信称义"教义的神学讨论，原因在于西部教会受希腊哲学和拉丁法律文化的影响，以理性的希腊分配正义（δικαιοσνη）和拉丁文律法正义（iustitia）去解释希伯来文"正义"（sedāq？），这就遮蔽了希伯来文正义的原意，即"带来拯救的正义"（iustitia salutifera），使正义丧失了救赎论的维度。由此，与希伯来文"称义"（hasdiq）相应的希腊文 δικαιουν 和拉丁文 iustificare 就失去了"宣告无罪"的含义，具有希伯来文不可能有的"谴责"和"惩罚"的负面含义。从"义"和"称义"的词源学考察来看，路德的称义神学主要是恢复对这两个概念在《圣经》上的源初理解，消除希腊哲学和罗马法对希伯来文化转译造成的误读。具体请参看 Alister E. McGrath, *Iustitia Dei: A History of the Christian Doctrine of Justification*, pp. 4—16.

恩典。路德不再从理智主义的立场上来理解信仰，将其视为对福音真理的同意，而是理解为信靠（fiducia）。信仰使得基督在场，分享其中的上帝之义和赦罪性慈爱，信仰意味着抓住基督，通过基督，领会到上帝的不可见性和奥秘事物。因此，信仰体现出个体意志上对上帝的倚赖和人神间的位格关系。

在某种意义上讲，路德在《罗马书讲义》中重新发现了保罗的"因信称义"立场。拯救意味着在一切属灵和属世的事物上，完全地把自己交托给上帝，完全地信靠救主基督，人所须要做的就是被动地承受①，预定或拣选才是拯救的形式因。《罗马书讲义》中的许多注释表明，路德完全否定了经院新学关于人主动寻求救恩的立场，认为人在自己的称义过程中处于被动的地位②，这就决定了他对自由意志的否定性理解，人的意志受到了罪恶的束缚，在没有神圣恩典的帮助下无法获得公义。③ 由于承认自由意志在称义之事上的无能，路德就否定了人主动寻求救恩的经院新学道路，并把人能在称义过程中"尽其所能"的观点当作佩拉纠主义来谴责。④ 罗14：1 注释明确地批判了经院新学的救赎论原则，"这些人知道人靠自己什么都做不了。因此使用普遍接受的陈述（尽其所能，上帝必然会注入恩典）就显得非常荒谬，而且是去支持佩拉纠的错误。"⑤可见，路德终于明白了经院新学称义论所带来的后果，这在其称义神学思想发展过程中具有决定性的意义。

上帝赠予人称义前提的认识，不可避免地导致对建基于经院新学契约神学之上的救赎论框架的抛弃。路德对"上帝之义"的早期解释正是建立在这种前提之上的，即上帝在他的公平（equitas）里以称义的恩典奖励那些尽力做好之人，而无须位格上的接纳（sine acceptione personarum）。神圣的审判只是基于对人所具有的品质的认可，上帝有义务对此进行奖

---

① Martin Luther, *Luther's Works*, Vol. 25, pp. 364—367.

② Ibid. , p. 368.

③ Ibid. , p. 371.

④ Heiko A. Oberman, "Facientibus Quod in se est Deus non Denegat Gratiam: Robert Holcit O. P. and the Beginnings of Luther's Theology", in Heiko A. Oberman, *The Dawn of the Reformation*, Grand Rapids and Michigan: Willam B. Eerdamans Pbulishing Company, 1992, pp. 84—104.

⑤ Martin Luther, *Luther's Works*, Vol. 25, p. 375.

赏。如果上帝亲自把这种品质赠予人，对于经院新学契约神学和青年路德来说，具有本质性的公平和公义框架就可能不再成立。因此，路德神学突破的根本特征，是摧毁他早期救赎论所仰赖的经院新学理论框架，并重新对"上帝之义"概念做出阐释，发现了"上帝之义"的真义。① 学术界对路德称义教义所发生的根本性变化的理解，依赖的最重要证据是公元1545 年的自传片段（俗称为"大证词"）。"从那里我开始懂得，上帝的义是那种义人凭上帝礼物得生的义，即义人凭信仰得生。而这就是此中真意：上帝的义通过福音启示出来了，是那种仁慈上帝借信称我们为义的被动之义。"② 路德洞见到上帝之义是上帝转归给信徒的被动之义，人称义不靠行为努力而是借信仰基督，使我们称义的上帝之义不属于人，既不是人性中的一种美德，也不是上帝的神圣属性，而是上帝为救我们出离罪恶而预备的恩典。于是，路德恢复了称义论上的圣经立场，"你们得救是本乎恩，也因着信，这并不出于自己，乃是神所赐的（弗2∶8）"。

路德所理解的"上帝之义"并不是上帝自身为正义所借的义，而是使不虔敬之人称义的义，作为恩典完全的启示在基督耶稣的十字架上，与

---

① 关于路德神学突破或者"上帝之义"发现的准确时间，学界一直都有争议，1505—1519 年间的任何重要时间点，都被后世学者断定为其思想发生了决定性变化的关键时刻。大体来看，当代西方学界，特别是德语学界有三种具有代表性的意见。其一是以哈特曼·格里萨尔（Hartman Grisar）为代表，根据路德 1532 年后的《桌边谈》片段记载，认为其神学突破产生于"塔楼经验"（Turmerlebnis），大约是 1513 年春季，此时路德开始着手注解《诗篇》，处于阴郁的"谦卑神学"时期；其二是以弗格尔桑（E. Vogelsang）为代表，认为确切时间应为 1513—1515 年间，依据是《第一次诗篇讲义》和《罗马书讲义》的文本分析；其三是以比策尔（E. Bizer）为代表，以路德的 1545 自传性片段明确提到的时间 1519 年为依据，认为应发生在 1518—1519 年间。笔者赞同第二种观点，主张应发生在 1515 年底路德注释《罗马书》的过程中。虽然路德在"大证词"中明确提到自己的精神困苦于 1519 年第二次注释《诗篇》（Operationes in Psalmos）时消失，但从内容上来看，他明确提出自己的突破性洞见来自于对罗 1∶17 的悟解，1517 年后的几篇重要文章，如《反经院神学之辩》（1517）、《关于赎罪券效能的辩论》（1517）、《海德堡论纲》（1518）和《莱比锡辩论》（1519）都反映出其称义论上的成熟理解，这也与本文对路德称义神学思想发展过程的分析相吻合。必须指出，路德的早期神学突破（initia theologiae Lutheri）是个体性的，与后来的宗教改革运动早期思想（initia Reformationis）发展是有差异的，后者是威腾堡大学神学系共同体的产物，奥伯曼等学者对此进行了详尽的讨论。关于路德神学突破的时间问题的重要讨论，参见 Alister E. McGrath, *Luther's Theology of the Cross*, Oxford and New York: Basil Blackwell Ltd, 1985, pp. 141—148.

② Martin Luther, *Luther's Works*, Vol. 34, pp. 336—337.

人的预知相抵触，只能为信仰所认知和占有。伴随着"上帝之义"的新发现，路德对上帝对待人类的方式有了新的理解，上帝的工作隐藏在对反形式之下（abscondita sub contraiis），上帝秘密地做着外在的审判工作，实际上为的是要完成拯救世人的本己工作。由此，路德达到了上帝观上的福音理解，彻底解决了寻求恩惠上帝过程中长期困扰着他的精神困苦，消除了面对神圣报应性上帝时产生的恐惧。必须指出的是，路德对称义的理解并非后世新教普泛宣称的法庭式宣告。义之转归说明人在自身仍存罪恶，只因信仰基督而被上帝赦罪和接纳，完全的称义在末世论意义上的盼望中方可实现，因此称义仍是一个渐进的过程，信徒生命时时需要上帝恩典加以更新。在 1517 年以后的改教运动中，由于与教皇派和激进派论争的需要，路德愈加强调因信称义教义的重要性，方才提出了"唯独因信称义"（Justification by faith alone）的改教理解，作为改教运动的理论基础。

　　在获得"因信称义"的改教发现之后，路德对经院新学乃至整个经院神学的称义论有了更为清晰的认识。公元 1517 年，为了批判经院学者、亚里士多德和理性在称义论上的误用，路德致力于撰写亚里士多德《物理学》的注释文章。虽然这个评注没有流传下来，但却成为《反经院神学之辩》（Disputatio Contra Scholasticam Theologiam，简称 DCST，下同）产生的基础。公元 1517 年 9 月 4 日，作为神学系主任，路德主持了学生弗兰茨·君特的圣经学士学位答辩，他草拟了 98 个论题，即后世学者称谓的《反经院神学之辩》。在此辩论集中，路德站在《圣经》的立场上，援引奥古斯丁在自由意志和恩典论上的教导，反对司各脱、奥卡姆、戴利和比尔等经院学者信赖人的自然能力的观点（DCST6、10、13、18、20、23），[①] 指出人的意志受缚而非自由，倾向于罪恶，凭借本性无法预备恩典的到来，而对恩典唯一完好的预备是上帝的永恒拣选和预定（DCST29）。[②] 路德认为他们错误地受到了亚氏哲学的指引，试图吸收希腊哲学的外来观念来阐释基督教真理，实际上是以理性僭越信仰的权威。

---

①　Paul Vignaux, "On Luther and Ockam", in Steven E. Ozement, *The Reformation in Medieval Perspective*, Chicago: Quadrangle Books, 1971, pp. 107—119.

②　Martin Luther, *D. Martin Luthers Werke*, bd. 1, s. 225.

他认为亚里士多德伦理学在经院神学中的应用必然导致佩拉纠主义，称其为恩典的敌人，主张神学家应该抛弃亚氏哲学（DCST 40、43）[①]，这就摧毁了经院神学称义论的理论基础。通过对经院新学称义神学的批判，路德否定了用辩证法和亚氏哲学来阐释信仰的做法，肯定了《圣经》在基督教真理上的权威，坚持了经院新学启示作为上帝知识唯一源泉的原则，甚至认为基督才是《圣经》的认识论原则，这对他后来思想成熟时期提出的改教运动三大原则，即"唯独《圣经》""唯独信仰"和"唯独恩典"的形成起到了决定性的作用，为宗教改革运动奠定了神学思想上的基础。

第四节　神秘主义

德意志宗教改革先驱马丁·路德是基督教神学史上最伟大的神学家之一，鲜有学者将其列入基督教神秘主义者的行列之内，但是，如果对其思想的整个发展过程进行详细考察，就会发现他独特的宗教体验和敬虔生活中所充满的活力和精神，无不与神秘主义息息相关。从向圣亚拿发誓进入爱尔福特奥古斯丁修院起，他就不断地经历着一种属灵的"精神困苦"（anfechtungen），第一次主持弥撒时对至圣者和绝对者的恐惧，克己修行之后的深重罪孽感和沮丧感，隐身瓦特堡时期所受到魔鬼的攻击，以及1527年受激进分子冲击而遭遇到的濒死经验，等等。诸如此类的丰富宗教体验表明，路德在认神识己的信仰道路上心魄所受到的侵袭，其中有上帝的考验和魔鬼的攻击，也有自己的怀疑、混乱、痛苦、激动、惊骇、失望、孤独和绝望。

所有的路德学者都一致承认神秘主义思想对青年路德的神学思想发展有着重要的影响，但许多学者认为路德与神秘主义之间的关系似乎是若即若离、含混晦涩的，而且在其成熟的思想中已很难寻觅到神秘主义的踪影。本文以中世纪末期神秘主义为背景来浅析路德与神秘主义之间的关联，考察路德神学思想的发展在多大程度上受到了神秘主义的影响，以及他如何将自己所受到的神秘主义影响整合到自己的"因信称义"教义和神学突破之中，并最终与神秘主义分道扬镳。

---

① Martin Luther, *D. Martin Luthers Werke*, bd. 1, s. 225.

13 世纪伊始，中世纪基督教世界在教会之外就存在一种既有正统思想又有异端思想的宗教运动，它们主张宗教生活上的民主化（democratization）和非教会组织化（laicization），追求使徒时期众信徒平等友爱的敬虔崇拜方式，上帝面前人人平等，个人与上帝的关系被置于人生的中心，这就是游移于教会、国家制度之外幽灵般的神秘主义运动（mysticism）。其中比较著名的是 13—15 世纪之际，流行于莱茵河流域的神秘主义运动，主要包括起源于 12 世纪低地地区的北真（Beguines）和北恪（Beghards），14 世纪的德意志神秘主义运动，以及受德意志神秘主义影响、流行于莱茵河下游地区的灵性运动。①

一般而言，中世纪末期天主教会存在两大神秘主义传统。一是拉丁传统，在修会中多以西多会和佛兰西斯会为主，神学上随意性大，特别着重于传统修院的虔修和亚略巴古的狄奥尼索斯（Dionysius the Areopagite）的著作，它倾向于赞扬意志、爱和实践上的虔敬。在神秘联合方面，它持基督中心论的意志主义立场，即在神秘联合中，人拥抱基督或者使自己的意志顺服基督。基督中心和意志主义的神秘主义在教会正统中享有较高声誉，其代表人物为明谷的贝尔纳（Bernard of Clairvaux）、波纳文图拉（Bonaventura）和简·吉尔森（Jean Gerson）。贝尔纳和吉尔森主张一种新娘式的神秘主义（bridal mysticism），他们坚持认为即使灵魂与上帝在基督之爱中紧密拥抱的时刻，二者之间的差别并未消失。于是，上帝与人之间在实体和意志上的差异得到了尊重。

二是盛行于多米尼克修会中的德意志神秘主义传统，神学上推崇大阿尔伯特（Albertus Magnus）、托马斯和新柏拉图主义。德意志神秘主义重理智甚于意志或虔敬实践，强调沉思默想和对上帝的理智直观。在神秘联合方面，它持神中心和本质主义的立场，即与神性深渊相联合，如一滴水消失自我溶入酒桶中，自我丧失自身存在，回到上帝之中而非与基督相应。此传统被教会斥为异端，艾克哈特大师（Eckhart Meister）、海因里希·苏索（Heinrich Suso）、约翰·陶勒（Johan Tauler）和库萨的尼古拉

① 比如有 14 世纪由荷兰修士吉特·古鲁特（Geert Groote）发起的"共同兄弟会"（Brethren of the Common Life）运动，十四五世纪尼德兰的"现代虔敬运动"（Devotio Moderna）。其代表人物有吕斯布吕克的约翰（John of Ruysbroeck）和托马斯·肯培（Thomas à Kempis）。

（Nicholas of Cusa）即其杰出代表。德意志神秘主义溯源于 12 世纪的女性神秘家希德嘉·宾根（Hildegard von Bingen），其神视作品中详细地描述了她所体验到的诸多异象，并做了诸多阐释。艾克哈特在做北真辅导教师的时候，接触过宾根的作品，其方言布道作品中有些神秘喻象如滴水、灵魂火花等便来自于此。艾克哈特认为无差别的神性（undifferentiated God-head）是位格性上帝的理念及本质，也是人的永恒诞生和回返之地。

撇开流派分殊不谈，中世纪末期神秘主义具有如下三个特点：①神秘主义是绝对贫困理想内在精神化的结果，绝对贫困的理想曾是激发修院改革和吸引大批平信徒的动力，神秘主义者坚持了这一基督徒的崇高理念。②神秘主义者持有这种信念，即宗教实在实际上是能被经验到的，灵魂比理性和意志更深，超越正常理智感官能力的神秘王国甚至是信仰自身不可企及的。③神秘主义以极端的方式实践着中世纪神学上的"相似"原则，与上帝"相像"（similitudo, conformitas）是与上帝联合的本质条件。

路德与神秘主义有着亲缘关系，在其批判性的谦卑神学①发展过程中，可以确知路德遭遇到了神秘主义，其时他头脑里充满了神秘主义作为联合灵魂与上帝的可能途径的想法，只不过后来由于他的解经工作和兴趣变化，才使他摆脱了神秘主义的诱惑。从路德的《第一次诗篇注释》和《罗马书讲义》中可以看出，他对亚略巴古的狄奥尼索斯、明谷的贝尔纳和简·吉尔森等神秘主义者的著作相当熟悉，尽管我们无法确定他是将它们看作神秘主义著作还是当作神学著作来阅读的。路德似乎把圣经看作是体验上帝的方式，其理解圣经的冥思和情感性方式至少与神秘主义虔敬，特别是与中世纪末期的神秘主义文学密切相关，他对"内心聆听"的高度重视便是明证。路德显然也使用神秘主义的一些共同表达，如人的"离弃""狂喜""呻吟"和"灵魂火花"，并逐渐将其转化到自己的谦卑神学之中。

在路德神学发展的重要时期（1513—1518），他单独赞扬了德意志神

---

① 这是路德在 1509—1515 年间受经院新学称义论影响而发展出的一种称义论，集中地表达在其《第一次诗篇注》中。路德当时认为对于灵魂的救赎而言，人的谦卑（humilitas）是上帝赐予救恩的最低必要条件，人神之间的救赎论契约保证了救恩的有效性。1516 年《罗马书讲义》后，路德突破了经院新学称义论的限制，把信仰（fides）看作是称义的关键。参见 Alister E. McGrath, *Luther's Theology of the Cross*, Oxford：Basil Blackwell Ltd.，1985, pp. 72—92.

秘主义传统，在一封写给朋友乔治·斯帕拉丁（George Spalatin）的信中，他称约翰·陶勒（Johann Tauler）的布道词为"纯粹而坚固的神学"，并且声称与之相比，不知当时还有哪些德语或拉丁语作品更与福音保持一致。[①] 当他在 1518 年为《九十五条论纲》辩护时，他承认在陶勒的著作中发现了优于全部经院神学的好神学。[②] 1518 年，他编辑出版了全文《德意志神学》（*Theologia Germanica*），宣称道："如果我可以圣经的愚顽来说话的话，我认为除了圣经和圣奥古斯丁，没有别的我曾读过或愿意读的书更使我关心上帝、基督、人和所有一切事物。"[③]

有些学者将德意志神秘主义传统视为新教神学的中世纪起源，把艾克哈特和陶勒视为宗教改革的先驱。首位新教历史学家弗拉修斯·伊利库斯（Flacius Illyricus）称赞陶勒是因信称义的阐释者并坚决信靠上帝。[④] 当今的路德学者基本上一致认为，德意志神秘主义是路德攻击中世纪忏悔实践的最重要来源，也是其反对教会权威和经院新学[⑤]佩拉纠主义的主要伙伴。

1516 年注释讲解《罗马书》期间，路德对陶勒的德语布道词发生了兴趣，这是其大学同学和好友约翰·兰（Johann Lang）从一个维滕堡妇女那儿得到并转赠给他的，路德阅读时做的批注至今仍保存着。路德极为珍视从这种神秘主义经验中得来的智慧，这与经院神学家通过思辨得到的智慧极为不同。在此，神秘主义经验的重要意义得到了强调，是受难而非行动属于人与上帝的根本关系，苦痛是这种关系中的必要成分，爱首先是准备受难而非仅仅是享受。在《罗马书讲义》中，路德认为人主动走向

---

① ed. by E. L. Enders, *Dr. M. Luthers Briefweschel*, Frankfurt A. M. , 1884, s. 75.

② Martin Luther, *D. Martin Luthers Werke*, *Kritischche Gesamtausgabe*, Bd. 1, Weimar, 1883, s. 57.

③ ed. by Dr. M. Luther, *Theologia Germanica*, London：Speck, 1980, p. 54.

④ Matthisas Flacius Illyricus, *Catalogus Testium Veritatis*, Strasbourg, 1562, p. 507.

⑤ 在中世纪经院哲学中，相对于大阿尔伯特、托马斯·阿奎那、伯纳文图拉、邓·司各脱等经院哲学家以及他们的学派而言，奥卡姆的威廉、迦伯列·比尔、皮埃尔·戴利、罗伯特·霍尔科特、黎米的格里高利等人的思想的被称为经院新学，而前者被称为经院古学。前者代表了经院哲学中教条主义、思辨、论辩的传统；后者主要以批判、经验的态度和探索精神为主要特征，因而显示出时代的新意。在共相问题上，前者基本上是"实在论论"者；而后者主要是"唯名论者"，并且因在知识论和方法论上采取了"词项主义"。

上帝的经院哲学之路并不通顺，"通过渴求至爱者，希望被转变为'暗影'"。① 上帝要摧毁人的感知和意志并因此根除罪恶，不是人谋划去有所作为，而是上帝要做他的工。人必须脱除（nackt）自己的情感（affectus）并抛弃自己的义和智慧，不要考虑什么，只须依靠上帝。上帝剥夺一切尘世间的善，毁坏人所拥有的一切，为的是给他们新的赠礼。

　　路德认为上帝的不可见性只能在信仰里被检验到，神圣活动的首要原则是通过十字架和受难来毁灭我们，但是人们总想确知上帝究竟是怎样规范自己，然而上帝又是这样一个艺术家，他既创造了与我们意愿和期望相对立的一种新形式，又反对我们所有的工作和思想。这类思想处于《罗马书讲义》的中心位置，即"上帝以对反的方式来倾听人的呼求，借此他使我们更容易接受他的礼物，他秘密做着他的外在工作（审判），为的是能够完成本已的工作（拯救），人所能做的就是被动承受，拯救在于属灵和属世的事情上将自己完全交托（resignatio）给上帝。并且完全仰赖他。"② 在此讲义里路德谈到了预定或者拣选作为拯救的原因，与经院神学相比，他反对靠人的作为对拯救施加影响。

　　个人灵魂获救是路德理论上所关心的最重要问题，在《罗马书讲义》中，我们听到拣选一词在他的"精神困苦"中扮演着重要角色。路德最初以一种极端特殊的神秘概念来解决出于拣选问题的困惑，蒙拣选的外部征兆即人完全地顺服上帝，并将自己交付给上帝的意志，甚至接受上帝将自己抛向地狱这种残酷事实，因为无论谁将自我（self）完全托付给上帝，都将站立于上帝之中。基督已将此显明，无论谁，首先将自己投向地狱的将不会受到审判，上帝反而要释放他。当然，心思意念不洁之人是不能够沉思拣选的，也不会落入恐惧之深渊中，但只有人沉浸于基督受难的伤痛之中，灵魂才会纯洁，路德意识到这是一瓶烈酒，是谦卑神学的结局。不仅在《罗马书讲义》中出现了神秘主义的概念，在当时他所做的关于十诫的一系列布道词中也出现了类似的概念，例如他将信仰和希望等同于神秘的被动性的"舍空"（gelassenheit）和"弃世"（abgeschidenhe-

<hr />

① Martin Luther, *Luther's Works*, Vol. 25, Saint Louis and Philadelphia: Concordia Publishing House, 1955, p. 364.

② Martin Brecht, *Martin Luther: His Road to Reformation* 1483—1521, trans. by James L. Schaaf, Philadelphia: Fortress Press, 1985, p. 138.

it）。希望来自上帝，而非我们的功德。在极端顺服中，抛弃一切并相信我们背上自己的十字架来跟从基督。可以看出，在路德的批判性并且阴郁的谦卑神学中，陶勒的思想对路德的影响非常明显而且深刻。但是路德在其谦卑神学思想发展过程中并非以神秘主义的方式，而是从神学上来利用陶勒的思想，与上帝合一的思想没有被他采纳。

除了陶勒以外，在路德1516年神学课程中似乎能看出他还碰到另外一种神秘主义流派，这主要是出现于15世纪初的一些由无名氏以陶勒博士风格写就的著作残篇，路德有时也将它们看作是陶勒作品的概括总结，这就是著名的《德意志神学》。该书第十一章讨论了顺从或舍空，第十三章和第十四章论及罪恶、不顺从、自我性的亚当的必死性，新人、旧人和让上帝根据基督的模型完全工作在我们里面的必要性，这些都是当时让路德感兴趣的主题。虽然缺乏证据以确知路德如何详细解读此书，但可以肯定地说此书对他的影响不亚于陶勒，路德从中发展出偏离传统大学神学的维滕堡神学来，并向世人宣告了神学的德意志时代来临，"于是可以确信，德意志神学家无疑是最优秀的神家"。[1] 此预言不幸为事实所证实，路德之后的德意志哲学和神学确实引领西方文化之风骚。

《德意志神学》一书的神秘主义深度使路德更加看清楚了人文主义及其学术工具无法触及神学的灵性深度，推进了他对经院神学的批判。从1520年路德学术圈对第三版《德意志神学》的批注可以确知，1516—1520年间路德神学特别是他对人的理解，弥漫着神秘主义对路德的强烈影响。当代著名路德学者马丁·布莱希特（Martin Brecht）认为，"德意志神秘主义以其经验和认知范畴帮助路德诊断何为人在上帝面前的适当位置，因此之故，路德才未迷失于神秘主义之中，反倒正好和他对待奥古斯丁的方式一样，在其《圣经》概念发展过程中充分利用了它。神秘主义给他提供了另一种批判经院神学中人之形象的选择办法，很明显神秘主义中其他的东西并没有使路德发生兴趣，只有这方面的因素才能整合到他的未成形的神学中去"[2]。显然，路德从陶勒和《德意志神学》中所汲取到的东西并不等于后来的改教思想，但就其作为

---

① ed. by Dr. M. Luther, *Theologia Germanica*, London: speck, 1980, p. 54.

② Martin Brecht, *Martin Luther: His Road to Reformation* 1483—1521, trans. by James L. Schaaf, Philadelphia: Fortress Press, 1985, p. 142.

改教的前提条件来说，它激发了路德关于人的无能且谦卑地依赖上帝的批判性的洞见，路德无法否认自己接纳了神秘主义神学，稍晚一些时期，他从姻亲神秘主义（nuptial mysticism）中获得灵感，创制出信心及灵魂与基督之婚宴之类的概念来表达新的获救经验。总的来说，路德1516年后从德意志神秘主义中精心筛选过的神学思想，完全与自己的思想同质而非相异，并被充分整合到他的谦卑神学思想中去了。

毫无疑问，路德对德意志神秘主义和拉丁神秘主义抱有一种真正并且广博的兴趣。但是那些在神秘主义著作中非常突出、也最吸引他的特征，在他看起来却是一点也不神秘，而且这些神秘主义教导（由教说改为教导）实际上倒是触发了他对神秘主义和经院新学佩拉纠主义的持久批判。路德从中借鉴了对待宗教的非经院哲学化和个体化方式，在第一次阅读《诗篇》的时候，"被动性""受难""自弃"等观念牢牢占据了他的心思，表明他借神秘主义方式走出了他曾受训练的奥卡姆道德主义囚笼，这是一个可喜的变化。神秘主义还给予路德反对奥卡姆主义教导的支持，特别是"灵魂中的神圣闪光和力量"（synteresis, scintilla animae）之类神秘主义教义。根据艾克哈特大师的理论，人在创世前就已出生，预先存在于上帝之中，与永恒的神性无差别地同一，其中人就是上帝。这个创世前的冥合状态是人与万物生存的最终目的，而现世之人可以在一种神秘联合中预先尝试这种生存状态，这种神秘联合被称为"灵魂的火花"（fünklein），"贞洁的力量"，和"灵魂的基地"（grunt），这些力量乃是整个灵魂，它们超越一切造物，借此便可知道上帝并接纳上帝来此居住，最终人与上帝合一，艾克哈特认为"最真实的自我就是上帝"（My truest I is God）。

1516年，路德首次阅读陶勒的布道词时接触到这种思想，他认为艾克哈特和陶勒的人化为神（deification）的思想会使神学家走向佩拉纠主义（由佩拉神主义改为佩拉纠主义）异端中去，他们和新学道德主义一道同属外在善功论的范畴。路德曾批评道："他们相信因为意志里有那种火花，即使很微弱，也会追求一切善的事物，他们也梦想这种人人都能做出的、倾向做好事的细小行动，是一种爱上帝胜过一切的行为。"[1] 神秘主义也使得路德落入到

---

[1]　Martin Luther, *D. Martin Luthers Werke, Kritischche Gesamtausgabe*, Bd. 56, Weimar, 1883, s. 275.

他所反对的奥卡姆主义错误之中，谦卑神学时期，路德认为谦卑行为作为一种内在的善功可以获得救恩。直至 1518 年前，路德仍然相信依赖外在善功是佩拉纠主义，内在善功则是拯救性的功德，他同意中世纪灵性传统关于救恩只给予谦卑之人的看法，救人的信仰是从谦卑行为中形成的（fides humilitate formata），这其实是一种更为精致的佩拉纠主义。1518 年后在批判神秘主义的过程中，路德逐渐摆脱了谦卑神学的模式，发展出后来的改教神学即信是从听道而来（fides ex auditu），他后来的成熟神学认为依赖内在的谦卑行为来寻求救恩的做法无异于佩拉纠主义。

　　事实上，路德与神秘主义之间的不一致远远大于其一致性，尽管路德高调赞颂德意志神秘主义学说，他对德意志神秘主义的显著特征：沉思人的神性力量或者人神化（vergöttung）自己以与上帝合一，没有表现出特别明显的兴趣。相反，他认为人与上帝在一种冥思状态下的合一会危害基督信仰的真理，并得出异端结论来。在《罗马书讲义》五章二节注解中，为了突出称义中"通过基督"（per christum）和"通过信仰"（per fidem）的重要性，他反对那些自负之人看法，无须基督就能接近上帝，似乎他们有足够的理由采取这样的信念。他也反对光靠基督，不通过信仰，以至于完全依赖基督的工作而不做信心明证的人，在路德看来，"基督"与"信仰"是二而一，一而二的关系。① 他也批评了亚略巴古的狄奥尼修斯的"内在黑暗"（inner darkness）概念，"这也适用于那些追随神秘神学并且在内在黑暗中挣扎的人，他们遗忘了一切基督受难的图景，期望自己独自沉思和听见非受造之道，却又不是首先通过成肉身之道被称义和净化心灵。因为成肉身之道是洁净心灵的首要条件，并且唯当人拥有此洁净心灵，方可借此道以灵的方式提升到非受造之道中。"② "内在黑暗"是狄奥尼修斯神学的专用术语，在其《第一次诗篇注》第十八章第十一节中，路德评论道："尊敬的狄奥尼修斯教导人们进入提升的黑暗中并通过自弃

---

　　①　Martin Luther, *Luther's Works*, vol. 25, Saint Louis and Philadelphia: Concordia Publishing House, 1955, pp. 43—49.

　　②　Martin Luther, *Luther's Works*, Vol. 25, Saint Louis and Philadelphia: Concordia Publishing House, 1955, p. 287.

而活过来。"① 稍后路德反复谴责这种神学。② 在对一则陶勒布道词的惊人评注中，路德甚至提出以"信仰"取代陶勒所称呼的"灵魂的闪光或人的最高部分"，表明了路德主张唯独信仰自身，而非灵魂里的某些特质，使人成为灵性存在。③ 路德后来将信仰看作是灵魂与基督的婚姻，④ 恢复了信仰基督在称义中的地位，反对中世纪由恩爱纯化心灵以与上帝合一的获救途径。

中世纪神学的中心概念是爱（caritas），而非信（fides），拯救方式是爱造就信仰（fides Caritate formata），信仰是在爱的实践中培养出来的美德。相比之下，信仰只不过是理智最初对启示事象的同意，而做出赞同之人可能灵魂远非纯粹和虔诚。在中世纪神学家看来，"唯独信仰"（sola fide）的新教原则，是未成熟的信仰（fides informis），甚至是一种僵死的信仰（fides mortua），魔鬼也可以拥有这种信仰，这就将人推向了宗教生活的边缘，远离了上帝的旨意。因此，中世纪神学特别是拉丁神秘主义将爱视为宗教之胶黏剂，神圣三一体三个位格之间，灵魂与上帝，人与邻人都被爱联络起来。中世纪神学普遍认为圣父圣子之间的爱即圣灵是"非受造之爱"，圣礼中恩典是"受造之爱"，善功性事功是"爱的行为"。因为有"相似相知"原则作为基础，故而爱就成为了联合的原则。

路德以"信心"作为人神之胶黏剂，取代了中世纪以爱黏合一切的做法，这就等于否认了中世纪的"相似"原则。在中世纪神学里，只有相似才能真正认识相似，这既是修道实践也是圣礼圣事活动的理据，通过严格的身体和理智训练，人的错误自我被似神自我（Godlike self）所取代，圣礼中注入的恩典能高质量确保人成为神圣存在。相似原则也是神秘联合的首要前提条件，简·吉尔森认为人变得像上帝是人与上帝相联合的原因。因此，中世纪修士、神秘主义者和朝圣香客的最后目的就彻底变为

---

① Martin Luther, *Luther's Works*, Vol. 10, Saint Louis and Philadelphia: Concordia Publishing House, 1955, p. 119.

② 参见 Martin Luther, *Luther's Works*, Vol. 54, 36, Saint Louis and Philadelphia: Concordia Publishing House, 1955, p. 112, p. 109.

③ 参见 Martin Luther, *D. Martin Luthers Werke*, *Kritischche Gesamtausgabe*, Bd. 9, Weimar, 1883, s. 99.

④ Ibid. , s. 26.

把上帝保持为唯一的意识目标，以期达到相似让位于同一的顶点。中世纪神学热衷于神既成了人，人就能似神而在的信念。早至《第一次诗篇注》时期，路德就脱离了这一中世纪根本信念，诗篇作者单依靠上帝的话语和应许就能获救，而人对自己感到绝望的方式，深深地触动了路德，路德将《旧约》信徒与当时的信仰联系起来，惊奇地发现《诗篇》中义人居然承认自己完全不相像于上帝，软弱并充满了罪恶，骄傲且不屈从上帝。路德在《第一次诗篇注》中写道："并不是那认为自己是人群中最卑微的人，而是那视自己为最丑陋之人在上帝眼里视为美善。"① 人认识到自己的罪并悔改，反而使人与上帝联系在一起。在此意义上，宗教的统一就有赖于"非相似"原则，于是与上帝相应就意味着同意上帝关于世人皆罪的诊断和相信他的拯救允诺，这是对中世纪"相似"原则的颠覆。正是由于"非相似"原则的确立，上帝才能够直接接纳罪人，义与罪的奇妙交换才得以在信的环境里发生。于是，对路德来说，称义的核心问题就转化为上帝话语和应许的可靠性和确实性，个人灵魂的拯救让位于信心的确实性。

可以看出，尽管路德本人不是神秘主义者，但是若没有神秘主义的直接影响，青年路德就很难脱离中世纪末期称义神学范式，对经院新学和谦卑神学中的佩拉纠主义展开批判，从而发现"因信称义"的真道并实现神学的突破。神秘主义思想作为一股暗流，始终流淌在路德认神识人的精神探险中，滋润着其神学思想的发展和灵性生命的成长，并时时闪烁，驱逐了其精神困苦时心灵中的黑暗、郁闷、挣扎、沮丧和绝望，带来了对上帝之道和福音的新的理解，这一切都汇入并结晶为与其名字紧密相关的十字架神学②，并体现在其感人肺腑的布道词和生动活泼的牧灵实践之中。

随着路德宗派的形成和发展，经由菲利普·梅兰西顿（Philipp Melanchthon）、詹姆士·安德雷艾（James Andreae）、马丁·开姆尼茨（Martin Chemnitz）等神学家的努力，在1580年的制定的统一信仰纲领《协和

---

① Martin Luther, *D. Martin Luthers Werke*, *Kritischche Gesamtausgabe*, Bd. 3, Weimar, 1883, ss. 287—292.

② 1518 年，路德在海德堡辩论会上，区分了"十字架神学"和"荣耀神学"两个术语，他认为前者是真正的神学，它把上帝和信仰置于人之上；而后者则颠倒了上帝与人的不可逆关系。

信纲》（*Book of Concord*）的基础之上，路德神学思想走向了经院化之路，并在路德派保守神学家约翰·格哈德（Johann Gerhard）《神学要点》（*Theological Commonplaces*）中达到顶峰。这就使得其思想中最有生命力的神秘因素和创造性日益被遮蔽，"反者，道之动"，在第 17 世纪末和 18 世纪初的德意志虔敬主义运动中，菲利普·雅各布·斯本纳（Philipp Jakob Spener）和奥古斯特·赫尔曼·弗兰克（August Hermann Francke）对信仰首先作为灵性生活和虔敬上帝，而非思辨知识和理论活动的主张，似乎再次彰显出了路德与神秘主义的关联。

第五节　路德与奥古斯丁新学

对中世纪神学来说，教父奥古斯丁无疑是最大的权威，他的思想对中世纪的影响是全面而又深刻的，即使积极采纳异教哲学家——亚里士多德学说的圣·托马斯也不会否认自己的学说有违奥古斯丁的教导，中世纪的神学不过是一种奥古斯丁综合，这种综合在圣·托马斯和圣波纳文图拉（Bonaventura）那儿达到顶峰，二人分别被尊为多米尼克修会和佛兰西斯会的理论权威，并被教皇封为"天使博士"。

在阿拉伯亚里士多德主义传入西方之际，大阿尔伯特、托马斯乃至佛兰西斯会长哈雷的亚历山大（Alexander of Hales，约 1186—1245）采取了积极学习、吸收并消化的态度，他们的《神学全书》（*Summa Theologia*）对教会教义的系统化理论阐述作出了不可磨灭的贡献，使得基督教神学步了入一个繁荣昌盛的时代。但这一神学创新运动却使得波拉文图拉等保守神学家们感到不安，波拉文图拉坚守奥古斯丁的新柏拉图主义立场，他以赞美柏拉图哲学的方式来贬抑亚里士多德哲学的影响，波纳文图拉的著作《心向上帝的旅程》（*Itinerarium Mentis in Deum*）被认为是佛兰西斯派灵性和神秘主义的总括和阿西西的佛兰西斯神秘经历的文字表述。全书描写了人的心智（mind）如何从外界认识上帝并且在自身中被上帝照亮，成为"上帝的居室"，最终心智抛弃理智功能，在一种神性迷狂状态下消融，转化为灵魂，灵魂通过爱和热情进入上帝之中，与上帝合一。中世纪奥古斯丁学说在奥古斯丁修会中得到传承，1256 年教皇亚历山大四世统一了全欧的奥古斯丁隐修院，正式成立奥古斯丁修会。虽然奥古斯丁修会出现过一批比较著名的神学家，如托马斯·布拉德瓦登（Thomas Bradwardine）、吉罗拉漠·塞里潘多（Girolamo Seripando）、罗马的吉勒斯（Giles of Rome）和黎里米的格利高里（Gregory of Rimini），但作为学派来说，影响远不如两大修会。奥古斯丁学派特别注重《圣经》和奥古斯丁著作的解释研究，但并不排除许多该会神学家同时也研习和教导经院古学和新学，其影响多局限于会内。

　　要评价奥古斯丁学派对路德的影响，就有必要考查一下是否中世纪末期奥古斯丁会中存在着一个有着显明特征的神学流派，如果实有一学派，它有何特征，与奥古斯丁神学的关系如何？我们知道 14 世纪的德国大学中新学正在兴起，当时的奥古斯丁修会内部新学与古学同时并存且时有摩擦，双方都追求理解奥古斯丁学派的精确性。古学认为新学的唯名论认识论立场和逻辑批判解析工具会导致神学研究上的随意性，对奥古斯丁学说的解说也将会多样化，新学则认为新的研究工具加上上帝两种力量的辩证法的使用有助于澄清已往的错误，还奥古斯丁学说真面目。达马苏斯·特拉普将中世纪末期奥古斯丁神学分为两期，"第一期以罗马的吉勒斯和斯特拉斯堡的托马斯为首；第二期始自黎里米的格利高里"。① 吉勒斯周围形成了一个学术圈子，他成了学术权威，他虽然也染指托马斯·阿奎那的神学，但绝对是圣奥古斯丁的好学生，他的学派继承了真奥古斯丁神学即恩典神学。阿多纳·楚姆凯勒则认为早期奥古斯丁学派注重存在（essentia）和本质（existentia）的区分，包含有亚里士多德——托马斯主义的成分。但是在称义问题上，早期奥古斯丁学派又特别强调恩典和爱在称义中的重要作用。在黎里米之后，恩典和圣爱的先在性得到进一步强调，圣灵临在于信徒个体灵魂的思想也受到了重视。"而且，楚姆凯勒指出后期奥古斯丁学派似乎更仰赖于圣奥古斯丁而非罗马的吉勒斯，反映了修会内部逐渐增强的对神学源始文献的研究。"② 很多理由可以证明 15 世纪初修会内部称义神学观点已十分接近于奥古斯丁。

　　中世纪末期关于称义正式原因的观点可谓多种多样，大体来说，早期学派在称义论上追随圣托马斯和吉勒斯，认为称义的重要原因是灵魂里的

---

① Alister E. McGrath, *Luther's Theology of the Cross*, Oxford, 1985, p. 65.

② Ibid., p. 66.

恩造习性，这种观点最晚出现于斯特拉斯堡的托马斯学说中。然而自黎里米的格利高里之后，会内就开始强调非受造恩典在称义中的作用，称义即圣灵在信徒灵魂中的直接临在和工作，黎里米、奥维托的胡格利诺、蒙提纳的狄奥尼修斯均持此观点。在反对当时的佩拉纠主义和半佩拉纠主义流行错误、寻求重新确证"恩典博士"的真正教导的意义上，可以说维特波的詹姆斯、黎里米的格利高里，吉罗拉漠·塞利潘多和马丁·路德都是真正的"奥古斯丁主义者"。14 世纪初，反佩拉纠和半佩拉纠主义的两个最有影响的代表是托马斯·布拉德瓦登和黎里米的格利高里。① 还有迹象表明奥古斯丁学派从早期追随多米尼克学派转向后期追随佛兰西斯学派，如后期学者接受了司各脱的"圣母无污始胎"说。由此可知，路德时期，奥古斯丁新学称义神学只能被认为是杂合体，其中糅合了许多真奥古斯丁神学的成分，例如恩典和爱的先在性，自我之褫夺和恩典对道德善行的必然性。同时也包含了与奥古斯丁新学相关联的逻辑方法之应用所产生的结果，例如对称义中超自然习性的批判。这就使得中世纪末期称义神学同时具有新学和奥古斯丁会神学的特征，新学和奥古斯丁修会神学家所使用的术语也有相似之处。许多奥古斯丁会神学家如黎里米的格利高里，奥维托的胡格利诺不仅采纳唯名论，还吸引部分唯名论思想进入到称义教义之中，这就使得奥古斯丁新学的特征愈发模糊了，我们也只能在比较宽泛的意义上来使用"奥古斯丁新学"一词。

　　奥古斯丁新学对路德神学的影响，因缺乏明确有力的证据而变得复杂且难以考究清楚。我们所知道的是 1505 年 9 月路德发三绝誓词入爱尔福特奥古斯丁隐修院，隶属于奥古斯丁修会，开始接受上司指导下严格的神学研究，直至改教前路德都是奥古斯丁会修士中的一员。1518 年路德主持了海德堡奥古斯丁修会大会，并提出了著名的"十字架神学"。当时奥古斯丁修会公认的博士是罗马的吉勒斯和黎里米的格利高里，很难说路德发了修道誓愿就意味着他认识了修会的权威神学博士，并如卡尔·斯丹格（Carl Stange）所说，路德遵循吉勒斯和奥古斯丁隐修会的教导。事实上，如果吉勒斯被视为奥古斯丁修会的两大权威之一，在解释路德文本对吉勒斯只字不提这一事实时就变得很困难，而路德也只是在 1519 年莱比锡论

① See, Jaroslav Pelikan, *The Christian Tradition*, Vol. 4, Chicago, 1984, pp. 17—18.

辩时才知道格利高里的神学。① 在爱尔福特大学，经院新学占据了主导地位，多米尼克会教师视奥卡姆为神学权威，佛兰西斯会教师分为两派，一派以邓·司各脱为宗师；另一派则奉波纳文图拉为圭臬，路德在此学习，多受经院新学思想所影响。在维滕堡大学，1508 年初选侯要求当时的法律系主任舒勒修改大学的规章制度，舒勒为全校系科制定了新规，对艺术系做了特别增加，原来艺术系教师按照圣托马斯和邓·司各脱的学说授课，现在增加了黎里米的格利高里的学说与约多库斯·特鲁夫特（Jodocus Trulvetter）的学说，即教学改革走向经院新学，所以也缺乏有力的证据说明奥古斯丁新学代表了 16 世纪初维滕堡大学的学术方向。

然而，我们却敢断言奥古斯丁会神学家一定对青年路德施加了重要影响，我们已经指出晚期奥古斯丁修会神学家采纳了许多经院新学称义论的因素，部分隐修院神学家也追随所在地大学里盛行的经院学术。因此，曾对青年路德思想发展施以巨大影响的两位奥古斯丁会神学家约翰·那汀（Johannes Nathin）和巴托罗谬·阿诺尔第（Bartholomäus Arnoldi）都是经院新学的追随者，就一点也不会让我们感到奇怪。二者都是著名的经院新学家而不是奥古斯丁新学家，特别值得一提的是，阿诺尔第的称义理论实质上与迦伯列·比尔无甚差别。奥古斯丁会资助路德进行神学研究并不意味着他接受格利高里之后的奥古斯丁新学的教育，在爱尔福特的日子里，路德亲切地将奥卡姆称为"大师"，这多少表明路德属于奥古斯丁会中与经院新学有密切联系的思想学派中。也许爱尔福特教区亲经院新学是个例外，但路德确是在此教区研习神学并获得硕士学位。如果说爱尔福特存在一个学派，其学说特别强调恩典和爱的优先地位，那么路德不幸与此学派无缘。如果认为路德在维滕堡隐修院遭遇了此一学说，理据在于路德精神困苦时期曾多次请教约翰·冯·斯陶皮茨（Johannes Von Staupitz），这似乎还有些合情合理。然而，斯陶皮茨也非奥古斯丁学派中人，他未向路德提及这一学派的神学家。于是，我们可以谨慎地做出可靠的判断，路德思想深受与爱尔福特和维滕堡相关的教区内的思想潮流和个人人格所影响，这些思想多少包含了奥古斯丁新学和真奥古斯丁的成分。这些思潮是经院新学、人文主义和经院古学，人物是那汀、阿诺尔第和斯陶皮茨。

① Alister E. McGrath, Luther's Theology of the Cross, Oxford, 1985, pp. 37—38.

　　此节有必要谈及斯陶皮茨对路德神学思想发展的影响。据《桌边谈》所载，1512 年前，路德因无法理解审判责罚人的基督如何能让人去爱，并为此问题而苦恼之时，斯陶皮茨以牧长和父亲的关怀，鼓励他去《圣经》里面找答案，并劝他攻读神学博士学位。路德博士毕业后，执掌了斯陶皮茨推荐的本属于他自己的"圣经学"教席，自此，路德开始了他的《圣经》研究和讲解工作，斯陶皮茨还多次提醒他注意基督所流的血有赦罪功能，并劝他多敬爱上帝。尽管路德和斯陶皮茨的真正关系很难有文字记载做出判决，《桌边谈》也是根据路德 16 世纪 40 年代晚年回忆并由弟子编撰而成，路德的话语还是能说明问题的，"我从爱拉斯谟那儿没得到什么，我从斯陶皮茨那儿拥有了我自己的东西，他给我了机会。"①这话似乎是在说斯陶皮茨坚持要他拿博士学位，从而使他有了研究《圣经》的机会，才可能有了神学突破的后果。毫无疑问，路德深受与其修会有关神学思潮和方法的影响，一股中世纪"奥古斯丁称义神学思潮"潜伏其中。

---

　　①　WA, TR 1, s. 173.

第三章 路德的宗教神学思想突破

第一节 路德的圣经解释学

上一章我们介绍了路德神学发展的宗教文化背景和四种影响路德神学思考的学术思潮，我们知道在1509—1514年间，路德神学，特别是称义神学仍处于中世纪晚期神学范式之下，受流行于爱尔福特和维滕堡大学的神学潮流支配。此章我们要来考察路德如何突破了中世纪末期称义神学模式，在描述路德称义神学发展进程之先，我们必须简单介绍一下路德的圣经解释学。因为路德神学突破不可能出自塔楼上的刹那顿悟，而是来自1513—1518年间对《诗篇》《罗马书》《加拉太书》《希伯来书》等《圣经》篇章的注释实践。

1512年路德在维滕堡大学开始了他的神学生涯，他为"上帝之义"的问题所困扰，当时他敏锐地感觉到中世纪末期经院神学方法和理论前提存在着一些问题，他曾向斯陶皮茨请教。蒙斯陶皮茨指点往《圣经》里寻求答案，博士毕业后，接替斯陶皮茨任圣经学讲席教授，从此《圣经》注释与讲义就成为见证他思想发展的重要证据。路德对待《圣经》的方法和立场，即《圣经》解释学与其称义神学思想息息相关，乃至他后来在反对教皇制的改教运动中所提出的"唯独《圣经》"这一新教原则，也必须与如何解释《圣经》联系起来才有意义，否则，教条主义地理解"唯独圣经"原则，只能一方面使活生生的上帝之道变成僵硬的教条；另一方面又关闭了上帝之道在《圣经》之外的彰显门径，这种福音派教条主义圣经观至今存于基督教会之内，它们从不反省自己的教条主义立场是对路德所提出原则的最大扭曲。

圣经解释学的核心问题是新旧两约之融洽性问题，基督教会继承了犹太人的《旧约》，认为它是上帝渐进启示中必不可少的阶段。福音书作者和使徒们的书信也大量引征《旧约》文句，表明两约之紧密联系。古代和中世纪的基督徒都坚持认为《新约》是上帝应许的实现，由于《新约》的订立，基督徒生活在基督耶稣的佑护之下，《旧约》时代一去不复返了，犹太人的过去只不过是基督教现时的预备，《旧约》的意义就不直接关涉自身，而在乎它所预示的基督教未来。尽管基督徒一厢情愿地认同新旧约的一致性，甚至无视耶和华和基督耶稣之区别，《旧约》中许多文句还是很难与新约相协调，比如《旧约》中人形化的耶和华和他对待子民的粗暴方式就与古典理性和基督教的仁慈相悖逆。公元 2 世纪的基督教思想家马西昂（Marcion）受诺斯替主义的二元论苦行哲学影响，提出了最为极端的解决方案，他认为《旧约》不是一本给基督徒的书籍，其中不包含有对上帝的真正知识，耶和华是一位充满烈怒的创世者，与基督教的慈爱上帝毫无共同之处，且应该为世界的堕落肩负责任。马西昂斩断了《旧约》启示与基督的联系，这种做法招致教父伊里奈乌（Lrenaeus）和德尔图良的反对，马西昂的极端做法不能解释《新约》中大量《旧约》引文的事实，马西昂本人也被教会定为异端。

　　为了维护两约的一致性和《旧约》中的基督教证据，教会发展出寓意解经（allegorical interpretation）的方法来，寓意解经允许人逾越《圣经》文本的字面意义，去搜寻字面意义之下掩盖着的真正意思，这样就可以既避免《旧约》文义与《新约》文义的冲突，又能从《旧约》文本中挖掘出许多有利于基督教信仰的意思来，马西昂的问题算是暂时得到了解决。奥古斯丁和奥利金都是寓意解经法的代表，他们在解经实践中都尽量做到理性地而非恶意扭曲地使《旧约》适合基督徒阅读，他们真挚地相信基督教是一切真理的必然归宿，在他们眼里，能认识到希伯来《圣经》只是上帝关于基督预言的算是有福慧并值得称赞的人，而视希伯来《圣经》大概属于犹太文化的人就是一种冒犯。然而，寓意解经的危险还是被注意到了：《旧约》将失去任何内在的历史意义。随着教会对寓意解经方法的推崇和基督徒的滥用，许多非基督教文献失去了自身的价值，从而使基督诞生前的一切古代文化都变成了基督教的预表。中世纪这种危险完全暴露出来了，基督徒们成功地将《旧约》解释成一本基督教的书籍，并且使古典哲学成为了基督教神学的婢女。

当中世纪圣经解释术成熟的时候，中世纪经院学者大致形成了这样的共识：圣经有四重含义（quadriga）。这种最先由约翰·卡西昂（John Cassian，360—435）提出的解释韵律盛行于 16 世纪。

Littera gesta docet（字义告诉我们上帝和我们的天父做了什么），letter。

Quid Credas allegoria（寓意告诉我们信仰藏于何处），allegory。

Moralis quid agas（道德含义给我们提供了日常生活的法则），moral teaching。

Quo tendas anagogia（奥义告诉我们人的努力终止于何处），anagogy[1]。

这韵文告诉我们圣经文句可能有四种意义：字义、寓意、道德含义和奥义。字义仅指文本直接呈现出来的意义，由语义分析得出的表面的和历史的文字含义，寓意、道德含义和奥义均属灵义解经。寓意解经是要给文本输入教会和基督或者教会论和基督论的内容。道德教导或含义引入了与信徒个人有关的文本，这些文本中含有关涉个人拯救的救赎论意义。奥义关涉超验实体和未来事件的发生，即文本中神秘、形而上、末世论的神秘隐义。中世纪解经学者根据《圣经》上关于教会、基督耶稣、信徒和未世生活的教导来系统地研究《圣经》，灵义解经被限制在教会生活和教义的三个领域：教会论或基督论、救赎论和末世论。当寓意解经盛行之时，许多基督教学者受犹太解经家纳什（Rashi，1040—1105）的影响，开始捍卫历史文法解经，其中有四位著名代表：圣维克多的雨果和安德鲁，托马斯·阿奎那和莱拉的尼古拉（Nicholas of Lyra）。他们四位都非常重视文本的字面意义，使得 3 世纪以来安提阿学派中大数的迪奥多鲁斯（Diodorus of Tarsus）与其弟子狄奥多莱·莫普苏埃斯提亚（Theodore of Mopsuestia）的学统光大复兴，安提阿学派拥有重视圣经文字意义的传统，反对当时著名的亚历山大学派的寓意解经传统，克莱门特及其弟子奥利根被安提阿学派指责为利用抽象的喻义解释剥夺了圣经的历史性事实。尽管他们都捍卫圣经的字义，但没有一个人希望废除灵义解经法，他们只是反对

---

① Steven Ozment, *The Age of Reform 1250—1550*, New Haven and London: Yale University Press, 1980, p. 66.

缺乏或忽视文本分析和批判的灵意解经，他们从未认为经文的历史意义高于神学意义。

中世纪解经学的代表托马斯·阿奎那在圣经字义和灵义解释方法上走的是一条中间道路，这与他的神学综合法相一致，受亚里士多德哲学影响，他以质料和形式这一对范畴来对待圣经的字义和灵义。他认为经文的文字意义是圣经的首要和基本的意义，只有在文字意义的基础上才能展开属灵含义的研究。为避免在灵义和字义上各执一端造成的误解，他一方面强调圣经历史含义作为其他可能含义基础的重要性，即没有字义就没有灵义，解释者在研究灵义之前有义务有责任对经文进行研究和理解。另一方面又保持着中世纪神学家的一般特征，即不是孤立地看待文本特别是《旧约》的意义，而是认为文字含义在基督徒生活中仅具有次要地位，如林后3∶6所言：“文字是叫人死，精义是叫人活的。”阿奎那曾对诗篇22首开头一句：“我的上帝，我的上帝，你为何抛弃我？”进行解释，他认为从字义上来说这是大卫王在软弱绝望时向上帝发出的哭诉，但从灵义上来讲，它预示了基督被钉十字架，为人类承受苦难时所发出的呼告。托马斯奠定了《圣经》四重含义的关系原则，其他三种含义以字面意义为基础，字义与灵义必须保持平衡。

阿奎那之后的两位神学家莱拉的尼古拉和戴塔普勒的勒费弗尔代表了解经学上的两个极端。尼古拉是位深受拉比学者和亚里士多德主义影响的佛兰西斯修会会员，是中世纪文字解经的坚定捍卫者，他反对灵义与字义之区分，主张一种“双重字义”（double literal sense）说，即圣经文句的文法—历史含义（literal - historical sense）和文法—先知含义（literal - prophetic sense），尼古拉不愿意使用先知灵意的方法，他的解经工作再一次强调了《圣经》文字意义的重要性，并且尽力使《旧约》的历史研究与基督教信仰更加调适，他为此赢得了尊敬。如果说尼古拉代表文字解经这一极，那么勒费弗尔则代表灵义解经的另一极。人文主义者、基督教新柏拉图主义兼宗教改革家的勒费弗尔的诗篇评注曾深刻影响到青年路德，他强烈反对尼古拉的字义传统，认为尼古拉推崇拉比甚于耶稣，完全是个“犹太教徒”，他主张圣经只该有一种意义即“文法—灵义”（literal - spiritual sense），而非尼古拉所说的文法—历史含义，圣经只含有一种为圣灵所意愿且与基督教有关的含义。由于人文主义运动对文本研究和古典语言的重视，长远来说尼古拉的影响要大于勒费弗尔。

尼古拉和勒费弗尔在改教神学形成过程中扮演了重要角色。在《第一次诗篇讲义》期间，路德的写作似受到勒费弗尔的影响，他反对尼古拉，将圣经的文法—历史意义视为"肉体和犹大"[①]。并追随勒费弗尔在圣经的不同部分寻找出基督教的内容来，路德似乎认为整个诗篇无论是字义还是灵义都指涉基督耶稣，甚至基督耶稣是整个《圣经》的文字意义所在。显然，以基督为中心来解释《圣经》，无疑加速了路德称义神学的突破，基督被置于称义的核心地位，对它的信仰成为称义的道德条件。当今神学解释学家格哈德·埃伯林就认为因信称义源于路德将《圣经》的传统四种含义缩减为两种：基督是字义而信仰基督是道德含义，因此信仰就变为道德意义上对基督的理解，或者基督对人来说意味着什么。[②] 就在路德讲解《诗篇》的同时，图林根的温得林·斯泰恩巴赫（Wendelin Steinbach）讲授《加拉太书》，他将保罗对信仰优先性的强调理解为"唯独信仰就足够了"（sola fides sufficiat）这一口号，并认为只有那些已开始基督徒生活的人才有权这样言说，路德曾对他的《加拉太书注释》表现出特别的注意。

路德的《第一次诗篇讲义》（*Dictata Super Psalterium*）是中世纪末期《圣经》注释的杰作，路德对大量名相概念使用了四重解释法来进行解析，甚至到 1519 年，路德还承认如果四重解经法不被滥用的话，会是一个很好的工具，这也证实了 1514 年前路德的确处于中世纪末期神学范式的控制之下。路德非常谨慎地遵循托马斯的解经原则，强调经文的其他三种含义必须服从于文法—历史含义，除非有文字的明确支持，否则寓意、道德含义和奥义均不能成立，文字含义是其他三种含义得以成立的基础。"所以在圣经里，除非同样的事实在别的地方明确地表述出来了，否则的话寓意、道德含义和奥义均是无效的，《圣经》本身就成为捏造品了。"[③] 路德依循尼古拉的"双重字义"说，区分了旧约文本的文法—历史意义和文法—先知意义，文法—历史意义指的是由历史文本决定的文字意义，

---

① WA, TR 1, No. 116.

② See, Steven Ozment, *The Age of Reform 1250—1550*, New Haven and London：Yale University Press, 1980, p. 71.

③ LW 10, p. 4.

文法—先知意义指的是根据文本文字意义分析出那些指涉基督及其教会来临的意义。路德所强调的是文法—先知意义而非文法—历史意义，这就导致了路德《圣经》解释学的重要特点：以基督中心论的立场对待《旧约》的历史文句和先知文句。路德甚至认为基督是《圣经》的认识论原则。"于是不管何时，路德在《〈第一次诗篇注〉释》里使用四重解释，他都视为在基督这一首要意识（sensus principalis）的指导下进行。这一原则促使他说道：'以此方式圣经的所有四种解释都汇成一股洪流。'事实上，他可以将四种方法概括为一：'一切都同时归于基督。'"①

一旦路德确立了基督中心论的解经立场，《圣经》的四种含义就合流为一，共同见证基督的降卑及提供给信众的恩惠。在《罗马书注》《加拉太书注》《希伯来书注》中，路德没有机械地使用四重解经法，将概念的四种含义都罗列出来，而在《第一次诗篇注》中这种做法比比皆是。可以看出，基督中心论的解经立场与路德神学突破关系重大。因为据路德1540年"大证词"所知，他在《罗马书注》中获得了属灵亮光，从而明白人得以称义靠的是基督。路德解经学的另一个特点是：信仰是个人对上帝之道的响应。他起先使《圣经》解释成为一个公开事件，即个人的解释必须服从教会的共识，这是公教会延续至今的传统，教会之外别无拯救，舍弃教会便不会获得关于上帝的真正知识。后来他的成熟神学思想表明，他倾向于将《圣经》解释看作是一个私人事件，因为信道是由听道而来，《圣经》是上帝启示自身的场所，所以只须直接查考圣经就能获得信仰知识。

通过对《圣经》文本的大量讲解和注释，他不仅发现了上帝的福音，而且对《圣经》有了一种全新的理解。他认为《圣经》字句包含着完整准确的基督教真理，通过查考《圣经》和聆听讲道，福音的原初信息能够被把握到。路德后来否弃了中世纪注经的四重方法，凭借对《圣经》的娴熟和博学，他将《旧约》和《新约》视为一个自足的整体，从而奠定了神学解释学史上的自解原则。伽达默尔对此评价道："路德的立场大致如下：《圣经》是自身解释自身（Sui ipsius interpres）。我们既不需要传统以获得对《圣经》的正确理解，也不需要一种解释技术，以适应古代

---

① LW 10，序言，pp. 6—7.（H. oberman）.

文字四重意义学说，《圣经》的原文本身就有一种明确的、可以从自身得知的意义，即文字意义（Sensus literalis）。"① 上帝之道贯穿于理解过程之中，《圣经》整体指导着个别细节的理解；反之，这种整体也只有通过日益增多的对个别细节的理解方能获得。整体和部分的循环关系被发展成为本文解释的一般原则，由路德所开启的《圣经》诠释学就构成了现代精神科学诠释学的前史。

第二节　路德的精神困苦

对一个基督徒来说，上帝是公义（righteous）、圣洁（holy）和信实（faithful）的上帝，这是一个不言自明的信仰事实，是基督徒信仰生活的起点。在普通信徒看来，《圣经》上白纸黑字地写着这样的话语，教会也这样传讲，领受下来即可，如若要怀疑上帝的公义性、诚信和慈爱，那一定是受了邪灵的干扰，走火入魔，不信上帝之道。但是对于那些真诚对待自己信仰的信徒来说，上帝仍是隐而未显、超越人思的存在，上帝的诸多性质如公义、圣洁、信实、怜悯、仁慈、智慧、全能，等等，不过是人思考上帝的结果，那些普通信徒作为教条接受下来的东西，在严肃虔诚的信徒那儿仍是有待思考和领会的事物，这不啻是对教条主义者具有讽刺意义的一击。

路德的思想困惑正是基于这些看似自明性的教义，在他认神识人的过程中，"上帝之义"概念一直困扰着他，构成了他神学思考的核心和起点。如果上帝的义是指以善报善、以恶报恶，遵循着因果报应原则的话，作为亚当子孙的罪人显然要遭受审判，受应得的处罚，居住在炼狱，或更惨的遭上帝永弃，扔入火湖，罪人必死的命运使尘世的一切功名利禄和希望憧憬变得黯淡无光，这种必然性如巨石压在心头，如铁链捆缚住人的行动，催迫人去面对这种命运。罪已定下，上帝怎能以善报恶，称罪人为义呢？上帝不是爱世人吗，不是要救万人脱离罪和死吗，他的仁慈在何处体现？如果上帝是仁慈的，赦免了人所有的罪，又怎能说上帝是公正的，上帝的公义和慈爱不正是一对矛盾吗？中世纪末期基督的形象是威严的审判

① 　伽达默尔：《真理与方法》，上海译文出版社 1999 年版，第 227 页。

主、圣母玛利亚及众圣徒成为代祷的对象和赦罪赐平安的中保。显然，路德没有真正意识到基督是救主，于是在罪人必死的命运之前变得战战兢兢，忧心如焚地看待自己的未来。

1505 年夏，路德行在探亲后返校的途中，途遇雷轰电掣，暴雨倾盆，一鞭闪电将路德击打在地，使他向上帝发誓以求平息心头的恐惧和不安，稍后其好友死去，使他敏锐地觉察到生命之脆弱、人生之倏忽和来世之渺茫，遂弃绝了打算从事律师的念头，进入了当时教规最严格的爱尔福特奥古斯丁修道院。从路德的一生来看，他当时发的修道誓词的真实自觉性被他后来抛弃修道主义的行为否定了，可见他并非真正蒙受召命的修士。他之所以发"三绝誓"，是因为他因循教会的教导去僧袍下的港湾中，解决生命的危机和内心的矛盾。然而寺庙亦非净土，披上僧袍并不等于卸下了罪，进入修院后路德的内心挣扎和痛苦反而更多了，苦行、严律和禁食使他形销骨立，刻意的忏悔使他觉察到自己罪孽深重且难以自持，路德晚年对自己的修道生活评价道："我是好修士，我严谨地恪守修道会的一切规则；严谨到一个地步，如果曾经有修士因为修行的缘故而得以进入天堂，我敢说那就是我了。所有在修道院认识我的弟兄可以为我见证。假如我继续这样下去，终会给守夜、祷告、阅读和其他工作夺去我的性命。"①圣人的功德、善功宝库、圣徒遗物都曾使他怦然心动，但是 1510 年的罗马之行却使他看到了这座"永恒之城"堕落阴暗的一面，意大利神甫的无知轻浮和不庄重，让他惊讶不已，罗马神职人员的不道德行为使他感到惶惑不安。虽然路德还未丧失对上帝恩典的信心，但是一切自救的途径似乎都不钟情于他，反而让他感到绝望和沮丧。

当路德第一次施行弥撒祭时，他第一次与上帝的化身（饼酒）相接触，与至圣及无限者相遇的恐惧就像闪电一样鞭打着他的心魂。他后来回忆起自己念诵弥撒起首部分的情形时，这样说道："当我念到这里，我感到茫然及害怕。我这样想：'既然在遇见地上的王子时也会战栗，那么我应以什么说话和天上的君王交谈？我是谁，竟然可以举目向上帝观看？举手向上帝祈求？天使围绕着他，世界因他的点头而振动。'作为一个卑微的小子，我应否说：'我要这样，我要那样？'而我只是尘土，充满罪恶，

① 罗伦培登：《这是我的立场》，陆中石、古乐人译，译林出版社 1995 年版，第 22 页。

和我说话的却是永活、永恒和真实的上帝。"① 路德的恐慌就像古以色列人来到约柜前的恐慌，在弥撒进行之际，他拿着基督的身体，整个人便不由自主地为战栗情绪所控制。路德的上帝乃是全能威严的父，只能心存敬畏，居于西奈山风云之中的上帝，人若面见就必会死亡。

新旧约上帝的两副面孔使他无法理解上帝的旨意和工作方式为何，他只觉得自己不配与上帝相和好，内心的恐惧不安增加着他的怀疑：他第一次遭遇到雷暴，到底是出于上帝的异象，抑或是出于撒旦的幽灵。上帝与魔鬼为何这样相似？也许上帝毫无公义可言，经院新学强调上帝的自由意志和全能，上帝除受自己所定下的约束以外，并不受任何规范约束，因此他没有向人论功行赏的必要，不论功德大小，他原来都无须理会，上帝施行的赏赐，不应被看作是理所当然。路德因此认为上帝反复无常，而人的命运又无法预知，路德所在的奥古斯丁修会持预定拣选说，奥古斯丁认为上帝是绝对的，万事皆非偶然，人的命运在创世之前就已定下，人的性情也大部分早已安排妥当。奥古斯丁与保罗一样，认为上帝拣选某些人做神的儿女，并不在于其功过，失落者自失落，得救者自得救。路德自视为被定罪者，据《桌边谈》所言："如果说上帝随意弃绝人类，先使他们的心刚硬，然后定他们的罪，这是完全不合常理的说法，难道上帝真以'罪'和'永刑'为可悦的事么？他怎能说是大有怜悯和慈爱的主呢？历代以来多少人产生反感，就由于这种说法。将上帝描写为不义、凶残、暴戾的上帝，任谁也会反感，我自己就不止一次感到极度绝望，宁愿上帝没有造出我来。还说爱上帝？我恨他还来不及呢？"② 路德本是想与上帝相和才入修院的，结果发现自己没有能力去爱这样的上帝，却满腹牢骚地发出不恭敬之怨愤。

在 Dictata 中，路德明显地为公义（Righteousness）、仁慈（Mercy）、审判（Judgment）三个概念及其关系所困，Dictata 4：1 中，他认为"显我为义的上帝"（God of my righteousness）这句话中我的义并不属于自己，而是垂听祷告的上帝的义，虽然没有说"显我为仁慈的上帝"（God of my mercy），但它其实上与"显我为义的上帝"是一回事，这同一的上帝垂

① 罗伦·培登：《这是我的立场》，陆中石、古乐人译，译林出版社 1995 年版，第 18 页。
② 同上书，第 36—37 页。

悯我称我为义，他的义和仁慈就是我的义和我的仁慈。显然他认为仁慈与义密不可分，因为除非上帝首先拥有慈爱，否则我们不能成为义人。如果上帝的仁慈没有被人接受，它就什么也不是；如果我们接受到了上帝的仁慈，我们就已被铸成为义人。于是路德对仁慈和义这两个概念做出了界定；"但是现在名词'仁慈'意指仁慈者所给予的一切，然而我的义则指从仁慈者所接收的一切。"① 路德似乎觉察到了义是上帝的恩典，但是他却始终将义与公正（justice）和审判联系在一起，在 Dictata 72：1 中，在比较旧律与新律时，他认为旧律从寓义、道德、奥义来说而非从字义上指示了基督的到来，而新律则特别预示了将来的审判和义，以及基督的复临。基督的律法即福音是平安、恩惠的律法，当他想及义和审判时，他感到非常吃惊。"现在，令人吃惊的是恩典即福音的律法（两者是一回事），如何成了审判和公义。必须承认，毫无疑问因为他审判和称信他的人为主，故而无论上帝说了什么都是审判。"② 既然恩典成了审判和公义，那么公义、审判与仁慈也就成了"三位一体"，路德的这一惊讶使我们觉得神义问题之后存在更深的问题，"义"意味着什么？在西方文化背景中它的丰富内涵为何？

　　毫无疑问基督教文化根源于两希文化（即希伯来和希腊），基督教的许多神学词汇直接根源于希伯来圣经文本，"义"（righteousness）这一概念同样也只有从两种文化背景中得到理解，义的希伯来文是 sdq，称义的希伯来文又为 sdqh，希伯来文词素 sdq 是一个神学术语，而非世俗意义上使用的词汇，它含有强烈的救赎论意味，而不能在任何场合都以 iustitia（justice 公正或公义、正义）来替换。sdq 与 sdqh 最为精确的意思是带来慰藉的公义（Iustitia salutifera），基本意思为赦免和保守，上帝的公义就在于他赦免人一切的过犯并保守他们的生命。在 Dictata 期间，路德尚未理解到神义的希伯来文原意。这很可能是路德希伯来文和希腊文功底不深造成的，1516 年爱拉斯谟《新约总释》出版时，路德方才开始苦攻这两门古典语言，新旧约分别于 1522 年和 1534 年译出。据学者 S. 拉德的研究，最早至《第二次诗篇讲义》（1518—1521），路德才充分地意识到神

---

① LW 10, p. 47.

② LW 10, p. 404.

义的语义学意义。其实，神义的希伯来文原义在古希腊罗马文化背景下的扭曲变迁才是路德精神困苦的直接原因。

正义之希腊文为 dike，作为伦理道德规范，古希腊哲人视其为四主德之首，与之义近的公正（dikaiosunee）是从 dikee 即诉讼、审判等法律活动中概括出来的，所以，公正和不公正总是和法律联系起来，在神话里 Dikee 便是人格化的正义女神。柏拉图在《国家篇》中集中讨论了正义的意义，他首先讨论了国家的正义，他认为国家大体由三类人（统治者、卫士、工农群众）组成，他们相应地由金、银和铁铜三种材料铸成，一个好的国家应具有智慧、勇敢、自制、正义四种美德。统治者要有智慧，战士要勇敢方能保家卫国，大多数人接受统治，三种人都能保持各自的位分，国家就能保持和谐秩序。而正义的原则正是：每个人就各自有的智慧、自制和勇敢为国家做出最好贡献，安分守己，不干涉别人。① 显然，正义高于其他三德，他是智慧、勇敢和自制三德的调谐者。其次，他讨论了个人灵魂中的正义，他认为个人灵魂中理智、激情、欲望三种要素如果既能各自发挥自己的作用，又能协调一致，灵魂便可称为正义，可见义的基本意思为公正合理、协调、相适。

亚里士多德继承了其师学说，他认为公正是最完满的德性，因为他在四德中是唯一与他人相关的。"它之所以为最完满的德性，乃由于它是完满的德性的实行。它之所以是完满的德性，是由于有了这种德性，就能以德性对待他人，而不只是对待自身。"② 亚氏还认为公正是某种中道，如不平之间存在一个中间，要达到中道，就要在分配和交往行为中按比例而行。分配行为中依照几何比例，各取所值，交往行为中按算术比例衡量大小得失，实现公平。公正就是比例的思想凸显了希腊正义观的理性因素。亚氏还区别了公正和正直（epieikees）两个概念，他认为正直是公正，但并不是法律上的公正，而是对法律公正的纠正。正直的本性就是要纠正法律普遍性所带来的不足，正直是一个人的品质。

西塞罗使义这一概念具有了西方典型特征：分配正义（Iustitia distrib-

---

① 参见《理想国》，433A—434C。

② 亚里士多德：《亚里士多德选集·伦理学卷》，中国人民大学出版社 1999 年版，第 103—104 页。

utiva），西塞罗将义称为给予人所当得的一切（reddens unicuique quod su-um est），西塞罗的分配正义观将理性引入义之中来，这是希伯来原文中简直不可能具有的含义。加上罗马法对早期拉丁语神学的影响，使得罗马人以律法之义的态度去看待《圣经》中该词的含义。在佩拉纠主义之争中，奥古斯丁率先起来反抗这一倾向，根据埃克兰姆的朱利安的观点，上帝公正平等地对待任何人，上帝依据人的功德提供给人应当得到的一切，他对神义和义的理解显然局限于西塞罗的观点之中。奥古斯丁认为神义绝不同于人义，如第一章所述，上帝之所以公义，不在于人的功德，而是由于上帝遵守自己的诺言，义在奥古斯丁称义神学中只是一个直觉性而非分析性概念。"经院神学之父"安瑟尔谟也曾批判过将义的世俗含义用来解释上帝赦免人类罪过的神圣天道的做法，他反对用西塞罗的正义观来表述神人之正义关系，因为正义的分配人无法知晓。

　　古希腊的理性正义观是古罗马帝国拉丁文化分配正义观的重要原因，中世纪特别是中世纪鼎盛期（the high medieval），亚里士多德哲学成为了知识权威，称义神学的人神协作模式便是将义理解为分配正义的明证，人要在上帝的援助下做出配得拯救的善功来。这就以世俗之义去理解上帝之义，将分配正义应用于上帝必然带来如下问题：上帝之义对罪人来说永远不可能成为一个好消息，罪人必遭惩罚，对上帝的爱何从而生？分配正义遮蔽了义的希伯来文原意，义的古希腊罗马含义和希伯来含义之争执是造成路德精神困苦的根本原因，而希伯来之"义"与希腊罗马之"义"所构成的张力，正是驱动路德探索上帝之义这一问题的根本动力。

　　"上帝之义"同样也困绕过路德之前许多虔诚基督教徒的心魂，路德在其一生中，多次提及他早年对"上帝之义"这一观念的恨恶，如1538年，他问道："谁会爱一个按照公正原则对待罪人的上帝？"① 路德关于神义问题的困苦并非是他个人制造出来的难题，显然这是一个两种对立的义之张力的真正神学十字架，这一难题不仅吸引了教会的许多博学导师，而且也出现于各种地方语言的宗教文化中，许多对路德这一难题没有同感的人也承认这是一个信徒必须面对的真正神学难题。现在我们感到奇怪的是，为什么路德没有注意到教会内部对此问题的解答？据我们所知，勒费

---

① 　WA 40 Ⅱ，s. 445.

弗尔 1515 年在巴黎出版了《奥古斯丁全集》，路德也是至此时才得以面对奥古斯丁思想原貌，而不是仅从修会摘编的只言片语去了解奥古斯丁思想，如前所述，奥古斯丁是在反佩拉纠主义论争中思考称义问题的，但他未直接触及这一难题。根据亨利希·德尼弗雷（Heinrich Denifle）的看法，路德根本就不能代表整个西派基督教的传统，因为从安布罗斯到路德，从来没有人像路德那样去理解上帝之义。我们之所以提出这种问题，在于我们假定了神义问题，过去曾被充分地探讨过，或者路德非常熟悉早期特别是教父们的学说。其实我们在第二章所揭示的路德是一位中世纪末期的神学家，他仅仅熟悉经院新学中诸如奥卡姆、皮埃尔·戴依、迦伯列·比尔等人的学说，而对其他神学和学说则显得陌生。路德在其自传性回忆中提到他在爱尔福特学习的日子里，他遵循大学博士们的一致意见，将神义理解为上帝的形式上的公正，显然路德是在经院新学称义论模式下思考"上帝之义"这一问题的。因此经院新学家是在何种意义上来理解神义，对我们的研究就变得非常重要了。

如前所述，我们知道经院新学救赎论的核心是契约因果性概念，这就预设了上帝自加限制于自己的绝对自由活动之上，他必须遵从契约的规定，尽管这种契约是他偶然做出的。作为契约的一方，当人这一方达到契约的要求时，上帝必须提供人恩典以兑现自己的承诺。契约因果性是个复杂范畴，它并不牵涉到契约双方的实体特性，条件的满足与恩典和罪的性质没有什么内在的联系。就迦伯列·比尔而言，上帝因其自由、大能和仁慈，决意与人立约，凭此约定他准备给予比人的行为本身所要有的更大价值，结果尽力做好的人尽管行为本身没有多少价值，上帝根据契约也要给予他更大的价值，契约就被视为人从自然状态进入恩典状态的桥梁。不管上帝偶然决定的后果是什么，拯救秩序一经颁定，就必须被视为不可变更和绝对可靠。约定超出了上帝的权限，人满足了某种最低条件时，上帝不能更改自己的约定。经院新学的契约（pactum）概念所规定的契约责任可以在罗马法和教会法里找到类似的表达，实际上，经院新学称义论所用于表达上帝自我追加责任的术语都见于查士丁尼大帝所制定的《民法典》（Corpus Iuris Civile）。"义"这一概念基于西塞罗的正义观并源出于教会法，在经院新学中被认作是一种司法协议（iuris consensus），它规定了政治体协议双方享有什么样的权利和义务。

　　早期神学家很难将西塞罗的分配正义与圣经上的上帝之义协调起来，经院新学家们利用当时出现的政治和经济契约来解决这一难题。契约有章可循地规定了人和神双方各自应负的责任和应享有的权利，它为人神之关系提供了一个可靠框架。于是上帝之义在契约中要实现出来，就必须满足两个条件：一个条件是，上帝遵守自己的允诺，不单方面撕毁契约，保证人神救赎框架的稳定性。于是神之义就是指上帝对其所颁布的拯救秩序的忠诚可信；另一个条件是，上帝作为审判者，决断人是否遵守契约并达到规定的标准，然后按照人所做出的努力给予奖惩。上帝之所以被称为义，就在于它按照契约给予人所当得到的一切。对那些努力做好的人，上帝报以恩典和永生；而对那些没有做好的，上帝报以惩罚。所以"上帝之义"就意味着上帝要么称罪人为义，要么惩罚他们。迦伯列·比尔将西塞罗和亚里士多德的分配正义观应用于"上帝之义"，所以可以很明显地看到他将神义理解为一种普通原则：在契约规条中，上帝是信实和公正的，他赐恩典予那些满足约定条件的人，不管他们自身情况如何，反之他惩罚那些不能满足约定条件的人。于是上帝之义就包含两个方面：信守诺言和践行诺言。

　　很显然，上帝的公义首先体现在他遵守与人所立契约中的恩典承诺，经院新学的契约因果性就转化为上帝的诺言与回报的关系，当然上帝的恩典回报是有条件的。对于道德上努力做好的人来说，上帝给予他恩典回报，没有满足道德条件的，上帝则没有义务给予他以恩典。在 Dictata 期间，路德在契约神学的框架内发展出谦卑神学（the theology of humility）来。他认为人称义所需的最低条件是在上帝面前保持谦卑的态度，自责、清空自我并呼求上帝里的恩典。"因为我们在上帝面前仍是一文不值和不虔不义，故而无论我们做了什么在他看来都不算什么。是的，甚至使我们得以今日称义的信心和恩典，如若没有上帝契约的运作，也不会使我们称义。正是因为如下原因我们才可获救，他与我们共同制定了约定和契约，即信而受洗的必获拯救。然而，上帝在此约面前是信实可靠的，他忠诚于自己的允诺。因此，在他面前我们真的总是罪人，结果在他与我们所立的约里他自己总是称义者。"① 路德认为上帝之信守诺言是契约起作用的前

-----

① 　LW 10，pp. 236—237.

提，人要被称义并获救恩的保证是上帝的契约，足见路德是在契约神学的新学框架内思考上帝之义的，他认为上帝之义是人被称义的先决条件，"但上帝的义是必需的，以便人可以在上帝面前称义，并且需要上帝之义还另有原因，即上帝是审判者，人不为人而为上帝所审判"。① 路德认为只有谦卑的人才能称上帝为义，并真正认识到上帝之义。"因此，除非有人谴责、指控和审判自己，否则没人能称上帝为义。因为义人首先是自己的谴责者、指控者和审判者，所以他才称上帝为义，并使自己获胜。相反，不虔和骄矜之人首先是自己的开脱者、自我称义者、辩护者和救主，因为他总是不由自主地说自己不需要上帝来当救主，并以自己的话语审判上帝，贬低他，还谴责他为撒谎者和虚伪者，但是他不会得逞，上帝必定要赢得一切。"② 路德很早就对完全和圣洁的修士生活产生过怀疑，他曾经历过极端虔敬溃灭和上帝之义的困苦，但是他并未沉陷于绝望之中，反而以神学的立场来思考自己的经验，谦卑神学代表了他思想中最为阴郁和沉重的一个阶段。

　　谦卑神学的主要内容是，人在上帝面前是个罪人，罪永远不会从人的生存中消失，也不会逐渐缩小，人出现在上帝面前的唯一可能是以其贫乏和罪疚、完全谦卑和自贬并且完全依靠上帝。谦卑这种敬虔态度在路德那里成了获得上帝恩典的前提，"那人将是谦卑和敬畏的，故此上帝要给他恩典，并且圣灵也要临到他。"③ 路德的谦卑神学认为信徒带给上帝的双重交托是赞美上帝和承认自己的罪。而若非基督耶稣的卑己谦下榜样，人不会谦恭地效法基督去满足称义的最低条件。路德的谦卑神学是契约新学的精致产物，Dictata 期间，路德似乎把谦卑看作人的一种自然努力，借此上帝可以称罪人为义。但是，路德对神义的理解与经院新学的理解有很大差距。路德是以基督论的立场来思考神义的，他认为神义作为信守诺言来讲，已为基督耶稣道成肉身并钉十字架所证实，神早已在《旧约》中讲到要从大卫家兴起一位君王，救以色列民并与之订立新的盟约。

　　在经院新学契约神学中，神义的第二方面，即上帝履行了诺言，提供

---

① LW 10, p. 234.

② LW 10, p. 236.

③ LW 10, p. 274.

给属人有分的义更为重要。我们已经知道经院新学家视契约为罗马法中的司法协议，这就将西塞罗的分配正义观（义就是提供给属人的一切）引用到神人关系上来，上帝根据契约规定公正地对待个人。Dictata 时期，路德也是在契约神学模式下来理解"上帝之义"的。诗 9 注释中，路德写道："圣经一般以这种方式来区分平等（equita）和公义这两个概念，其中平等与人有关，而公义则与事情有关。公平之人（equus）就是那种对万事万物等而视之并公正地引导自己的人，他也不受爱恨和穷富等外在因素所左右而去赞扬某些人，又贬抑另外一些人。所以，上帝被称为公正，乃是因为他不仅赐恩予犹太人，而且不分人种给予所有人，即使犹太人希望他变得不公正和只接纳犹太人，也是如此。结果他的福音被称为'以平等施行他的话'，如赛 10：22 所告诉我们的，因为他等视群伦，既以同样的仁慈也只以同样的宽厚对待一切人，不论贫富，亦不论是犹太人或外邦人。然而，人类自己的律法像蜘蛛的网结（参赛 59：5），通过犹太人的不义之错误显为不公平。然而，公义（justice）被认为是恢复属人所有的一切（Iustitia autem dicitur redditio unicuique quod suum est）。因此平等先于公义并且成为其前提，平等鉴察功德，公义给予回报。故而上帝以平等审判世界（因为他平等对待众人，希望万人获救）；他又以'公义审判'（诗 98：9）。因为他给每人所该得的报酬（reddit uniquique suum premium）。有一个福音比喻（太 20：10—20）很好地说明了上帝待人的两种方式，在此故事中，在每人得到一天的工价后，有人抱怨园主的不公正。"① 在这段注释中，路德将平等视为公义的先决条件，他所理解的平等是指偏颇的缺失，上帝以平等审判之时，他并不考虑人的特征，而是考虑人的行为是否满足了他的意愿，如同葡萄园主一样，早来晚来并不重要，重要的是做完这项工作。上帝对人一视同仁，并不因人而异（sine acceptione personarum）。

　　在诗 7：4 注释中，路德甚至认为公义就是平等本身。"这就是'公义'（aequitas）一词的含义，即某人是公义的（aequus）意味着他对所有人一视同仁，而不考虑或忽略人的差别。"② 路德使用平等一词似乎与教

---

① LW 10，pp. 94—95.

② LW 10，p. 83.

会法用语有关，但含义又大不相同。这段注释的神学意义明白地显示出来了，上帝是以平等和公义审判世人，上帝是依据人的行为善功来审判，而非根据人本身的特性状况，上帝对所有人显示自己的仁慈和严厉，他以公正无偏颇的态度对待人。正如他所指出的，上帝赐救恩予众人，他希望众人得拯救。然而上帝的普遍救恩何时会临到，上帝的神圣审判在什么条件下发生？如果上帝既平等又公正地将救恩给予人，就必然推导出罪人身上必须有某种允许上帝称他为义之凭据，路德说过，平等鉴别功德（merit），公义给予回报，因此，称义只有基于人的功德，但这种功德只能是情谊功德。

经院新学家认为情谊功德是从自然状态跃入恩宠状态的唯一桥梁，上帝有责任和义务赐恩予那些道德上尽力做好之人，称义所需要的条件对各个人都是相同的，即尽力做好（faciens quod in se est）。然而，尽力做好也是一种极为含糊的要求，人怎样才能知道自己尽了最大努力并获得救恩呢？尽力做好的最低程度从未公布，这是契约神学的困难之处，迦伯列·比尔认为人不能确知他们是否已尽力做好，在此问题上，经院新学与整个经院神学一脉相承，人无法知道他是否配被上帝所爱或仇恨。这就使得路德谦卑神学根基发生动摇，他曾认为是个人的虔敬态度而非上帝之义使得人称义，人在上帝审判面前自责谦卑仿佛被视为称义的功德，但在上帝面前人的谦卑又算什么。而如果人不能确知自己是否履行了称义所需的最低条件，那么他也就不能知道上帝是否称他为义或谴责他。上帝之义的不可知性质就成了路德精神困苦的原因，随着 Dictata 的展开，路德愈发觉得自己的道德品质诸如谦卑并不能达到称义的要求，反而受到上帝的怒责。在解释上帝的公义审判时，路德写道："审判就是去谴责自己并且决不自我称义，这是义之开始。"① "上帝的愤怒"频繁出现于 Dictata 文本中，上帝的义对路德来说就是带有烈怒的审判。经院新学家们普遍认为基督是立法者而非救主，路德早年也认为基督是上帝之义的具体表现，"没有人知道上帝的愤怒临到众人和众人在上帝面前都成了罪人，但是凭着他从天上启示出的福音，我们知道通过基督我们怎样从愤怒中脱离出来，什么样

① LW 10，p. 267.

的义使我们得到释放。"① 路德显然认识到了上帝的审判和赦免都在基督之中发生，然而基督对他来说仍是罪人的公义审判者，"我知道基督是一位严厉法官，在他面前我想转身逃走，然而却不能移动脚步。"② 路德认为基督里隐含着让人恐慌的称义标准，称义要与基督相关联，路德与新学救赎论拉开了距离，新学救赎论中基督虚位以待，基督仅作为立法者和外在模范引导人们去完成律法，人被称义所须满足的条件与古学一样，即必须尽力做好。

尽力做好原则既然缺乏一个精确的限度，而且在谦卑神学范式之下，人的事功比起谦卑的虔敬态度微不足道，将上帝之义理解为给人所当的一切还能成立吗？人的事功和义真的配得救恩吗？《罗马书注》期间，路德批判了分配正义观，他认为将基于亚里士多德伦理学、西塞罗政治法律著作和教会法的正义观应用于上帝会引发诸多歧义，1532 年，路德评论上帝之义时，认为它不会是一个好消息，有谁会去爱一个按公正原则对待罪人的上帝呢？在评注《加拉太书》时，路德吃惊地写道："这是一种对义多么奇妙的定义啊！义通常被描述如下：'义是一种根据人所有的份额给予报酬的一种德性。'（iustitia est virtus reddens Unicuique quod suum est）但这儿又说道：'义是信入基督耶稣。'（fides Ihesu christi）"③《罗马书》注释期间，路德多次将亚里士多德、西塞罗和律法之义与圣经之义进行了对比，他对自己以前使用过的义感到愈发厌弃。路德在评注罗 4：7 时写道："圣经使用义和不义与哲人和法学家完全不同。很明显，因为他们认为义和不义是灵魂的一种品质。但是圣经之义有赖于上帝之转归而非事物自身的本质。因为人不可能拥有义，他仅拥有一种特质，他的的确确是个罪人和不义之人。但是由于他承认自己的不义并且祈求上帝之义，上帝满有仁慈地视他为义，意愿他在自己面前显为义；他才可能拥有义。因此，我们生来就是可恶的不义之人，我们死在不义之中，只有通过信上帝之道和慈爱上帝之免罪，我们才能成为义人。"④ 路德在注解罗 5：12，9：6，10：10，12：2 时批判将亚氏正义观应用于神学研究的做法，他反对用亚

---

① LW 10，p. 145.

② WA 38，p. 148.

③ WA 57，p. 69.

④ LW 25，pp. 274—275.

氏和西塞罗正义观来解释上帝对待罪人的方式。值得我们思考的是，路德为何要批判分配正义观，是什么原因促使他对义的理解发生了转变？通过将基督恢复到称义之中，路德强调了信仰上帝之道的重要作用，信仰与义的关系就凸显出来了。

第三节 信仰与上帝之义

在罗 3：7 注释中，路德明确提到上帝的称义和相信 (trust in) 上帝是一回事。① 信仰 (fide) 似乎被当作了称义的前提条件，"答案是我们必须相信上帝而非人，因为他是真实的，如上所述，依从希腊文原意，我们必须相信他，因为被称义就是去信 (to be justified is to believe)。"② 显然，义和信之间存在紧密联系，在 Dictata 早期，路德多次谈到义和信这两个术语，诗 37：21 注释中，他认为罪人之所以是坏的，是因为他不相信基督并以真实的心敬拜他；而义人之所以是好的，是因为他置身于基督之中。③ 义在基督信仰之中，也在人心中。④ 信是信上帝之道，上帝之道是公正的，他凭他的信实来完成自己的工作，上帝的公义不能通过感知和理性来理解，只有通过信仰，属灵的真理才能被了解。⑤ 诗 36：6 注释中，路德提出了信之义 (iustitia fidei) 这一概念，"上帝之义之所以是高山，完全是由于信的缘故，因为信之义是陡峭和不可克服的……所以山是信条和信力，一切都由于信仰而变得崇高。"⑥ 信是基督里的信，信之义是通过基督人被称义。我们不能说路德此时已经达到了对上帝之义的成熟理解，他只不过将信之义与上帝之义联系起来。在诗 35 (36)：7 注释中路德提到"你的公义" (Iustitia tua)，他写道："你的信之公义在你面前是我们的义。" (Iusticia fidei tua qua coram te iusti sums)⑦ 这个注释表明路德

① LW 25, p. 210.
② LW 25, pp. 209—210.
③ See, LW 10, p. 175.
④ See, LW 10, p. 268.
⑤ See, LW 10, p. 148.
⑥ LW 10, p. 171.
⑦ WA 3, p. 199.

认为个人的称义必须在上帝面前（coram deo）才有效，也即是说，信之义只有在上帝面前才能变为我们的义（Iustitia fidei, qua coram deo Iusti fiunt）。路德对神义的理解颇类似于奥古斯丁，即义来自上帝而非属于上帝，上帝将义给予人是为了人被称为义，但很难说路德的信之义概念就受到奥古斯丁神义概念的暗示，因为路德此时可能还未读到奥古斯丁所著《精义与文字》一书，而且路德对信之义的理解似乎有法庭意味，这是奥古斯丁神义概念所没有的。一般来说，路德总是将信之义与在上帝面前联系起来，他将信之义视为自身生长（sui generis）的义且在上帝面前有效，人义的标准无法认识信仰之义。

　　通过对 Dictata 的仔细分析，我们发现路德信之义这一概念有如下特点：信之义是自于上帝的礼物，而非属于上帝自身的所有物。信之义只在上帝面前非在人面前有效，义的实质为基督里的信仰（fides christi）。但是信之义这一概念也比较模糊不清，义是本身被当作信，还是与信仰有别，仅来自于信仰？如果义是信本身，只说明称义需要满足一个普遍要求，即"信而受洗的必获拯救"（可 16：16）；如果义不等同于信本身，只是来自信仰也即来自上帝，那么义还有待于上帝的决断。在诗 7 评注中，路德首先强调了神人的特性，他平等地审判一切，尔后转而考察神圣审判的基础。路德似乎将上帝的审判视为基于某个条件下的普遍要求而非个别要求。在上帝面前唯一有效的义是信之义，这完全与人的审判标准不谐调，但是他传达了一个信息，即上帝要审判全人类。在评注诗 49（50）：61 上一句话："诸天宣扬上帝的公义，因为他是审判者"时，路德写道："神按人的功德多少给予每一个人，因为基督耶稣是审判的神。"（Dei readentis Unicuique quod suum meritum, quaniam Deus Ihesus christus Iudex est）[①] 可以看出，"信之义"之信被路德视为信根据功德施奖罚的上帝，也即西塞罗分配正义观所理解的上帝。此外，路德认为施审判的上帝为基督耶稣，而且基督是威严的审判官，新约福音书中的基督基于人是否信他，是否拥有信之义来实施审判。在评注诗 50：6 中"诸天必表明他的公义，因为神是施行审判的"时，路德写道："使徒们宣布了这个新词，即有一天不是人处于上帝的位子上，而是基督自己要施行审判，因为

这是上帝的审判，所以这种审判的普遍性和全面性是必要的，他的代表行事偏颇，但是既然他至尊又崇高，所以由他亲自审判万事是必要的。故而宣称上帝是施审判的就等于宣告了普遍的审判和别人在上帝面前所拥有的义的不足，但是上帝的义是必需的，以便人可以在上帝面前显为义。之所以需要上帝之义，是因为上帝是施行审判的主，人要被上帝而非人自身所审判。"① 此段注释表明路德的基本立场：上帝要在基督里施行审判而且审判基于的原则是信之义。因为上帝的审判是普遍事件，上帝要平等地（in equity），即不考虑人的特性，对人采取一视同仁的态度，还要公正地（in justice），即按人所应得的给予人来施行审判，审判得以进行的基础是信之义这一概念，当然这一概念也融摄了平等与公正的含义在其之内。

对于信之义这一概念，我们能说路德就认为它是来自上帝的神圣礼物吗？上帝不考虑人有功德与否，只是基于人在上帝面前能算义吗？信之义直接来自上帝，这种看法虽然很有诱惑力，但是路德显然不是在这种意义上来使用这一概念的，在诗51：4注释中，路德写道："因为我们在上帝面前仍属不虔不义和一文不值，故而我们所做的一切在上帝面前算不得什么。是的，甚至信仰（faith）和恩典，尽管通过它们我们得以称义，若没有上帝契约的运作的话，单靠它们本身是不能够称我们为义的，我们被拯救的原因恰恰在于：他与我们立了约定和合同，无论谁，只要信而受洗的必获拯救。在合同之中，上帝是信实的并保守他所允诺的一切。故而在上帝面前我们总是陷在罪里，这是不争的事实，结果在上帝与我们立的约里面，他自己才能算作审判者。"② 路德指出信仰必须在上帝的审判和约定之前才有效，这是经院新学的契约神学在其神学框架和术语中的反映。前面我们已经指出 *Dictata* 期间，路德还是一位中世纪末期经院神学家，神学思考受制于契约神学模式，路德同样使用契约因果性概念讨论信之义这一概念。一旦承认了这一事实，神之义和信之义的关系就变得明朗化了。

前一节中，我们已谈到路德认为经院新学救赎论称义前提条件是谦卑（humility），于是谦卑与信仰之间的关系就成为了问题，在 *Dictata* 早期和《罗马书》注释中，谦卑是一条重要的注释条目。事实上，路德是打算说

---

① LW 10，p. 234.

② LW 10，pp. 236—237.

谦卑是全部圣经的主题。在罗 2：11 注释中，路德写道："全部圣经只教导谦卑，在其中我们不仅服从上帝而且也服从每一造物。"① 谦卑毁坏人的一切义和善功，在罗马书注中，路德似乎认为谦卑和信仰密不可分；信仰就是谦卑的另一种表达。"因此我们必须接受圣经上的每一句话仿佛都是亲口说出的，不管这话是借谁的口讲出的，而且我们还必须相信它、服从它并使我们的理性顺从它。只有以这种方式我们才被称为义，而不是靠其他的办法。"② 在称义问题上，信和谦卑具有同等的功效。但是单独依靠人自身，能做到服从上帝及万物吗？人的自责和降卑来源于对上帝之道的信可，正是因为相信上帝之道，人才可能接受他对世人皆罪的论断，正是有了基督耶稣的谦卑顺从人才可以效法基督，在彻底的谦卑顺服中，因为相信上帝在契约中所应许的恩典和义，所以转向基督，效法基督的谦卑并寻求上帝在基督里的义。因此谦卑来自信仰，是信仰的自然后果。谦卑的作用是破除人对自身的执着，倒空自我，"破除我执"，等待义和恩典的降临。"所以那些满足于自己的真知和智慧的人不能接受到上帝的真理和智慧，它们只能给予空无一物且完全匮乏的心灵。因此，让我们向上帝说道：'啊！我们多么愿意自己成为空无以便你可以进驻我们之中，多么愿意自己虚弱以便你的力量居住在我们心中，多么愿意自己是罪人以便你称我们为义。多么愿意自己愚顽以便你成为我们的智慧！'"③ 路德所理解的空无（empty）并非一种圣洁的状态，而是自我退场之后的信仰。从路德关于谦卑与信仰的论述中，我们可以看出，信之义在路德契约神学里正好是称义的前提条件。无论称义被理解为是恩典、信仰或者是谦卑的后果，终极原因还是上帝在拯救秩序中所立的约：人尽力做好，上帝不会不给予恩典。对于路德来说，信之义还是由人努力行出来的义。

　　信之义来源于上帝，但是由人做出的信这一行为在上帝面前的价值为何？信或信基督（fide christi）可以满足称义的条件吗？对一个不信者来说，信基督就为义（Iustitia est credere christo）是很荒谬的，但是根据经院新学的契约神学原则，人的道德行为的内在价值与根据契约归与它们的

---

① 　LW 25，p. 183.

② 　LW 25，pp. 239—240.

③ 　LW 25，p. 204.

价值形成巨大反差。人的行为价值在上帝眼里微不足道，但却因为契约得到了更丰厚的价值。由此，我们便可以明白何以上帝会在他的义中，接纳人所做出的如此琐碎的一个行为即信仰，并认为他配得称为义。因为在人眼里，信仰本身的内在价值微不足道，但是在上帝面前，信仰却有巨大的契约价值。在此，上帝出于自己订立的约准备接受人的信作为称义的等价物，不是因为人的信仰的内在价值，而仅是因为他决定了事情该当如此。

人义和神义的极端二分法频频出现于 Dictata 之中，路德不仅否认人义在上帝面前的价值，还坚持认为人不能识别神义概念的价值。信仰基督之所以被称为义，在于圣约的运作。因为契约首先是上帝赐给人类的神圣礼物，圣约本身表达了上帝的自由意志和慷慨大度，结果人的信仰行为就被算为义，应该说信之义是神圣礼物（契约）的后果，信之义要成为义只有契约的先在才有可能，信基督代表了信的内在价值，义是上帝归与的价值。信之义就是那种来自上帝的义，其中信若不是由于神圣契约将其内在价值（bonitas intrineseca）转化成为归与价值（valor impositus）的话，它在上帝面前绝对成不了义。因此，信之义是上帝赐予人的礼物，它来自上帝。但是信之义是上帝给人的普遍礼物，而不是给某人的特殊礼物，这是经由契约和人的信，间接地而非直接地得自于上帝。如果接受了路德 Dictata 早期在契约神学框架下思考神之义和信之义的话，信之义与神之义的关系就比较清楚了，上帝之义（契约之义）是信之义的先决条件，"上帝之义是必需的，以便他可以在上帝面前成为义"。① 信之义是称义的先决条件，对一个想要在上帝面前称义的人来讲，要求他首先信基督，换句话说，"上帝之义"要求他首先拥有信之义，显然，"上帝之义"并不等同于信之义，但是契约却将二者紧密地联系在一起。稍后一些，路德对信之义这一概念的理解发生了变化，这主要体现在诗 70、71、72 注中。

许多路德学研究者认为路德在诗 31、32、33 注中对"上帝之义"已有了新的理解，在诗 31 注中，路德觉察到上帝之义与人之义的尖锐对立；② 在诗 32 注释中，路德明确指出靠自身人不能在上帝面前称义，"诗篇开头便教导两件事，一是所有人都陷在罪里（没有义人）而且没有福

---

① LW 10，p. 234.

② See，LW 10，p. 143.

享；二是没有人能靠善功赚得罪的赦免，只不过仅由上帝自身随意，通过
不归罪而赦免人的罪（因为没人能靠自己变为义人）。"①　路德还提到拒绝
认罪的人实质上是否认基督的义（the righteousness of christ），但他未将基
督的义与上帝义和信之义联系起来，离他对上帝之义的成熟理解还有很
大距离。②　路德对上帝之义的理解体现在诗 33 注中，他认为上帝之义必
须通过信仰而非理智和情感来认知，上帝的道是正直的，上帝所做的一切
都在信心中，这实际上是对信之义的理解，因此很难说路德在此对三篇诗
注解已有了什么新的理解。但是在诗 70、71、72 注释中，上帝之义概念
的理解的确有了新的变化，这对于确定路德神学突破的本质和时间具有重
要的意义。

　　在本章第一节里，我们讨论了路德的圣经解释学，特别是 Dictata 中
的四重解经法，路德对圣经灵义与字义的区分直接关系到他对上帝之义的
发现，当路德提到圣经的文字意义时，他愿意将整个圣经的文字意义看作
指向基督，圣经文句的寓意指基督对其教会的救助，圣经文句的道德含义
指基督所做出的有益于教会和信徒的工作，圣经文句的神秘含义指基督将
来要完成的工作。在 Dictata 后面的部分出现了一个较为明显的特征，即
路德愈来愈强调圣经道德含义的重要性，这体现在诗 70、71 注释之中，
路德在诗 71 注释结尾对"神啊！你的公义甚高"这一诗句这样解释道：
"此诗句最终描述了神义和人义之间的正确区分，因为上帝之义直通诸天
之上并且携我们到彼处。上帝之义由于能行至最高处，也即能使我们升至
至高处。然而人之义就大不一样了，相反它使人降至至深处。这是因为欲
要升高之人必被降卑，而欲降卑之人必被高举，但现在上帝之义的全部精
髓就在于降卑自己至深渊。只有这样的人才会被高举，因为他首先降至深
渊。在此他大概意指基督，通过伟大又深刻的谦卑，基督成为了上帝的力
量和义，因此他现在借着至高荣耀居于高天。所以，无论谁想要理解使徒
书信和别的经文的话，他必须从道德含义的角度（tropologically）来理解
一切：他借真理、智慧、力量、拯救和公义使我们强大、安全、公义和智
慧，等等，因此一切都因为有了上帝的工作和道路，一切在文字上都是基

---

① 　LW 10, p. 147.

② 　See, LW 10, p. 146.

督，并且在道德上（morally）是基督里的信。"① 此注释中 tropologically
与 morally 是同义词，很显然路德将圣经的四重含义缩减为两种，即字义
与道德含义，字义指基督耶稣，道德含义指凭信仰，基督接纳和赦免
罪人。

　　Dictata 后期路德已很少使用四重方法解经，在以后的圣经注释中，
路德更加强调文字和道德含义的重要性。路德在此所谈及的不过是我们前
述提到的谦卑神学而已，路德认为一切在上帝面前有效的义只能通过个体
的完全降卑，追随基督给予他的榜样来实现。根据契约，上帝命定要接纳
人的谦卑为信之义，信之义作为契约之义尽管在人面前没有价值但是在上
帝面前却单独有效。"故而他成为了义人，因为他在自己面前是不义之
人，并且因此在上帝面前显得卑谦，上帝就将恩典赐予此人。"（Et sic fit
iustitia，Quia qui sibi iniustus est et ita Coram Deo humilis，huic dat Deus gra-
tiam suam）② 路德似乎将他的表述视为新学的最高原则：尽力做好，上帝
就会给予恩典。如果人想要得到上帝的恩典，他该做些什么？尽力做好
（facienti quod in se est）的原则应如何理解？路德对此的回答似乎已很清
楚：尽力做好就等于自觉不义并在上帝面前保持谦卑（facere quod in se
est ＝ esse sibi iniustus et ita coram Deo humilis）。③ 路德的称义神学仍处于
谦卑神学模式之下，我们可以很清楚地看到他讨论的仍是信之义与上帝之
义的关系。

　　在诗 71、72 注释里，路德从上帝之义与人之义的对比转向对比上帝
的审判（iudicium Dei）和人的审判。在注解神义（iustitia Dei）的奥义和
寓意之后，路德转而考虑神义的道德含义。他写道："这是神义在圣经里
最为常见的用法，这就是上帝谴责或使我们谴责自己所拥有的一切，以及
整个旧人的行为（甚至我们的义，赛 64：6），这正好是谦卑。因为不是
那些认为自己谦卑的人才是义人，而是那些眼里认为自己使人憎恶并配得
咒骂的人（为自己的罪做出谴责和补偿）方称为义人。……正好圣经使
用审判一词来表达谦卑的真正本质时具有明显的特征，即降格、蔑视并完

---

①　LW 10，pp. 401—402.

②　WA 3，s. 462.

③　See，WA 4，s. 268.

成对于自己的谴责。……这就叫作上帝的审判，像是上帝的义、力量或者智慧。正是借着它，我们成为智慧、强壮和谦卑，或凭借它我们被审判。"① 我们从道德意义出发来关注上帝的审判这一概念，上帝的审判与信者个人关系密切。路德并未孤立地思考此概念，而是将它与个人联系起来，上帝的审判不再是对人类的普遍的判断，而是直接召唤个人的完全降卑。仅当人被迫承认自己完全不配，甚至达到完全恶恨和蔑视自己的地步，称义才会自动到来。对路德来说，祈求上帝的审判就等于祈求自己的完全降卑，也就是说通过上帝在契约里的仁慈允诺，人跃入深渊会被高举升入天国的至高处。正如基督的自我降卑导致他的荣耀，通过降低自己入到深底，人可以被上帝高举至高处。路德的名言：义和谦卑是我们的审判（iusti et humiles vel iudicati sumus）。说明义、谦卑和审判之间存在着紧密联系，根据上帝命定的拯救秩序，谦卑被认为是上帝面前的义。很明显谦卑与信仰之间、审判和上帝之义之间存在着密切关系：上帝的审判使人认识到他的谦卑，上帝在自己的义中将这种谦卑算作人的信之义。

　　在诗 71、72 注解中，路德对神义的理解达到一个关键阶段。"同样，上帝之义也有三重含义。道德上看来，它指基督里的信仰。罗 1：17 上写着，上帝的义正是在福音上显明出来，因于信以至于信。而且这是圣经最常见的用法"。② 路德从道德含义上将上帝之义理解为信仰基督，这并没有添加什么新的含意，但他却将注意力转移到这个事实上来，即审判和义含有否定和肯定的意味，前者指谴责，后者关乎拯救：谁在诅咒中受审判，谁就歌颂拯救中的义（quia iudicium in damnationem, sicut iustitia in salvationem Sonat.）。③ 是的，正是通过责骂我们自己，我们才为上帝所拯救。当路德试图表达信之义的实质时，他交替使用信仰和谦卑这两个词汇。"上帝所说的任何话都是审判，然而他以三种方式施行审判，首先，从道德上来讲，他谴责肉体和世界中的工作。他展示出了在他眼里我们和世界中的一切都是可憎和可诅咒的，因此，无论谁以信仰贴近他，他都必定会变得自觉可耻、一无所是、可憎恶并且可诅咒，而那就是真正的谦

---

① 　LW 10，p. 406.

② 　LW 10，p. 404.

③ 　See, WA 3, s. 466.

卑，所以那个词汇恰当地表达了谦卑的实质和特征。不是那些造作称为或认为自己谦卑，而是那些不仅在心里和言行，而且也在行动上，展现自己丑陋和被诅咒的人，才是真正谦卑之人（而这就是他在此处提到的审判）。因此，肉体的鞭笞和钉十字架和对尘世的一切谴责正是上帝的审判，他自己凭借福音和恩典，即审判来施行这一切，所以义就会来临。因为对一个自觉不义且在上帝面前持守谦卑的人来说，上帝会给他恩典。以此方式发生的故事在《圣经》里比比皆是，故而义在道德意义（tropological）上指信仰基督。"① 从此段注释中可以看出，若从道德上来考虑，神义是指直接加诸于信者个人的事物，人凭此在上帝面前被接纳，即信之义。然而，在信之义与上帝之义、上帝的审判与谦卑之间关系的理解上，路德并没有贡献出什么新的洞见，上帝只不过是按契约将恩典施给谦卑之人。唯一值得注意的是他将道德之义（iustitia tropologice）引入上帝之义的讨论中，但是道德之义在实质内容上等同于信之义。如果不是像前面所述，将基督里的信仰当作自觉不义并在上帝面前显为谦卑，而是认为基督里的信仰与谦卑有着极端的差异性，此处就发在着某种突破。

截至诗71：72评注末尾，可以很清楚地看出路德将神义的道德部分当作基督里的信仰。当对信仰基督与神之义的同一性作出某种概念澄清时，便很难说路德在此做出了特别重大的神学进步。然而，路德所做的一切都是为了澄清人的称义问题中义的诸多含义，这一点从未改变过。于是，问题就转化为个人如何生起对基督的信仰？如果基督不在人心中生起效果，他决不会称我们为义，但是我们如何才能得到基督的效力？是通过人的自我降卑达到谦卑，还是无须人的协作上帝独自工作使人谦卑？信仰本身是一件上帝的恩典礼物，还是属人的品性（disposition）？这些问题有待路德去回答。在 Dictata 后期，路德指出人要称义须满足的基本条件是尽其所能，人降卑自己，不受驱使去寻求他现在所认识到自己需要的上帝礼物。"'乞求，你就得到，寻找，你就寻见；敲门，就给你开门。因为人乞求就得到……'（太7：7—8）。教会博士们说的正好是，上帝会准确无误地将恩典给予尽其所能的人们，尽管他不会以义理功德（meritum de condigno）的方式去为恩典的临到做出准备，但由于上帝的允诺和仁慈的

---

① LW 10, p. 404.

契约，他会以情谊功德（meritum de congruo）的方式为恩典的临到做出准备。"① 此注释明显提到人回应契约的实质，新学家们将契约理解为提供了一个有效力的契约基础，借此人得以从道德过渡到功德，从自然状态进入恩典状态。路德认为人倾向恩典的品性是人的一项自然作为吗？路德在 Dictata 晚期明确说过，人在自己的拯救中享有自由，人的自由意志表现在他的称义之中。② 在 1514 年 12 月 26 日的布道中，路德主张人可以随意在恩典的途中设置障碍或者以另外的方式抗拒恩典。③

在我们看来，Dictata 时期，路德是在经院新学契约神学框架内来思考称义问题的，他认为正确对待称义，除了被定义为实际恩典（actual grace）的普遍有效的外在恩典之外，必须被认为是人的一种自然作为，无须特殊恩典的援助。路德坚持上帝之义的神圣平等性，这因此构成了 Dictata 的一大特色，从而阻碍了他对特殊恩典在人类拯救中作用的重视。在拯救事情上，上帝主动与人立约，把恩典赐给那些降卑己身的人，人满足了谦卑这一最低条件就能获救。

我们不能以成熟期的路德神学来看待 Dictata，从而得出路德已完全突破了契约神学的结论来。事实上我们只能从整个中世纪末期神学的前提和局限来看待 Dictata，路德频繁使用"尽其所能""情谊功德""契约"等经院新学神学术语，就是 Dictata 后期也是如此。④ 然而，有迹象表明 Dictata 末尾，路德准备着走出契约神学框架的决定性的步伐。我们早已强调说明过，经院新学的契约神学的先决条件是人能够在没有特殊恩典的条件下，尽力做好，也就是说信仰基督即谦卑己身是人能做出的朝向上帝恩典的品性。但是一旦信仰基督不被理解为出自人性，而是上帝的恩赐，人没法信仰基督和降卑己身，那么新学契约神学就会濒临崩溃。路德在诗篇注的末尾实现了这种转变，恩典与信仰的关系被突出了出来，这一转变在路德称义神学发展过程中具有决定性的重要作用，我们将在随后一节里将此展现出来。

---

① LW 11, p. 397.
② See, WA 4, p. 295.
③ See, WA 1, p. 32.
④ See, LW 11, pp. 448—449, p. 477.

第四节　上帝之义的发现

Dictata 时期诗 69：1、2、3 注释中，路德认为基督已摧毁了人自负、爱财、贪吃、奢侈的实体（substances）即荣耀、财富、食品和快乐，基督是以非实体（non - substance）的方式来完成这一工作的，因此人必须抛弃一切实体，需要另一种实体——即信仰，信仰本身是上帝的实体。[①]路德在此似乎是说信仰并非属于人，而属于上帝，但我们还不能得出他已认为信仰基督是上帝恩赐的结论来。但是在 Dictata 后期，路德似乎认为人对恩典之获得的准备和倾向本身就是恩典的工作，这种思想在诗 118、119 注释中明显地表现出来了。在诗 118：1 注释中，路德写道："然而，上帝通过受难的基督将益处分发给不配或不值之人，事实上是给那些一点也不配得的人，也正是通过如此他显示自身不是一位虚构的上帝，而是一位又真又活的上帝。于此，他不从我们这儿接收什么美好的善功，反而将它们免费（without charge）赐予我们，对理性的每一判断来说，毫无所求并且白白地（gratis）将益处分予他人是神性的特征，神是自足存在的……但现今他所要求我们做的仅是接受，他所做的仅是给予，这样他才是真正的上帝。"[②] 显然，路德认为人为获得上帝恩典的种种努力并非获救的先决条件，人在上帝恩典面前处于被动接受的地位。

在评释诗 119：11，"我将你的话藏在心里，免得我得罪你"时，路德写道："这意味着，'我已决心要全身心地侍奉你，因此我已将你的话刻在我的整个心版上，以使我不再像以前那样冒犯他们'。因此他在谋划之前恰好需要上帝恩典的援助，首先他说：'不要驱赶我'，之后又说：'因为我藏匿你的话语并且解释它们。'因为我的谋划会是虚空，除非上帝的恩典如此安排。"[③] 路德虽然否定了人对救恩的谋划，从而凸显了神恩在称义中的主动地位。但我们还不能断定路德在此阶段已在称义思想上发生了决定性的变化。诗 119 注释中还存在着契约神学残余。"故而（基

---

① See, LW 10, p. 384.

② LW 11, pp. 410—411.

③ LW 11, p. 419.

督的恩典）从道德中产生，因为当人类接纳基督时，不是凭自己的义而是凭借上帝的怜悯，不管基督的恩典如何恰当地安顿自己，所以每个人都是白白地获得恩典，而不管他如何使自身适合于（congrue）这恩典。恩典不是在我有所准备的基础上，而是基于神圣契约才被给予。正是通过规定（provision）方式，如果人等待并且呼唤，上帝才允诺自己的到来。"①神圣契约仍是上帝恩典被给予的前提条件，在诗119：88注释中，谦卑神学的痕迹一再显露。②

　　然而很多迹象表明，在 Dictata 末尾，路德已在反对经院新学救赎论的前提。路德起初将谦卑视为人对称义救恩和上帝审判的回应，如今它似乎正是上帝本人独自促使人悔改并谦卑地接受上帝的神圣审判。路德多次谈到基督之义的统治，将基督与信仰和恩典联系起来，反对善功获救，主张恩典必须白白获得。必须强调的是 Dictata 中的证据还不足以说明路德就脱离了契约神学的思维模式，我们还必须寻找别的有力材料。据说1514年迦伯列·比尔的选集（Collectorium）在里昂再版，路德曾得到此文集的复印本并做了大量边释，如他在评论比尔关于人凭天然能力，无须援助能爱上帝胜于一切的论述时写道："结果意志既不患病，也不需要上帝的恩典。一切都起因于自由意志的愚蠢原则。仿佛自由意志在只倾向于恶的当儿，还可以选择并依循相反的路径似的。"③很明显，路德不再相信经院新学救赎论的基本前提：人可以在没有特殊恩典的救助下尽其所能乃至获得恩典。换句话说，路德已经确信人的自由意志自然要倾向恶，人不能够回应契约中上帝的主动要求。路德不再相信人能够做出称义所要求的真正谦卑来，相反要达到真正的谦卑却需要恩典。路德所获得的这一新洞见的意义在上帝之义的发现中将会得到展示，我们现在要关注的是他何时获得了这一新洞见。

　　我们不清楚路德注解里昂版《比尔文集》的确切时间，似乎有证据表明大约是在1515—1516年间，这正好与《罗马书讲义》相吻合。如果将这一日期定为1516—1517年间，倒接近于1517年路德发表反经院神学

---

① LW 11, pp. 448—449.

② See, LW 11, p. 477.

③ Alister E. McGrath, Luther's Theology of the Cross, Oxford, 1985, p. 129.

论纲（disputatio contra scholasticam theologiam），路德在此时完全与经院新学乃至整个经院神学分手。然而，许多有力的证据表明路德从 1515 年起就获得了这一洞见，因为《罗马书讲义》中弥漫着对经院新学救赎论的批判。在《罗马书讲义》之前或之中，路德思想上出现了三个重要的变化。

1. 人在称义之事的地位由主动变为被动。"我们对待荣耀就像对待第一次恩典，总是采取被动的态度，就像妇人对待怀孕一样，因为我们也是基督的新娘。因此，即使我们祈祷并乞求恩典，而当恩典真的到来，灵魂感圣灵而孕，它既不祈祷也不乞求，只是静止不动。这肯定很难做到而且使我们感到恐怖，要是那样的话，灵魂就丧了理解力和意志力，并使自己处于黑暗之中，就像步入毁灭和虚无之中一样极其令人厌恶。以此之故，灵魂总是远离高贵的恩典。"[1] 路德认为这第一次恩典是运作的恩典（operative grace），并非是转变开始时注入的恩典，就像洗礼、痛悔和悲痛时的恩典一样，而是那种带来生命更新和恩典量度增长的恩典，这第一次恩典带来合作的恩典（cooperative grace），[2] 路德采取了奥古斯丁的恩典概念，指出人在第一次恩典面前处于完全被动状态。很清楚路德并未将人的行动从称义中排除出去，而是要从根本上回到奥古斯丁对神人在称义中角色的本质立场上去。正是在这一点上，路德与经院新学拉开了巨大的距离，经院新学讲求有所作为并且尽其所能，路德却认为恩典是求不来的，人只能守候并期待它的临到。

2. 路德指出了人的自由意志为罪所掳，如果没有恩典之援助，人不能称义。在此，他第一次提到了囚徒意志（servum arbitrium）这一概念，此概念 1525 年成为他反爱拉斯谟的核心词。在罗 8：28 注释中，路德认为获救并非依赖于人的善功、意志和机遇，而完全取决于上帝的预定。"自由意志离却恩典的影响，无论怎样也没法获得义，却必定陷入罪中。所以奥古斯丁是正确的，当他在反朱利安的书中称其为'被俘的而非自由意志'（servum potius quam liberum arbitrium）……因为从上帝看来，它

---

① LW 25，p. 368.

② See，W2 5，pp. 368—369.

陷在罪里不能审断是非。"① 由于承认了人的自由意志在称义之事上的无能，路德就否定了从人出发寻求救恩的经院新学道路。

3. 人能"尽其所能"的观点被当作佩拉纠主义来谴责。这一变化在其称义神学思想发展过程中很重要，因为路德早期一直持守经院新学的"尽其所能"原则，于是罗 14：1 注释就变得特别重要了。"这些人知道人靠自己什么都做不了。因此使用普遍接受的陈述：尽力做好，上帝不会忘记注入恩典（facienti quod in se est, infallibiliter deus infundit gratiam）就显得非常荒谬，而且是去支持佩拉纠的错误。如果我们将'尽其所能'（facere quod in se est）理解为他做了些事情或他能做些事情（aliqud facere vel posse）的话，由于信了这些鬼话整个教会就会被颠覆。"② 路德非常明确地反对自己原先所坚持的立场。

在 Dictata 诗 84：6 注释中，路德写道："的确，信仰是上帝赐予不虔之人的恩典，凭借信仰，罪人得称为义，它是一切灵性恩惠、礼物、美德、善功和工作的头生子和实体、基础、喷泉、源头、核心。……信仰是一切事物的前提条件。"③ 使人称义的信仰是上帝的神圣礼物的思想在《罗马书讲义》中更为清晰地表达出来了，正是上帝自身促使人悔改并且谦卑地承认上帝对人的审判。尽管路德还将信仰与谦卑联系起来，但很明显路德对信仰这一概念的理解已经突破了早期的理解，稍微看看路德对罗 3：22，4：7，7：17，7：25 和 10：6 的评释，我们就不难发现路德对称义之信的本质已有了许多新的洞见。这种新洞见与其说与信仰的特征有关，不如说关系到信仰发生的方式。当信仰不被视为来自人性而是上帝恩赐礼物之时，这种新的洞见对上帝之义的理解产生了什么后果呢？

我们在前面曾经指出，截至 1515 年初，路德仅从道德含义出发，将上帝之义理解为基督里的信仰，信仰基督和谦卑满足了称义所需要的最低条件，这并不说明他已突破了契约神学。他仍认为个体面对上帝的审判，受触动去做出悔改和降卑己身以完成称义所需的要求。换句话说，路德将信仰基督理解为契约神学中尽其所能原则的本质要求，因而信仰基督就仍

---

① LW 25，p. 371.

② LW 25，p. 375.

③ LW 11，p. 146.

被理解为人的行为，无须上帝特殊恩典的援助可以单独由人的自然能力完成。一旦人完成了悔改并认信基督，上帝就会赐予他救恩。但到了1515年末，随着《罗马书》注释的展开，这一切都发生了变化。基督的信仰这一概念的含义发生了实质性变化，现在信仰基督被理解为上帝在人里的工作，而不是人能够以其自然能力对上帝要求做出的回应。路德起先在谦卑神学中曾认为上帝将人的基督里的信仰算为称义，亦即信仰基督是来自上帝的间接恩典礼物，现在被理解为上帝对信者个体的直接恩典礼物。早些时候，信仰基督被当作是上帝的普遍恩典礼物，在契约神学框架内要求人首先对上帝的首发性做出的必要回应，信仰基督被视为放之四海皆准的普遍法门，如今，信仰基督被理解为上帝赐予个人的特殊恩典礼物。在此，我们看到路德在 Dictata 诗 70、71、72 注释里将上帝之义理解为信仰的重要意义。这种看法虽然没有构成神学突破，却为神学突破的到来准备了道路。上帝向要被称义之人索要的义不再被理解为靠人的努力去获得的某种东西，而是上帝自己直接赐予个体的恩典。

　　1545 年即路德逝世前一年，他的拉丁文作品汇编文集正式在维滕堡出版，路德亲自作序，其中描述了他在维滕堡的早期职业生涯。尽管老人的记忆力值得怀疑，但他所述事实的真实性基本上还是可靠的。路德提到了一个困扰他多年的神学问题——"上帝之义"。在描述了赎罪券争端的起源和发展，以及米尔蒂茨（Miltitz）的使命之后，路德这样讲道：

　　"此时，在那年（1515）我又调头重新解释《诗篇》，继我在维滕堡大学讲解使徒保罗的书信，即《罗马书》《加拉太书》和《希伯来书》之后，我更加相信我比以往熟练多了，我确实以极大的热情，满腹犹疑地去理解《罗马书》中的保罗，但直至那时我没有灰心泄气，然而罗 1：17 中'上帝的义在此显明出来了'的一个词挡住了我的去路，因为我痛恨上帝之义这一词，根据所有教会教师的习惯用法，我被教导要从哲学上去理解形式之义或主动之义，正如他们所说，上帝是公正的并且要惩罚不义之罪人。尽管作为一名修士，我无可挑剔，我却怀揣极度不安的良心，觉着自己在上帝面前是个罪人，我不会相信以我的补赎事功他会得着抚慰。是的，我一点也不喜欢并且憎恶惩罚罪人的公义上帝，如果不算亵渎上帝的话，我曾私下不厌烦地嘟囔着，我对上帝感到恼怒，我真的说道：'悲惨的罪人们因为原罪要受到永远的诅咒，十诫的律法将各种不幸施加给他们，似乎这一切还不够，上帝又通过福音在我们的痛处施加痛楚，并以他的公义和烈怒恫吓我们。'于是我变得狂怒起来，我心困惑，我心愤怒，我急匆匆地追问保罗，渴望知道他如何理解这段文字。最终，感谢上帝，仁慈的主，我昼夜思索，盯住了与这些词语有关的上下文，即'上帝的义在此显明，如经上所记，义人必因信得生'。从那里我开始懂得上帝的义是那种义人凭上帝礼物得生的义，即义人凭信仰得生。而这就是此中真意：上帝的义通过福音启示出来了，即是那种仁慈上帝借信称我们为义的被动之义，正如经上写着，'义人必因信得生'。在此我觉得我再生了一次，天国的门开了，我得以踏入乐园。在此，《圣经》的整个面目向我显示出来，借此我在记忆里浏览整本《圣经》。我又找到别的类似词语，如上帝的工作即他在我们里面做的一切，上帝的力量即有它我们就变得强壮，上帝的智慧即有它我们就变得聪慧，上帝的强大，上帝的拯救，上帝的荣耀，等等。我以一种强烈的爱情和我最甜蜜的话语赞颂"上帝之义"，这种情感的炽烈程度不亚于我从前对'上帝之义'这一词语的憎恶。故而保罗此段话对我来说就是进入天国的真正窄门，后来我读了奥古斯丁的《精义与文字》一书，我出乎意料地发现奥古斯丁也以相同的方式解释上帝之义，上帝之义是指上帝称我们为义，是披戴在我们身上的义（as the righteousness with which God clothes us when he justities us）。尽管他还未将此意思完整地表达出来，也未清晰地将每一事物与转归（imputation）联系起来解释，他告诉我们上帝之义是我们被称为义的义，这件事本身是令人喜悦的。有了这些思想武装自己之后，我开始重新注释《诗篇》。"①

　　这就是路德著名的"大证词"，此证词表明路德在《罗马书讲义》早期，大概 1515 年，已获属灵亮光，洞见到上帝之义借信获得，是上帝转归给信徒的被动之义，人称义不靠行为努力而是借信由上帝转归，使我们称义的上帝之义不属于人，不是人性中的一种美德，而是上帝的恩典。路德回到了圣经立场，"你们得救是本乎恩，也因着信，这并不出于自己，乃是神所赐的；也不是出于行为，免得有人自夸。我们原是他的工作，在基督耶稣里造成的，为要叫我们行善，就是神所预备叫我们行的"（弗 2：

---

① LW 34, pp. 336—337.

8—10）。在经历了多年的灵性痛苦和学理探究之后，路德终于彻悟人获救是因着信本乎恩的圣经真理，一扫内心多年积聚的阴霾和迷雾，平静了灵魂的风暴，在上帝的灵恩里中止了渴求。在中世纪末期称义教义混乱的年代里，路德重新发现了保罗的"因信称义"教义，并且在生命之转归途中，无意识地制造了一个与奥古斯丁"花园事件"相类似的"塔楼经验"（Turmerlebnis），路德的生命接上了保罗和奥古斯丁。

　　路德重新发现了上帝之义，使"因信称义"教义得到重光，我们现在想了解的是他的先知性洞见中包含着什么新的内容。在《罗马书注释》开端，路德认为上帝赦免人的罪不是通过来自于人自身、尘世的义和智慧，而是通过来自天上异己的智慧和义，他倡议教会应教导一种外在的义（external righteousness）。① 就此而言，路德强烈否定人之义在称义中的作用，他认为使人称义的义是外在于人的，亦即上帝之义是异己的义。路德在注释罗3：22时，指出信仰基督人得称为义的意思是：不仅只相信基督及其人格，而且要在一切事情上相信万事万物属于基督。② 义是属于基督的，基督之义统治世界。于是上帝之义就等于"外在的基督之义"（aliena iustitia christi），外在的基督之义表明，上帝之义即赦免是通过基督受难、死而复活为人类赚得的，它不是通过人的努力得到的属人的东西。称义是上帝采取的行动，他在基督里赦免了罪人的罪，仿佛罪不存在似的，上帝直接接纳罪人。罪的赦免是在基督里完成的，人通过信与基督连为一体，得以参与到基督的丰盛救恩中，上帝因基督之故（propter christum），赦免了人的罪，具体来说，因为信仰基督，上帝视罪人与基督合一，他赦了人的罪，并为基督之故视罪人为义。因此赐予罪人的义并非是人的本性，而是"异己"的，属于耶稣基督的。义不像哲学家和经院神学家们所认为的那样，是人的本性，恰恰相反，人之所以为义人只因上帝的恩典，上帝将基督的义转归（imputare 或 reputare）于人，因而义是从人外面来的恩典礼物。人决不能为自己挣得这一义，只能因基督之故，靠上帝将白白的恩典赐予他。在称义之事上，人不可能做任何事，处于完全被动的地位。

① See, LW 25, p. 136.
② See, LW 25, p. 237.

　　人得称为义端赖于"义的转归"。"因为基督带走了我们所有的罪，但愿它们不再使我们觉得厌恶，结果罪不再属于我们而是基督的了，相反他的义变成了我们的义。"① 路德还在罗3：27，4：7，2：15等注释中多次提到"义之转归"说。义之转归必然导致罪之交托，即罪由基督来承担，"耶稣被交给人，是为我们的过犯；复活，是为叫我们称义"（罗4：25）。人因外在之义被称义，人的罪被赦免，是否就意味着，人的罪与基督的义发生互换？罪被基督承担了，而人却成为了义人，不再是罪人？这种看法恰好是路德所批判的经院神学交换原则，即罪被驱除而后救恩才会被灌注进人心里。② 事实上，人能将自己的罪交托出去，这是一种幻象，也是对"义之转归"的误解，"因为事实就是这样，要么我根本未理解罪和恩典，要么经院神学家们未充分理解罪和恩典，因为他们处于这样的幻象之中，即原罪和现行罪会被全部清除。似乎它们像阴影碰到光明，一眨眼的工夫就被一扫而光，但是教父奥古斯丁、安布罗斯和《圣经》却持另外的看法。而他们却操着亚里士多德伦理学中的话语，罪和义都基于行为工作，它们的完成和赦免也是如此。但是至尊的奥古斯丁却说得很清楚：'罪或贪欲在洗礼中得到宽恕，不是指它们并不存在了，而是说它们不再被归与人。'并且，至尊的安布罗斯也说道：'我总是犯罪，所以我总是去参加团契。'"③ 因此，义之转归的含义是指在上帝面前不算作罪人，并非人没有罪和不可能犯罪。通过信仰，人抓住基督，得到转归之义，在上帝面前成为义人，得到重生，禀有新的生命，但由于原罪的本性，重生的新人仍是罪人。

　　路德在此提出了他对基督徒的整体看法：基督徒同时是罪人和义人（simul iustus et peccator）。"不，因为他（基督徒）同时是罪人和义人，事实上他是罪人，但是通过上帝的应许和确定的转归，他又是个义人，因为上帝将持续不断地把他从罪中释放出来，直到上帝将他医治痊愈。故而他在希望里完全是健康人，但事实上他仍然是个罪人；但他已有了义之开端，结果他就持续不断地追求义，而同时他也认识到自己仍是不义之

---

① 　LW 25，p. 254.

② 　See，LW 25，p. 260.

③ 　LW 25，p. 254，pp. 260—261.

人。"① 同时是义人和罪人这句名言，表明人是义人乃因上帝对罪的赦免，即因基督之故，上帝裁定，并接受人为义；但就人本身而言，即就现在作为人的存在而言，人是罪人。"一个义人和一个罪人"，这两种说法就其不同方面都是正确的。在上帝的严厉审判面前，人是罪人；在上帝的伟大怜悯里，人是义人。在基督之外的人自身里，人是罪人；在人自身之外的基督里，人是义人。这种双重悖反的特点贯穿于基督徒的生命之中，任何理性和逻辑都不能理解这一基督徒生存悖论，同一个人在同一时刻既是义人又是罪人，而且两者在他都是完全的，决非仿佛他是部分的义人和部分的罪人，而是他同时是完全的义人和完全的罪人。

由此可知，罪人和义人的划分是位格（person）意义上的划分，而非人的两个不同部分。位格意味着人的整体性，路德也是在位格意义上来理解人的肉体（caro）和灵体（spiritus）的，他认为灵肉并非人内部代表功能高低不同的两个部分，而是从不同角度看待整个人（totus homo）的结果。肉体并非指人的物质身体或人的较低级功能，而是指整个执着于自我、背离上帝、具有强烈自我中心主义的人。同样，灵体是指向上帝敞开自身并相信他的神圣应许的整个人。肉体和灵体是相互转化的，正如义人和罪人相互换位一样。对路德来说，称义关系到整个人，包括肉体和灵体。路德的理解符合《使徒信经》的信仰宣认：我信身体复活。在此，我们清楚地看到，将基督教简单地标以灵肉二元论的观点是多么荒谬，这实际上是将柏拉图主义的灵肉二元论与基督教相混淆起来，也是以哲学和形而上学观点解读基督教必定会犯的错误。"同时是罪人和义人"的生存论悖论，表明基督徒的生命处于罪与义这相反两极的冲突之中，相反相成，基督徒的生命就处于这种辩证的运动过程之中，直到末日审判来临。路德对基督徒生命的这种至深见解，颇类似于惠能大师的见解，"凡夫即佛，烦恼即菩提；前念迷即凡夫，后念悟即佛；前念著境即烦恼，后念离境即菩提。"② 凡夫与佛，烦恼与菩提这些对立特征统一于佛教徒生命整体之中。

---

① LW 25，p. 260.

② 《六祖坛经》，般若品第二。转引自《禅宗七经》，河北禅学研究所编，宗教文化出版社1997年版，第331页。

正因为整个人不能在上帝面前部分地变成义，拯救和最终的成义是整体性的，所以人的称义之义必定异于他且外在于他，这种义决不能是他的一部分或归属于他，它是完全外在于他的基督的义。上帝之义是外在的基督之义这一发现表明，路德已知道上帝的救恩藏在基督里，只须凭信仰就可领受，但若信仰不被理解为本身是上帝的恩赐的话，路德的精神痛苦就没法解除。义不再是根据人性或人的工作来施行审判的分配之义，而是甜蜜的罪之赦免，上帝不再是威严的审判官，基督成了叫人感恩的救主。一切都变了，上帝之义如今变成了上帝的赦罪之恩，路德终于理解到了上帝之义的希伯来原意。

1520 年，路德发表改教名著《两种义》，他区分了两种义，"外在之义"（alien righteousness）和"我们的正当之义"（our proper righteousness）。第一种义是从外面逐渐灌输给我们的，它不需要人的工作，单靠上帝恩典的运作，在人接受洗礼和真心痛悔时领受到。它是基督的义，通过它我们被称为义，外在之义是用来反抗原罪的，基督每天将老亚当驱逐以致我们的信仰和对基督的认识会相应地增长。外在之义并非一次注入就完成了，但它已经开始，并不断取得进展，最终通过死亡在末世得以完全。第二种义并不单靠我们行出来，而是因为我们和外在之义一道行出来的。我们的正当之义是在善功中有益的行为，之所以是正当的，在于我们克制肉体并将自己的欲念钉上了十字架，我们爱邻人，顺服和敬爱上帝，也就是说我们的行为在自己、他人和上帝面前都是正当的。关于两种义之关系，路德写道："第二种义是第一种义的产物，实际上是第一种义的果实和后果……这种义继续去完成那曾要除灭老亚当并毁坏罪体的第一种义。因此，它恨自己并喜爱自己的邻人，它不寻求自己的益处，只求别人的益处，它的整个生活方式都在其中。因为在它里面，它恨恶自己，不寻求自己的益处，它将肉体钉上了十字架。因为它只求别人的益处，它行出了爱。结果，在每一方面它都按上帝意志行动，严以律己，宽以待人，虔敬上帝。"[1] 两种义的关系实质上是上帝之义与人之义的关系，上帝之义是人之义的来源和先决条件，人之义是上帝之义的实现和体现。人的道德行为之正当取决于他与上帝的适当关系，如果神人关系摆正了，就自然伴

---

[1]　Martin Luther, *Basic Theological Writings*, Beijing, 1999, p. 158.

随着美善的行为和事功，两种义的关系与信心和行为的关系是一致的。

　　1535 年路德在《加拉太书注释·绪论》中将义进一步划分为四种，即政治、礼仪、上帝律法和信之义。他写道：

　　"圣保罗是要建立信、恩典、赦罪或信徒之义的道理，好叫我们对基督徒的义和其他各种义有完全的认识和辨别。因为义有各种各类。有一种政治性的义，为世上的君王、哲学家和律师所想到的。也有一种义是属礼仪的，为人和教皇的遗传所教导。这种义可由父母和师长教导而无危险，因为他们并不将那补罪、息神怒或得恩的能力归于他，而只将凡为求纠正举止，为求遵守若干生活习俗所必需的礼仪教导人。此外，另有一种义，称为律法或十条诫的义，这是摩西所教的。我们在将信的道理教训人之后，也将这种义教训人。还有一种超乎这一切的义，那就是信的义或基督徒的义，这义我们必须十分谨慎地从以上所说的其他的义分辨出来，因为其他的义都与此义相反，一则是它们乃从君王的律法、教皇的遗传和上帝的诫命而来；二则是因它们在乎我们的行为，而且可以由我们靠固有的能力（如经院哲学派所说），或靠上帝的禀赋行出来。因为这几种义也是上帝的恩赐，像我们所享有的其他善事一样，但我所说这极崇高的义，即信的义（这义是上帝借着基督在律法之外所归于我们的），既不是政治的义，也不是礼仪的义，也不是上帝的律法之义，也不是在于我们的行为，而是与这些绝对相反的；那就是说，这义仅是被动的义，而以上的义都是自动的义。因为在这种义中，我们不行甚么，也不将什么给上帝，却只接受且让另外一位，即上帝，在我们心里动工。所以我最好称这信的义，或基督徒的义，为'被动的'义。"①

　　继两种义之划分之后，路德将义详分为四种，四种义归结起来仍为两种：主动之义和被动之义。即那外在的义实际上是被动的信之义，这是隐藏在奥秘之中世人所不知的义，唯有通过信仰基督才能把握住，一旦接受到这义，人就从苦难、良心恐惧和罪与死亡之中解脱出来，在上帝面前活着像是律法不存在似的。"它若能把握这义，它就可得平安，勇敢地说：我不追求自动的义，虽然我知道我应当有这义，也应当遵行这义。纵令我有这义，而且遵行了这义，我也既不能信靠它，又不敢以它来对付上帝的

---

　　① 路德：《加拉太书注释》，道声出版社 1966 年版，第 259—260 页。

审判。因此我放弃一切自动的义，无论是我自己的或是由上帝的律法的，而只怀抱被动的义，即由恩典、怜悯和赦罪而来的义。简言之，我只依靠基督和圣灵的义，这义我们不是遵行，而是容让；不是具有，而是接受；父上帝借基督耶稣白白地将这义赐给我们。"① 而主动的义则是那种称我们正当的自动之义，这义如果不从被动之义而来，就会变成为自义，路德注意到了人性之恶习，即人的理智总是高举行动或自己的义而忽视被动之义，从而走向了恶和死亡。路德在罗1：23注释中生动地描绘了自义之人走向毁灭的四个步骤，先是不感恩，接着生命感到空虚，再就是灵性盲目，最后就是反对上帝，制造易碎的精神偶像。② 路德区分主动之义与被动之义，一方面是给它们限定适用范围，使人不致混淆越界；另一方面也是更具意义的方面，在于他揭示了自义（人的正当的义）使人自负，最终背叛上帝的危险，而这就恰恰是中世纪"尽其所能"原则的危险。我们现在可以明白为何路德要强调外在的基督之义的先决性，因为只有在基督里，信徒才在恩典中建造成为新人，才有能力行出律法所要求的义来。在路德看来，因信称义和因行为称义之间没有妥协的余地。"因为在律法的义和基督的义之间，在自动的义和被动的义之间，没有中立的余地。凡从这基督的义走迷的人，必落入自动的义中，那就是说：当他丧失了基督，他就必堕落，信靠自己的行为。"③ 路德以其毫不妥协的立场捍卫了因信称义的基督教信仰真理。

从路德对上帝之义的详分细论中，我们可以发现"义"（δίκαιος）这一概念在《圣经》里至少含有以下几层意义：法律上，上帝按照行为，遵循因果律施行审判，体现出公正公平；道德上，指人和上帝所具有的一种道德品质或特性，即正直、公平、真诚、善良；宗教上指遵循教会的仪文礼节和教士的教导；信仰上指持守上帝的诫命，顺服上帝，并与上帝保持合宜的关系。另外，最重要也最隐秘的是救赎论含义，义指罪得赦免，人有能力站在威严、荣耀的上帝面前，特指上帝的公义与公正以及基督耶稣为罪人代死的至善与无辜。路德正是通过对《圣经》的注释，才发现

---

① 路德：《加拉太书注释》，道声出版社1966年版，第261页。
② See，LW 25，pp. 159—160.
③ 路德：《加拉太书注释》，道声出版社1966年版，第265页。

了上帝之义的隐秘含义即上帝的赦罪和救恩。路德在 1545 年"大证词"上所说早年为"上帝之义"的真义所困，我们现在很容易理解到了青年路德何以有这样强烈的精神苦恼。实际上，只要将理性引入义的概念之中，并将义解释为按照人所有的进行分配（reddens unicuque quod suum est），就会产生这样的精神困苦，因为罪人的罪必要遭惩罚，他必意识到自己内里没有配得恩赐之赏的品性。而且新学神学家们"尽其所能"的救恩论原则并没有给定一个行为的确定标准，他们本身也反对这样一个确定的标准，1515 年末，由于路德对义有了如此奇妙确定的理解，他的个人困苦也就消失了。路德在此时对奥古斯丁的《精义与文字》一书已相当精通，而且将"上帝之义"发现的日期定为神学突破的日期也符合"大证词"的自传叙述。

　　基督新教入华 150 多年来，对"因信称义"这一根本教义的译解存在诸多争议。20 世纪上半叶许多中国神学家和基督教学者注意到了翻译的文化心理问题。如果采用信仰和义这两个词来对译 faith 和 righteousness，就得考虑这些概念在自身文化系统里的含义以及对译的兼容性问题。其中本色化神学家的著名代表赵紫宸在《圣保罗传》中写道："本书以历史的方法，科学的态度解释经典。译本经文，错误百出，不知其谬，即有误会全部的可能。譬如《罗马人书》三章二十二节中的'加给'二字，本为原文所无。上帝不有用机械的方法，将道德上的义，加给世人；昔日上帝能以义加人，那么义即外铄，并非内发，道德生活，便是机械式的加与，而不是自由意志的开拓了。"救法又如何可讲，自由的福音又如何可识呢？又如"因信称义"一词，大是误解，本书不能沿用此语，只得改为"以信为直"。① 赵氏试图将义（righteousness）改译为直，他的理由如下："上帝不能称无义的人为有义，因为义是内发的，不是外铄的。有罪的人，信受耶稣，得了大权能，超脱了罪恶，上帝看他，便是无罪的，如同无罪的一样。这就是以信为直的意思。……人在上帝面前，直而不曲，并非即已成为义人；须要依赖耶稣，日日追趋，始得成为义人。"② 赵氏之所以要改译，目的是要保卫义在汉语文化，特别是儒家文化里的原

---

① 赵紫宸：《圣·保罗传》，中国基督教协会 1999 年版，第 6 页。
② 同上书，第 148 页。

义，在先秦儒学里，义被训为宜，"义者宜也"，说明义有适当、正当的含义。《易·乾》曰："利物足以和义，贞固足以干事。"《论语·公治长》曰："其养民也惠，其使民也义。"孟轲在《孟子·告子章句上》，反驳了告子提出的"仁内义外"学说，提出"心之四端"说："恻隐之心，人皆有之；羞恶之心，人皆有之；恭敬之心，礼也；是非之心，智也。仁义礼智，非由外铄我也，我固有之也，弗思耳。"[1] 人天性中得存有此义之端，只须向内返求，收回放心，澄明此心，便可因仁发用，走上义路。显然，孟子是从人性论的立场来理解义，因而义就只具有道德和伦理的含义，属于五德目之一。儒家思想缺乏形上和超验信仰维度之开拓，这已是学界公论。如果单从儒家文化角度出发，将义用于救赎论上的罪之赦免诚有不当之处。因为罪之赦免并不等于人就没罪了，这样心之义端仍被遮蔽，直到末世成为完全的人，人方可称为义人，因为此时义才完全属于人了。

赵氏受制于儒家，无法理解一种外在的义，因而也无法理解路德的著命论断：人同时是义人和罪人。路德认为义是属于基督的，因为此世间只有基督是完全的义人，人被称为义只不过通过信仰领受了基督的外在之义，与上帝建立了正确适宜的关系。路德将义之转归比喻为人披上了义袍，就像波阿斯用衣襟遮盖路得一样，得以免去以往的罪（非原罪），站在上帝面前，在信仰和基督之内抵挡魔鬼、罪恶、邪灵的侵袭，基督之义庇护人，圣灵转化人趋向成义（iustum facere），称义只不过是人从自然状态向恩典状态的过渡。称义与成义之区分要归功于菲力普·梅兰希顿（Philip Melanchton），路德早期也是追随奥古斯丁，将称义和成义视为一回事，后来依从了梅兰希顿。如果我们依从赵氏将"因信称义"改译为"以信为直"。那么我们在别的场合就会发生理解上的障碍。righteousness 既已译为正直，如何理解 ritual righteousness（礼仪之义）呢？难道译为礼仪之正直，或正确的仪式吗？而恰好古汉语义与仪相通，《辞源》中汉郑玄注解"义"道："郑司农（众）云：古者仪但为义，今时所谓义者为谊。"[2] 用义来译 ritual righteousness 是绝佳的译法。依从赵氏，我们可以

---

① 《孟子·告子章句上》，中华书局 1994 年版。

② 见《辞源》，"义"条第一，商务印书馆 1998 年版，第 1355 页。

将上帝之义译为上帝之正直,但汉语的"义"还含有义理之义的意思,上帝之义不仅包含上帝之正直特性,也包括上帝待人合乎公理,再说正直也难推出情义、恩义的含义,而上帝之义则含有上帝对世人的怜悯和恩爱。义在古汉语里也有外加的含义,宋洪迈《容斋随笔·人物》以义为名:"自外人而非正者曰义、义父、义儿、义兄、义服是也。"这正好佐证了以称义来翻译外在的基督之义是可行的。而且,在古今汉语中义都含有不计较,免除一切理性计算的含义,如义气、拔刀相助、仗义救人,并不考虑援助者与受授者之间的关系,如亲疏利害等,只凭心之善念而做。古时赈灾救苦的"义粮",救济贫困民众购置的"义田",都不是按受助者的行为、人品和地位来施行的,之所以称为义,那就是凭着天理良心白白地施舍给人。从这个角度来看,基督之义不正是上帝将自己的丰盛恩典施与不配得的人们吗?"就是神的义,因信基督加给一切相信的人,并没有分别。"(罗3:22)上帝之所以称为义,就在于他不考虑人的价值,白白地将自己赐给他们。如果我们跳出儒家之义,我们就会发现以义(righteousness)来对译比"正直"会恰当得多,而且基督之义与古今汉语之义也存在着较好的兼容性。

赵氏显然注意到基督之义在中国儒家文化背景之内的错位问题,但由于他没有正确理解基督的外在之义,导致他提出要改译,而且还声称"上帝不能称无义的人为有义",其实在路德看来,上帝的工作是医治病人,恰好是要称无义的人为有义,这是上帝的奇妙工作方式,不是儒者的理性可以明了的。正是由于拘泥于儒家之立场,赵氏继续在"救赎"问题上无法理解上帝所付的赎价,他认为上帝只是舍己,将生命送给人,使人从罪恶中解放出来,得为自由的主人。"例如救赎,旧约中曾称耶和华为救赎主,新约译本或曰救赎(罗3:24),或曰赎价(太20:8),若是赎价,如同赎出典质之物的偿还品,那末,基督的救赎是付与何处的代价呢?人将儿女卖作僮婢,可以付价取赎,基督既未卖人,又向谁赎人呢?"[1] 因儒家先师孔丘敬鬼神而远之,赵氏才有此怪异之惑。其实在基督教看来,那儿有上帝,那儿就有魔鬼的存在,人犯罪是伏在撒旦之权势下了,上帝的赎价是付给魔鬼的,《圣经旧约》中犹太人生活中质押赎回

---

① 赵紫宸:《圣·保罗传》,中国基督教协会1999年版,第148页。

的商业行为经常发生，因此用付赎价的方式比喻上帝将人从撒旦（罪）中赎出来是非常形象生动的。奥古斯丁就曾用赎价来理解基督是如何瓦解撒旦权势的（回赎说）。正是因为赵氏从儒者理性人本的眼光看问题，否认魔鬼的存在，他就理解不了上帝做"挽回祭"。①

　　赵氏的错误使我们看到，吸收和消化异域文化，必须先正确把握异域文化的本质，而后再从母体文化资源寻求会通之处，使两种文化尽量实现兼容。在基督教神学本色化过程中，不能急于求取基督精神文化与本色传统文化的会通，以为会通能使异质之基督文化找到其着陆点，使其易于传播和接受。刘小枫博士指出，汉语的神学建构必须破除儒家心学、道家无学或佛家空学言路所系统言说的关涉世界及生存状态及其意义的"大理"，他认为，这些民族性"大理"论语与福音原初信息和基督徒的原初生存体验根本不相融合。"在原初的生存状态及其意义的体验结构——原初的民族性'大理'——基督事件的福音消息直接与人的原初性生存体验相遇，才可能建构出超逾原初的民族性'大理'的属于基督理解的生存叙说——性的基督论（ontic – christological）的生存体验和意义言说。"②刘小枫先生以在体性的基督论言说解构民族性"大理"言说，让基督神学的言说发生于上帝之言与人之生存经验的相遇之际，而非与民族性思想体系相遇的结果。此说与路德的德语神学言说相似，路德正是发现了上帝之义，获得了信心深处的突破，才将《圣经》翻译成了现代德语的典范，使上帝之道学会使用德语。

　　路德发现了外在的基督之义，突破了经院神学救赎论。路德曾经在与爱拉斯谟论战中说过自己与奥古斯丁站在一起，在《囚徒意志》（*De Servo Arbitrio*）中，路德援引了大量奥古斯丁的话语，甚至书名都是从希波主教那儿借用的。我们能说路德仅仅是回到了奥古斯丁的称义神学吗？事实并非如此，奥古斯丁在一篇与朱利安论战的文章中，坚持自由意志的观念，奥古斯丁虽然认为自由意志是恶的起源，但他并未彻底否定人的意志自由，反倒认为人的意志在恩典里既健全也自由，既自由也服从宽恕的仁慈，服从上帝。路德在《囚徒意志》一书中对人的意志自由采取了比奥

---

① 赵紫宸：《圣·保罗传》，中国基督教协会 1999 年版，第 149 页。
② 刘小枫：《圣灵降临的叙事》，生活·读书·新知三联书店 2003 年版，第 104 页。

古斯丁更为极端的立场，我们在下一章的讨论中会看到路德是怎样以唯名论的方式否定人的自由意志的。

路德后来也发现了他与奥古斯丁的一致不过是一种幻觉，"他在写给梅兰希顿（1513）的一封信中，鼓励：'与想象的奥古斯丁分道扬镳。'……路德早年对奥古斯丁佩服得五体投地，直到晚年，他才在自己的言论中，流露出自己明白他与奥古斯丁之间的差别"。① 因此，"外在的基督之义"毫无疑问是路德称义神学中最为原创性的部分，此概念最初出现于1515—1516年间的《罗马书讲义》中，从中我们可以看出斯陶皮茨称义神学与路德称义神学的区别来。斯陶皮茨认为称义之义尽管来自上帝，但它本身内在于人（iustitia in nobis），也可以视为是信徒位格的一部分。而路德则认为称义之义外在于人（iustitia extra nos），属于基督，路德提出义之转归说，指出上帝以基督之义覆加于人，因而人得以在上帝面前称为义人。外在地，人是义人；内在地，人仍保持为罪人，上帝之义如同鸡的双翅荫庇着人这只小鸡。路德对神义和人义的极端二分式理解与奥古斯丁也有差异。奥古斯丁视称义（iustificare）和成义（iustum facere）为一回事，故而作为恩典在人心里运作的结果，人会变成义人。路德拒绝认为人在称义过程中会成为义人，他认为称义只是使人逐渐认识到自己的罪和不义，从而被驱使向十字架寻求赦免，因而信者总是罪人、悔改者和义人（semper peccator, semper penitens, semper iustus）。奥古斯丁在人义中看到了超自然的义的印迹（vestigiae supernae iustitiae），路德在人义中却没有看到与上帝之义相应的东西。上帝所要求的义是人的信仰，这种义也只能为信仰所知道，这就是路德对上帝之义理解中的解释学循环。

路德认为保罗在《罗马书》中系统地批判了人对上帝之义的预知，目的是为了使人放弃自义，意识到自己需要外在的另一种义，即外在的基督之义，人转向上帝并在谦卑的信仰中接收到这种单独在上帝面前有效的义。在罗4：7注释中，路德明确区分了圣经上的义和哲人的义，他写道："圣经使用'义'和'不义'时，完全不同于哲人和律师的用法。因为他们很明显的是把这些东西看作是灵魂的一种特质，但是圣经上的'义'有赖于上帝的转归（imputation）而非事情自身的本质。因为人内里根本

----

① 弗朗西斯·费里埃：《圣·奥古斯丁》，户思社译，商务印书馆1998年版，第108页。

就没有这种义，的确他只是有罪和不义之人。但是由于他承认自己的不义，并祈求上帝的义，称上帝为义，上帝就仁慈地待他并认他为义。所以，人生来就是邪恶的，即不义的并陷在死里，通过信仰上帝的道和上帝仁慈的转归，我们才是义人（Sola autem reputatione miserentis Dei per fidem verbi eius iusti sumus）。"[①]

路德批判了人对"上帝之义"的预先理解，他认为对神义的理解存在着非常大的危险，就是将神义按照分配原则理解，他以前也曾采用这种方法去理解上帝之义。如果像西塞罗和亚里士多德那样去理解"义"这一概念，就必然会使人去追求道德上的努力，以获得称义，将义奠基于人的把握之上，必然会导致善功称义思想的泛滥。路德在《罗马书注》中通篇强调人必须放弃对义的先行理解，去寻找那在上帝面前唯一有价值的基督之义。正是在这种意义上，我们理解了路德何以要批判亚里士多德，路德能摆脱契约神学的束缚，并具有真谦卑来自上帝工作这样的洞见，与他对经院神学和亚里士多德哲学的批判是分不开的。事实上，亚里士多德哲学是整个经院神学即自然神学的理论基础，在安瑟尔谟的"信仰寻求理解"（fides quaerens intellectum）的号召下，经院神学家们积极利用理性分析工具，学习亚里士多德哲学，力图使基督教教义变为理智可理解的对象，经院神学在托马斯·阿奎那那里达到高潮，因而对亚里士多德哲学的批判必然导致对经院神学的批判。而且，对亚里士多德的哲学的批判是路德发现上帝之义、实现神学突破经院神学范式，并最终确立起十字架神学过程中必不可少的一环。

路德曾于1505年5月20日开始研习法律，当时他准是相当熟悉查士丁尼《民法典》（Codex Iuris Civilis）及法典对义的理解。1508年，作为奥古斯丁修会任命的教授，他在维滕堡讲授亚里士多德伦理学，可惜这些讲稿均已佚失，我们在前面已经指出过律法之义与《尼各马可伦理学》第五章的分配正义是如何阻挡路德发现上帝之义的。路德最早对亚里士多德的批评见诸于Dictata，"因此，我们不应该像对待亚里士多德那样对待《圣经》"，[②] 路德认为《圣经》不是人的力量和心灵能力，哲学与神学分

---

① LW 25，p. 274.
② LW 10，p. 462.

属两个不同的领域，神学关涉属天的事而哲学关涉属地的事。路德是将亚里士多德当作一个哲学的典型，他对亚里士多德的批判就是对哲学一般的批判。在《罗马书讲义》中弥漫着路德对亚里士多德哲学的批判，路德认为亚氏是在行为（works）的基础上来思考罪和义的，罪和义是行为的忽略或完成。① 因此义和不义都是通过行为铸成的人性特质，亚氏在其《逻辑学》和《形而上学》中提出实体与特性范畴。受其影响，经院神学家们也就认为义只不过是人意志里的一种主观特性，而不义则是意志中这种特性的缺乏，由此他们也将原罪视为原义之缺乏，而非像保罗和奥古斯丁那样意指人的基本生态状态。

路德认为圣经和使徒教导罪既非意志里某种特性的缺乏，也非心灵里缺乏光亮或记忆中缺乏力量，然而罪是整个身心，内外之人完全缺乏正直和功能，也即人天生就有犯罪的倾向。② 亚里士多德及受其影响的神学家们洞见不到原罪的真实存在，以希腊人的实体主义正义观将原罪虚无化，路德批判他们是猪猡神学家（sawtheologen），指责他们削弱了恩典的作用，"既然这已成事实，要么是我还不曾明白，要么就是经院神学家们没有将罪和恩典讲得充分和清楚明白，因为他们老是处于这种幻象之中，即原罪和现行罪会完全除去，似乎一眨眼的工夫它们就会被清除掉，就像阴影碰到阳光一样，而古教父奥古斯丁、安布罗斯和圣经则教导与此相反的观点。"③ 由于经院神学家对原罪的虚无化处理，否认义人同时是罪人，仿佛否认存在即是虚无，也就误将人通过外在频繁活动做成的义视为称义之义，"但这种内在之义（civil righteousness），在上帝面前要遭受谴责，而真正的义是通过全身心相信上帝的话而模成的"。④ 可见，通过对亚里士多德和经院神学的批判，路德已经说出了"因信称义"的道理。

1517 年 9 月 4 日，在来自诺德毫森的弗兰茨·君特（Franz günther）圣经学学士学位授予仪式上，大家共同讨论了路德的《反经院神学之辩》（*Disputation Against Scholastic Theology*）[简称 *DAST*，下同]，此论纲标志着路德正式与经院神学决裂，对亚里士多德的批判也达到了登峰造极的地

① See, LW 25, p. 261.
② See, LW 25, p. 299.
③ LW 25, p. 261.
④ LW 25, p. 410.

步。路德引用奥古斯丁反佩拉纠主义的观点，即人决不会意愿并且行善作为开端，他在论条5—36中对之进行阐释，他肯定了人的意志受缚而非自由，而且意志倾向于罪恶，因此人作为一棵坏树，只会去意愿恶并且作恶，此点完全属实。（DAST3）从人的本质上来看，人不会希望上帝成为上帝。事实上，他倒希望自己成为上帝，而不愿上帝成为上帝。（DAST17）因而希望人爱上帝胜过一切，就会是一句笑话。事实上，若无上帝的恩典，意志总是做出背谬和邪恶的行为。（DAST7）友善的行为，伴随着恩典的突临和人性对它的接纳，是一种已经完成了的转变。（DAST28）路德直接批判迦伯列·比尔信赖人的自然能力的观点，（DAST6、10、13、18、20、23）他认为人自己的力量无法做出与上帝相遇的工作来，这完全是恩典的工作。于是悖论叙述产生了：人对恩典最好无误的预备和唯一的措施，就是上帝的永恒拣选和预定。（DAST29）若无恩典，人只有软弱的意志和背叛。总之，自然能力既不具有正确意愿也没有善良意志。论条37—53直接反对亚里士多德对义的理解和他在神学中扮演的角色。通过善行，我们不可能成为义人。先成为义人，我们才可以做出义行来，路德断定整个亚里士多德伦理学是恩典的敌人（DAST41），并且主张人若不能抛弃亚里士多德哲学，就不能成为神学家，（DAST44）亚里士多德哲学之于神学就如同黑暗之于光明。（DAST50）论条54—97处理恩典和顺服、自由意志和爱之间的关系。通过耶稣，上帝的恩典使人自愿喜悦律法，反而使正义添多。（DAST75）恩典使人胜过律法，借着圣灵弥漫内心，完全的律法和生活中的规范是对上帝的爱。（DAST84）要是有可能的话，任何人的意志都愿意选择没有律法，完全自由的生活状态。（DAST85）只有上帝的恩典才能在人心里生发出对上帝及万物的爱。

　　路德批判亚里士多德是为了反对理性入侵救赎恩典，亚里士多德获得性道德品德在经院神学中的应用必然导致佩拉纠主义，亚里士多德伦理学之义会抹平了人义与上帝之义的差异，路德在Dictata 9、10注释中就曾使用公正和平等来解释上帝之义。当他满怀喜悦地发现了上帝之义意味着上帝爱并宽恕罪人时，他认为是该与亚里士多德分手的时候了，圣经对一个神学家来说已经足够。路德尖刻地谩骂亚里士多德、理性、法学家、法律和新学神学家们，他们所使用的义摧毁了福音的真义，即上帝自由地赦免罪人。因而路德的福音非理性主义确实与上帝之义相关联，理性确实无法参透上帝称不虔之人为义的奥秘。路德像嘲讽佩拉纠主义那样对待神学沉思，他认为经院学者对待启示与理性不会比对待人的意志和拯救高明些。他特别对皮埃尔·戴依（Pieyre D'ailly）和罗伯特·霍尔可特（Robert Holcot）营造一种高等"信仰逻辑"（logic of faith）的努力嗤之以鼻，戴依和霍尔可特相信理性无力去参透上帝启示之外的事物，但是一旦启示被给予了，理性就能对之进行分析。经院学者中奥卡姆主义者特别嘱意于沉思启示发生的条件，乐意于去臆测上帝在永恒中决定去寻找另外的拯救体系，事情又会是什么样子。这些沉思是为了展示上帝最终制定的拯救体系的偶然性和特殊用途。尽管上帝在永恒里面临着无限可能性，他已决定通过教会、教士、圣礼、注入恩典和善功来救人，这对人来说是一种公平和理智的安排。很明显戴依和霍尔可特认为三段论式和亚里士多德逻辑是分析启示事件的唯一工具，以亚里士多德三段论式虽然不能解释为什么三位是一体，一体又变成三位，但是他们相信理性有助于澄清信条，亚里士多德三段论式无疑是理性的典范，人虽然无法去解释三位一体的真实性，却可以使三位一体成为理性追问的对象。因此，运用理性的逻辑规则是为了论证并服务于启示，奥卡姆主义者实际并不反对理性与启示之和谐。

路德反对信仰逻辑化，他认为由于没有考虑到限度和方法，产生了许多代用品，因而将信仰逻辑化是徒劳的。（DAST46）他看到这是一种力图以理性操纵启示，并使上帝的思想适应于人之思想的努力，正如佩拉纠主义试图以自由意志和人的自然道德能力去操纵上帝的恩典一样。将亚里士多德三段论挑选出来应用于神圣语词上必然失效，（DAST47）而且如果三段论推理形式应用于神圣事物，那么三位一体教义就是可推演的，而非信仰的对象了。（DAST49），路德虽然反对信仰逻辑化，但他并不反对理性和亚里士多德哲学自身，他认为不能得出三位一体教义的真义与三段论形式相抵触的结论来，（DAST48）再说拉丁人未必就理解了亚里士多德（DAST51）。路德实际上是在呼吁必须在信仰之外来使用三段论式和沉思启示发生的条件，逻辑处理知识问题与信仰无关。路德《反经院神学之辩》颠覆了信仰以求理解（fides quaerens intellectum）的中世纪信仰理想，为唯独信仰的改教原则的确立做好了准备，亦预示了"十字架神学"的出现。

　　正如"大证词"中所表明的那样，"上帝之义"的发现解决了困扰路德多年的精神困惑，仅当信仰被理解为人里的上帝工作，而非无恩典之人的行动和工作，对上帝之义的理解才是可能的，这至为重要的洞见的确发生在1515年，路德的神学突破的确与他认识到上帝所要求于人做的义是信仰有关，但如果信仰仅是出自于人的行为，这还不能解决他的精神困惑，除非信仰被认为是来自上帝的启示，否则路德不能突破经院新学救赎论模式。但是，这种突破只代表了一个路德神学发展过程中的新的开端，而非终结，在对上帝之义有了新理解的基础之上，路德开始了一个长期痛苦的过程，他在思考在一个充满罪恶的世界里上帝以何方式对待罪人。路德对神义真正本质的洞见远不止是词义上的澄清，其中包含着对上帝的新观念。以此方式对待罪人的上帝是谁？1515年后的神学发展历程中，路德的上帝观逐渐成熟，路德的上帝是十字架上的上帝，即自隐和被钉的上帝（deus crucifixus et absconditus），这是十字架神学的上帝，我们在下一章里将讨论路德是如何将"上帝之义"的洞见沉淀为十字架神学的，以及十字架神学的主要内容为何？

第四章　路德宗教神学思想的确立

第一节　称义神学的形成

我们在上一章曾经介绍过，路德在 Dictata 中洞见到称义所需要的最低条件是谦卑，他在契约神学的框架内提出了谦卑神学，这就意味着，人若要被称义的话，上帝所要求于他的义就只是信仰之谦卑（humilitas fidei）。仅当罪人彻底降卑自己并转向呼求上帝里的恩典之时，他才会被称为义，在恩典临到罪人之前，人必须承认自己完全缺乏救赎论资源并倒空自己以祈求上帝施恩予已。尽管路德在 1515 年末对称义的适当态度的理解有了决定性的变化，在此信仰之谦卑本身被理解为上帝在人里的恩惠工作，但路德仍然保持了早期称义计划的整个结构的本质特征，即在人被高举之前，他必须首先被迫降至深渊之地；在人被上帝高举之前，他必须首先彻底降卑自己；在人获救之前，他必先遭诅咒；在人灵里活之前，他必须先在肉里死去。

我们在上一章里讨论了路德所发现的"上帝之义"的实质是上帝赐予人的恩惠和拯救，这完全与人义相对立，是路德所发现的关于义的新奇含义（mira et nova diffinitio iustitiae），但这种义如何降临到个体身上还未做出讨论。路德认为人不能基于"一切为他"（quid pro quo）的原则，靠善功为自己赚取称义，但他能够彻底蔑视自己并呼求上帝给予恩典。路德最初似乎相信人能够降卑自身，谦卑神学即将谦卑视为内在善功的体现，然而大量迹象表明 Dictata 后期他对称义各要素的理解更倾向于以神为中心。上帝在人里引导人进入自我降卑并将此接受为人被称义的要求。上帝使人降卑，为的是使人能得以称义；他使人成为罪，为的是他可以使人成为义。一旦路德意识到是上帝在称义行动中采取主动，而且上帝在这一过程中的每一阶段都必须处于主动而非被动地位的话，他就必须被迫承认不是人使自己谦卑，而是上帝才使人谦卑。这种转变与他对"上帝之义"的新发现是一致的，如果谦卑是上帝在人里的工作，那么上帝是怎样工作的呢？通过上帝的愤怒、地狱的恐吓、永恒的诅咒和受难、精神困苦，人才会变得谦卑。由于慑于上帝的愤怒，人变得谦卑，并承认靠自己无法站在上帝面前，所以他才在无助和绝望的时刻转向上帝寻求救恩，由此他被上帝称为义。这就等于说上帝的烈怒里包含着慈父般的爱，除非人知道自己多么渴望上帝的慈爱，否则在上帝的烈怒里人没法找到这种爱，这非常矛盾，Dictata 69：16 注释中，路德认为如果上帝仅只将人的罪一笔抹去或视而不见，取消对人的责罚的话，那就削弱了上帝的慈爱，等于上帝纵容人的罪。[①]

　　正是基于这样的考虑，路德将上帝在称义中的工作分为两个方面，Dictata 69：16 早期，路德将上帝的工作区分为上帝的工作（the works of God）和上帝亲手做出的工作（the works of God's hands）两种，前者指上帝要求人去做并符合他旨意的一切，是上帝通过人的作为间接做出的工作；后者指上帝亲自完成的工作，如创造、称义和赦免，等等。[②] 两种工作的划分表明路德已尝试用外在工作（opus alienum）和本己工作（opus proprium）来处理烈怒与慈爱这一对矛盾。同样，路德将上帝的愤怒，划分为"严厉的愤怒"（wrath of severity）和"仁慈的愤怒"（wrath of mercy）两种，上帝的严酷愤怒驱使不悔悟之人去悔改，并认识到上帝愤怒背后的仁慈意图，在此人认识到上帝驱使人去悔改、降卑己身并且信仰基督，由此获得上帝的救恩。[③]

　　在谦卑神学中，上帝已经命定若满足谦卑这一最低条件，他必会赐予救恩。上帝外在工作里的意图就是要使人去满足这一最低条件，由此领受到上帝奇妙工作中隐藏着的仁善救恩，正如我们在分析 Dictata 时所看到的，路德将信仰基督和谦卑己身看作一回事，信仰基督是上帝向要被称义之人索求的基本条件。如果人意识到自己的不义并因此而受触动而降卑己

　①　See, LW 10, p. 368.
　②　See, LW 10, p. 128.
　③　See, WA 3, s. 330.

身，他必须首先迫使自己承认自己一文不值，且在上帝面前毫无地位。我们现在可以清楚地看到上帝外在工作里的仁慈意愿，尽管这只能通过信仰去了解。正是上帝的外在工作与本己工作的划分奠定了路德对上帝审判的反思：上帝之道通过对人施加严厉审判，使人成为罪人，这是上帝的外在工作之实施，由此，触动人呼求上帝里立即临到的仁慈和恩典，上帝的外在工作间接地实施了本己工作。两种工作的划分对于理解上帝称罪人为义的工作方式具有重大意义。在 1518 年《海德堡之辩》（*Heidelberg Disputation*，简称 HD，下同）论条 16 注释中，路德写道：“然而，通过知罪，生出谦卑，通过谦卑，获得恩典。结果在一个异于上帝本性的行动中，产生了一个真正属于上帝本性的行为；他使某人成为罪人，为的是要使他成为义人。”[①] 上帝的愤怒同时是怜悯，上帝的审判同时是拯救，“因为神差他的儿子降世，不是要定世人的罪，乃是要叫世人因他得救”（约 3：17）。上帝的本旨是要救世人脱离罪、死亡和魔鬼的权势，然而他却对世界施行了审判，将世界钉上了十字架，外在的审判工作不过是救世的方式而已。

路德洞见到上帝的慈爱隐藏于他的愤怒之中，外在工作与本己工作之辩证关系使得他断定上帝的工作隐藏在对反形式之下（abscondita sub contraiis），路德强调上帝在启示中的隐身只能在信仰的环境下才能被认识。在上帝的愤怒中，我们看到他的仁慈来临的方式，在他对人的诅咒中，我们看到他救人的方式，路德在 Dictata 中明显提到此原则，“很明显这些东西都藏在里面，但令人更加吃惊的是，它们被藏在对反的形式里（sub contrario suo abscondita sunt），所以无论谁以世俗的目光来看，彻底降卑己身，在上帝看来他会最终得到高举”。[②] 揭示上帝工作方式的最恰当位置是基督的十字架，路德特别钟情于林前 1：27、28，经文中十字架之道与人的智慧和力量形成强烈对比。路德在诗 96 注释中基于上帝启示在基督的十字架之上，发展出一系列对反命题：自弱之人必得坚固，自愚之人必得智慧，自责之人必得拯救。[③] 所以，上帝的外在工作是要摧毁人对神圣

---

① Martin Luther, *Basic Theological Writings*, Beijing, 1999, p. 42.

② WA 4, s. 449.

③ See, LW 11, p. 263.

公义、智慧和力量的预知,本已的工作是要将上帝的义、智慧和大能建造在人里面。在上帝工作之先,他必先施行毁灭,破坏人对自我的执着,在"无我"的人里面建造新人。我们逐渐看到路德早期坚持上帝通过外在工作来摧毁人对义这一概念的预知,这可以引导我们去思考上帝之义的本质,在《罗马书讲义》开头,路德指出他确信此书信代表了对人的智慧和义的系统攻击,他写道:"使徒在此书信里的全部意图是要摧毁我们的义和智慧,要再次指出那些按照人义视为并不存在或未被人认知的罪和愚蠢行为,要夸大或强调这些罪和愚行的数量和严重性以使之为人所知,结果向我们显明这一切摧毁之后,我们就需要基督并他的义。"① 路德将人义与神义作了极端的区分,这有助于他认识到上帝之义真正的含义。

对于路德来说,信仰基督的实质为罪人认识到自己在上帝面前的彻底不义,同时是对上帝对人审判的认可。在 Dictata 71、72 解释中,路德不仅精心对比了人的审判与上帝审判的差异,还指出了上帝的审判该在何处寻到。"所以它被唤作上帝的审判(iudicium Dei),因为它正好与人的审判正相反对(contrarium est iudicio hominum),它谴责人所选择的一切,它选择人所谴责的一切。而上帝的审判在基督的十字架里向我们显现(hoc iudicium est in cruce christi nobis ostensum)。"② 在 Dictata 诗 119:39注释中,路德指出审判是十字架的工作。如何理解上帝的审判启示在十字架上?路德指出基督在十字架上受难,为上帝所抛弃,在这种虚弱、愚顽和不公正的可怕惨景中,可以清晰地辨认出上帝对人的力量、智慧和正义的审判。正是通过基督耶稣在十字架上的受难(passio),人才认识到他所处困境的严重性,通过认识到上帝对人的神圣审判力量,人才获救。上帝外在工作与本己工作之辩证关系聚焦于十字架上,然而这种辩证关系只能被信仰所认识,不信之人误将外在工作视为本己工作,也不能区分严厉的愤怒和仁慈的愤怒。这就好比上帝不能从经验上去识别或者以理性从秉有人形的基督身上识别,上帝只能依靠信仰方可认识,所以人的理性为启示在基督十字架里的公义、智慧和美善所激怒或迷惑,仅当人彻底降卑己身时,他才认识到自己的理性力量在认识信仰属事方面的无力,他才会转

---

① LW 25, p. 3.
② WA 3, s. 343.

向基督的十字架。

在此，让我们回头看一看路德是如何转向十字架并发现"上帝之义"的新奇含义的，1545 年"大证词"表明，路德曾为罗 1：17 中"上帝的义在此显明"这一句话感到困惑不已，上一章已介绍了他是如何为神义这一概念烦恼的。但是"在此显明"（revelatur in illo）又意味着什么呢？在什么意义上"上帝之义"启示出来了？很明显，路德的神学突破与隐匿的启示（hidden revelation）这一观念紧密相关，"上帝之义"真正启示在基督的十字架上，但是这只能通过信仰的眼睛才可识别。这种启示方式类似于《海德堡之辩》中论题 20 提到的上帝的后背（posteriori Dei），真正的上帝启示是不可认识的，因为它与对启示方式的一切预知相悖反。上帝之义如此启示，同样上帝的智慧、力量、荣耀和救恩也隐藏于这一启示之中：一切都启示出来了，但都启示在对反之中。光认识到一切来自上帝是不够的，还必须领会到一切都启示在对反之中。在不义、羞辱、虚弱、愚顽和十字架的谴责被启示出来之时，上帝的义、荣耀、智慧、力量和救恩同时隐藏起来，如前所述，路德认识到人的理性无法理解上帝对人类采取的救恩行动，因此 1515 年后他持续批判理性在救赎中的角色。在基督的十字架上，理性与信仰的紧张冲突达至顶点，理性为十字架所嘲笑，信仰却满怀喜悦之情去拥抱十字架，因为上帝的审判和救恩存在于此。

伴随着上帝之义的发现，路德猛烈批判了神学语言中的类比性质，中世纪神学家一般都坚持《圣经·创世纪》里人禀有上帝的形象（image）和样式（likeness）的看法，也即上帝的特性也适用于人，尽管人是那么的有限和不完善。中世纪早期普遍存在着这样一个假定：上帝之义类似于人之义，而一旦将"义"这个词汇从人的语境中转移到至神圣语境时，就会遭遇到许多困难，然而还必须承认此词在每一语境下都具有相互关联的含义。尽管通过最初由弋德弗莱（Godfrey）发起，随后由奥卡姆以极端方式发动，根特的亨利（Henry of Ghent）对神圣属性理论的批判削弱了义这一概念的知识论预设，神义和人义之间的类比关系本质上还是被坚持了下来。同样，尽管经院新学家强调上帝命定拯救秩序的偶然性，人义和神义之类比关系，照样被保留下来。尽管人和神对诸如公义、智慧、美德等特性的理解不一致，但它们之间根本上的一致性还是得到了认可。1515 年后的日子，路德系统地批判了神学语言中的类比性质。早期神学突破的特征：隐于对反之下（absconditas sub contrario）。这一概念代表了他对所知神学讨论中类比原则的激烈批判，路德认为十字架斩断了神义与人义的类比联系，他坚持所有神学应该关涉的道是十字架之道。"十字架审判一切。"（Crux Probat Omnia）[①] 一切对上帝的基督教本性的论争都必须以十字架为基础。对路德而言，拒斥神学语言之类比性质意味着承认人活在神学拂晓之中，即生活于一个半明半暗和半真半假的世界之中。人对上帝的预知是普遍的，而人享有上帝之义却是特殊恩典的结果，对上帝的预知就像脱臼的断骨没有安放好一样，是混乱和不可靠的。断骨在被医治之前必须再次脱位，十字架之道启示出预知的上帝与启示的上帝之间不可逾越的鸿沟，人若要成为真正的神学家，必须抛弃自己的一切预知。

　　路德早期用人义去预知"上帝之义"时就碰到了困难，他以"义之转归"作为解决方案，这种解决方式具有方法论特点，因此可以推广至上帝的每一神圣属性。路德批判将人义概念的预知类推到上帝之上的做法，预示了他批判将一般的属性的预知类推到上帝之上的做法，故此预示了十字架神学的形成。上帝在此显明，"上帝之义"是怎样显示在福音里的，而且上帝之义是怎样启示在基督的十字架上的。路德在自传中提及早期碰到的这些问题之所以能得到解决，是因为他认识到，当"上帝之义"真正启示在十字架上、基督的受难之中时，这种启示自身是隐匿的，它抵制对启示应采取什么方式的预知，并且阻止人们在面对启示之时去追究启示何以发生。路德对神学语言类比特性的批判，使他提出上帝自我启示又自我遮蔽的观念，他逐渐认识到十字架上基督的受难构成基督教神学的中心和基础，这些都不可避免地关系到他的神学突破。尽管这些洞见源自于"上帝之义"的新发现，但正如他的自传所显明的那样，这些洞见也可直接应用于上帝的各种特性之上，上帝的力量、智慧、强壮、荣耀同时启示又隐匿于基督的十字架上，不必也不应去别的地方寻找。经过如上分析，我们清楚地看到路德发现"上帝之义"预示了"十字架神学"的到来，十字架神学的许多特征已显露出来。因此我们认为"上帝之义"的发现只是路德十字架神学形成的催化剂，路德对"上帝之义"的真正含义这一早期困惑的解决并未终结了问题的思考，相反却孕育着潜在的概念构

---

① See, WA 5, s. 179.

造。这种构造发生于 1516—1518 年间，最终导致了一种与马丁·路德大名永远相伴的神学表达的出现："十字架神学"。下面我们就来看看十字架神学的内容和实质。

所有研究路德的学者都普遍认为 1517 年和 1519 年两个年份是路德一生当中，甚至是整个改教运动中至为关键的年头。1517 年见证了路德张贴的著名的《九十五条论纲》；1519 年发生了路德与约翰·埃克（Johannes Eck）的莱比锡辩论。从历史角度来研究路德的学者很容易忽视了 1518 年这个中间年份，仿佛它处于两峰之间，是一个不太重要的低谷。其实，1518 年 4 月 26 日受约翰·斯陶皮茨之邀，路德在海德堡奥古斯丁修会上主持了传统的公开辩论，在论辩过程中，一个新的名词添加到了基督教术语上，针对经院神学，路德提出了"十字架神学"，论纲《海德堡之辩》可以说是路德神学思想的精华所在。路德在辩论中完全忽略了赎罪问题，而且重新从事与经院神学之间的一场更为根本的论争。他提出了一系列精心准备过的对反论题，目的是为了宣传保罗及其最可信赖的解释者奥古斯丁的思想。

论题共 40 条，其中 28 条关涉神学，12 条关涉哲学，神学论题精心安排自成一体。前面的 12 个论题讨论人的工作和上帝的工作之间的差异。路德批判了人的行动，他认为上帝的法律尽管对生命有教益，却不能使人在义路上前行，反而阻挡了人。（HD1）律法唤醒罪恶的杀戮，基于这种认识路德继续写道："也即是说，尽管有着自然能力的帮助，人的作为一遍遍重复着，鲜有人能达到那个目的（归正成义）。"（HD2）这样，路德提出了比较关键的陈述："尽管人的作为看起来总是那么诱人和美善，然而它们都可能成为死罪。就像发生在恩典和信仰之外的一切必遭上帝谴责一样。"（HD3）路德以上帝的工作反对人凭成就获取称义的观点，他认为上帝的工作虽然显得卑微和软弱，却是永恒的善功。言谈之中流露出上帝的非常工作方式：隐藏于对反之中，上帝首先施行摧毁而后高举，信者也在此种工作方式范围之内。很明显，人的僵死事功并非过犯，却在上帝面前变为邪恶。相反，上帝在人里做出的事功，在罪不再黏附于其上的意义上却是善功，甚至信徒的事功也不是完全的。出于敬畏上帝，义人认为自己的事功是致死的，当人毫无畏惧地，完全出于纯粹是邪恶的自保意识行动时，再多的善功都是死罪，（HD8）除非人在每一项作为里都怀有对谴责性审判的恐惧，否则人就没法生起获救的希望。（HD11）在上帝看来，当人们视罪为致死的并为此感到惧怕时，罪就真正是可宽恕的。（HD12）

路德残酷无情地摧毁了人靠自身成就以获取拯救的可能性。这一切似乎都是谦卑神学的精致表达，人只有彻底放弃自我，达到无我状态，方可期望获得上帝的隐密接纳。论题（HD13—18）继续就人类活动的人类学基础展开了批判。"毕竟堕落之后，自由意志早已名存实亡，而且，只要尽其所能地行事，就会犯下致死的大罪。"（HD13）显然人是罪的奴隶，中世纪的"尽其所能"的著名原则，不能再作为个人寻求救恩的最低条件。自由意志主观上可导致善行，客观上却倾向于恶。"那种相信自己能通过尽其所能（do what is in him）以获得恩典的人，他是在罪上加罪，以致犯下了双重罪过"（HD16）。路德并非是要否定人的一切行动，他认为重要的是转向基督，认识到自己的罪并渴求恩典。律法使人知罪，知罪又生出谦卑，通过谦卑人获得恩典，路德虽然不在乎人的行为能力，他并不打算使人感到绝望，而是引导人谦恭地去寻求救恩。这就等于说人必先放弃自我方可希冀救恩，"在预备接受基督的恩典之前，人必须完全对自己的能力感到绝望"（HD18），人靠自己不能求得什么。这组论题似乎没有脱离路德早期批判性和否定性的神学范围，但是路德对自由意志的立场却首次得到展现。

论题（19—24）最为著名，其中谈及上帝的行为以及对它的理解，论题19和论题20分别提出了荣耀神学家和十字架神学家，"那种人不配称为神学家，他视属上帝的不可见事情，似乎能在那些实际发生着的事情中清楚地觉察到"（Non ille dignus theologus dicitur, qui invisibilia Dei per ea, quae facta sunt, intellecta conspicit）（HD19）。接着他又说道："然而，那种人配称为神学家，他透过受难和十字架，领会到属上帝可见并显明了的事情"（Sed qui visibilia et posteriora Dei per passiones et crucem conspecta intelligit）。（HD20）光看到上帝的力量、智慧、公义和善良并不能使人有价值和聪明些，上帝里可见的是他的人形、虚弱和愚顽，既然人滥用了自己工作中对上帝的认识，上帝只需自己在受难中被知晓，通过我们在上帝里看到的智慧投射出那未被看见的智慧。上帝应许自己仅在十字架上的羞辱和谦卑中被看见，光认识到他的荣耀和尊严是没有用的。在被钉十字架

上的基督里可以发现真神学和对上帝的真认识。路德继续批评道："荣耀
神学家视恶为善并唤善为恶，而十字架神学家却召唤事情本身。"
（HD21）荣耀神学家不知道上帝的行动原则隐藏在十字架之上，他选择
事功而非受难，荣耀而非十字架，力量而非虚弱，智慧而非愚蠢。这些神
学家们被路德指责为十字架的敌人，他们相信十字架的善是种恶，但是上
帝只允许自己在十字架和受难中被寻见。基督十字架的朋友称十字架为善
而唤事功为恶，他们将老亚当钉死于十字架上，那种通过事功来思考上帝
的智慧是一种自负、盲目和坚执，它缺乏十字架之愚蠢带来的正确标准。
律法带来上帝的震怒、杀戮、咒骂、控述和审判，并谴责基督外的一切，
例如事功。（HD23）然而那种智慧本身没有罪性，也用不着去回避律法，
但是，若没有十字架神学，人们会以最坏的方式去滥用最美好的禀赋。
（HD24）律法以其谴责和杀戮的功能使死亡突出出来，这是重生必需的
前提条件。

　　经路德1518年春多次使用，"十字架神学"与"荣耀神学"这一对
概念逐渐知名起来，路德当时并非将其作为神学原则的标志口号，他只想
反对他的对手的错误神学，主张正确的神学认识在十字架和受难之中，而
非在事功和成就之中。例如，路德就曾谴责埃克没有理解十字架神学，而
主张炼狱里的灵魂有获救的确证。① 因为经院神学不知道上帝的外在审判
工作，路德在《九十五条论纲解释》中指责它缺乏十字架神学的洞见，
因为只有十字架神学将惩罚和十字架认作是经基督意志圣化的财宝，其价
胜过一切遗物。② 荣耀神学家认为基于教会财富，惩罚可得到释放和减
轻，而十字架神学家则认为上帝的惩罚是珍贵的财富。1518年春路德早
已知晓称义实在是上帝的工作，但是他通过基督的十字架捍卫了人走向上
帝的正确立场。到此，我们发现整个《海德堡之辩》不过是一种新的谦
卑神学的总结。

　　论题（25—28）使这种情况大为改观，这四个论题处理信仰和事功
的关系。"做了许多，并非义人；但是，毫无作为，多多信靠基督，却称
为义人。"（HD25）路德认为义并非像亚里士多德那样从行为中生成，人

① See, WA, Br 1, p. 244.
② See, WA, Br 4, p. 275.

获得义仅凭信靠基督，事功是信仰的后果，事功并非信徒而是上帝所做，信徒无权夸口。"律法说：'做这个'，事实上从未做；恩典说：'信靠这个'，万事皆已作成。"（HD26）路德在此描述了基督与信徒的同一性，基督在人里工作，他的工作因基督而蒙上帝悦纳，称义教义在此辩论中主要讨论人的行为价值，人只有与上帝同工同德，行为才会蒙上帝喜悦，最后一个神学论题非常奇妙："上帝之爱没有发现，而是创造了蒙他喜悦的一切；借此，人之爱诞生了。"（HD28）上帝的创造性圣爱与人的我执相反对，它使罪人、恶者、愚人和软弱者进入义、善、智慧和强壮中，因此罪人因其被上帝所爱而显得可爱，人之爱躲避罪人，基督召唤罪人到自己面前，这是十字架之爱，诞生于十字架上，它并不往那些它发现或启示在善中的地方去，而是往那些罪人需要善并感到匮乏的地方去，这是人完全不可思议的。

其后的 12 个哲学论题影响要比神学论题小得多，它们首先说明经院神学并未真正地理解亚里士多德，但同时又表明亚里士多德既不能支持神学，也不能为自然哲学奠基。他批判了经院神学家利用亚氏理论将神学哲学化的企图；"那种毫不顾忌自己的灵魂，希冀使用亚里士多德理论来使神学哲学化的人，必须首先在基督里成为愚人。"（HD29）路德认为只有愚人即真正的基督徒，才能够将神学哲学化，他认为一切知识只能与基督有关，没有恩典的哲学只能是智的癫狂，路德对柏拉图表示出好感，但他并未将哲学论题做进一步的解释。

通过对《海德堡之辩》的详细分析，我们发现路德以十字架神学去批驳荣耀神学，其意图在于欲将基督并他的十字架恢复到神学景观的中心。对路德来说，人关于上帝有知识的真正处所是基督的十字架，人们正是在此发现上帝启示出来了，然而又是矛盾地隐藏在启示之中。为了更好地理解 HD19、20 两论题中路德对荣耀神学和十字架神学的区分，把握两种神学的实质内容，我们有必要简单介绍一下《出埃及记》第 33 章和《罗马书》第 1 章的部分经文，路德的思想与这些经文密切相关。在《出埃及记》33 章 18—23 节里，摩西要上帝显出荣耀给他看，上帝却回答说："你不能看见我的面，因为人见我的面不能存活"（Videbis Posteriora mea, faciem autem meam Videre non poteris）（出 33：20）。相反，上帝把摩西放在磐石穴里并用手遮住他，等到上帝从他面前经过且上帝的荣耀消逝之后，上帝才取开自己的手，结果摩西只看到了上帝的后背，却无缘看到上帝的荣耀之脸。路德认为这几节经文寓意深刻，他认为上帝的面容意味着人对上帝的直接知识，通过思索上帝，人们知道上帝具有许多形而上学的不可见特性，诸如全能、全知、全善，等等。上帝的荣耀意味着上帝的严正和审判。

为什么上帝要拒绝人对他的直接认识，并视这种行为为致死的罪行呢？路德在《罗马书》第 1 章中找到了问题的答案。保罗在罗 1：19、20 节里讲道："神的事情，人所能知道的，原显明在人心里，因为神已经给他们显明。自从造天地以来，神的永能和神性是明明可知的，虽是眼不能见，但借着所造之物就可以晓得，叫人无可推诿。"这容易使人产生误解，以为上帝是能为人所知的，中世纪的经院神学对上帝特性的形而上学思辨正是奠基于这一认识上，他们认为神人之类似性提供了人通达神的直接桥梁。保罗认为人在刚被创造时是能够认识神的性质和荣耀的，但由于原罪的临到，人丧失了这种能力。"因为，他们虽然知道神，却不当作神荣耀他，也不感谢他。他们的思念就变为虚妄，无知的心就昏暗了。自称为聪明，反成了愚拙；将不能朽坏之神的荣耀变为偶像，仿佛必朽坏的人和飞禽，走兽，昆虫的样式。"（罗 1：21—23）路德认为罗 1：20 及经院自然神学都是假神学，他促使人们抛弃从自然、历史和哲学中寻找上帝的做法，他用林前 1：21 的话来表达自己的意思："世人凭自己的智慧，既不认识神，神就乐意用人所当作愚拙的道理拯救那些信的人，这就是神的智慧了。"既然人凭自己无法走向上帝并认识上帝，那么神的后背和愚拙的道理是什么？HD20 指出基督的软弱和受难正是上帝的后背，在十字架上，伟大的上帝表现出懦弱，荣耀的上帝表现出卑微，永恒的上帝却为死而献身，这在人看来恰恰是愚不可及的道理。因此，现在重要的不再是去上帝的创化事工中寻求那些可见的上帝的知识，而要在受难中看到他的背面，在事工中与在受难中认识到的上帝恰恰是正相反对的。路德这样说道："因为人们误用了通过上帝事工得到的对他的认识，于是上帝希望人们能在苦难中认识他。上帝谴责用认识可见事物的智慧来认识不可见的事物，所以那些不把荣耀归于在他的事工中彰显出来的上帝的，应该把荣耀归于隐藏在苦难的上帝。……在荣耀与威严中认识上帝对任何人来说都是不够的，也没有什么益处，除非他在十字架的谦卑和羞辱中去认识上帝。"①

由此可知，真正的神学和对上帝的认识是在被钉十字架的上帝那儿，正如约 14：6 中所提到的，"'若不借着我，没有人能到父那里去'，'我是门户'（约 10：9），如此等等。"（HD20 注释）路德认为那种自称在人所觉察到的行为中，看到上帝隐秘属事的智慧，完全是一种自负、盲目和坚执。"因为人们不知道十字架的真谛，并且憎恶它，他们必定喜爱其反面，即智慧、荣耀和力量，等等。因此，他们因那种爱好而变得更加盲目和僵硬，因为欲壑难填，暂时的如愿不能使欲望得到满足。正如对金钱的喜爱与金钱自身的增加成正比一样，所以灵魂的水肿会因它吸入更多的水分，而变得更加饥渴。"（HD22 注释）荣耀神学家喜欢全能、全知、全在的神的形象，因为这样的神才会给他们救恩和帮助，他们也才能以自己的善功向上帝索取救恩，这样的上帝其实是人的欲望衍生物。荣耀神学以荣耀和权利为标准，撇开基督，使人自信已完成了律法，可以自己的道德成就与上帝进行交易，这就使得人的自我意识膨胀，荣耀神学也因此与自然神学的形上思辨和善功获救论无异。十字架神学则把人看作受召唤去遭受苦难的人，十字架破坏了人的自信，人必须放弃自己的想法，让上帝去做每件事，这样人就从道德行动主义者变成纯粹的接受者。十字架神学的提出表明路德认识到宗教唯理智主义与道德主义的内在联系及其一致性。对此洞见，保罗·阿尔托依兹评价道："总之，路德的十字架神学就是用十字架把上帝隐藏起来，结束了自以为是的理性对上帝的所有思辨。十字架是对人进行判断的标志，结束了自信的道德主义者与上帝的同伴关系。十字架只能在经验中获得，或更准确地说，只能用于上帝的苦难中，这苦难是上帝通过基督和基督一起为我们准备的。"②

十字架神学表明十字架是上帝启示自身的场所，但这种启示又是"上帝后背"（Dei posteriora）的显示，上帝的"后背"是可见的，而上帝的启示必须被认为是间接的启示，即真正的启示。上帝启示在受难和十

①　LW 31，p. 52.
②　保罗·阿尔托依兹：《马丁·路德的神学》，段琦、孙善玲译，译林出版社 1998 年版，第 25 页。

字架上（passiones et crucem），然而隐藏在每一启示中。十字架神学具有如下特征：

1. 十字架神学首先是一种启示神学，它处于思辨神学的对立面。路德反对人从受造秩序去思考上帝的本性。他认为："圣经的规定，人不可因好奇的缘故而去探求上帝的本性。……真正的基督神学不探索上帝的本性，乃是要探索上帝在基督里的目的和旨意，借着他，上帝在肉身中与我们联合，为我们而生并且为我们的罪而死。最危险的事莫过于在良心被罪所混淆时去推究上帝不可测夺的权能、智慧和尊荣。如果这样做就连上帝也失去了，因为在此情形下我们这样去衡量和理解上帝无限的尊荣乃是我们担当不起的。……所以我们不可妄自以好奇的心和无用的寻究，欲爬上天去探究上帝的本性。……没有基督就无路可到父那里去，只是无用的空谈。"① 路德反对撇开基督去认识上帝本身，在他看来对上帝的知识不是一种理论知识，而是人的整个存在的问题，是作为位格的人与位格上帝之间情感、意志和理智的交流，上帝不是哲学家在形而上学中思辨的对象，首先他是为我们而生而死的活的上帝。

基督教思辨神学的最高成就莫过于神秘神学，神秘神学认为人类不可能以思想和语言去把握上帝，只有在克情制欲并专注于上帝之爱时，通过狂迷和出神达到与上帝的神秘合一，才能经验到上帝自身。以伪狄奥尼修斯为例，神秘神学是肯定神学（affirmative theology）和否定神学（negative theology）的辩证综合，肯定神学以范畴与名称指示上帝的属性，但不能用语言解释这些属性的超越意义。否定神学在世界中寻找上帝的印迹，但只能以象征和类比方式间接地体会上帝。神秘神学将否定方法用于上帝的属性之上，在它们之上加上"超"（hyper）这一前缀，把上帝当作"超存在""超善""超理性"，等等。路德认为伪狄奥尼修斯频繁使用"超"这一词，超越思想必定只会步入迷雾之中。"如我前述，因为肯定神学与否定神学之关系犹如奶与酒，这是不能用言谈和辩论来对待的，必须在心智的极端消亡和大静默无语中，就如在狂迷与出神之时才被解决，这就是构成真神学家的一切。但是没有一所大学将此人冠以神学家的称号。真正的神学家乃是圣灵。谁只要明白这一点，就明白了一切的肯定

---

① 路德：《加拉太书注释》，道声出版社1966年版，第9页。

神学都是无知之谈。"① 路德在多处（参 Lw 1，P. 235；13，P. 110；20，P. 26）谴责了亚略巴古的伪狄奥尼修斯对上帝属性的超验解释，他认为关于神性的思辨不过是一堆无用和懒惰的人的思想。圣灵是真正的神学家，在基督里，人与圣灵同工共同思考问题，而不是在寂然无语的不二法门中去体验上帝，那样绝然不会有上帝自身的言说和福音的传扬，圣灵不是哑巴。路德认为思辨神学家们无权称为神学家，上帝已启示出自身，神学家的任务是与上帝相适合，就像上帝已选择他来启示自身一样，而不是去构造一些最终要朽坏的关于上帝的预知概念。

2. 上帝的自我启示必须被视为是间接和隐匿的，这是十字架神学中最难把握的部分。一种隐匿的启示如何被人言说？从前面的分析我们可以看出，路德认为尽管上帝启示在基督的受难中为人所知，但他（基督）还没有立即被认为是上帝。那些希望上帝直接启示自己面目的人不能认出他来，因为在他的启示中只有后背才是可见的。在神的后背中，即上帝在基督的十字架和受难中为人所知，这是启示的真正含义。在上帝的后背中，启示只能为信仰的眼所识别，这是隐匿的真正含义。"十字架之友"知晓十字架的谦卑和耻辱下隐藏着上帝的力量和荣耀，但是十字架的敌人却对此抵制。

3. 上帝的启示在基督的受难和十字架中被认识到，而非在人的道德活动和受造秩序中被认识到。理性主义者们希望从受造物的秩序中发现上帝，道德主义者们则希望从人的道德意义去寻找上帝，前者如近代的自然神论者（Deist），后者如康德。路德认为真正的神学和对上帝的真正知识只能在被钉十字架的上帝身上寻见，十字架粉碎了人的理性能力以此方式认识上帝的幻象。对隐藏在启示中的上帝的真正知识是信仰的属事，"上帝后背"的启示已宣示给信仰，而且唯独信仰将其视为上帝的启示。路德认为十字架神学家通过信仰，在基督和受难并十字架里识别出隐匿上帝的真正临在，十字架神学家也会承认先知以赛亚的教导："你真是自隐的上帝！（Vere absconditus tu es Deus）"（赛 45：15）自隐的上帝（absconditus Deus）这一概念处于十字架神学的中心：我们生活在神的隐匿之中，即活在对他的怜悯完全的信赖之中（Vivimus in abscondito Dei, id est, in

---

① LW 10, p. 313.

nuda fiducia misericordiae eius)。十字架神学表明上帝只能在受难中得到认识，受难本质上是指基督的受难，同时也指人的受难或精神困苦（An-fechtungen），上帝通过受难使自己为人所知。对路德而言，上帝在受难中是主动而非被动的，受难和诱惑被视为上帝将人带到自己面前的工具。这再一次使我们想起上帝的本己工作与外在工作之区分，受难和诱惑被视为上帝的外在工作，拯救和拣选被视为上帝的本己工作，因而受难只不过是上帝实现自己目的工具而已。十字架神学家认为受难是他最珍贵的财宝，因为启示和隐匿的上帝才是活生生的上帝，这个上帝做出了对他垂青怜爱之人的拯救行动。

　　从十字架神学的上述三个特征中，我们知道正是经历了十字架、死亡和地狱的折磨，真正的神学和对上帝的知识才会产生。我们才能理解为何路德提出了这样的口号："唯独十字架是我们的神学"（Crux sola est nostra Theologia）。① 通过经历上帝的愤怒，人变为十字架神学家，基于此，路德勇敢而又令人钦佩地道出了真神学家的资格和标准："生或死，甚至受诅咒，而非理解、阅读、沉思造就了神学家"（Vivendo immo moriendo et damnando fit theologus, non intelligendo, legendo aut speculando）。②

第二节　路德的上帝观

　　当路德提出了"唯独十字架是我们的神学"这一响亮口号时，他使神学思考回忆起基督信仰的最初起点，他的十字架重又浮现于眼前。上帝启示在基督的十字架上，然而当基督徒沉思上帝死于十字架上的惨景时，他被迫承认上帝似乎并未启示在此，这种洞见对于正确理解路德十字架神学的意义是根本的，被钉十字架的上帝是隐匿于启示之中的上帝。任何到基督十字架之外去寻找上帝的企图都会被视为出于偶像崇拜的沉思。神学家们被迫忤逆自己的意志，使自己与被钉和自隐的上帝的荒谬发生关系。如经上所言："你真是自隐的上帝。"（赛45：15）但是，"自隐"的上帝如何为人所知？路德认为人不能直接走向上帝自身并对他有所认识，其原

---

① 　WA 5, s. 176.

② 　WA 5, s. 163.

因一方面在于原罪临到人，人性发生堕落，人没有能力面对上帝并与之打交道，罪人无法面对上帝绝对、威严、荣耀的面容，上帝自身让罪人感到恐怖和无法忍受；另一方面是上帝考虑到人类的背叛，人与威严中的上帝构成敌对关系，作为惩罚，上帝的面容布满大光，这光力图将一切欲看到上帝本来面目的眼睛刺瞎。因此，在实现永生并与上帝和好之前，罪人不得与神性的上帝面对面地接触，人依靠自己去寻找和认识的上帝可能是偶像，哲学和经院神学找到的上帝与通过道启示出来使我们了解并遭遇的上帝悬殊很大，路德一生都在维持自隐与启示上帝之间的差异。

上帝虽然不希望人主动去接近并认识他，他还是愿意为人所知的，正如人不能见他的面，却能见他的背。上帝不断毁坏人走向他的种种努力，相反他采取主动调整自己以适应人的能力，他不是毫无遮蔽地展示自己，而是戴上面具，好让人接近他并间接地认识他，也就是说，为了我们，他化身成人，以基督圣子的身份来到我们中间。他并非漫游四方，在任何地方与我们相遇，他只在特殊的地方，即在基督、十字架和福音里与我们相遇。上帝在此把自己启示给世人，我们只能在此和他对话，他也只在此倾听我们。基督为我们而来，他以很世俗的方式向我们展示他自身，在启示历史的任何地方都可见上帝的身影。基督升天后，圣灵降临到我们中间，继续为我们显示上帝自身。十字架神学的上帝是启示出来的上帝，他与上帝自身有区别，路德用了许多对照来表达它们的区别：自有的上帝与启示出来的上帝，绝对的上帝与教父们的上帝，绝对威严的上帝与以色列之子的上帝，赤裸的上帝与隐藏在道和应许中戴上面纱的上帝、离开道和应许的上帝，天堂里的上帝与在基督其人里的上帝，通过思辨构想出来的上帝与显明的上帝，漫游的上帝与在其道里有固定地方可识别的上帝。[①] 路德对上帝的理解显然是遵循着圣保罗和圣约翰的教导，基督是道路，是通往上帝、真理和永生的桥梁，上帝正是赐下了这一救法，人才可能为上帝接纳。因而十字架神学的上帝是走出自身为我们而来的上帝，他不是经院思辨神学思考的对象。而是与我们生活息息相关，我们可以从中领受应许和旨意的上帝。当代普世神学家汉斯·昆认为路德的十字架神学带来了对上

---

① 参见保罗·阿尔托依兹：《马丁·路德的神学》，段琦、孙善玲译，译林出版社 1998 年版，第 19 页。

帝的新理解："对上帝的新理解，不是抽象的'在自身之中'（an sich）的上帝，而是'为我们'（für uns）非常具体地恩慈关怀的上帝。"①

"为我的上帝"首先是创造天地万物的造物主，路德维护了《使徒信经》的信仰宣认："我信上帝，全能的父，创造天地的主。"十字架的上帝为人类的罪而死，但同时他又是创造天地的主。上帝创造并维持万有，没有上帝之活动便什么也不会产生，什么也不能继续存在。上帝创造一切里的一切，并在一切实在中工作和创造。上帝内在于万物，为要创造和维持其创造物，上帝就必须临在于、创造于、维持于其最内在和最外在的诸方面，"因此，他自己必定临在于每一受造物中，在其最内在和最外在的存在之中，在各个方面，贯穿其中，在上也在下，在前也在后，以至没有别的任何东西能比具有上帝自己的力量的上帝更真实地临在，更真实地在一切受造物中。"② 上帝在万有之中的创造力也是他最直接、最全面和最具穿透力的临在。上帝虽然内在于万有之中，其力量也积极地临在于万有之中，全部进入万有之中，但它并不在现实世界上被消耗掉，它继续超越于世界之外。因此，上帝的力量超越于他自己的量度之外，也超出大小等一切差别。它有自己独一无二的维度，它在一切之中，同时又在一切之外。这样造物主与世界的关系就不同于人与其作品的关系，人的作品一旦成形，就独立于人而存在，近代自然神论者所理解的上帝就是将世界当成其作品，创世以后不再干预世界，而路德却认为上帝这种活生生的无所不在的工作是一切实在的奥秘。在万有中实际进行工作的动因是上帝，而不是我们认为是原因的世间的人格和非人格的力量。上帝是最初因或主因，别的一切不过是第二因或工具因。一切受造之物包括魔鬼、天使不过是上帝用来为自己的自主、自由和排他性的工作服务的工具而已，只不过是他掩藏自己的活动的面具而已。根据上帝的超绝大能，他可以不用世上的媒介活动，但他也按自己的自由的决定呼召并使用他们和他一道工作。上帝永不止息地创造和维持活动必然会导致上帝造恶的结论，这与信仰中"圣洁、公义、信实、全善"的上帝相冲突。

路德对外在工作与本己工作的理解并未使他得出上帝造罪是为了赦免

---

① 汉斯·昆：《基督教大思想家》，包利民译，社会科学文献出版社2001年版，第138页。
② LW 37，s. 57.

人之罪的观念来，尽管路德断言上帝甚至在撒旦和不信上帝者身上工作，但他从未把人类的罪归诸于上帝之旨意和工作。保罗·阿尔托依兹认为："在《囚徒意志》中路德明确地将两点事实区分开来：第一点事实，上帝甚至在不信上帝者身上工作以至他们是他们所应该是的那样；第二点事实，他们是他们所是的那样。上帝并不使他们成为他们所是的那样，他按照他们总是的那样以及他已经发现他们所是的那样来驱使他们。"① 由于路德承认了罪在事实中的普泛统治，如果承认罪来自上帝，会使人的罪恶感相对化，并由此减轻了上帝审判的严重性和真实性。路德对上帝创造一切里的一切和人对自己的罪负责这两个概念之间的矛盾听之任之，他似乎在述说信徒生存和上帝意志的神秘性，这种神秘性超越了一切人类的知识，包括神学知识。

"为我的上帝"其次是赠予的上帝。从对人的关系来看，上帝之创造活动是纯粹的给予和帮助。上帝按其本性来说不仅是创造者，还是善和爱。"神就是爱，住在爱里面的，就是住在神里面，神也住在他里面。"（约4：16）上帝在其存在深处就是爱，爱是属神的，所以爱就是上帝本身。上帝的爱体现在，他先创造并维持人的生命，更重要的是他给了人永恒的基业和财富，通过基督，上帝将自己也赐给了人们。上帝赐下自己的儿子时，乃是无偿给予，他不求人的感恩和谢礼，不受人的态度和行为的影响，高兴地将自己的善行白白施与不知谢恩的人身上。上帝的爱在基督钉十字架这一事件中得到极大的彰显，他为有罪的尘土般的人赐下了救恩，使他们因信基督得以脱离罪和死的威胁，得以参与到神永恒的生命中去。因而上帝是最慷慨无私、满有怜悯和恩典的，他希望人参与其中，与其分享其丰盛的生命。在此，我们理解到路德对"上帝之义"的发现，其实是其上帝观的根本变革。起初他将"上帝之义"理解为审判与惩罚的义，结果基督上帝就成了威严的审判官。后来他在《圣经》里发现此词与恩典同义，即上帝在其慈悲里用以通过信仰使人达到的义，上帝将自己的义转归与人，使人与他共同分享，这样，上帝（基督）就变成了满有恩典和怜悯的救主。于是，上帝就不只使我们分享他的义，而且人可以

---

① 保罗·阿尔托依兹：《马丁·路德的神学》，段琦、孙善玲译，译林出版社1998年版，第105页。

分享他一切的所有，在他将自己完全给予人并使那些属于他的人成为他的十字架事件中，他的赠予达到了高潮。

"为我的上帝"，最终也是最重要的，意味着"自我"之放弃并接纳"上帝作为上帝"为最高信仰原则。上帝之为上帝，就在于他粉碎人的自义和对上帝的一切预知，在人对自己感到彻底绝望之时，自觉地承认上帝是唯一的造物主，他无条件地白白地给予。就称义问题而论，人不能依靠自己的善功称义，人将自己善功作为成绩摆在上帝面前的做法，等于使作为创造者和给予者的上帝蒙受耻辱，仿佛一切有价值的东西都是他做出的，而非从上帝那来接受得来。人以为自己能够遵守律法，其实上没有一个义人，都背离了上帝。中世纪经院神学家，普遍相信圣灵在人性中造成了一种超自然能力，即受造习性，凭此人能履行律法，从而与上帝合作共同走向拯救，这种看法仍未见的，完全没有抓住上帝之旨意的含义。因为这种看法仍然把人的注意力转向了其行为和道德上的成绩的价值，即使这些都是在恩典的援助下完成的。有罪的人不可能完好地履行律法，只有通过基督和信仰，我们才被称为义。因信称义教义抵制人以道德上或宗教上的成绩为依据来确定自己在上帝面前的位置的做法，这意味着忘记上帝就是上帝，因为每时每刻，人之为人和人所有的一切所以属他都是上帝赐予的缘故。只有彻悟"无我"之人，才会将自己乃至世界让度出来，交与上帝掌管，自由地顺服上帝。"为我的上帝"若要成立，必须有人的自责，人将自己钉上十字架，承认自己的无能并在任何事情上都指望上帝。

十字架神学的上帝是自行启示又自行遮蔽的上帝，上帝在十字架上启示自己，同时又隐身于这种启示中。但是启示出来的上帝（Deus revelatus）和隐藏的上帝（Deus absconditus）之间的关系仍未得到路德明确的答复。十字架事件是否把上帝完整地启示出来？如何理解上帝的隐身？事实上路德使用隐匿的上帝这一词语要远比我们想象的少，他也经常使用多个词语来表达同一个意思（见自有的上帝与启示的上帝之区分）。毫无疑问，路德在十字架神学中使用了隐匿的上帝这一术语，而且他在多种含义上使用这一术语，这就使得后世研究路德的学者们就这一概念很难达成一致意见。但是，我们仍然能够看出路德大体上在两种意义上使用隐匿的上帝一词，当然这两种含义均与一般的"隐匿"概念的含义不同。第一，隐匿的上帝是指隐藏在自身启示中的上帝，在上一节中，我们知道上帝在十字架上的启示基于隐匿于对反之中的原则，上帝将力量启示在表面上的虚弱之中，将自己的智慧启示在表面上的愚顽之中，上帝隐藏在自身的每一启示之中，这就会得出自隐上帝等同于启示上帝的结论来，也就是说十字架已将上帝完全启示出来了。在十字架这一独一启示事件中，信仰之眼识别出启示的上帝，而感觉理智只能发现隐匿的上帝。上帝之启示和隐匿都同时包含在十字架里这一启示事件中，上帝的两面能否被认识完全取决于认识者的理解。比如就十字架上上帝的愤怒来说，理性只能看到上帝的烈怒，而信仰却领会到烈怒下掩盖着的慈爱。在十字架这一独一启示事件中，上帝的烈怒和慈爱被同时启示出来了，但只有信仰之眼才能解悟隐藏在外在工作之下的上帝的本己工作，也只有信仰之眼才能识别出隐藏在烈怒之下的上帝的仁慈旨意，并领悟到表面情况之下的真实事情。第二，隐匿的上帝是指隐藏在自身之后的上帝。路德 1520 年前似乎更多地倾向于启示上帝与隐匿上帝合一的观点，为了反对经院神学撇开基督思考上帝自身的思辨作风，路德依从约 14：9 中父与子同一的观点，强调作为本体的上帝和现象的上帝之间的合一。

　　1525 年，在与爱拉斯谟关于意志自由的论争中，路德逐渐意识到上帝的隐身问题的重要性，他主张在上帝的启示之外，人们还必须认识到上帝至深存在的某些部分是永远不会为人所知的。隐匿的上帝与启示的上帝之间存在着裂痕，不能简单地画上等号，隐匿的上帝被理解为永远对人保持未知的人格存在，他的旨意不为人所预知，这种理解与神圣预定论紧密相连，在此信仰必须承认上帝不可知意志的存在。从这一简易前提我们可以知道关于上帝，还有许多东西是人从其自身启示中所无法认识到的，路德严格区分了通过启示认识的上帝和永远不可知的上帝，这样自隐与自显上帝之间就构成了强张力，他认为这种区分只不过是知识论上（noetic）而非存在论上（ontic）的区分，即只与人的认识有关，他也承认在仁慈的上帝背后隐藏着一个其旨意截然相反的上帝。截至 1525 年，路德的上帝观似乎步入了死胡同，即上帝所意愿的许多事情并不显现在他的道中。[①] 上帝的隐匿和奥妙意志完全有可能与其显现意志相对立。路德就抛弃了早期基于十字架之上的原创神学原则，他传达了这样一个信息，即十

---

① See, WA 18, s. 685.

字架不再是上帝之道的最终启示场所，这似乎推翻了他提出的原则："十字架是我们的神学。"

路德在上帝的隐身问题上的疏忽对后世产生了深远的影响。福音派教徒们多持第一种观点，他们认为福音是上帝渐进启示的终点，十字架事件是整个上帝救世计划的高潮，基督之外别无拯救。因为隐匿的上帝等同于启示的上帝，所以《圣经》上的每字每句都是神的默示，拥有无上的权威，《圣经》的启示权威论从路德那里找到片面的证词。这种极端保守的立场不仅拒绝上帝对伊斯兰最大先知穆罕默德的启示，同时也将活生生的圣言锁闭在《圣经》文本的文字阐释之中。正统路德宗教徒坚守第二种观点，他们认为上帝的意志非人所能揣摩，反对加尔文教的"双重预定论"，双重预定乃是以神的眼光看待世人的最终结局，而人是无法完全明白上帝对世界和个人旨意的，而且预定永死在《圣经》上亦缺乏依据。

尽管路德对上帝的隐身问题缺乏深入细致的讨论，自隐自显的上帝观还是标示了理性（ratio）和信仰（fide）在十字架上的争执。对理性隐蔽的上帝恰恰对信仰敞开自身，理性自觉无知的地方，恰恰是信仰的知识领域。理性和信仰之关系这一古老的问题构成了十字架神学的核心内容，路德继承亚大纳西、德尔图良、圣·达米安等信心伟人的立场，力图廓清理性与信仰之界限，十字架神学再次响应了德尔图良的名言：雅典与耶路撒冷有何干系？（Quid ergo Athenis et Hierosolimis?）路德在谈及理性时，他是将其当作一个整体来谈，他并未对其加以特别的界定，但是我们可以看出路德在受造世俗王国和人神关系两种场合使用的理性一词的含义差别甚巨，另外，从人的生命发展过程来看，理性有三个阶段：上帝造人时作为恩赐给予人的理性，堕落后罪人身上的理性和新生后基督徒生活中的理性，路德认为每一阶段上理性的功能和权限都是不同的。

路德首先肯定了理性是上帝的恩赐和造物主赐给人的天赋，这是上帝给人头脑里最优越的才能。路德认为它是上帝赐给尘世的最基本和最主要的部分，某种意义上理性是神圣的，它超过世上一切。路德高度评价了理性的作用，保罗·阿尔托依兹写道："正是理性使得我们和其他生物，事实上与其他任何东西区别开来。通过它，人类可以行使其在地球上的主人身份，《创世纪》1：28给了人这个权利。理性给予人以光明，人们借此可以看见和管理世俗事务。理性是所有文化的源泉和载体。它发现并掌管艺术、科学、医药和法律。人们在现世生活中有智慧、力量、勤奋和荣誉的地方就有理性的存在。不要小看这一切，应当把它当作上帝高贵的恩赐来对待和赞美。所以路德和人文主义者一样欢迎他那个时代的科学进步，而不像经院哲学家。他十分高兴看到新的印刷技术，把它赞誉为末日前上帝赐给的最高的、最终的恩赐。"① 理性是上帝创造的结果，上帝按照自己的形象造人，因而将这种从事一切事情的理性力量植入人性之中，叫人能够对受造世界进行管理。

路德在高度评价理性的崇高功能和尊严的同时，指出了理性的局限性。"我们知道我们不能凭着自己的理论、思想、功劳、能力来到上帝面前，得着永生。我们的思想能力只能解决肉体的困难，供给今生的需要。人可以尽心竭力制造衣服鞋靴，管理家务，牧畜牛羊。裁缝鞋匠可以按照身量的大小，人足之尺寸去剪裁布料皮革，但人不能凭着理论思想去解决属灵的问题，属灵的事必须有另外的智能，另外的方法才可望解决，就是说必须上帝自己计划解决，必须借着他的真道把属灵的事启示于人。"② 显然，理性的任务就是规范和改善现世生活，在属世的领域，上帝委托人来治理，理性便独自拥有了最高权威，它自身包含着审判和决定正确规范的依据，对世俗事务施行管理。在这些事情上，《圣经》、福音和神学都无权干涉，因为《圣经》和福音并没有告诉人们如何制定正确的法律和如何处理国家事务，法律、政府和艺术等都是人类理性范围之内的事情，造物主在造人时就将它赐给了人，神学的任务只不过是证明它是上帝的创造。

而在属灵的领域，理性则表现出自己的无能。"有谁能明白三位一体之道呢？谁能解说清楚三位神格却是一个上帝呢？谁能理解上帝的儿子，第二位神，必须降世为人且由童贞女所生的奥秘呢？又有谁会了解除非借着基督死在十字架上的功劳，人就无法得着永生这番道理呢？假使上帝不曾把这番道理启示我们，我们永不会听见，也永远不会传讲这些事，更永远无人能够用笔墨写出这些道理来。"③ 理性能够认识到独一上帝的存在，

---

① 保罗·阿尔托依兹：《马丁·路德的神学》，段琦、孙善玲译，译林出版社 1998 年版，第 60 页。

② 克尔：《路德神学类编》，王敬轩译，道声出版社 1961 年版，第 1 页。

③ 同上。

但却无法知道上帝与个体生命的关系，路德承认人的自然本性拥有对上帝的某些洞察力，但这些洞见仅仅发生在认识层面上来，没有激发出任何对上帝个人援助的依赖来。理性可以理解上帝的合一，却不能理解三位一体中三个位格的合一。理性看不到、听不到、也理解不了上帝奇妙的活动、上帝的义和超人的方面，他的工作方式的辩证性，及他隐藏其公义和善于在相反事情上的似非而是，超自然的属灵奥秘只能为信仰所把握。一旦理性单靠自身去理解属灵的真理，必然对《圣经》感到困惑，上帝之道必会被认为不可信、不可能而且荒诞不经，理性在没有启示亮光照耀和圣灵的指引下，从属世领域跃入属灵领域，这种僭越使用必定产生不良的后果，就如同康德认为纯粹理性如若越过现象界进入本体界，就会产生先验辩证幻象一样。

堕落人的理性由于受到罪的缠缚，虽然仍能理解、调整和规范世界，但由于堕落人的误用，导致了理性能力的削弱和扭曲。理性的扭曲表现为人意识到运用自己的能力可以做出宏伟的业绩来，这就僭夺了上帝的荣耀和尊位，认为一切成就都是靠自己取得的，忘记了自己的智慧和能力来自上帝，遗忘上帝的同时将自己提升到上帝的地位上，人的自我意识和自信心剧烈膨胀，高举自己行为的价值和自己的荣耀，不是心怀谦卑和感激地承认一切均来自上帝并将荣耀和成就归于天上的父。理性的"我执"化进一步加深了人的堕落，人进一步背离上帝的意志，顺遂自己的贪欲，忘记自己不过是受造世界的管理者，替上帝看顾这个世界，相反人无休止地宰割和掠夺世界，理性及其逻辑上、技术上和文化上的能力没有因人的堕落而破坏，反而被人利用来满足自己的罪恶的虚荣。理性这一人类僵硬的"头颅"由于不顺服上帝，反而使人深陷罪恶的泥淖中，"因为我的百姓做了两件恶事，就是离弃我这活水的泉源，为自己凿出池子，是破坏不能存水的池子"（耶2：13）。理性正是这样的池子，因其陷在罪中，理性的能力受到牵制。在人与上帝的关系上，理性虽然接受伦理和宗教知识，路德还特别强调人的理性拥有自然规律，但是理性参与了人的堕落，被魔鬼所利用，成为了"肉体的理性"。理性就其本质来说是怀疑和批判的，它与上帝之道尖锐对立。信仰涉及不可见和不可能的事物，信仰接受上帝之道所启示的一切，理性却认为是不真实的胡扯。从哲学家的整个生命历程来看，理性不能达成坚固的信仰，哲人恰恰是宗教信仰的批判者和解构者，而只有上帝才能给予信仰。在路德看来，理性的堕落体现在称义问题上的善功称义论调，中世纪称义论都是理性误入道德主义陷阱的产物，理性局限于人本主义范式，按律法主义的路子去思考得救问题，漠视人的本性败坏和理性的无能，充分依赖善功称义的获救妙门。善功称义论主张人依靠带给上帝的善功来获取上帝救恩的临到，人要尽力完成上帝的律法和诫命，并遵循教会的教导，方可有灵魂获救的保障。理性不能理解福音，它发现自己与福音相抵触。理性无法理解上帝怜悯的伟大力量，凭借上帝的怜悯慈爱，罪人被接纳称为义人，而人同时仍是罪人，理性这种"肉体智慧"无法理解"同时是义人和罪人"的真义。事实上，路德认为理性和信仰的冲突并非没有宁日。因着信仰基督，人得称为义，有了抵御罪和死亡的坚固屏障，在圣灵的启示和工作帮助下，人的理性逐渐从罪中恢复为天赐理性，扭曲了的理性得到治愈。新生后的理性集聚了上帝所赐予的精华，正是信仰导致新生命诞生的奇迹，医治了理性的顽疾，理性敞开自身接受上帝之道和信仰的指引，顺服上帝成为一个好的工具为信仰服务，整个基督教神学的历史就是理性为信仰教义辩护论证的历史，理性只有在信仰的怀抱中才能正确地思考人神之救赎关系。

在我们基本上忠实地表述了路德的理性观之后，我们有必要澄清一下路德著名的"理性娼妓"说。这一学说为所有从事哲学和人文学术研究的学者们所诟病，许多人因此将路德看作是蒙昧主义信仰论的鼓吹者，很少有教外人士去认真研究一下路德此说产生的背景和针对的实际问题。在《囚徒意志》一书中，路德反对爱拉斯谟的半佩拉纠主义立场，爱氏认为人的自由意志若有理性的正确引导，必定能做出拯救的事情来。路德否认自由意志是圣经恩典教义的基础，他在内心深处认可对自由意志的否定是理解福音和进入信仰上帝的第一步。他指责爱氏滥用理性，认为"理性小姐"（mistress reason）是魔鬼的娼妓（the devil's whore）。路德此言虽然尖刻激烈，但就其指斥理性越界使用来说不无合理之处。路德洞见到理性自身的秘密"现在，既然当上帝拯救不配之人时，理性赞美他，理性又觉得上帝惩罚不配惩罚之人时犯了错误，于是理性就坚定地不把上帝当作上帝来赞扬，而是把上帝当作顺从自己的方便意思行事的上帝，也就是说，理性在上帝里寻找和赞美的不过是自我和事物本身，而非上帝和上帝的属事。"① 对上帝真道和信仰的强烈抵抗来自人的理性，因而依靠理性人只能走向死亡和毁灭。路德虽然斥骂理性，但他本人对哲学是相当尊敬的，在《桌边谈》中有记载写道："属灵的事是不容人拿哲学理论去解释的，我并非说人不可研究哲学，教授哲学，乃是说不可过于看重哲学。哲学固然是有用的学说，但其功用是有一定限度的。我们必须顺着上帝的指示利用哲学思想且用得适合中庸之道，适合我们的需要为止。我们利用哲学如同喜剧中的一个人物一样，但不可与神的道混为一谈。"② 如果我们真的理解到理性的边界，就不会苛责路德在辩论中的过激言行了。

　　路德为理性划界，他充分肯定了理性在属世事情上的积极作用，但是属灵的事情上理性必须让位给信仰。信仰关涉到的是人与上帝的事情，路德的信仰观大致包含三个方面的内容：信仰与上帝之道的关系，信仰的个体性特征以及信仰与经验的关系。路德坚持《圣经》整体解经原则，视《旧约》和《新约》分别体现了上帝之道的两种形式：律法和福音。在基督耶稣里表现出的信仰的意义，只有在有关称义及基督其人及其事工中才能清楚地理解到。路德立足在基督中心论的立场上，认为律法不过是上帝之道的初阶，上帝的律法写在每个人心上，在上帝向世人宣告以前，它早已为人的自然理性所认识，所以律法不是信仰的对象，至少和福音不是同一层次上的信仰对象。于是上帝之道就主要是福音之道或应许之道。路德认为信仰和上帝之道紧密相连，信仰之存在是对上帝之道的反应，人同时又不能离开信仰来谈论上帝之道，因为上帝之道的本性是要召唤人们的信仰，通过信仰，上帝之道才能在人心中工作。信仰和上帝之道的关系并非是对等的，信仰来自上帝之道。信仰的生成并非来自人的努力，信仰并非人的自信心理的产物，也非一种主观的理想或信念，脱离任何对象与人无关。

　　如前所述，路德在上帝之义的发现中，已明白信仰完全是上帝对人怜悯的恩赐和开示。然而启示事件的发生也需要人之耳对上帝之道的聆听，路德忠实于保罗的劝导："可见信道是从听道来的，听道是从基督的话来的。"（罗 10：17）因此，倾听道先于信仰，上帝之道通过倾听进驻人心，

---

①　Martin Luther, *The Bondage of The Will*, Grand Rapids, 2000, p. 234.

②　克尔：《路德神学类编》，王敬轩译，道声出版社 1961 年版，第 2—3 页。

从而使人心接受上帝的应许并尝试这种应许。人心生成的信仰是人们坚持上帝应许的意志的一种活动。信仰来自上帝之道，并以它为对象。"在信仰中，除了记住上帝之道外，一切都须抛到脑外。……信仰只能依靠道，紧紧盯住道不放。对其余一切都视而不见。"① 信仰上帝之道与通过道信仰上帝是一回事，因为上帝和基督通过道向人们展示出来。信仰是直接相信上帝，上帝之道本身并没有传达纯粹而又客观的真理，并非放之四海皆准的公理，自身能保证自身的正确性，上帝之道的权威性来自以应许之道向个我说话的上帝及其权威，所以信仰总是个体生命与上帝自己和基督的实质性交往关系，信仰意味着无条件地相信道里的上帝，认其为信实、公义和圣洁的上帝，并将其当作上帝来承认和荣耀。信仰严肃地把上帝当作上帝，排除一切自我的僭越。信仰荣耀了上帝，并实现了主的第一诫命，在信仰中人与神同在。就信仰与上帝的关系来讲，保罗·阿尔托依兹写道："信仰与上帝以两种方式互相关联。首先，真正的信仰只能有一个对象即上帝，因为只有上帝才能无条件地受到信赖。其次，无条件地相信上帝的信仰才真正地把他当作上帝。信仰是与上帝的关系。上帝是我们能够而且必须信任的。如果我们想说明什么是信仰，我们必须谈到上帝。如果我们想说谁是上帝，我们必须谈论信仰。"②

信仰以上帝之道为对象表明，信仰没有创造而是倾听和接受上帝之道，这就决定了上帝在与人的关系中的优先地位，上帝之道给人的恩典必须通过信仰去获得，只有如此，它才是真实的。信仰是上帝之道工作的场所，上帝之圣灵通过道使信仰对人起作用。不是信者而是道使上帝起作用。信仰不是人努力的结果，它不是人自己的产品而是上帝在人里面的奇妙创造。路德在《希伯来书注释》中区分了人的信仰（fides humana）和神圣信仰（fides divina），他认为前者是蜡烛，来自自然本性，属人的智慧、理性和劝导；而后者恰似太阳，来自恩典和上帝大能的右手。③ 路德在 1522 年所作《〈罗马书〉序言》中写道："信并不是如有些人所存的那种俗世观念与梦想。因为他们看到并没有什么生活上的改善或良好的行为

---

① WA 10, s. 423.

② 保罗·阿尔托依兹：《马丁·路德的神学》，段琦、孙善玲译，译林出版社 1998 年版，第 41—42 页。

③ See, LW 29, p. 235.

随信而来，同时却多听到信，说到信，如是他们便流于错误，说："信是不够的，一个人必须努力行善，才能够称义，得救。'因此，当他们听见福音的时候，他们便凭着自己的能力，在心里产生一种想法来说："我信"。他们以为这是真信，但事实上这不过是一种人的幻觉，观念，绝不能达到心底；所以没什么效果，没有什么改进随之而来。"① 像这类人能有意制造的东西，如"自造的信仰""人为的作品"，等等，在面对死亡时被证明特别贫乏无力。在人生的关键时期，在罪、死亡和地狱中，"自造的信仰"就失灵了，人造信仰本身就是对上帝的大不恭敬。只有上帝在人心中唤醒的信仰才有能力对付罪、死亡和地狱。因为上帝用他的道来唤起信仰，并且上帝亲临在道中，所以信仰有着与道甚至与上帝相同的大能。因此，只有上帝的道才使信仰起作用，道通过让人信服其正确而使信仰起作用，只有道的权威，即上帝之道里的上帝本身才能成为信仰的基础，其他权威都不行。

路德非常重视信仰的个体性特征，他强调上帝之道向个我证实自己。道与人自己的内心生活不一样，它与人对立，从外突入人心与人对话。因为人不能对自己说这道，所以道一定会被听见。一旦听到它，道就进入人并驱动他的内在心灵，使人信服真道，承认自己是罪人，同时将这道肯定为上帝的真理。上帝之道将人从自我带入"我信"（credo）的信仰宣认之中，上帝之道在人心见证自己的同时获得了确定性。个体的人，作为一个十分独特的和无法取代的人，他是"心灵"或"良心"。上帝的道单独对人说话，使人直接与上帝建立关系，在人与上帝之间，没有其他阻隔。没人能取代个体的位置，没人能介入并带走孤独个体在上帝面前所获的恩典和应负的责任。信仰是无条件的个人的行为，上帝的道与不可替换的"个我"同在，道让人以独一无二的个我站在他面前，唤起人的信仰，这个信仰真实而肯定地属于个我。路德认为信仰是个体生命的灵性属事，没人能替别人信仰，"每个人都只为自己信仰"。② 基督徒只为自己信仰而不代表别人信仰，同样世上的所有基督徒团体和代人祈祷者也不能除去信仰的这种个体性特征。路德认为信仰犹如死亡，人必须独自面对这种残酷的

---

① 章文新［编］：《路德选集·下》，金陵神学院托事部1957年版，第241页。
② LW 35, p. 151.

事实，无人能代替人去死亡和挣扎，人得为自己去打信仰的仗。在最终危难关头，人必须绝对地肯定自己，此时信仰就完全为个人所拥有。信仰的肯定性表明信者已参与到上帝的生命和救赎计划之中，人对获救已有了确切把握。上帝的普遍恩典只有通过信心的生成和成长，才能为个体所据有，个体生命对信仰的肯定就是对灵魂获救的肯定。在弄清楚信仰的个体化特征之后，我们就能理解路德的名言：信仰创造上帝。显然信仰来自上帝的恩典和启示，我们不能像费尔巴哈那样推断出人造上帝的结论来。信仰之所以能创造上帝。乃是因为自在的上帝要成为自为的上帝，上帝也需要人的信仰和敬爱，他要成为人心中的活的上帝，是信仰召唤出上帝来。

　　十字架神学充分揭示了信仰与经验的对立。信仰的目标是上帝的应许之道，上帝的应许是隐而不见的实在，这种实在不能成为经验的对象，只能通过信仰道而被认识。信仰与人的经验认识的结果恰恰相反，"信是所望之事的实底，是未见之事的确据"（希11：1）。路德认为上帝本身是隐藏着的，只有通过信仰道，人才有可能拥有他和他的应许，上帝的不可见与人的信合为一体。上帝把自己和自己的拯救藏起来，以便人有空间去信仰。十字架的上帝的意图隐藏在每一启示中，"与我们看到的，感觉到的和经验到的东西正好相对立的是藏得最深的"。① 上帝和他的拯救藏在其对立面里面，从理性和经验的眼光来看，上帝好像在做着与其最终旨意相反的事，即上帝把自己藏在其对手撒旦的伪装下。于是信仰就会受到来自经验的抵制，它用经验反对自己，通过与之相反来保存和证明自己，经验就成了对信仰的试探和考验。信心力图摆脱经验感觉的束缚，坚定地相信上帝的道在"不"中隐含着深沉而秘密的"是"。信心超越经验，信仰是人与未知世界打交道的艺术。

　　显然，路德关于感觉意识世界和信仰世界的辩证区分是要传达这样一个信念：上帝在此世上工作，特别是在十字架上工作，但是这种事工对感官是隐而不显的。正是信仰且唯独信仰抛弃了通过理性自然能力认识上帝应许的种种希望，实现了勇敢的一跃，方才看到"上帝的后背"为何，理性和经验只能混淆了上帝外在工作与本己工作，自隐上帝与启示上帝的关系，不能识别出二者实为一体，后者隐藏于前者之中。信心超越经验，

① LW 13, p. 22.

但二者并非处于绝对的冲突之中，存在着一种由信仰本身产生的经验。它与一般的经验主义的经验不一样，乃是一种新的，属灵的经验。信心是一种冒险，它把一切都抵押在上帝之道上，路德在《论圣餐与男修道会》一文中写道："一切都在乎信心，没有信心的人如同一个必须过海的人，但心中胆怯不肯乘船，因为不相信舟船。这样的人只得留在岸上永不得过海，因为他不肯上船。"① 信本身要求抛弃一切自我信赖，只坚持道，它知道自己的基督是道，它通过圣灵经验到道的力量。但是由信仰产生的经验并不常有，信仰仍须面对生活和罪等经验事实的侵扰，这就决定了基督徒的一生必然处于信仰和经验的争战之中。

　　总而言之，路德的信仰观与隐匿于感觉世界之后的形上王国毫无关系，并不包含任何新柏拉图主义的东西，但与上帝在此世上的工作方式有关，这种方式结晶、集聚并聚焦于基督在十字架上的死亡。通过基督的十字架和复活，尘世的愚顽变成了路德神学的基础。路德的信仰观凸显了信仰的生存论实质，这与他所使用的概念——"精神困苦"（anfechtung）有关。此德文词不易翻译，因其意蕴较为丰富，一般来说译为侵袭要明白些，而译为诱惑则要准确些。路德认为死亡、魔鬼、世界和地狱一并骇人地袭击人们，迫使人们退到绝望和怀疑的境地。精神困苦是一种绝望和无助的状态，与苦恼（angst）这一概念含义相近。精神困苦一词一般也译为试练，义含诱惑（tentatio）、攻击（impugnatio）和试探（probatio），意指客观上追加于信徒之上的力量，以及这种力量在主观上产生的后果，即信徒主观上遭受攻击产生的怀疑、焦虑甚至绝望的状态。

　　路德认为一切试练均来自上帝，上帝凭借其外在工作，意在摧毁人的一切自我信靠和自满，迫使人退到绝望和谦卑的地步，为的是使人最终皈依上帝并除去称义之道上的所有障碍，信徒体味到藏于试练之下的仁慈，明白了上帝所施的奇妙救赎工作。正是因为这样，路德将试练视为"珍贵的绝望"（delicious despair）。试练并非其精神成长过程中会神秘消失的短暂疼痛，而是基督徒生命中持久和真实的特征。基督徒为求得灵性的进步，必须持续地返回到十字架跟前，重新经历这种试练。A. E. 麦格拉思认为："无论直接或间接地，路德区分了上帝的试练和撒旦的试练，前者

---

① 克尔：《路德神学类编》，王敬轩译，道声出版社 1961 年版，第 107 页。

关系到称义教义，特别与律法和福音，外在工作和本己工作，自隐上帝和启示上帝之关系有关；而后者则与信仰的根本事情相关，例如怀疑自己的拣选，或者追问基督是否为我们而死。"① 撒旦的试练引来上帝的愤怒和审判，人认识自己浑身是罪，与上帝隔绝，为了抗拒上帝的愤怒而逃离上帝，陷入更大的精神困苦之中，如何才能从中解脱出来？路德认为答案在于被钉十字架的基督，他为我们遭受着同样的试练。基督为我们成为罪人，为的是他的义能够成为我们的。

　　如前所述，我们已经指出了"外在基督之义"这一概念，基于"奇妙交换"（commercium admirabile）这一中世纪奥古斯丁传统，我们可以理解道成肉身的秘密，基督主动地承担了我们的罪，以使我们能分享他的义。路德使用人的婚礼来喻指这种交换，新郎与新娘成为一体。通过信仰，信徒进入与基督的灵性婚礼中，结果神人的属性发生了交换。正如信徒同时是义人和罪人，信徒同样处于信仰与试练的矛盾之中，这种生存悖论在此生无法得到解决。然而，只要哪儿有真正的信仰，试练就坚固信仰。路德循着经院古学到新学的轨迹，使信仰从认识（notitia）层面转到生存意志（velle）层面上，他认为信仰不能建基于自身之上，信仰终极地根植于对上帝意愿（velle）的知识之上，而非对神圣存在（esse）的认识之上。于是，我们知道十字架神学就是且唯独是信仰的神学，唯独信仰也就等同于唯独十字架（sola crux）。在十字架神学中，信仰有两重功能：正是通过信仰，十字架的真正意义才被认识到；唯有通过信仰，上帝的力量才能被起用。信仰包含认识和生存两种要素，除非人有信仰，否则他永远不会理解十字架的真义，十字架的奥秘永远对他隐蔽；同样，除非人有信仰，否则在奇妙交换里，十字架上已被知晓的意义就不会具有实践上的效用，变成信徒里基督真实而又有效的临在。路德曾经强调过，信仰是打开十字架隐秘之门的唯一钥匙："十字架是万物之所倚，懂得的人有福了。"②

---

① Alister E. McGrath, *Luther's Theology of the Cross*, Oxford, 1985, p. 172.
② WA 5, s. 84.

第三节　称义神学的自由观

十字架神学是信仰和启示的神学，它指明十字架是上帝启示自身的地方，对上帝自身及其旨意的理解必须通过信仰方可实现，然而，十字架上又存在着理性与信仰的尖锐冲突，这就决定了路德对自由的理解只能局限于信仰之内，而且自由乃是信心胜过经验的结果。信仰的特征是它不寻求经验而是让理性靠边站，闭上眼睛，把自己交给上帝的道，通过生和死来跟随上帝的道。信仰意味着将自己的思虑和计量交托出去，完全信靠上帝及其道，实现从自然到自由的勇敢一跃。人依靠眼耳鼻舌身意所经验到的一切都局限于自然界，伏在罪和死亡的统治之下，这恰恰与福音和圣灵的自由之道相反。基督徒的一生处于信心与经验的征战之中，人把经验抛到脑后，用上帝之道充塞耳朵和填满心，并坚信它，尽管人的罪过好像没有消除，人感觉到罪的存在，但人不能老是去思考罪，人应坚信主耶稣的话："在世上你们有苦难，但你们可以放心，我已胜过了世界。"（约 16：33）不断地认为死亡、罪和地狱已经被战胜了，信心就能够胜过罪、死亡和魔鬼。信心与经验争战的规律是：信仰越多，经验越少，反过来也如此。经验世界中的罪提供给信仰操练的机会，当信仰增强时，罪和死的威胁就越来越不成其为一种负担。当人的自我死亡并且人摆脱了人性中固有的恶时，理性的经历才会在永恒中停止，于是另一种智慧和经验就产生了，这是从上帝恩典中赐下的摆脱束缚的自由。"所以天父的儿子若叫你们自由，你们就自由了。"（约 8：36）信仰毫不张扬地带领人们穿越罪、死亡和地狱，使人看到救赎的真理，至此人们才完全明白了信仰的意义：死亡和一切困难都已克服了。信仰与经验的生存性悖论在此生无法得到圆满解决，在末世论中，信仰使人看到上帝的新天地，人便与上帝建立了正确的自由关系。

路德的自由观在与爱拉斯谟的争辩中得到很好的展现。1524 年 9 月 1 日，迫于敌友双方的压力，教皇和贵族希望爱氏撰文支持传统信仰，友人要求他发表言论澄清自己的立场，以免其敌对方（路德派）将其视为隐性路德宗信徒，爱拉斯谟发表了《关于自由意志的争辩或比较》（*Diatribe seu Collatio de Libero Arbitrio*）一文，爱氏指责路德剥夺了本属人的自由意志，并使一切事物都处于必然性律法的控制之下，结果人也就失去了道德责任，无法意愿并实行善。此文深得教俗各界的好评，为捍卫自己的立场，路德被迫于 1525 年 12 月发表名著《囚徒意志》，此文篇幅四倍长于爱氏论文且论调更加犀利和诤辩。在此文中，路德系统地批判了爱拉斯谟的半佩拉纠主义立场，指出善功称义的谬误，阐明了"本乎恩，因着信"的圣经真理。关于自由意志（freewill），爱拉斯谟定义道："而且，我将本文中的自由意志认作是人的意志的一种力量，借着它，人可以做成那些导致永恒拯救的事情，或者背离这些事物。"① 人的意志的力量指一种意愿或不意愿，选择或拒绝，赞成或反对，履行一切其他意志行为的力量、功能、倾向和性情。路德指责爱拉斯谟抽象地谈论意志（will）是一种中立的意愿（willing），意志无善恶记号，事实上上帝和撒旦都不允许有一个中立的意愿存在。

彼得·隆巴德认为意志在恩典的光照下，可以鉴别和选择善，缺乏恩典意志只能从恶。如前所述，奥古斯丁认为自由意志出于自己的力量只能趋向于罪恶和堕落，在其第二本《反朱利安》一书八章二十三节中，奥古斯丁将自由意志唤作奴隶意志（slave will）。路德同意隆巴德和奥古斯丁的看法，认为自由意志应该谨慎地称为可变化意志（vertiblewill）或可转化意志（mutablewill），人的意志无法做出拯救的事情来，永恒拯救是指那些上帝的话语和工作，上帝的话语要求律法和福音，而律法又要求事功，福音要求信仰，唯有上帝的道和工作能使我们进入上帝的恩典和永恒拯救。他告诫道："这明明白白地将神圣归予'自由意志'！因为去意愿律法和福音而非意愿死和罪，这只对神圣力量才有可能，正如保罗在多处谈到的一样。……自由意志是一个神圣术语，并且表示一种神圣力量。"②

路德认为自由意志是神圣意志的同义词，爱拉斯谟将这种神圣力量归与人实在是比佩拉纠和智者们有过之而无不及。因为佩拉纠主义者和智者们将这种神圣归于整个"自由意志"，而爱拉斯谟则只将一半归于整个"自由意志"。前者将"自由意志"的两个部分：鉴别力和选择力分别归予理性和意志；而后者则抛弃了鉴别力，独独高举选择力，只用选择能力

---

① Martin Luther, The Bondage of the Will, Grand Rapids, 2000, p. 137.
② Ibid., pp. 140—141.

来描述"自由意志",这就将跛脚的"半自由意志"赋予了上帝。爱拉斯谟的确是位半佩拉纠主义者,尽管他对自由意志下了严谨的定义,但他也说过自由意志无恩典便是无效的话。爱拉斯谟区分了三种自由意志。第一种自由意志为严酷和大概已自足的自由意志,但是这种自由意志亦需要特殊恩典的帮助,才可能去意愿、开始、逐渐实现并最终完成。第二种自由意志为比较严酷的自由意志,认为自由意志无一是处,只会造恶,唯有恩典独自做出善功来。第三种自由意志是最严酷的,自由意志只不过是一个空洞的词汇,上帝在人里造恶和善,一切发生皆出于必然。爱拉斯谟选择第一种自由意志,因为它为人的努力和追求留出了空间,同时又不将这一切归诸人的力量。第二种自由意志实际上出于奥古斯丁,路德和威克里夫持第三种观点。

路德认为爱拉斯谟在自由意志问题上自相矛盾,既然是自足的,自由意志为何又需要特殊恩典的援助,说到底这是将上帝恩典与人力相妥协的结果。爱氏将佩拉纠主义引入福音主义中来,因而走向谬误,路德在自由意志问题上走得比奥古斯丁更远,他认为:"论辩中产生的三种观点,对我来说只不过是我一直坚持的那一种,因为一旦承认或者设定了'自由意志'已失去了自由,伏在罪的统治之下,并且无法意愿善。我就只能从这些话语中得出'自由意志'是一个空洞无实的词语的结论来。在我说来,一种丧失了的自由实在等同于根本没有自由,并且将自由的美名加在毫无自由的东西身上,实在不外乎将它应用于一个毫无内涵和意义的空洞词语上。"① 路德彻底否定了人有自由意志的观点,在奥古斯丁肯定非自由意志人不能行出正当行为之处,路德否定了它是正当行为的力量源泉。他对自由意志所采取的唯名论立场,并不能说明他自身的软弱,恰恰相反,他抨击爱拉斯谟关于自由意志的论述是他所见过的最无能的书本。②

路德反对以任何形式将上帝视为旁观者的神化概念,上帝被动地看着人的行为,他并不参与到其中。爱拉斯谟持此立场,认为自由意志是人独立于上帝之外人能发出行动的内在力量,路德认为这种力量根本不存在,上帝是唯一的使动者,出于上帝的必然性目的,人不可能独立行动。爱拉

---

① Martin Luther, *The Bondage of the Will*, Grand Rapids, 2000, p. 148.

② See, Ibid., p. 79.

斯谟在人、上帝和魔鬼之间的关系上犯了错误，他认为人的自由意志是可变的并处于一种中间状态，上帝和撒旦站在一侧旁观。爱氏不相信上帝和撒旦是奴役意志的急先锋和驱动者，二者处于你死我活的争战之中。爱氏的观点必然产生如下后果：要么人里的撒旦王国不真实，于是基督就是撒谎者；要么基督所说为真实，自由意志仅是负重的走兽和撒旦的囚犯，若无上帝大能的右手首先将撒旦擒获，"自由意志"就永远没有自由。于是路德提出了著名的"囚徒意志说"。"所以人的意志像站立在两名骑手间的走兽。如果上帝骑上去，它就会随上帝的意愿和吩咐而行，如诗73：22—23所说：'在你面前我如畜类一般，然而我常与你同在。'如果撒旦骑上去，它就会随撒旦的意愿和吩咐而行。它也不能选择哪个骑手来驾驭，或者它能找到骑手，但是骑手们却争相抉择谁来拥有并支配它。"①人的意志没有自由，只不过是囚徒，路德彻底颠覆形而上学意志自由观的思辨，深化了对灵界正邪两种力量较量的认识，人并非脚踏魔鬼仰望上帝，处于二者之间，而是完全处于二者控制之下。人靠自己无法胜过魔鬼，魔鬼是背叛了上帝的上帝，唯有依靠上帝之道，人才能胜过魔鬼。

　　路德以真正一神论神圣救主和恩典获救的教义取代了爱氏自由意志和善功获救的神化教义，《囚徒意志》教义表明，人的自然理性必须承认神圣自由意味着人的必然性，承认上帝的全能和预知，从不可辩驳的逻辑出发，自然得出上帝必定施加必然性予人们的结论来。上帝的全能并非是指他没做他所能做的能力，而是指那种施工于万事万物中的积极能力。路德反对爱拉斯谟援引《圣经》只言片语和古典著作来为"自由意志"的合法性和功效辩护的做法，爱氏否认《圣经》的权威性的明晰性，视基督教为一种哲学，具有道德教化功能，混淆了律法和福音的区别，贬低了上帝恩典的价值，动摇了基督信仰的房角石，虽拥有渊博的圣经知识，却不是神学家。路德高举《圣经》权威，他认为整本《圣经》都在反对自由意志：如保罗论上帝的恩典，罪的普泛统治，礼仪事功不能称义，基督的功劳，因信获救的道理和白白称义等。因此，人的"自由意志"单靠自己无法行出律法所要求的善并做出拯救来，仅是一个有声音的言辞而已，人的意志是囚徒，是一匹困兽，由上帝和魔鬼来驾驭。不像爱拉斯谟，路

---

① See, Martin Luther, *The Bondage of the Will*, Grand Rapids, 2000, pp. 103—104.

德认为教义事关基督信仰的本质，《囚徒意志》教义特别关乎福音的房角石和信仰的真正基础。基督教有其伦理原则和规范，但它不是一种道德哲学，基督教首先是教义和信仰，因为道的宣告和教义陈述组成了福音的内容。否定"自由意志"对路德来说是圣经恩典教义的基础，并且内心认可《囚徒意志》教义对任何人来说都是理解福音和进入信仰上帝的第一步。

路德虽然否定了人的意志自由，他却没有说人不能享有自由，1520年路德发表改教名著《论基督徒的自由》（*Von der Freiheit Eines Christen Menschen*），系统地阐明了基督教的自由观。自然人的意志乃是囚徒，无法抗击罪和死，执着于自我，行事为人以自我为中心，忤逆上帝的意志，不听从上帝的话语和旨意，从而与永生之道断绝往来，伏在撒旦的统治之下，将受上帝的永罚。为要从受奴役的悲惨生存境况中摆脱出来，必须依靠外在力量。路德说道："对于生命，对于基督徒的自由，有一样的东西，并且只有一样东西是必需的：那就是上帝的最神圣的道（word of God），基督的福音。如基督所说，'复活在我，生命在我，信我人永远不死'（约11：25），'天父的儿子若叫你们自由，你们就真自由了'（约8：36）'人活着，不是单靠食物，乃是靠上帝口里所说出的一切话'（太4：4）。"[1] 如果说人从囚禁中解脱出来获得自由这种结果，那么解放力量和自由的原因则是上帝之道和福音，唯有上帝才能使人离罪得义，离苦得乐，获得拯救和自由，因而自由本质上就是上帝的恩惠礼物。上帝赦罪解救的能力要达及人并起作用，必须通过信仰，因为只有信仰和有效地实行上帝的话，才能带来拯救。因信称义而非因事功称义，"无须乎'事功'，单有信仰就能释罪，给人自由和拯救。"[2] 通过信仰，人获得自由，这说明基督徒的自由是信心中的自由。借着信仰，人从自然状态进入蒙恩状态，生命发生了改变，从肉体、外体和旧的人转变为属灵、内心和新的人，"若有人在基督里，他就是新造的人，旧事已过，都变成新的了"（林后5：17）。这新人就是基督的胚胎，由此，人效法基督，不断改造自我，逐渐模成基督的样式和身量。

---

[1]　Martin Luther, *Basic Theological Writings*, Beijing, 1999, p. 597.

[2]　Ibid. , p. 600.

　　路德认为信仰具有如下三个优点：①信仰的功效并不在于让我们偷闲安逸，或者过一种邪恶的生活，而是在于让人们无须乎律法和事功而获得释罪和拯救，也就是说信仰借着恩典完成了律法。②信仰以极度的崇敬和最高的美名来尊崇它的信仰的上帝，因为它把他看成可信靠的和值得信仰的。③信仰将灵魂和基督结合起来，好像妻子和丈夫结合一样，凭着信仰的奇迹，人得以从基督身上支取自由。正是有了信心的自由，才行出美善的行为来，做出蒙上帝喜悦的善功来。事功是信心的结果，反之则大谬，因为事功无法造成信仰和赦罪，但信心却造就一个有信仰和被赦罪的人，并因此使其事功变为美善。信心的自由并非是放纵情欲的借口，可以蔑视一切律法、善功和仪礼。信心的自由并没有除去事功本身，而是破除了人对事功的执着和迷信，就是那种人想凭事功求得释罪的愚蠢想法。事功乃是外在的善和信仰的外在表现，事功确证和坚固信仰，但切不可以为它可为人赚取获救和赦免，进而视其为神圣的意欲。基督徒的自由不是形而上学的思辨自由，它是一种从上帝那里获取的行动能力，借此能力，基督徒顺服上帝的意志，去努力实践神的诫命和完成律法的要求。

　　信心之自由同时意味着顺服上帝，且从服从上帝而来。但是服从上帝意味着成了新的囚徒或奴隶吗？就像哲学家尼采所批评的那样，基督教宣扬奴隶道德。我们要问的是，顺服上帝就意味着成为奴隶吗？看看路德如何对待这一问题吧！他在《论基督徒的自由》一文开首就提出了灵魂的主奴命题："一个基督徒是一个主宰一切的自由者，不服从任何人；一个基督徒是一个对一切都尽职尽责的人，服从所有人。"① 基督徒既是主人又是奴仆，这话听起来非常矛盾。但只要想想基督本人的一生就不难明白其间的调和一致。基督虽是万物之主，但仍然是由一个妇人生出来，仍然要服从律法，同时是自由的又是一个奴仆，同时具有上帝的形象又具有一个奴仆的形象。基督本人如此，效法他的基督徒更是如此。就基督徒作为世界万物的主人来说，路德指的是内心信仰中的人，灵性之人与基督同享王位和祭司身份。就王的份位来说，每一个基督徒凭信仰被提高超越一切事物到如此的高度，以至在属灵的权力上他完全是一切事物的主人，因而无论什么东西都不能给他任何损害，不仅如此，一切事物都还要受他支

---

① Martin Luther, *Basic Theological Writings*, Beijing, 1999, p. 596.

配，被强迫来为他的救助服务。如保罗所言："我们晓得万事都互相效力，叫爱神的人得益处，就是按旨意被召的人。"（罗 8：28）每一基督徒被派定掌握并统治万物，这决不是有形的权力，而是一种属灵的权力。路德对此权力如此解释道："它在敌人之中进行支配，在苦难中大有力量，这就是说，这力量能在弱点中得臻完善（林后 12：9），能使一切东西转变成有利于我的拯救（罗 8：28）；因而甚至十字架的死亡，都可被迫为我服务，并一齐为我的拯救效力，这是一个崇高而显赫的份位，一个真正的和全能的统治，一个属灵的帝权，只要我有信仰，那里面的一切，无论是多好或多坏，没有不一齐为我的益处而效力的。但是，因为为了我的拯救，单有信仰就足够了，我什么都不需要，只有那些信仰可以在其中能执行它的自由权力和帝权。这是基督徒不可估量的权力和自由。"① 路德还认为基督徒不仅是一切人的王和一切人中最自由的人，并且也永远是祭司，享有比王位更高的份位。凭着祭司的份位，基督徒便有权出现在上帝之前，替别人祈祷，并彼此互相教导属于上帝的东西。

在此，路德叫出了"信者皆祭司"的改教口号，明确承诺了信者皆基督。信仰使人成为上帝，基督徒的灵性主权不啻是对萨蹄尔②的门徒尼采的有力回击，基督徒不仅是温顺的羔羊，还是万物的主宰，享有完全的自由。就基督徒作为世界万物的仆人来说，指的是基督徒还非末世论上完全彻底的内心和属灵的人，他还活在肉体中，还只是在开始那要在一个未来生命中才能完成的事业，不过是圣灵初熟的果子。他在内里并不做工且自由自在，在外里他要做一切的工并且受一切人的支配。基督徒要遵守基督的诫命和律法：爱上帝及爱邻人如己，而爱依其本性来说，总是顺从和忠顺于所爱的对象的。因此，基督徒在他的一切工作中，只应该抱有这样的见解和目的：在他所做的一切事情中，他都能为别人服务并对别人有用，在他眼前除了他邻人的需要和利益之外，就不应该有别的什么了。路德说道："当一个人充满了喜乐和爱从事于属于他自愿而无所求地为他人做的那种最自由的服役，而自己极度满足于他自己信心的丰富和充实之

---

① Martin Luther, *Basic Theological Writings*, Beijing, 1999, p. 607.
② 萨蹄尔，古希腊神话中司丰收的农神，酒神狄奥尼索斯的侍从，经常喝得酩酊大醉，行为放荡淫秽。

时，这就是真正的基督徒的生活，这就是实在地借着爱而工作的信仰。"①
作为仆人的基督徒必须压服肉体的欲求并侍奉邻人，不要求任何与上帝意
志抵触的东西。基督徒就像基督虚己取了奴仆形象一样，为要将爱实行出
来，甘心服侍一切人。遮盖邻人的罪，并为他们祈祷，把他们的罪承担起
来，并因而在其中劳苦、忍受奴役，仿佛它们是自己的罪，做邻人的仆人
意味着做邻人的基督。如果我们明白基督徒同时是义人和罪人，我们也就
不难理解同时是主人和仆人之辩证关系，十字架神学的自由观要求人们从
奴仆的外在形象中识别出自由的内在形象，明白这种"似非而是"的奥
妙需要信仰。

　　总而言之，基督徒的自由是一种真正的灵性上的自由，使人心超脱一
切罪、律法和戒律，这种自由远远超越一切其他外界的自由，像天超越地
那样远。灵性的自由超越了律法，并非康德道德意义上的自由，当康德认
为理性为意志立法，通过道德自律以实现自由意志时，他仍是在良心或善
良意志之上悬挂着冰冷严酷的客观实践法则。路德明确反对这类自由，他
说道："基督废除了全律法，尤其是对良心施暴政的道德律。"② 灵性自由乃
是存在论上的自由，它的特征在于解放，即从罪、死和奴役中解脱出来，
正如存在论上的真理为解蔽一样（海德格尔）。灵性自由不同于认识论上的
自由，黑格尔认为自由乃是一个精神自我认识的过程，精神通过克服自己
的对立面最终回归己身，实现对自己的充分认识。两种自由观实质上是希
腊精神与希伯来——基督教精神的区分，希腊人在自我认识中与自己合一，
实现自由，而基督徒则在敞开自己、顺服上帝及邻人的实践中实现自由。
就基督徒的自由生活，路德说道："一个基督徒并非活在他自身之中，而是
活在基督之中，活在他的邻人之中，否则他便不是基督徒：他凭信仰而活
在基督之中，凭爱而活在他邻人之中。凭信仰，他被提高向上，引到上帝
面前；而凭着爱，他住下，则降落到他的邻人面前；不过，这时他仍然常
常住在上帝和上帝的爱里，如基督所说，'我实实在在告诉你们，你们将要
看见天开了，上帝的使者上去下来在人子的身上。'（约 1：51）"③

---

①　Martin Luther, *Basic Theological Writings*, Beijing, 1999, p. 617.
②　路德：《加拉太书注释》，道声出版社 1966 年版，第 189 页。
③　Martin Luther, *Basic Theological Writings*, Beijing, 1999, p. 623.

第五章　路德宗教神学思想的影响和意义

　　路德的神学进展在 1509—1519 年绝非一系列孤立的事件，而是一个连续的过程。"上帝之义"的真谛问题是基督教称义的核心部分，很明显中世纪末期这一教义出现了许多混乱，正是此教义在当时没有得到澄清，引发了路德的神学思考，路德的唯名论学术背景和称义神学契约因果性概念的出现，从历史和神学两个方面证实了 1514 年前路德绝对是个经院新学的忠实信徒。随着 1515 年"上帝之义"新的不同含义的发现，路德逐渐摆脱了经院新学称义神学模式的束缚。之后伴随《圣经》注释的展开，在反亚里士多德哲学和经院神学的过程中，路德突破了整个经院神学称义论模式，路德称义神学的发展最终结晶为 1518 年的十字架神学。A. E. 麦格拉思说道："在那场争辩中，一个新的词汇'十字架神学'添加到基督教世界的词汇表上，在十字架神学里，我们发现，路德正在发展着的见解，业已结晶成为教会所曾知道的最为有力和根本的对基督教神学的本质见解。"①

　　十字架神学是路德成熟神学思想的表达，借此，路德使自己与整个经院神学区分开来，并最终突破了罗马天主教会的经院神学范式，发现了无须教会介入的神人直接关系。从前面对十字架神学特征的分析中，我们知道十字架神学与经院神学（自然神学）正相反对，十字架神学唯独是信仰和启示的神学，这种启示必须被认为是间接而又隐秘地临到个体，上帝的恩典通过道和信仰自上而下地走向信者个体，这是一种特殊恩典，经院神学则教导人们通过教会和各种活动自下而上地求取恩典。于是，两种神学便规定了人从自然状态走向恩典状态的不同途径。经院神学持神人协作

---

　　①　Alister E. McGrath, *Luther's Theology of the Cross*, Oxford, 1985, p. 1.

走向拯救的立场，自然人通过洗礼和圣餐礼，灵魂中注入恩典，生成超自然的恩典习性，在此基础上信者遵守教会的教导，实行圣事（弥撒和补赎礼），不断增强内心里的恩造习性，努力模成上帝的形象以获取完全救恩的到来。十字架神学则认为自然人要生成信仰和接受特殊恩典，必先经过称义这一关，自然人必先为上帝的外在工作所击打，放弃自我，降卑己身，进入灵性深渊，同时上帝通过本己工作以恩典治愈罪人，称其为义并使其参与到上帝的救世宏恩中。信仰是自然人进入恩典的标志，在信仰中，上帝通过圣灵的工作不断使人得到转化，模成基督的形象，最后由上帝接纳人来完成对世人的完全拯救。十字架神学持上帝中心和恩典中心论的立场，在灵魂拯救之事上，人虽有信心获救的保证和希望，但主权在上帝手上，罪人的降卑、认罪、称义乃至最后的审判，主权都掌握在上帝手中。从图（2）可知，经院神学持人神协作走向拯救的立场，人可以通过教会里的事功，在恩典的援助下圣化自己，谋求上帝恩爱和最后的拯救。在经院神学救恩论中，人积极谋求救恩，处于主动地位，而在十字架神学救恩论中，人靠自身无法欲求救恩，一切都是上帝的工作，人处于完全被动的地位。十字架神学真正将福音的本质表达了出来：当人行动时，人发现自己是行为的主人，但若非上帝的工作，人无法行动。十字架神学注重罪人在此世良心的发现和内心的转化，而经院神学却驱使罪人追逐上帝恩惠（blessedness）的临到，因而，可以说路德将宗教理解为转化的宗教（religions of transformation），而将天主教理解为一种恩惠的宗教（religions of blessedness）。[①]

十字架神学突破了天主教经院神学范式，带来了对神、人、教会和圣事的新理解。上帝不再是经院神学家们形而上学和哲学地思辨的抽象对象，也非道德主义者理解的作为审判官的威严冷漠形象，上帝并非作为世界的旁观者看护着这个世界，他积极地临在于人和事物之中，通过基督这个苦弱上帝的形象，他深切地关怀和爱着匮乏和有罪的人们。他给忧伤痛

---

① See, Karl Holl, *What Did Luther Understand by Religion?*, Philadelphia, 1977. 在此书中，宗教史家卡尔·霍尔将宗教划分为两种，即恩惠的宗教和转化的宗教，他认为恩惠宗教虽然也和绝对者发生关系，但绝对者并未被置于绝对的地位，神仅作为谋求救助和恩典的对象。而转化的宗教则邀请绝对者（上帝）进入自身，使自己与上帝在爱中紧密结合，从而实现自身样式和形象的不断完善。我以为，将这种区分应用在经院神学和十字架神学上是恰当的。

悔的心灵慰藉，给匮乏困顿的人们宏富恩慈，给软弱无知的人力量和智慧，他乐意邀请人信他、参与他并分享他所有的一切。他是为我们的上帝，他给我们提供了认识和走近他的途径（信仰基督），以使我们能够领会他的旨意和目的。人不再是获救之远途中的旅者，面对上帝的审判、地狱和炼狱的苦痛，不得不依靠教会甚至抛弃尘世生活去修道。信仰的人同时是义人和罪人，信者在此世背起自己的十字架，通过信仰他走向上帝并领受到上帝的慈爱和应许，通过爱他走向邻人并做邻人的基督，信者皆祭司，在上帝面前享有平等地位，同为神的儿女。教会不应是权力和金钱结合的官僚机构，等级森严的教廷制度不仅僭越了上帝的权力，还贪婪地追逐着尘世间的一切利益。路德认为教会是一切自由的基督徒的联合体，教会的职责是塑造人，传扬上帝的福音。圣事不再是以机械的方式进行的仪式，而是需要信心的参与，没有活泼信心参与的圣事是死的，因为圣事是基督的应许和信仰的表征。

正是基于这些新见解，路德确立了回归福音的改教神学典范。教会必须回归耶稣基督的福音，就像《圣经》中特别是保罗所活生生地体验过的那样。神学的标准应该是《圣经》，好的神学著作就在于它将基督信仰的原初信息，即福音讲说出来。路德将《圣经》置于一切传统、法律和权威之上，不管这些传统是希腊、拉丁教父，还是中世纪经院神学；不管这些律法是教会的神圣律法，还是世俗的法律；不管这种权威来自教皇及主教，还是来自宗教会议。"唯独《圣经》"，《圣经》才是首要的、根本的和有永远约束力的标准，其他一切都只是次级标准。路德认为基督是教会的首脑，教皇不过是地区教牧首领和一名基督的仆人，"唯独基督"（solus christus），基督超越于众圣徒和神人中介人士之上。基督里的恩典被置于一切宗教虔诚者的成就和为灵魂获救而做出的事功之上，"唯独恩典"，恩典是获救的原因和保障。"唯独信仰"，信仰是人走向上帝并获取救恩的唯一途径，必须无条件地信赖显现自己于十字架上和基督耶稣复活之中的恩慈的上帝。路德完全依靠《圣经》建构起宗教改革的三大原则：唯独《圣经》！唯独恩典！唯独信仰！三大原则成为宗教改革的思想来源，改教神学即使现在也是中世纪罗马天主教模式之外的一个真实伟大的可能选择。

路德改教的直接后果，便是改造了中世纪末期德国的宗教和伦理生活。由于信仰，人与上帝直接交通，罗马的三道城墙（教权高于俗权，教皇有权召开宗教会议，唯独教皇有权解释《圣经》）便被拆毁了。因信基督耶稣，众信徒都有了福音执事的职分，同为祭司，天主教严格的教阶制度便被摧毁了。宗教虔诚有了新的理解，清静无为、全心侍奉的修道生活，以及循规蹈矩、繁文缛节的教会生活反而窒息了活泼的信心，真正的虔诚在于内心对上帝的敬拜，基督里一颗活泼的信心将信徒从律法主义的教会中解放出来，从而获得宗教信仰之自由。路德在这种新人神关系上重建了教会，他将天主教会的七项圣礼缩减为洗礼和圣餐，规定教牧人员的主要职责在于讲道和侍奉。由于路德提倡神职人员结婚，并且亲自作出表率，所以家庭就成为教堂之外敬拜上帝的重要场所。针对青少年的教育，1929 年，路德亲自撰写了基督徒教义大问答和小问答，阐明了基督教的基本信理。改教使信仰生活焕然一新，诚如何礼魁所言，"路德宗人不必在教皇所颁定的书目上查找他所要看的书。他可以自由选择，他也不受拘束，要把自己内心和家庭的内部生活在行告解礼时向神甫吐露出来。他也不再惧怕炼狱，也不再向某古圣上供或立古圣画像在家里以防火烛。他不抬圣骨游行田间以祛旱灾，不求什么古圣来防止疫病。"①

　　宗教生活的革新还表现在伦理生活中。改教后，德国境内的修士纷纷还俗，修院荒芜，一种新教伦理产生了。忠诚地尽职于此世的职务以服侍人与上帝，成为现代社会基督徒实践基督诫命的新标准。爱上帝与爱邻人是一体不二的，上帝所要求于人的不是自私之爱，而是在无私的邻人之爱中荣耀上帝，这就要求人们忠于职守为人类谋福利。在马克斯·韦伯看来，资本主义精神来源于路德和加尔文的改教运动，路德认为世俗的事业乃是蒙上帝的召命（Beruf）。"这样，职业思想便引出了所有新教教派的核心教理：上帝应许的唯一生存方式，不是要人们以苦修的禁欲主义超越世俗道德，而是要人完成个人在现世里所处地位赋予他的责任和义务，这是他的天职。"②

　　十字架神学将一切神学思考召唤到十字架面前来，使它们接受基督教原初信息（福音）的检验，因而十字架神学是一种批判性的而非建

① 何礼魁：《马丁·路德传》，道声出版社 1992 年版，第 197 页。
② 马克斯·韦伯：《新教伦理与资本主义精神》，生活·读书·新知三联书店，第 59 页。

构性的神学，它廓清了理性与信仰、自然与恩典、哲学与神学、人与神、希腊与希伯来——基督教之间的根本界线，破除了一切神学理论构造和哲学形而上学思辨对福音的遮蔽，抵制了一切属人的思想对上帝之道的扭曲，路德将上帝从属人的思想、意识、体制和组织中解放出来，上帝重新成为上帝，福音得到光大发扬，正是在此意义上，19 世纪末 20 世纪初的教会教义史家阿道夫·冯·哈纳克（Adolph Von Harnack）称其为还原的天才。

尽管路德将神学还原为信心的起点，但是十字架神学仍只局限于狭窄的救赎论论域，仅关涉人神之救赎根本关系，人与世界和社会的关系无法拓展开来，基督教神学不仅仅是信仰之内的独白和灵性修炼，天国不离尘世，基督教会要立于世上就必须与属世的思想和异教文化展开对话，为自己的信仰和立场辩护，这在全球化时代显得尤为重要。而一旦信仰要面对人的知识、时代思潮和异域宗教文化时，理性的分析和判研就显得尤为迫切，理性在启示的引导下是完全可以胜任此任务的，新生后的理性完全有能力在神学论争中为信仰服务，托马斯·阿奎那的神学综合并未因新教神学的发展而失去了意义。虽然人类理性对上帝、灵魂等超验信仰事物的思考和阐释会使理性自身变得神秘，黑格尔本人以思辨理性认识基督教真理时，他就明确说过思辨理性对于理智来说是神秘的。① 但是人类运用上帝赐予的理性礼物，越过基督去思考上帝本身的探索和努力，仍是值得高度评价和鼓励的。十字架神学使神学从理论走向实践，削弱了神学理论对人、教会与国家社会之间关系的思索，结果在实践上改革派教会缔造了邦君统治教会，教会逐渐成为国家的一个行政部门。新教各派由于缺乏天主教会那样的统一组织和体制，以至于今日新教派系繁多，如果精神和信仰缺乏强有力的教会制度的支撑，很难说它对社会还会产生什么积极有力的影响。

路德的神学突破十字架神学作为宗教改革运动的思想源泉，在教会内产生了广泛影响。脱胎于罗马天主教会的路德派出于捍卫改教成果的需要，积极地从事教义理论建设以期与天主教神学相区分。路德晚年，其亲

---

① 参见赵林《黑格尔宗教哲学》，武汉大学出版社 1996 年版。在此书中，赵林先生以黑格尔宗教思想为案例，揭示了理性认识绝对的信仰必然带来理性自身的神秘化这一理性的宿命。

密战友菲力普·梅兰希顿在救恩论上一步步背叛他而趋近其敌人——爱拉斯谟，梅兰希顿认为上帝拯救一切愿意得救的人，只有愿意灭亡的人才灭亡，这就颠覆了上帝在救恩中的主权，扼杀和扑灭了路德全部基督教事业炽热的核心——预定论（praedestinatio）的神性和非理性奥秘。梅兰希顿的人文主义妥协立场遭到路德派神学家詹姆士·安德雷艾（James Andreae）和马丁·开姆尼茨（Martin chemnitz）的反对，路德派保守神学家于 1580 年与绝大多数路德派诸侯联名制定了《协和书》（Book of Concord），路德宗于是有了统一的信仰纲领。面对加尔文派和教皇派的攻击，约翰·格哈德（Johann Gerhard，1582—1637）意识到必须将路德神学系统地加以陈述，他沿用 1521 年梅兰希顿所著《教义要点》（Loci Communes）的形式，以主题代替系统化，同时引用亚里士多德有关逻辑的著作，他的《神学要点》（Theological Commonplaces）一书一直被视为路德宗神学的经典之作。其后的路德宗神学家多从《协和书》出发整理路德神学思想，从原理而非十字架这一事件去逻辑地推导出一个路德神学系统，路德派神学的经院化背离了路德的改教宗旨，就其思想学说为其弟子所误解来说，路德面临着与胡塞尔一样的命运。

　　路德的十字架神学思想还为他的学生及著名宗教改革领袖加尔文所继承。加尔文本人在神学上无甚创造性，但其善于系统表述，他于 1536 年所著、1559 年增删定稿的《基督教原理》阐述的不外是路德的因信称义、圣事乃上帝应许之印证这类主张。仔细分析此书，加尔文只是肯定了永恒获救的预定，并非像许多学者认为的那样，加尔文提出了"双重预定论"。"双重拣选说"其实是加尔文派神学家伯撒（Theodore Beza）提出的，伯撒以神拣选的喻令作为整个系统的基础，也就是说，神决定拣选某些人得救，让其他人沉沦，其余的神学便是探索这些决定的后果。在《基督教原理》一书中，加尔文在恩典论之后讨论预定论，他对预定论的分析是从观察事实形成的，目的是为了解释为何有些人对福音产生反应，有些人则不然。A. E. 麦格拉思认为："加尔文的预定主义，必须视为对人类经验资料的反思，从《圣经》的亮光来解释它，而不是从基于神全权的预设而作的推演。相信预定论，并不是单独的一道信仰条款，而是按照《圣经》提供的资料，反思恩典在个人身上的功效，面对这谜样的经验，而做出的结论。"① 加尔文不像路德那样自下而上地通过基督思考上帝，而是自上而下地面对上帝自身的荣耀和全能，这就决定了他对人的理解：基督徒要在此世服侍上帝，为了上帝的荣耀劳作和战斗，以自己的事业和职责佐证自己的蒙召。

为了回击路德神学突破给基督教会带来的分裂危险，天主教会于1545 年召开特兰托公会议（Trent），特兰托公会议断断续续开了 16 年之久，称义教义作为会议的主要议题得到详尽的说明，并以谕令的方式统一了天主教在此问题上的立场。特兰托公会议批判路德及抗议教派的立场，在称义、义和信的本质与救恩确据四个方面申明了自己的立场。在称义的本质问题上，会议批判路德及梅兰希顿割裂称义与成义、视称义为法庭式宣告事件的做法，会议维护了中世纪的传统，追溯至奥古斯丁，认为称义包括一个事件及一个过程：事件是指借基督之工作而被称为义，过程是指圣灵在人内心的工作，塑造人成义。如前所述，路德早期（1509—1519）视称义为一种塑造的过程，后来受梅兰希顿影响，才将称义与更新区别开来。在称义之义的问题上，会议批判使人称义的义是基督外在之义的观点，根据奥古斯丁的观点，罪人是因内在的义而被称义，这种义是神在恩典中倾注或植根于人性之中的。会议认为个人里面必须要有某些值得称义之处，称义之义就不像路德所理解的那样是外在于人归于人的，而是本身就属于人性，称义之人不但被算为义人，而且实质上就是义人。在称义之信的问题上，会议将路德的信理解为只是对神的怜悯深具信心，无须顺服或灵性的更新，将空洞的信心视为基督徒生命的根基。其实路德因信称义所要肯定的是基督徒的生命始于信心，且唯独信心而已，善行必然随信心而生，并不是导致称义的先决因素。在救恩的确据上，路德及一般改教者认为救恩基础在于上帝忠于他的怜悯应许，人对救恩可以放心且拥有绝对把握，若对救恩没有把握，便是怀疑神的可靠与可信。特兰托会议认为无人能凭绝不会错的信心确知他们已得神的恩典，改教者乃是以人的把握或大胆作为称义的基础，以致称义乃是依靠人会犯错误的自信，而不是依赖于神的恩典。特兰托会议虽然统一了天主教会的思想立场，但其对"因

---

　　① 麦葛福：《基督教神学手册》，刘良淑、王瑞奇译，校园书房出版社 1998 年版，第 459页。

信称义"教义的理解更多地倚仗传统而非《圣经》的权威，这为直至今日的普世教会合一运动设置了巨大的障碍。

当路德谈论信仰与经验、信仰与善功之间的关系时，他是从存在论的立场，并将信仰置于既自由又顺服的基督徒生活中来思索和体验的，这样信仰就首先是个人与上帝之间活生生的联系。而当路德宗神学朝向正统经院化发展时，其缺点日益显露。正统主义充其量只是以理性辩护基督徒对于真理的主张，关心的是教义的正确性。而这些关心却往往陷入对精确的逻辑进行学术性的钻研，忽略了将神学和日常生活的问题联系在一起。德国三十年宗教战争后，社会对正统主义无法应付战争中的骇人情景感到失望，教会内部出现了为雅各布·斯本尔（Philipp Jakob Spener, 1635—1705）及其弟子奥古斯特·赫尔曼·弗兰克（August Hermann Francke, 1663—1727）发动的虔敬主义运动（pietism）。该运动主张各教会内部组织聚会（即小教会，ecclesioloe in ecclesia），根据信者皆祭司的原则，大家一起阅读《圣经》、共同祈祷，讨论讲道文，团契的目的是深化个人灵性生活，这样的团契被称为虔敬团（collegia pietatis），虔敬主义因此得名。虔敬主义运动倡言基督教更多是一种生活而非学术上的争辩和理智上的探索，只有在生活中表现出来的生命转变才是真正的基督教信仰，虔敬主义运动是向路德基督教信仰理想的复归和对正统经院化的反动，它激发了普通平信徒的宗教热忱和灵性奋兴。敬虔主义在 18 世纪亲岑道夫（Nikolaus L. G. Von Zinzendorf, 1700—1760）那儿得到了发展，他以一德国村庄（海尔亨特）建立了一个名叫"主护村"的敬虔主义社区，他认为当时正统派的理性主义空洞乏味，难以认同，转而凸显"内心的宗教"，以信徒和基督之间的个人亲密关系为基础。他强调"感觉经验"在基督徒生活中的重要角色，为后来的德国宗教浪漫主义神学的兴起奠定了基础。他的口号"活出信仰"（a living faith）表达出其对个人取向的信仰的重视，以及对路德教乃至复原派死守信条态度的不以为然。

18 世纪末 19 世纪初德国浪漫主义神学大师施莱尔马赫继承了摩拉维亚虔敬主义思想，同时也继承了启蒙精神中人的觉醒和精神的完美发展观点，他对宗教作出了一个现代人的理解，他认为宗教（虔敬）对人类精神生活具有不可或缺的价值，宗教不同于关于上帝和世界的种种见解的混合，也不同于关于生活方式教训的混合。"虔敬不可能是对一大堆形而上学的和伦理学的残渣碎屑的本能渴求。"① 知识的量并非虔敬的质,道德律法并不一定增进虔诚,施莱尔马赫就使宗教信仰免除了道德法庭和科学法庭的审判。宗教的本质在于感受,这种感受是个体对无限者的深刻体验,它并非个体心理的一种神秘主义状态,而是一种直接的自我意识和直观,它只是对于"在无限中并依靠无限者"的自我的直观。于是施莱尔马赫提出了著名的"绝对依赖感"这一概念,他用其来表达虔敬的本质,即绝对依赖的意识,意识到自身与上帝的联系。施氏将外在的上帝之道内化为内心感受,这样一切外部的证据和权威都得接受个人宗教意识经验的检验,人自己的意识变成了基督教的主人和基督教真理性的最后仲裁人。施氏在强调宗教信仰的生存论性质时背离了路德所主张的信仰对象的绝对客观性,走向了宗教主观主义,他的宗教思想遭到了当代新正统神学大师卡尔·巴特的猛烈批评。

　　路德的十架神学不仅在教会内部产生了巨大的影响,还对教外思想文化特别是德国哲学文化产生了广泛而又深远的影响。十字架神学的自由观破除了外在权威和彼岸世界对人的压制,人与上帝在信仰中发生直接关系,人以自己虔敬的心和纯洁的灵魂向上帝献祭,把他的全部情感和思想系于上帝之上,内心被圣灵充满并且有着获救的确信。路德"因信称义"说虽然肯定了个体拥有获救的信心,但他并未说个体拥有获救的绝对把握。"因信称义"本是路德神学探究的结果,一旦它被确立为新教的核心原则并作为信徒生活的起点时,许多让路德本人意想不到的后果便发生了。虽然信仰本身是上帝的恩赐,但是一旦信仰被确立为灵魂获救的首要因素,上帝本身(天父位格)的作用就退居到了次要地位。十字架神学虽然凸显了基督耶稣(圣子位格)在救恩中的核心地位,但是基督和上帝之道也只有通过个体的信仰才能发生作用,正是在此意义上,路德说信仰召唤出上帝来。在个体与基督的联姻中,圣灵寓居于信者灵魂之中,实施自己的转化工作,其目的是要造就新人,使信徒摹成基督的形象,恢复人上帝般的荣耀,正是在此意义上,路德说信仰使人成为上帝。"因信称义"学说无意识地将信仰的作用拔高和夸大了,个体无法揣测上帝的深

---

　　① 詹姆斯·C. 利文斯顿:《现代基督教思想》上册,何光沪译,四川人民出版社 1999 年版,第 198 页。

邃意志，但是个体能理解到是信仰使他获救。一旦信仰成为上帝的工作场所，它就反过来决定了上帝的作用，路德也曾说过信仰是上帝的实体。（见 p. 95）对此，马克思在《黑格尔法哲学批判·导言》中评价道："路德战胜了信神的奴役制，只是因为他用信仰的奴役制代替了它。他破除了对权威的信仰，却恢复了信仰的权威。"①

由于信仰权威的恢复，路德的十字架神学才实现了上帝观的革命性变革，那普遍、自在的上帝自身就变为特殊、为我的基督耶稣，道成了肉身，上帝也只有取了人的形象，才能为人所把握和认知。基督的十字架将两种对反的上帝观（自隐上帝和自显上帝）统一起来了，正是圣灵自身使信者领会到那肉身的基督就是创造天地的主。十字架神学的上帝观是辩证的上帝观，黑格尔在《宗教哲学讲座》中解释基督教三位一体上帝观时从中获得了丰富的启迪，他用哲学概念的术语将其表达出来，即普遍自在的上帝是最抽象的一般存在，因其抽象，实等同于虚无，精神对上帝也就保持无知。只有精神走出自身，异化为它者，才能获得对自身的特殊规定，精神通过对象化自身来获取对自己的认识。最后当精神克服异化、返回自身之时，它就从客观状态返回到主观状态，从特殊形态回归到普遍形态，从否定形式回到肯定形式。结果它自身得到了最大程度的展现，并对自己获得了最为丰富的认识，自在的上帝通过自己内部矛盾运动的展开，变成了自在自为的上帝，亦即最真实具体的上帝，这样的上帝就是绝对精神，它是精神对自身的觉识和完成。因此，基督教的全部实质无非是展示了精神自我认识和自我实现的自由历程。

1521 年，在沃尔姆斯国会上，路德要求教会必须用《圣经》本身或用理性的论据来反驳他的教义，于是人类理性就被赋予了解释《圣经》的权利，而且成为了一切宗教论争的最高仲裁者。十字架神学的自由观极大地将人类理性的精神从中世纪的盲信和权威中解放出来，使人在面对上帝时真正意识到他自己的存在。人的自由的获得是以完全顺服上帝为前提条件的，当然路德的自由还是信仰里的自由。黑格尔高度评价了路德的十字架神学自由观，他认为路德确立了精神自由的新教内在性原则，即在和上帝发生绝对关系的地方，一切外在性都消失了，一切奴性服从也随同这

---

① 《马克思恩格斯选集》第一卷，人民出版社 1975 年版，第 9 页。

种外在性和自我异化消失干净了，精神深入自身并具有主观性。但是信仰自由中精神只处于胚胎状态，精神还没有学会思维和反省自身，从而达到自觉的状态。黑格尔认为路德宗教改革的根本内容是人类靠自己注定要成为自由的，作为一名基督徒，路德会坚决否认这是宗教改革的根本内容，因为自由是上帝的馈赠，若是承认黑格尔的观点，人就无须信仰上帝。但是启蒙时代的德国自由思想家们却认为宗教的根本内容被路德掩藏于信仰的面纱之下，在一个去魅的时代里，他们读出了精神绝对自由的含义。在此意义上，宗教改革使新教世界产生了精神自由，其直接后果如海涅所说："思想自由开出的一朵具有世界意义的花朵便是德国哲学。"①

德国古典哲学被称为新教哲学，并非只是新教的一厢情愿，这种看法标示出德国古典哲学家与新教思想的亲缘关系，十字架神学与德国古典哲学的核心原则同为自由。由路德所奠定的内在精神自由原则首先在康德的道德自由观中得到印证，当虔敬主义者康德将意志自由等同于意志自律时，他是在响应路德自由与服从的辩证命题，只不过现在理性取代了信仰，理性成为了上帝，人不须服从外在的对象而只需服从理性颁布的先天道德律。当人意识到他是在服从自己所建立的道德实践法则时，他就是自由的，因为理性的本性是自由的。黑格尔则将理性与精神等同起来，并以精神取代信仰，他认为精神的本性是自由，人类精神同时是圣灵。在路德那里，上帝通过信仰启示自身，人在信仰中认识上帝的旨意并领受恩典礼物（自由）。黑格尔则将上帝的启示理解为精神的自觉运动，他将精神视为圣灵且只能被精神所认识。精神从自在的原初状态，经过矛盾的运动，展开为自己的对立面，最终克服这种对立，在更高层次上向自身复归，完成了对自身的认识，这就是精神的自由。"自由意味着：在某一特定内容中自己对自己发生关系，——精神的生命，就在于在显得是他物的东西里面回归于自身之中。"② 无论是康德的道德自由，还是黑格尔的精神自由，他们都将自由理解为理性的自我规定，与康德不同的是黑格尔将自由理解为一个动态的辩证认识过程，使自由不仅限于意志和道德领域，还在社会和历史诸领域获得了现实力量。当黑格尔自诩自己完成了路德

---

① 亨利希·海涅：《论德国》，商务印书馆 1980 年版，第 229 页。
② 黑格尔：《哲学史讲演录·卷三》，商务印书馆 1995 年版，第 384 页。

宗教改革的原则时，他其实上背弃了路德和信仰，因为在他看来，完成即扬弃，宗教不过是绝对精神认识自身的一个阶段而已。黑格尔对路德的误读对黑格尔本人来说是一种创造，从德国近代精神的发展历程来看，这种"误读"或"创造"本身就具有一种逻辑必然性，这种逻辑必然性恰好说明了黑格尔自由思想与路德十字架神学之间隐秘而又内在的精神联系。

18世纪发生的启蒙运动将西方世界带入现代时期，启蒙精神反对权威和教条束缚，号召人们要勇于运用自己的理智，推崇自然理性的权威，主张依靠自律可带来道德上的完善，相信人类社会历史的进步和人类和平理想的最终实现，主张宗教之间应该宽容共存，宗教对人和社会的首要意义是道德教化。启蒙运动的后果是宗教、政治、经济和世界观等领域内自由主义思潮泛滥，新教内产生了自由主义神学体系，在利奇尔（Albrecht Ritschl）和哈纳克（Adolf Von Harnack）那儿自由主义神学达到高潮，此后在欧洲宗教史学派和美国自由主义神学发展中有一定体现。自由主义神学反对黑格尔主义者和天主教现代主义者从理念论的立场去看待基督教真理，从而忽略了这些真理所依附的具体历史条件。利奇尔主义相信，基督教的独特之处就在于它宣称自己是一个历史中的启示，可以依靠历史学术研究的确实结果来表明自己的真实性。只有依靠诉诸历史本身，基督教才能摆脱神话编造者们和思辨神学家们的任意幻想而获救，于是利奇尔主义者提出了响亮口号："从信条中的基督，走向历史上的耶稣。"自由派神学在《圣经》研究领域带来了重大突破，它摒弃了传统保守的解经原则和理论，运用历史评断方法，使人们对于《圣经》及其思想文化背景有了新的认识。自由主义神学在教义上反对传统教义神学对神启和经文的字面理解的僵硬态度，反对传统神学宇宙观和形而上学体系，主张发挥人的自由、信心、理智和潜能，以知神归主。自由主义在伦理上强调基督教是爱的宗教，耶稣基督道成肉身体现出上帝对世人的爱，人若效法基督，将爱在生活中实践出来，就能获得上帝的爱和祝福，社会也因此达到完善和公义。卓新平先生对此评价道："这种神学在人类历史进步中看到了成功和希望，认为人能够克服信仰与思想、宗教与科学、崇拜与理性的矛盾对立，可以承受近代科学对神学理论的冲击和挑战，并通过人本身的自由努力和神的启示恩典而在这一世界发展的未来实现上帝之国，达到人世的拯救。"① 自由主义神学在 19 世纪的西方居于主导地位，当它企图走出信仰在历史研究中为基督教信仰奠基时，它就背离了十字架神学；当它对人性和现实社会的进步持乐观主义态度时，它就对上帝对人和世界的审判充耳不闻，背离了上帝之道。自由主义神学思潮好景不长，20 世纪初第一次世界大战的爆发促成了其解体。

在自由主义神学思潮滥觞之际，思想先知克尔恺郭尔、尼采、奥维贝克看到人的存在和社会所潜存的危机，文化先知施宾格勒撰写《西方的没落》一书，指出西方文明及其整个价值体系面临危机，第一次世界大战的爆发给西方思想文化危机意识的觉醒提供了机缘。卡尔·巴特认为西方危机的根源在于人神之隔绝，他对自由主义神学的历史评断方法感到绝望，他认为敬重历史不如直接敬重上帝之道，倡导人类意识的神学不如直接返归上帝启示的神学。他以上帝之道抵制人关于上帝的一切思想和议论，人走向上帝的道路（自然神学和神秘主义）绝然不通，上帝是一绝对的相异者（the otherness），与人世社会保持质的绝对差异，上帝是在天上，而人是在地上。他主张神学既不可能从历史中历史性地获取上帝的真理，也无法从人的虔敬意识中推导出来，更不能借助任何关涉无限或绝对的哲学概念来思辨地赢得它，新神学的任务只能是聆听上帝的话并对之加以阐释，神学家应回到《圣经》之源来创建神学，上帝启示这一思想范畴便成了他的名著《罗马人书注释》中的核心。由上帝之道对人世的批判否定性思想，巴特发展出悖论性的辩证神学来，神人关系处于悖反性运动过程中，神人之间无限的距离才是其真正的统一，这种根本距离正是神临在于人世的唯一可能，正是在这种悖论性关系中，人找到了上帝启示自身的道路。巴特对上帝之道和启示的强调，对哲学和自然神学、神秘主义以及自由主义的拒斥，对人神之道绝对差异的凸显，以及人神之悖反性存在关系的揭示，无不与路德的十字架神学相契合，巴特的神学被称为新正统主义，意味着其神学旨趣始于对自由主义的批判，复归于改教神学（路德和加尔文神学）。辩证神学带来了路德神学的复兴，宗教史家卡尔·霍尔也力图使路德从经院正统主义和教条主义的桎梏下解放出来，揭示这位改革家彻底的神本主义，以及他关于罪恶、信仰和恩典的深刻思

---

① 卓新平：《当代西方新教神学》，上海三联书店 1998 年版，第 2 页。

想。对这一时期神学的发展，马丁·海德格尔说道："神学则正尝试着更原始地解释人向上帝的存在，这种解释是借信仰本身的意义先行描绘出来的，并且依然留在信仰的意义之内。神学又慢慢地重新领会到路德的见地——神学教条的系统栖止于其上的基础本身并不主要生自某种信仰问题，实则，信仰问题的概念方式对神学问题不仅不够用，而且还遮盖了它，瓦解了它。"①

当尼采喊出"上帝死了"的口号时，他宣布了西方虚无主义时代的来临，"上帝已死"并非特指基督宗教生活实践中的上帝隐身而去，而是指代表西方人精神信念上赖以生存的超验存在者及其相关含义的崩溃和消失，人的生存失去了其价值和意义的最后根基，一种无家可归的孤寂和乡愁弥漫于西方文化界，两次大战的爆发摧毁了人道主义的信心，面对战争的残酷和人性尊严的失落，许多人对全能神的信仰发生了动摇。下面一段祈祷文出自奥斯维辛（Auschwitz）集中营，"亲爱的上帝，请扶住我吧，亲爱的上帝，别让我死在这里！请求你听我这唯一的一次！我要死在外面。我还年轻！请让我死在外面！我还想看一眼自由！请求你，让我看一眼自由再死。我知道自己不会活多久，可是，我想死在外面的草地上。"②奥斯维辛事件和这位死者的手记表明尘世的苦难已使对上帝的坚固信仰变为对"戈多"的期待，由于没有看到上帝以其力量和公义消除眼前的罪恶和苦难，很多信徒在信仰上跌倒了。究其原因，在于死者所持的荣耀神学上帝观无法面对社会中的灾难和危机，上帝自然是全能、全善和全在的上帝，但人是软弱的罪人。正是在被钉十字架的基督身上，人发现了上帝的力量可以被我们占据，苦弱的上帝与我们共同担当着这世界的罪和苦难，他并没有抛弃无助的人们，他号召人们走到十字架面前，背负起自己的十字架，他要求人们在受难和十字架中，而非在叹息声和欲求中去发现上帝隐秘的旨意和力量，在十字架上承受这世界的毁灭和击打，并在基督的复活中看到公义和上帝的最终胜利。

当然，置身于历史事件之外的后人去谈论正义和真理战胜邪恶和谎言

---

① 海德格尔：《存在与时间》，陈嘉映、王庆节译，生活·读书·新知三联书店1999年版，第12页。

② 刘小枫：《祈求与上帝的应答》，载于《基督教文化评论》，第8辑，贵州人民出版社1998年版。

之时，不免使人感到轻浮和无关痛痒。但对于历史事件的在场者来说，相信上帝存在，相信世界的不公和邪恶终将过去，却完全彰显出了信心的力量。具有讽刺意义的是，拥抱荣耀上帝，渴望从其获得救助和力量的人却无法抵御现实的苦难，荣耀神学不过是人的理性和软弱编织出来的梦想；而拥抱被钉十字架上的苦弱上帝的人，则从十字架和受难中发现了上帝的荣耀和力量，在对罪责的承担中承受着尘世的一切苦难，并在信仰中升腾起希望来，十字架神学摧毁了一切人造的上帝偶像，让真正的上帝临到并对世人产生作用。诚然，社会正义的实现不只是信仰就能促成的，社会中种种不公和邪恶现象也只能在上帝精神的感召下，通过社会的自我批判和制度的完善化，方能逐渐去除。但是，在人类的现实苦难和危机面前，信仰却能赋予个体生命以勇气，使人能够承受各种击打和痛苦，在充满苦难和罪恶的尘世上站立得稳，这就是十字架神学给予当代人的启示。

　　"二战"后的西方世界经济和科学技术的迅猛发展，曾给西方世界带来了短暂的乐观主义热情，但是技术的进步并未导致新的自由未来。海德格尔对技术的批判揭示了科学技术的虚无主义本质，当代西方处于一个诸神隐退，技术统治的无家园时代，虚无主义和技术统治是两大有待去思考并克服的障碍。在这一时代精神背景下，神学何为？许多激进神学家们谈论"上帝之死"（上帝已死派神学）或把上帝放逐到世俗领域（文化神学），过程神学家把上帝说成是随时间的前进与人类一道运动，保守的福音派拒绝与世俗思想文化调和。基督教神学面临相关性危机和身份性危机，前者指神学与外部世界的关系性；后者指神学在与外部思想文化协调时如何保持自身的同一性和特殊性。当今新教神学家于尔根·莫尔特曼（Jürgen Moltmann）著有《希望神学》和《被钉十字架的上帝》二书，前者强调的是关联性与社会参与，后者强调的是基督神学的身份和社会批判。就基督教神学的身份同一性来说，《被钉十字架的上帝》一书回到了路德十字架神学的立场，即凡是那标榜自己为属基督的一切神学或宗教文化都得接受基督及其十字架的检审。尽管人们不再喜欢十字架，且视基督作为基督信仰和神学核心的思想为迂腐，但是只有这位被钉十字架者能给世界带来解放和自由。"每一种声称属于基督的神学，每一个声称属于基督的教会，都具有一种内在的标准。这个标准大大地超逾了所有来自外部的政治、意识形态和心理学的批判。这个标准不是别的，就是被钉十字架的基督本身。如果各个教会、神学家们及其信仰方式以基督为依据——如果他们归属于基督，就必须如此——，他们实际上是以这个人对他们最严厉的审判和批判为根据，使人与人之间最彻底地摆脱谎言和虚荣，摆脱权利争夺和恐惧。必须用圣言来衡量教会、信徒和神学家，圣言便是'十字架之言'。十字架之言是他们的真理和标准，因此也是对他们的谎言的批判。"① 基督及其十字架之道是基督教会及其神学的盐和光。

莫尔特曼不只是在基督信仰的真理标准上向十字架神学复归，他认为必须克服对保罗和路德十字架神学的片面的理解，要按照自由和希望的精神来领悟被钉十字架的基督，亦即跨出救赎论的狭窄视域，探索上帝概念中发生的革命。发展十字架神学意味着超越对个人得救的关注，探索人的解放的可能性和探索人与其社会中的严重危机这一现实的新关系，追问被上帝离弃的基督受难的十字架中的上帝为何，而且在复活的人子面前真正的人为何？对十字架神学的发展意味着认真对待批判性的改革神学的主题，使之不仅成为一种教会批判，从而成为一种社会批判，十字架神学进入社会政治生活而成为政治的十字架神学。莫尔特曼认为，当今社会基督教罪的概念，在经济生活中表现为贫困的恶性循环；在政治生活中体现为暴力的恶性循环；在文化生活中体现为种族和文化的异化的恶性循环；在人与自然的关系上体现为工业污染环境的恶性循环；在人的价值和意义领域体现为无意义与堕落的循环，五种恶性循环交织在一起，束缚着当今时代人的生命。政治的十字架神学乃解放神学，它借上帝的力量，以社会主义救治人的贫困，以民主对治暴力，以对其他文化个性的承认来消除异化，强调人与自然的和谐将自然从人的剥夺性行为（工业生产活动）中解放出来，最后通过十字架上被遗弃的基督来了解上帝隐秘存在的方式，给人带来存在的勇气，克服虚无主义带来的价值和意义危机，使人过上有意义的人生。莫尔特曼的十字架神学既坚持了路德的基本立场，又使十字架神学与社会和时代相关联，使其不至于成为信仰内的独白，他实现了路德改教神学所没有完成的任务：宗教改革必然导致社会改革。

---

① 莫尔特曼：《被钉十字架的上帝·序言》，阮炜等译，上海三联书店1997年版，第2页。

第二部分　惠能的宗教思想

第一章　惠能生平简介

第一节　惠能年代考

作为一个历史人物，路德的生卒、经历和事迹基本上都有据可考，为后世路德宗、新教甚至基督教学者清晰地记载，并没有添加太多神异和传奇的色彩。相形之下，惠能的生卒、得法、出家和弘法日期都没有明确的记载，提供了附益和阐释的空间，其经历也因后世禅门学人出于宗教需要的撰述而具有更多的宗教传奇色彩，因而众说纷呈，需要统合各种记述和传说加以确定。

因此，一般研究惠能的学者，必然要对其一生中的重要时期做一番审慎的考察。概而言之，依据的材料主要有：（一）各种版本的《坛经》，这是探讨惠能生平事迹最为可靠的凭据。（二）唐代禅僧的撰述。如惠能亲炙弟子，《坛经》集记者法海的《六祖大师法宝坛经略序》和《六祖缘起外纪》、法才的《光孝寺瘗发塔记》、神会的《神会语录》、宗密的《圆觉经大疏钞》和《中华传心地禅门师资承袭图》，以及《历代法宝记》《曹溪大师别传》《祖堂集》和《宝林传》等。（三）唐代文学家的碑铭。如王维的《六祖惠能禅师碑铭并序》、柳宗元的《赐谥大鉴禅师碑》和刘禹锡的《大鉴禅师第二碑》等。（四）五代、两宋禅僧的撰述，如《祖堂集》、永明延寿的《宗镜录》、赞宁的《宋高僧传》，五大《灯录》即北宋法眼宗道原的《景德传灯录》、北宋临济宗李遵勖的《天圣广灯录》、北宋云门宗惟白的《建中靖国续灯录》、南宋临济宗悟明的《联灯会要》和南宋云门宗正受的《嘉泰普灯录》、普济的《五灯会元》，以及契嵩的《传法正宗记》等。

一般而言，惠能的生卒年代在学界和教界获得了一致的看法，根据

《坛经》以来一致的传说,惠能"先天二年八月三日灭度","春秋七十有六",先天二年即公元713年,依此回溯76年即公元638年,推断出惠能生于唐贞观十二年。然而,考虑到传说中的异说,如柳宗元的《赐谥大鉴禅师碑》(《全唐文》卷五八七)说惠能入灭离元和十年(公元815年)"百有六年",刘禹锡的《大鉴禅师第二碑》(《全唐文》卷六一零)说惠能入灭离元和十一年(公元816年)"百有六年",这样惠能的入灭时间就提前了两到三年,应该是睿宗景云元年或二年(公元710年或711年)。印顺法师认为这可能是柳、刘二人因袭《曹溪大师别传》的流行说法而推算出来的,是错误的说法,不足采信。① 徐文明也基本持此看法,认为这是《曹溪大师别传》在中国流行的唯一证据,但他认为印顺法师没有订正柳碑的错误,仍采用"百有六年"这种不准确的说法。②

　　惠能至黄梅之前和祝发之后的时间基本上没有疑义,但何时到黄梅、何时得法、何时出家受戒、何时开法则众说纷纭。要回答这些问题,必须弄清楚到黄梅的时间,它最为关键,涉及"临终密授""十六年隐遁""呈偈比试"和"仪凤元年出家"等重要事件的真伪,且分歧最大,共有以下四类说法:龙朔元年辛酉(公元661年)24岁说;显庆四年己未(公元659年)22岁说;总章二年(公元669年)32岁说;咸亨中(公元670—674年)34岁说,主要的争执发生在龙朔元年和咸亨年中说之间。印顺法师经过详细的考证,认为王维《六祖惠能禅师碑铭并序》中提到的三项重要传说,即"临终密授""隐遁十六年"和"见印宗法师而出家"均采撷自神会门下,自相矛盾。神会系主流的传说否定"临终密授",主张惠能22岁(公元659年)或24岁(公元661年)前往黄梅参礼弘忍,得法后有16年隐遁期,而与荷泽系紧密相关的《曹溪大师别传》则肯定"临终密授",认为惠能于咸亨五年参礼五祖,之后隐遁五年。《曹溪大师别传》的主张似乎出自法统传承的需要,"临终密授"是一代一人的次第附嘱,符合佛教的传统,可以提高一代祖师的权威和声望,由于五祖弘忍逝世于上元二年(公元675年),咸亨中到黄梅的说法显然最能满足这种需要,惠能于仪凤元年(公元676年)39岁遇印宗法

---

① 参见印顺《中国禅宗史》,江西人民出版社1999年版,第141—142页。
② 参见徐文明《中土前期禅学思想史》,北京师范大学出版社2004年版,第275页。

师出家的通行说法自然就很容易得到理解，但是却与"隐遁十六年"和"行化四十年"的传说相矛盾。根据曹溪原本、《六祖大师法宝坛经略序》《神会语录》《历代法宝记》和《六祖惠能禅师碑铭并序》，印顺法师认为咸亨年中惠能和神秀不可能同在黄梅，从而否定了咸亨中说。根据《宋高僧传》的记述，印顺法师认为印宗不可能于仪凤元年为惠能落发。他说道："研究传说的自身，知道'临终密授''隐遁十六年'是不可信的。研究与惠能有关的人物，知道惠能在弘忍门下，不能是'咸亨'或'上元'年中；出家也不可能是仪凤元年。"最终，印顺法师为惠能勾勒出了简单的生平概要，生于贞观十二年（公638年），龙朔元年（公元661年）22岁至黄梅拜师求法，龙朔二年（公元662年）隐遁于怀会之间，时值25—29岁，乾封二年（公元667年）30岁在广州法性寺出家，弘法利生47年，于先天二年（公元713年）圆寂，世寿76年。①

　　印顺法师之所以得出这样的结论，主要在于他排除了《曹溪大师别传》和《宝林传》等后世南宗禅门弟子撰述的干扰。然而，尽管《曹溪大师别传》的时间存在颇多错误，② 诸多学者还是对其价值给予了应有的重视。洪修平便肯定了《曹溪大师别传》参考价值，比如在确定惠能到黄梅之前是否有学佛的经历方面，《曹溪大师别传》比《坛经》更有说服力，更符合人物思想发展的逻辑。③ 徐文明认同印顺法师关于"咸亨年中"说源于"临终密授"说的分析，但却肯定了"隐遁十六年"和"仪凤祝发"的说法。他特别重视《曹溪大师别传》的史料价值，对其作者和该书与其他禅门著述的关系做了一番系统的考察，认为临终咐法与十六载隐遁相互矛盾，也与呈偈比试水火不容，因而三年隐居之说也难以成立。根据《六祖大师法宝坛经略序》《曹溪大师别传》《宋高僧传》和《传灯录》的论述，他肯定了惠能30—34岁之间初次住至曹溪说的正确性，否定了咸亨年中到黄梅的说法。④ 许多学者极为重视惠能母亲与其经历之间的关系，如杨曾文力图调

---

① 印顺法师的详细考证，请参见印顺《中国禅宗史》，江西人民出版社1999年版，第143—150页。

② 徐文明将其作了系统的总结。详见徐文明《中土前期禅学思想史》，北京师范大学出版社2004年版，第264页。

③ 参见洪修平、孙亦平《惠能评传》，南京大学出版社1998年版，第39页。

④ 徐文明：《中土前期禅学思想史》，北京师范大学出版社2004年版，第264页。

和《坛经》和《曹溪大师别传》论述之间的矛盾，认为惠能在母亲去世之后，于咸亨元年取道韶州曹溪，北上黄梅求师学法。① 徐文明认为，尽管任何资料都没有探母之说，但惠能去黄梅之前老母健在，回曹溪之前母亲应该去世。根据《历代法宝记》和《宋高僧传》的说法，惠能得法之后的十六载隐遁期，"曾在新州"，"计回生地"，可以推断出他曾回新州侍母，然后隐于四会、怀集之间。这种说法比较近乎人情常理，也显现了还原惠能经历的难度。在考究记述惠能生平的禅宗文献和各种异说之后，徐文明为我们呈现出了惠能隐居 16 年的经历，"如此六祖隐迹南海十六载分为上述三个阶段，自龙朔元年（公元 661 年）末至乾封二年（公元 667 年）在家侍母，自乾封二年（公元 667 年）至咸亨二年（公元 671 年），居曹溪，自咸亨二年（公元 671 年）末至仪凤元年（公元 676 年）初，在四会、怀集隐居，合于诸书，应当比较可靠"。②

必须指出的是，由于《坛经》对惠能生平事迹没有确切的年代记载，加之后世禅门学人根据门派和个人的择别，衍化出不同的传说。面对如此众多文献记载，单独以一个孤证，或者任意截取一个片断来立说，均不足取。本研究侧重于对惠能的佛学思想背景、内容和影响的分析，对其思想发展的历程不做太多关注，并不纠缠于人生节点的历史真实性的探讨，而且对这种真实性的反复考证实无妨对其宗教思想的考察。因此，对其生平事迹的论述，坚持如下几个原则：1. 首先以《坛经》的记述为主要依据。2. 其次以禅宗，乃至整个佛教界的共识为凭准。3. 最后以当代佛教学者的研究和考证结果为参考。由此，简单地对惠能的生平事迹做出判定。大致来说，惠能生于贞观十二年（公元 638 年），龙朔元年（公元 661 年）前往黄梅求法，龙朔二年（公元 662 年）之后的 15 年间隐遁于怀会之间，仪凤元年（公元 676 年）在广州法性寺出家受戒，弘法 37 年，最后于先天二年（公元 713 年）入灭，享年七十有六。

第二节　惠能生平

惠能出生于新州（今广东省新兴县），俗姓卢。根据法海的《六祖大

---

① 杨曾文：《唐五代禅宗史》，中国社会科学出版社 1999 年版，第 149 页。
② 徐文明：《中土前期禅学思想史》，北京师范大学出版社 2004 年版，第 283—284 页。

师法宝坛经略序》的说法，其父姓卢名行瑫，其母李氏，唐贞观十二年戊戌岁（公元 638 年）二月八日子时诞生。惠能出生时有吉兆显现，"毫光腾空，异香满室"，黎明时分，有二异僧拜访，为其取名惠能，理由是"惠者，以法惠济众生；能者，能作佛事"。可见，惠能并非是其出家后的法名，他其实自小就叫惠能了。① 惠能出生之时，家道中落，其父原在范阳（今河北省保定涿州市）做官（敦煌本《坛经》作"本官范阳"），后遭贬抑，流放到岭南新州，所以惠能的原籍应是范阳。根据《曹溪大师别传》的说法，惠能三岁时便遭遇丧父之痛，孤儿寡母，流落他乡，相依为命，可以想见生活的艰难困苦，后来惠能跟着母亲移居南海（今广州），以砍柴和卖柴维持生计。

从惠能的身世可知，他不可能受到正式的教育，传说中他不识文字即是明证。但是，家道的衰落，父亲的早逝，以及生活的艰辛，或许使得惠能在青少年时期便被变化无常的人生所困惑，促使他开始认真思考人生的真谛。有一天，惠能到集市上卖柴，买主叫他送到客店。他到店收钱之后，正要转身离去，忽然听闻有一客人正在诵经，心中有所领悟。经追问，得知客人所诵的是《金刚经》，五祖弘忍大师正在黄梅凭墓山东山寺传授佛法，以《金刚经》一卷教人，使人"即得见性，直了成佛"。惠能内心有所感动，觉得自己与佛法有缘，遂发心前往黄梅参礼五祖，蒙善知识资助十两银子，安顿好老母的生活。《祖堂集》中对此有不同的说法，明确指出客人名叫安道诚，捐助了一百两银子，用于老母后半生的生活。《曹溪大师别传》对惠能的求法因缘有异说，惠能早年丧失父母，3 岁就成了孤儿。离家之后到了曹溪，与村人刘志略结义为兄弟，时常白天劳作，晚上听闻刘志略姑母"无尽藏"诵读《大涅槃经》，惠能大字不识，却能为她解说经义。三年之后，投往乐昌县西山石窟，学习禅修，似乎在黄梅之前惠能就有了修行生活。当时有一位惠纪禅师正在诵读《投陁经》，惠能听后觉得空做禅修无益，经惠纪禅师指点前往黄梅修学。

经过二三十日的跋涉，惠能到达黄梅县凭墓山，礼拜五祖后，与之进

_____

① 杜继文等对"惠能"和"慧能"两种称谓做了辨析，认为二者虽然可以通用，但在佛教语境下，"惠"义是"施"，属布施度；"慧"义为"智"，属般若度。该书作者和印顺法师均采用惠能的称谓，笔者遵照《坛经》的称谓，使用"惠能"。参见杜继文、魏道儒《中国禅宗通史》，江苏古籍出版社，第 128 页。

行了广泛流传于禅门的著名对话。宗宝本《坛经》自序品中是这样记载的：祖问曰："汝何方人？欲求何物？"惠能对曰："弟子是岭南新州百姓，远来礼师，唯求作佛，不求余物。"祖言："汝是岭南人，又是獦獠，若为堪作佛。"惠能曰："人虽有南北，佛性本无南北；獦獠身与和尚不同，佛性有何差别？"唐代中原地区将岭南人蔑称为獦獠，认为他们是没有开化的蛮族。惠能出语不凡，不卑不亢，而且非常机智，受到了弘忍的赏识。弘忍发现惠能根性大利，是不可多得的宗教天才，出于爱护的原因，差他到后院马房，破柴踏碓八月有余。敦煌本之外的《坛经》都记载了五祖亲赴碓房，面见惠能，向其解释这么对待他的真实原因，惠能也表明自己领会祖师心意，一直不敢到堂前听闻说法，这说明师徒二人内心始终存在着一种默契。

为了挑选法嗣，一日，弘忍召集门人，要求大家作一首偈颂，表明自己的见地，以便付法。当时跟随弘忍学法的弟子多达上千人，大家都以为神秀上座作为全寺的教授师，学识渊博，通晓佛理，必得衣法，荣登祖位，都放弃了呈偈的念头。然而，神秀的内心却充满了矛盾，既缺乏自信，又希望得法，思维良久，想出一保全之策，于是夜三更书偈于佛堂南廊的壁上，以表明自己的心地，"身是菩提树，心如明镜台；时时勤拂拭，勿使惹尘埃。"弘忍早知神秀未见本性，但告知弟子依此偈修行。两日之后，惠能在碓房听童子唱诵此偈，知道神秀未见自性，遂呈上一偈，请江州别驾张日用写于壁上，"菩提本无树，明镜亦非台；本来无一物，何处惹尘埃？"与神秀无相颂相比，此偈彰显了般若空性，属彻悟见性之语。弘忍深知惠能的见地，便在夜间唤他进入禅房，讲说《金刚经》，至"应无所住而生其心"处，他彻悟了自性万法的真谛，便传他衣钵，继承祖位。当天夜晚，五祖亲自护送惠能至江口，临别之际，叮嘱他努力向南，不要立即弘扬东山禅法，对他寄予了厚望。惠能从九江驿走回岭南，经过两月的长途跋涉，方才到达大庾岭。

五祖传衣付法之后，门徒立即知道惠能已得衣法祖位，数百人追逐，欲夺衣钵。其中有叫陈惠明的弟子在大庾岭最先追上惠能，惠能将衣扔给惠明，惠明道明为法而来的真意，惠能为其说法，"不思善、不思恶，正与么时，那个是明上座本来面目"，惠明言下大悟，惠能便遣他北上袁州（今江西新余）化人。大庾岭夺法事件后，惠能平安地回到了岭南。惠能遵照师嘱，先至曹溪，遭恶人寻逐，为躲避法难，长期隐居于四会和怀集之间，寄居猎户家中，前后一共十六载。惠能虽混迹于俗人之间，但仍坚持佛教的信念和戒律，如为猎人守网，放生猎物，但"吃肉边菜"，不食肉荤。隐遁期间，惠能也时常跟友人切磋交流佛法，也可能为相识的村民讲说佛教信仰，赢得了当地人的尊重，契嵩本和宗宝本《坛经》都把惠能遇刘志略、为无尽藏说《涅槃经》经义的传说放到这一时期。

惠能始终牢记弘忍的嘱托，在没有恶人骚扰，并有一定声誉之后，来到广州法性寺。正好赶上住持印宗法师在讲授《涅槃经》，时有风吹幡动，僧人们便议论纷纷，有说是风使幡动，有说是幡自己摇动，惠能发表了惊人之语，"不是风动，不是幡动，仁者心动"。印宗法师一听便知他是非常之人，猜测其是黄梅衣法的承嗣者，果不其然，惠能当众出示了衣钵。印宗遂向他打探黄梅付嘱的要旨，他便阐明了东山法门的要义，"不论禅定解脱，唯论见性"，同时也为其解说了"佛法是不二之法"的道理。印宗听后，佩服得五体投地，拜惠能为师，亲自为他削发。根据法海的《六祖大师法宝坛经略序》和法才的《光孝寺瘞发塔记》的记载，仪凤元年（676 年）二月初八，西京的智光律师担当授戒师，取边地五师受具的律制，为惠能授具足戒，惠能正式出家，是年 39 岁，正式演畅佛法，开东山法门。

自此之后，惠能在广州、新州和韶州地区行化，三州均远离当时的政经中心京、洛两都，属化外之区，因此他的行迹并没有受到太多关注，留下的记述也不多，弘法施教的寺庙主要是曹溪宝林寺、韶州城内的大梵寺、新州国恩寺和广州的法性寺。根据法海的《六祖缘起外纪》的说法，惠能于次年春（仪凤二年）回归曹溪宝林寺，印宗法师与缁白送者千余人。惠能任曹溪宝林寺住持，在当地官僚僧尼道俗的支持下，扩建寺院，广收门徒，弘传东山法门的顿悟禅，声名远播，在南方地区造成了很大的影响。时任韶州刺史韦琚慕道而来，礼请惠能出山，到城内的大梵寺说法，听众多达千余人，盛况空前，他主要讲说摩诃般若波罗蜜，授无相偈，由弟子法海记录下来，成为后世流传的《坛经》的主要内容。惠能弘法近 40 年，各地求法学禅者络绎不绝，《坛经》中的机缘品、顿渐品和付嘱品记载了惠能接引开示弟子的问答。《曹溪大师别传》说他"因兹广阐禅门，学徒十万"，逐渐成为一个以传授顿教见性法门为特色的禅宗派别，与以神秀为首的观心看净渐教法门有别。

随着弟子们禅学实践的活跃，惠能德音远播，引起了李唐皇室的重视。据说由于国安和神秀等宫廷禅师的举荐，太后武则天和中宗皇帝于神龙元年（公元 705 年）下诏，派遣内侍薛简，礼请惠能入京施化，接受皇室供养，但惠能上表朝廷，自己年迈多疾，愿修持道业，终老山林。薛简蒙指教之后，豁然大悟，携表辞别惠能，归京复命。是年九月三日，中宗皇帝下诏，认为惠能的弘法活动实际上起到了助皇王之化的作用，遂御赐磨纳袈裟和水晶钵盂，赏赐钱帛供养，敕命韶州刺史修缮庙宇，赐命旧居为国恩寺。关于朝廷召请的传说，除敦煌本和惠昕本《坛经》外，《宋高僧传》《景德传灯录》和多本《坛经》都有叙述，《历代法宝记》中还对多次召请有具体说明。[①] 惠能拒绝了宫廷召请，说明他坚持了弘忍以来山林佛教的生存方式，保持了禅者平淡、闲适的生活态度，立足于信众，与政治权力保持着一定距离，避免了政权更迭带来的冲击，而不像神秀北宗那样依附于皇权，随着权力和政情的变化而起伏，这与唐武宗灭法之后南宗的勃兴有着很大的关系。

根据《坛经》记载，惠能分别于太极元年壬子和延和七月，命令门弟子前往新州国恩寺建浮屠塔，先天元年夏末完工，惠能便回到国恩寺。先天二年，惠能自知不久于人世，对弟子作了临终交待。他特别嘱咐随行重要弟子日后要各为一方师，说法开示要先举三科法门，使用三十六对法，抛却两边，不离中道；他抛弃了中土五祖密授衣法的传统，唯独传法，以《坛经》取代袈裟，作为传法的凭信；他还对弟子讲说了《真假动静偈》《自性真佛偈》、印度中土历代禅宗祖师传衣付法的次第和《传法偈》。先天二年八月初三，惠能卒于国恩寺，其遗体不久就被韶州官僚和弟子迎回曹溪，各种传说对他的逝世情况做了许多渲染，平添了几分神秘的色彩，据说他的遗体保存完好，至今仍在南华禅寺（宋初重建宝林寺，改名而来）供养，寺内六祖殿内供奉的肉身像即是惠能的真身。

---

① 尽管年月混乱不详，多数学者还是认为皇室礼请惠能，敕建寺院，致送供养，皆是史实。个别学者如杜继文就认为朝廷是否征召过惠能，是个无法定论的悬案。而近代著名学者胡适撰有《〈全唐文〉里的禅宗假史料》一文，对于此问题作了详尽的辨析，认为中宗诏令出自年代错乱的《曹溪大师别传》，因此是伪造的诏书。参见洪修平、孙亦平《惠能评传》，南京大学出版社 1998 年版，第 64—65 页。

惠能入灭后，禅宗出现了法统之争，弟子神会在中原地区大力弘传南宗顿教法门。开元二十年（公元732年），他在滑台（今河南滑县）召开了无遮大会，现存的《南宗定是非论》就叙述了当时论争的情形，神会将盛行于京洛地区的北宗定为旁支，其法门是渐教，而定惠能为菩提达摩法系的正宗，受五祖付法传衣，为第六祖，其法门是祖祖相传的顿教。神会的努力，确立了惠能在禅门的六祖地位，随后因青原行思下的石头宗和南岳怀让下的洪州宗的流行，南宗在大江南北的影响日盛，晚唐期间，佛教界甚至出现了"凡言禅皆本曹溪"（柳宗元撰《赐谥大鉴禅师碑》）的局面。惠能去世100多年后，日益受到了统治阶层的推崇，先后被唐宋帝王追谥。唐宪宗元和十一年（公元816年），下诏追谥惠能为"大鉴禅师"；北宋太平兴国元年（公元976年），太宗皇帝加谥惠能为"大鉴真空禅师"；后来，仁宗皇帝和神宗皇帝又分别追谥其为"大鉴真空普觉禅师"和"大鉴真空普觉圆明禅师"。随着晚唐、五代和两宋之际禅宗的广布流行，惠能的地位越来越高，成为了佛教史上的一代宗师和中国禅宗的实际创立者，奠定了佛教中国化的基础。

第二章 《坛经》的形成与版本

　　《坛经》本是惠能应韶州刺史韦璩等人的邀请，至韶州城内大梵寺的说法开示，由门弟子将说法内容记录、整理并汇编而成。它是中国僧人所写佛教论著中唯一一部被称为"经"的经典，之所以获得与佛经同等的地位，原因在于它对中国佛教、乃至中国文化产生的巨大影响，后世禅僧和学者们遂尊称其为经。称为"坛经"，主要是从开法传禅的"坛场"而来。坛场即道场，有受具足戒的"戒坛"，传授密法、修持密法的"密坛"，忏悔礼拜的"忏坛"，也有传禅说法的"法坛"或"施法坛"。惠能的时代，坛场普遍指称礼拜、忏悔、发愿、受戒、传法的处所，因此，他在大梵寺说法授戒的记录，便称为《坛经》或《施法坛经》。

　　在其流传当中，名称多有变化。一般来说，《坛经》是最简约和根本的名称，也是广为流传的经名，如《坛经》本文、《传灯录》《传法正宗记》等禅宗文献都使用了这个名称。惠昕本系列的《坛经》，经名要长一些，如晁迥本和兴圣寺本，就称为《六祖坛经》，大乘寺本称为《韶州曹溪山六祖大师坛经》。"曹溪古本"系列《坛经》的与众不同之处，在于添加了"法宝"二字。契嵩校定《六祖大师法宝坛经》时，就比较了几种以"法宝"为题的《坛经》，如"法宝记"和"法宝坛经记"，都是记载惠能说法开示的。由契嵩古本而来的德异本，序言为《六祖大师法宝坛经》，经末题为《六祖禅师法宝坛经》，而同属"至元本"的宗宝本，名为《六祖大师法宝坛经》。在众多称谓中，要数敦煌本《坛经》题目最长，模仿佛经，人法并举，写为："南宗顿教最上大乘摩诃般若波罗蜜经、六祖惠能大师于韶州大梵寺施法坛经一卷、兼受无相戒、弘法弟子法海集记"，该题目明确了经的作者、出处和内容，还说明了惠能大师在大梵寺说法的内容"摩诃般若波罗蜜，受无相戒"，由法海记录整理。①

《坛经》的作者，在上世纪初敦煌藏经洞被发现之前，基本上是确凿无疑的。《坛经》的主体部分，即惠能生平事迹、大梵寺说法基本上是惠能亲口所述，而传法因缘则多为后世禅门弟子添加或修改。自敦煌早期禅宗史料，《坛经》《历代法宝记》《楞伽师资记》《观心论》和《显宗记》等面世以来，这一共识便遭到了前所未有的质疑。20世纪二三十年代，近代著名学者胡适从巴黎国立图书馆和伦敦大英博物馆搜集到一些重要的禅宗史料，在充分利用敦煌本《坛经》的基础上，于1930年整理出版了《神会和尚遗集》，发表了《荷泽大师神会传》一文，认为《坛经》主要是惠能弟子神会所作，少部分由其门下添加，反映的是神会而非惠能的思想。② 这一研究成果颠覆了传统的理解，激发了中日两国佛教学者对《坛经》和早期禅宗史的研究热情。《坛经》的作者究竟是谁？仁者见仁，智者见智。

就敦煌本《坛经》的作者而言，中日佛学界具有代表性的观点有五种，1978年出版，日本驹泽大学禅宗史研究会主编的《惠能研究》一书对此作了总结。一、以胡适和久野芳隆为代表，认为神会是《坛经》主要内容的作者。二、以矢吹庆辉和关口真大为代表，认为《坛经》为神会或神会门弟子所作，关口真大以为传说中的《金刚经口诀》为惠能所作。三、以宇井伯寿和铃木大拙为代表，认为《坛经》部分内容非惠能所作，属后人附加，宇井伯寿明确指出是神会一系所附益。四、以柳田圣山为代表，认为《坛经》中的"无相戒""般若三昧""七佛二十九祖说"是牛头六祖惠忠所说，《坛经》古本原是牛头法系的鹤林法海集记，后经神会门下修改。五、以中川孝为代表，认为《坛经》是神会在法海集记原本基础上改编而成，后来的南宗弟子又在此基础上作了一些变动。③

胡适大胆地颠覆了惠能作为《坛经》主要作者的传统理解，其小心求证的证据如下：一、韦处厚（死于828年）所作《兴福寺内供奉大德

---

① 参见印顺《中国禅宗史》，江西人民出版社1999年版，第223—225页。

② 胡适：《近现代著名学者佛学文集·胡适集》，中国社会科学出版社1995年版，第92页。

③ 参见杨曾文编著《敦煌新本坛经》，第196—197页。

大义禅师碑铭》（《全唐文》卷七一五）中有言，"洛者曰会，得总持之印，独曜莹珠。习徒迷真，橘枳变体，竟成《坛经》传宗，优劣详矣！"胡适将"竟成《坛经》"中的"竟成"二字，理解为最终完成、作成，故而认为《坛经》是神会及其门下所作。二、敦煌本《坛经》第四十九节，记载有法海向惠能询问死后衣法的付嘱，惠能说道："法即付了，汝不须问。吾灭后 20 余年，邪法撩乱，惑我宗旨，有人出来，不惜身命，定佛教是非，竖立宗旨，即是吾正法，衣不合传。"此段文字仅见于敦煌本，而且与惠能灭度后 20 余年，神会在滑台大云寺和洛阳荷泽寺定南宗宗旨的史实相吻合。故而胡适认为这是一种悬记，可以作为《坛经》是神会或神会一系所作的依据，编撰的时间在开元二十二年（734 年）之后，正好与神会滑台大云寺无遮大会相应。三、《坛经》敦煌本明确指出神会得道，余者不得，而且许多内容与新发现的《神会和尚语录》完全相同，胡适认为这是最重要的"内证"。[①]

　　胡适的新论点遭到了诸多学者的反驳，其中比较有代表性的是钱穆和印顺，钱穆在 1945 年发表《神会与坛经》一文，印顺法师发表《神会与坛经——评胡适禅宗史的一个重要问题》一文，并且在《中国禅宗史》中开辟专章讨论了《坛经》的成立和演变，对胡适立论的根据作了逐一的驳正。关于"竟成《坛经》传宗"的文义，钱穆认为胡适误读了文义，应解释为神会独得坛经之真传，"坛经传宗，犹云坛经嗣法"；印顺根据敦煌本《坛经》经文间的互证，将该句经文训解为"竟然变成用《坛经》来作为'传宗'的依约"，这就否定了神会或其弟子是《坛经》作者的观点。至于 20 年后神会滑台南北二宗定是非的悬记，钱穆认为这不足以作证，支持神会一系就是作者，也许是推崇神会的南宗弟子所为；印顺对于 20 年悬记没有做太多分析，但他根据《宋僧传》卷九中南阳惠忠在世时看到《坛经》被添改了的说法，认为《坛经》在其早期传授过程中，首先被南方的禅僧修改过，在"南方宗旨"的基础上才被神会系附益，方成敦煌本的格式，因而悬记说并不能强力支撑神会系的作者身份。至于《神会语录》与《坛经》内容重叠，钱穆更强调相同内容所体现出的不同

---

① 　胡适：《荷泽大师神会传》，载于《近现代著名学者佛学文集·胡适集》，中国社会科学出版社 1995 年版，第 91—92 页。

精神，认为两书均由多人纂集，惠能语录透出开山祖师的精神，而神会语录引经据典，剖析文字，透出学僧气息，只不过在北方传播了惠能顿教思想，《坛经》体现的是惠能的思想；印顺法师反诘了胡适的观点，认为从师承上来说，只能是神会继承惠能的思想，否定了胡适的观点，同时也肯定了他在禅宗早期史学研究上的贡献。尤其值得关注的是，印顺在《中国禅宗史》中考证了多位"法海"，如鹤林法海、吴兴法海、金陵法海、丹阳法海和曲江法海，指出《全唐文》卷九一五《六祖大师法宝坛经略序》中的鹤林法海并非是惠能弟子曲江法海，[①] 这也间接地反驳了柳田圣山关于《坛经》集记者为牛头系法海的异议。

　　敦煌本《坛经》的面世，亦引发出对《坛经》原本的追溯和探索，之前广泛流行于世的明藏本不再被视为《坛经》的标准定本，那么敦煌本是否是最古老的原本，它与其他的版本有着什么样的关联？在诸多《坛经》版本中，由于敦煌本最为早出，因此被有些学者视为其原本，是后世版本的底本。如日本学者宇井伯寿就认为，"敦煌本是'最古'的《坛经》，它是其后各本《坛经》的基础。在以后各本的《坛经》中，由于都有很多的增改，所以，它们的内容，较之敦煌本《坛经》，都有明显的不同"。[②] 周绍良也持相似的观点，根据敦博本《坛经》研究，他判定敦煌本《坛经》是"惠能原本"和"唯一的原本"，也是"法海所集记的原本"，[③] 认为后世版本都源出于敦煌版本。多数治禅宗史的学者均承认敦煌本是现存最古老的《坛经》原本，大概出现于中唐时期（约780—800年），但其形成也经历了一个过程。如柳田圣山认为敦煌本由古本《坛经》发展而来。印顺以"曹溪原本"来指称《坛经》原本，认为曹溪原本经过"南方宗旨"和"坛经传宗"两次修补后，才发展成为敦煌本。杨曾文在探讨《坛经》版本的演变关系时，提出敦煌本由一《坛经》祖本演化而来。伊吹鼓更是提出了敦煌本经过四次增广方才成型的观点。

　　将敦煌本视为祖本的理由无非有四：一是在现存版本中成书时间最早。二是文字最少，约为一万二千字，而惠昕本约为一万四千字，契嵩本

---

① 印顺：《中国禅宗史》，江西人民出版社1999年版，第215—216页。

② 宇井伯寿：《禅宗史研究·坛经考》。转引自郭鹏《坛经校释·序言》，中华书局1983年版，第16页。

③ 周绍良：《敦煌写本坛经原本》，第180页。

和宗宝本都超过了两万字，敦煌本为后出版本提供了附益和增广的空间。三是内容混杂，不相连贯，且由于是手抄本，错失较多，后世版本内容丰富、编排有序、文字精准，恰恰在逻辑上论证了敦煌本的祖本地位。四是敦博本的发现提高了它的地位。其实不然，现存版本中最古，并不能肯定就是法海集记、惠能在世所肯认的原本。唐代的敦煌并不属于偏僻之地，文化上受京洛地区的影响非常大，敦煌本成书年代刚好与神会系的弘化年代相吻合，且内容上也体现了神会系的思想。就敦煌本《坛经》的经名来说，"南宗"一称显然与神会定南北宗旨有关，惠能和神秀都不承认南北宗之分，而认为"法即一宗""法无顿渐"，神秀本人也承认六祖为一代宗主。学术界普遍认为以"南宗"相标榜，是神会的意图，为的是将神秀及其门弟子普寂禅师等人从禅宗道统中剔除出去。还有"最上大乘"的名称也不见于《坛经》正文，六祖对智常说过四乘法，最后一乘是最上乘，而非最上大乘，这显然不会是抄写的失误，而是一种编造。尽管敦煌本包含六祖大梵寺开法和惠能史实的记载，但这并不能证明它就是原本，从其后半部分来看，它很可能出自神会门下的编造，理由是付嘱流通部分所述与《神会和尚语录》不符，二十年预言亦不可能出自惠能和神秀。

　　敦博本的二度面世，激发了国内佛学界的研究兴趣。自20世纪80年代周绍良在敦煌博物馆亲见敦博本《坛经》并将其整理面世之后，一系列点校注释著作相继出版。如1983年郭朋的《坛经校释》；1993年杨曾文校写《敦煌新本·六祖坛经》；1997年周绍良编写的《敦煌写本坛经原本》；1998年邓文宽和荣新江校编整理的《敦博本禅籍录校》；1999年李申和方广锠校注的《敦煌坛经合校简注》；2001年杨曾文新修定的《新版敦煌新本六祖坛经》；2006年黄连忠所撰《敦博本六祖坛经校释》。这些研究成果虽然提高了敦煌本的关注度，并在一定程度上解决了敦煌本错漏字的问题，但并未解决敦煌本过于简略的问题，很难窥见六祖的思想全貌。因此，将敦煌本视为《坛经》祖本的看法是不妥当的。

　　曹溪原本特指法海所集记的《坛经》祖本，为手写密本，流传于曹溪，仅局限于少数僧众。印顺法师根据敦煌本"悟真传法"的记载，认为敦煌本是以悟真所传的《坛经》为底本，尔后神会系加以"南方宗旨"的增润，方才有南阳忠国师"坛经改换，添糅鄙谭，削除圣意，惑乱后徒”的评论。后世门徒在抄写传颂的过程中，不免有所增益和添改，因而曹溪原本内容不断增扩，以至于到了唐末宋初，已经成为文繁的古本，世称“曹溪古本”，成为《坛经》两大系列版本惠昕本和契嵩本的来源。

　　惠昕本被胡适称为现存仅次于敦煌本的最古《坛经》版本，在中国失传，最早是在日本京都崛川兴圣寺发现的，因此又称《兴圣寺本》。在铃木大拙出版的兴圣寺本《六祖坛经》中，惠昕亲为序说：“我六祖大师，广为学徒，直说见性法门，总令自悟成佛。目为坛经，流传后学。古本文繁，披览之徒，初忻后厌。余以太岁丁卯，月在蕤宾，二十三日辛亥，于思迎塔院，分为二卷，凡十一门，贵接后来同见佛性者。”可见，惠昕将文繁的曹溪古本删定成二卷十一品，根据铃木大拙的观点，胡适考订惠昕本的成立时间为宋太祖乾德五年（967 年）五月，由晚唐宋初的僧人惠昕改编而成。日本现存的大乘寺本、真福寺本和金山天宁寺本，皆是惠昕本的异抄本。与敦煌本相比，惠昕本在内容上有所增加，比如“朝廷召请”“五分法身香”和“惠能得法避难”，等等，对传授无相戒的次第也作了调整。

　　惠昕本的出现引发了诸多学术争论，其中最重要的是在《〈坛经〉考之二》一文中，胡适根据兴圣寺本中惠昕题序和晁子健的再刊记，参考了南宋晁公武《郡斋读书志》和马端临《文献通考·经籍考》中关于六祖坛经有三卷十六门的说法，推定在惠昕本二卷十一门之前，早就流行着三卷十六门的惠昕本了。惠昕本到底是二卷十一门，还是三卷十六门，它与敦煌本的关系如何，便成为禅学研究者不容回避的问题。徐文明对胡适的观点作了进一步的阐释，根据日本真福寺本所附周希古《六祖坛经后叙》和日僧永宽关于坛经为惠能资惠忻（昕）所作的质疑，加之两卷本的金山天宁寺本和大乘寺本五惠昕题记的事实，断定“惠昕本是由唐朝人惠昕编定的三卷（或二卷）十六门本，为一‘文繁’的‘古本’，其中（卷下）有大量的惠昕本人的评语或注释，明确称为‘惠昕云’。现存的两卷十一门是在宋初由惠昕原本删节而成，属于惠昕本系统，然并非原本”。[1] 这就肯定了现存的惠昕本皆溯源于同一原本，可以上溯到敦煌本。从内容来看，惠昕本对敦煌本有所增订，其原本也近于敦煌本。

---

　　① 徐文明：《中土前期禅学思想史》，北京师范大学出版社 2004 年版，第 297—302 页。

　　契嵩本由北宋禅僧契嵩校编订而成，北宋至和三年（1056 年），吏部侍郎郎简为之作序。根据序言，我们知道郎简见到当时流行的《坛经》已经为后人增损，皆"文字鄙俚繁杂"，与 90 年前惠昕的感受略同。契嵩两年搜寻，得到了"曹溪古本"，经过校勘增润，编成三卷本的《六祖大师法宝坛经》，郎简遂资助刊印，使之得以流布世间。胡适认为曹溪古本是伪作，是契嵩根据《曹溪大师别传》和两卷惠昕本，对敦煌本修订改编而成。当今学者普遍不接受这一看法，认为契嵩得到了曹溪古本《坛经》，对之作出文字上的修订，与他于嘉祐六年（1061 年）编撰的《传法正宗记》相比较，可以看出曹溪古本并非抄自《曹溪大师别传》。从内容上来看，曹溪古本最为详细，文字也最晓畅，必定是经过后人改定的。

　　与契嵩本同属一个系列的还有德异本和宗宝本，前者于至元二十七年（1290 年）在吴中刊印，后者成书于至元二十八年（1291 年）。依德异的序文，"坛经为后人节略太多，不见六祖大全之旨"。德异所见的坛经估计是删繁就简的惠昕本，从内容上来看，德异本包含了惠昕本的内容，文句上大大增加了。德异花了 30 余年时间，从通上人处寻得幼年所见的古本，遂刊印布世。德异本究竟是曹溪古本，还是经他增减修订过的古本，需要存疑，暂不讨论。德异本经高丽传入日本，现存有元朝延祐三年（1316 年）刻本，称为"元祐"本。当然，德异本有众多翻刻本，如明代憨山大师重刻的曹溪古本。依宗宝本的跋文，可知宗宝根据三个坛经版本做出校订，增加了弟子机缘品。宗宝自署名为南海释宗宝，传说为广州风幡报恩光孝寺住持。从内容上来看，宗宝本和德异本编排组织最为一致，两个版本相继而出，宗宝本前附有德异序文，可以判定宗宝本确是依据德异本而成。自明太祖、成祖刊行明大藏经以来，宗宝本获得了成熟和完整的经典形式，文本最终定型，之后就没有发生过多变化，日本大正藏也依明北藏而收录。

　　在近 1300 年的流传过程中，因抄写刻印的时代不同，编订者出于各自的宗门或立场，出现了众多坛经版本。日本学者石井修道在其《六祖坛经异本系图》中列举了 14 种版本，宇井伯寿在其《禅宗史研究》中列出了近 20 种版本，柳田圣山主编的《六祖坛经诸本集成》一书，收集了流传于中日韩三国的 11 个不同的《坛经》版本。中国学者杨曾文先生在《中日的敦煌禅籍研究和敦博本〈坛经〉、〈南宗定是非论〉等文献的学术价值》一文后表列的《坛经》不同版本更是多达近30种。关于这些版本的归类，印顺法师认为可统摄为四个本子：敦煌本、曹溪古本（契嵩本）、惠昕本和至元本；郭朋指出真正独立的《坛经》本子，仍不外乎敦煌本（法海本）、惠昕本、契嵩本和宗宝本这四种本子，其余的都不过是这四种本子中的一些不同的翻刻本或传抄本而已；杨曾文作《坛经》演变示意图，将坛经划分为敦煌原本、曹溪原本和惠昕本三大系统。

总的说来，坛经分三大版本系列：敦煌本系列、契嵩本系列和惠昕本系列。敦煌本《坛经》是现今所知最早出的本子，属八九世纪的唐代写本，有三个完整的写本分别是：斯坦因本、敦煌博物馆藏本和旅顺博物馆藏本，其中后面两个版本保存较好；国家图书馆有一个兑废本（即抄错废弃的）和一个残本；此外还有西夏文本残篇。契嵩本融摄了曹溪原本，内容比较丰富，宋代以来在教内外广泛流传，影响最大。同属契嵩本的有德异本、宗宝本、明成化本和明万历本。惠昕本仅宋代在中国流传，其节略本和翻刻本较多，宋初本逐渐演化为晁迥本、晁子健刊本和兴圣寺本一系，也演变为周希古刊本、真福寺本、天宁寺本和大乘寺本一系。三个系列版本中，敦煌本虽时间上最早，但唐以后的影响日渐式微，只是因为敦煌文献的出土，才受到从事隋唐文化史和古文献学研究学者的重视。惠昕本自两宋后久已失传，仅在日本有抄本和翻刻本，因20世纪的坛经研究才受到禅学研究者的重视。契嵩本的流行并非偶然，就其内容来看，它包含了敦煌本和惠昕本的主要内容，加之其源于曹溪原本，文字晓畅，内容丰富，故而在宋代以后广为流传，受到了教俗僧学两界的欢迎。在《坛经》版本的甄选问题上，本着最能全面体现惠能宗教思想，并获得教众广泛认可的原则，以宗宝本为准，辅以其他版本，因为从经典的形成上来看，属明代宗宝本最为成熟和完整，文本至此最终定型，之后就没有大的变化。具体来说，本研究使用的是宗教文化出版社1997年出版的《六祖大师法宝坛经》，由河北禅学研究所编辑，净慧法师作序。

第三章　惠能佛学思想的背景

在禅宗的诸多传述中，惠能家境贫困，卖柴维生，似乎没有进入私塾学堂，其教养和学识难以与路德相比，因此其自述和后世的记述都称其"目不识丁"，近乎文盲，《坛经》中惠能不识《金刚经》和《大涅槃经》，请人代写自己的见性偈，都说明惠能的知识水平不高。惠能目不识丁而能自悟玄机，天生利根，表明他对佛法有着特别的领悟，无疑为其禅宗六祖身份添加了传奇的色彩，也有记述者彰显佛理非关文字的用意，但我们并不能简单地认为惠能就是大字不识的文盲，仅仅天赋佛慧，便使之一闻客颂《金刚经》而入声闻乘，再闻五祖演说《金刚经》而直入佛知见。

根据《曹溪大师别传》的记载，惠能前往黄梅求法之前，曾经在曹溪停留，与刘志略结义，为无尽藏尼解《大涅槃经》经义，从乐昌西石窟远禅师学坐禅，等等，都表明他在黄梅得法之前是有一段学佛经历的，洪修平认为这更符合人物思想发展的规律，而郭鹏则从信仰的立场出发，认为《曹溪大师别传》的说法是以"凡情"测度"圣智"，不足可取。[①]更为重要的是，《坛经》惠能提及或引用的佛教经典有《金刚经》《涅槃经》《大涅槃经》《般若经》《菩萨戒经》《维摩诘经》（又名《净名经》）、《法华经》和《楞伽经》等经典，这表明他至少熟悉主要的波若系和如来藏系经典。惠能得到了五祖的衣法付嘱，成为禅门第六祖，对禅理和禅修必定有甚深的见地。因此，历史地观之，惠能的佛学思想是佛教思想在中古中国数百年传播的结果，与禅学思想、般若思想和佛性思想有着密切的关系。

---

① 洪修平、孙亦平：《惠能评传》，南京大学出版社 1998 年版，第 38—39 页。

第一节　禅学在中土的传布

佛教传入中国的时间，自古以降，聚讼纷纭，至今尚无定论。学术界先后出现五种观点：先秦说、秦朝说、汉武帝说、西汉末期说、东汉初说。目前，学术界依据可靠的信史，普遍接受了两汉之际的观点。据史所载，源自天竺的佛教，早在汉哀帝元寿元年（公元前 2 年），已由大月氏王派遣的使臣尹存经由西域带入中国，他向博士弟子景卢口授了《浮屠经》，但没有产生信众。东汉明帝夜梦金人，曾派使臣到天竺图写经像，永平十年汉使梵僧用白马驮载佛经、佛像，跋山涉水，回到洛阳。翌年，明帝敕命于洛阳城西修建僧院，这就是著名的华夏佛教祖庭白马寺，成为佛教传入中国的标志。

禅，是梵文"禅那"（梵文 *dhyāna*，巴利文 *jhāna*）的汉文音译简称，又译为驮那演那。这个术语原出自《奥义书》，为婆罗门教瑜伽行中的最后阶段，佛教将其吸收，变为"三无漏学"和"六般若波罗蜜"之一。鸠摩罗什意译为"思维修"，即运用思维活动的修持，玄奘法师意译为"静虑"，即静谧地深思。《俱舍论》二十八卷将其视为佛教诸多"等持"和"寂静"中的一种，"诸等持内，唯此摄支，止观均行，最能审虑。"等持为梵文三昧（*samādhi*）的意译，也作"定"或"等念"，主要指专注一境的精神状态，因此也称为"禅定"。在中国佛教义学中，禅有两个方面的含义，一是指一种三昧境界，即位于色界以上的四禅境界，称为"奢摩他"（*samātha*），意译为"止"或"定"，它是观察事理、契入真如所必需的精神和心理条件；二是指修行进入四禅境界的方法，即"毗婆舍那"（*vipas'yanā*），意译为"观"或"慧"，是与定相应的理论思维活动。由此，禅定也被称为是止观双运的解脱法门，特别是天台宗将其视为解脱的最主要途径。

禅学传入中国与高僧来华和传译佛教经典密不可分，第一位佛教译经家安息国太子安世高于东汉桓帝初年（147—149 年）来华，将小乘上座系说一切有部的禅数经典译为华文，开启了禅学在中土的传播。据《出三藏记集》卷十三所载，他自幼孝亲慈爱，聪敏好学，博通经藏，知晓天文地理，能占风角，兼通医术，会多国语言，在西域各国享有很高的声誉。安世高来到洛阳时，汉地佛教传播已有百余年历史，但信奉者错误地把佛教当作一种神仙方术，将佛当作崇拜对象，焚香膜拜，祈求长生。安世高于是心生译述佛经的宏愿，20 余年间译出毗昙学和禅数学的经典数十部。[①] 在现存的 22 种译著中，与禅法相关的主要有《安般守意经》、大小《十二门经》《禅行法想经》《道地经》和《阴持入经》。其中，《安般守意经》《阴持入经》和大小《十二门经》（已佚失）最能代表其禅法思想。

安世高所传的是小乘禅法，道安在《十二门经序》中称其"善开禅数"，这突出地表现在《阴持入经》中。该经以论述小乘佛教《阿含经》的《阿毗昙》为基础，运用四谛、五蕴、十二因缘、三十七道品等小乘佛教的基本教义来表达禅法思想，将不明佛法的种种惑业归结为"九品"，认为众生皆犯了"愚痴、贪爱"两种病，又称为"二本罪症"，必须以"止观"二法来加以对治。止观双运，止息一切贪念，对治"常乐我净"的四种颠倒见，获得"非常苦、非身、不净"的认识，断除一切烦恼，发明正智，得到解脱。[②]

安世高所译的《安般守意经》则重点阐发了禅修活动中对思维意识的调控，安为入息，般为出息，通过数息来守住心意，勿使散乱，最终进入禅定状态。安般守意亦名数息观，本是小乘佛教五门禅法（数息、不净、慈心、因缘、界分别观）中的一种。该经以数息观为中心，将其与诸多小乘佛教教义贯穿在一起，比如"思念处""四正勤""四禅定""三十七道品"，等等。安般守意一共分为数息、相随、止、观、还、净

---

① 安世高译出的佛经，各种经录对确切部数的记载不一。晋代道安编纂的《众经目录》，列举所见过的安世高所译经共 35 种，41 卷。其后历经散失，现存 22 种，26 卷。《历代三宝记》则说安世高的译经多达 176 种之多，《开元释教录》订正为 95 部，都比《众经目录》为多，但根据不足，不太可靠。梁僧祐《出三藏记集》卷二《新集经论录》里，称安世高译经为 34 种，40 卷。在现存的 22 种经中，属于阿含的 16 种，属于修持的 5 种，属于阿毗昙的 1 种，在安世高所译的经典中，主要有《安般守意经》《阴持入经》《大十二门经》《小十二门经》《百六十品经》《九横经》《七法经》《五法经》《义决律》《思惟经》《十二因缘经》《难提伽罗越经》《五十校计经》《七处三观经》《积骨经》《八正道经》《切流摄守因经》《本相猗致经》《是法非法经》《人本欲生经》《漏分布经》《长阿含十报经》，等等。《四谛经》《十四意经》《九十八结经》等，被道安认为安世高的撰述。

② 参见《大正藏》第 15 卷，第 173—180 页。

六个阶段，亦称"六事"。"数息"是要通过念数呼吸，从一至十，消除杂乱的心思意念，将注意力集中于呼吸，定止意念，对应"四念处"和"初禅"。"相随"即随行善法，在数息到一定程度后，意息相随，内断六根，外断六尘，内外身意都得出离，对应二禅。"止"是行相随到一定程度后，不觉气息出入，唯存气息存在之念，不存内外分别之想，对应"四如意足"。"观"在止后，身意寂止，已至清净寂灭的四禅境界，但引发了神通妙用，以天眼通和宿命通作不净观和因缘观，产生对自身和世间的厌离倾向，获得趋向涅槃的智慧。"还"即通过慧观人身及世间的不净和无常，认识到世间的真相，消除五阴分别，使有漏之身还为无漏真身，身中结使消失，远离生死轮回，接近阿罗汉果，与七觉意支相联系。"净"为最后的阶段，去除身中三恶，使身心还本清净，达到圆满无漏的阿罗汉果位，获得漏净通，进入涅槃，离生死轮回，永不退转。

　　两部禅经表明，安世高所传的小乘禅法与原始佛教的厌世思想息息相关，并将数息观贯穿到五门禅法之中，形成较为系统的禅法，体现出厌离世间的小乘特色。而且，《安般守意经》主张"坐禅数息"的修行方法，对后世中国禅宗静坐数息的习禅方式影响甚巨。

　　稍晚于安世高来华的月氏人支娄迦谶，又称支谶，于东汉桓帝末期来到洛阳。灵帝光和、中平年间（178—189 年），在译介大乘般若学经典《般若道行经》的同时，也曾译出了《般舟三昧经》和《首楞严三昧经》等数部禅经。与安世高所传小乘上座部禅数之学不同，支谶所译传的禅法基本上属于大乘佛教，为般若理论指导下的念佛三昧禅法。支谶所译的《首楞严三昧经》早已佚失，目前仅存鸠摩罗什所译一卷。根据罗什所译经卷内容来看，首楞严三昧意即达到"勇者（菩萨）"的禅定，被推崇为最重要的禅观，据说它能涵摄一切佛法，具有不可思议的神秘力量，只有十地菩萨才能证入此禅定，得到神通和涅槃法乐，能"入大灭度而永不灭"，在魏晋年间与中土长生成仙的思想暗相契合，遂流行开来，先后出现八种不同译本。

　　《般舟三昧经》，又名《十方现在佛悉在前立定经》和《佛立三昧经》，般舟三昧为梵语音译，意为"佛现前定"，即通过系念观想可使十方诸佛现前而立。该经主要是佛陀为在家居士而说，是一部专门讲一心念佛，便能使十方诸佛现眼前的法门的经典。主张修行时，不坐不卧，从早到晚，又由晚到天亮，不是走，就是立，以七天或九十天为一期，专念佛名、观想西方净土和佛色身相好，凭借"佛力、三昧力、本功德力"三种力量，而使佛现前，心得安定。该经第一次宣讲净土法门，成为后世中国净土宗的修持法门。支谶所译传的大乘念佛三昧以信仰和观想为基础，依赖他力，因而早期的大乘禅法便以净观为中心，其观想对象是纯然清净的佛身和佛土，与以厌世离染为中心的小乘禅观迥然相异，反映出了在家居士的要求。在家居士由于不能离家独自修道，便借佛菩萨的本愿力之助来成道果。《般舟三昧经》还特别提出了诸法皆为心造的观点，"心作佛，心自见。心是佛心，佛心是我身。心不自知心，心不自见心。心有想痴心，无想是涅槃。"① 一切诸法皆是自心所作，凡圣皆是自心意念活动的结果。

从逻辑上来讲，《般舟三昧经》中的大乘禅观是小乘禅观的自然发展。小乘佛教禅观的对象是现实的此岸世界，"四念处"将世界万象视为苦、空无常、不净，在实践上力图否定现实世界，带有消极厌世的特征。而在厌世离染之后，人心总是向往清净无染的世界，走向成佛的第二阶段（向净）。从不净观到佛身佛土观，数息观到念佛观，苦空观到清净观，后起的大乘禅观实际上继承和发展了小乘禅观。

魏晋南北朝时期，禅学在中土得到了进一步的发展。安世高所传的禅数之学门人众多，比较杰出的是南阳韩林、颍川皮业、会稽陈慧、安玄、严佛调和康僧会。由于资料遗失，韩林和皮业的禅学思想已经难以考证，陈慧曾注解《大安般守意经》，得到受业弟子康僧会的协助，惜注文已佚，安玄与沙门严佛调共同译出《法镜经》，康僧会曾为此经作序。严佛调是汉地第一出家沙门，曾撰写《沙弥十慧章句》，译出《佛说菩萨内习六波罗蜜经》，以安般六事比附六波罗蜜，使安世高所传的小乘禅数之学与大乘思潮相结合。三国东吴名僧康僧会是安世高禅学的最重要代表，著有《安般守意经序》，将"四禅"与安般禅法的"六事"，用以解释数息定意的修持方法，但是他仍旧将神通视为禅修的目标。

在安世高禅法传播的同时，支谦也在东吴译介大乘禅学，先后译出了大乘禅经《慧印三昧经》和《首楞严经》，以及对中国禅宗思想有着深远

---

① 《般舟三昧经》，《大正藏》卷13，第899页下。

影响的《维摩诘经》。《慧印三昧经》所说的"慧印三昧"是一种能生发契入诸法实相的如来智慧的禅定，经中宣传修持这种三昧，能证佛智，见十方诸佛，尽除诸罪，登阿惟越致地不退转，也可往生西方极乐世界。该经以有无双遣、不落言诠的般若思想为基础，将修持慧印三昧视为见佛和成佛的手段，同时宣扬了西方弥陀净土信仰。《维摩诘经》本身虽然不属禅经，但其以般若智慧和中观思想指导修行实践，主张生死涅槃、世出世间不一不二，解脱并不关乎出家在家的形式，重要的是心悟和净心，该经还以般若思想批判净土信仰，"心净土净"的思想构成了禅宗对净土宗理论批判的基础，对惠能的影响也非常大。

继安世高和支谦禅系弘传之后，竺法护翻译了《修行道地经》七卷、《法观经》一卷、《身观经》一卷、《般舟三昧经》二卷、《首楞严经》二卷、《无量寿经》二卷、《弥勒成佛经》一卷、《十地经》一卷等，对大小乘禅法作了进一步的介绍。著名译经家鸠摩罗什来华后，在大力弘传大乘般若思想的同时，应弟子之请，陆续译出了《禅密要法经》三卷、《坐禅三昧经》二卷、《禅法要解》二卷、《首楞严三昧经》三卷等禅经，这些译作基本上是大小乘禅法的汇编，比如《坐禅三昧经》所讲的五门禅法中的"不净观"和"念佛观"，《禅法要解》中的四禅四定和观诸法实相的讲法，以及《首楞严三昧经》以首楞严大定摄导大乘六度。罗什虽然译介了各种禅法，但他本人缺乏实修体验，亦无师承，主要着力于中观学派的般若三论学思想，并以般若空观来统摄大小乘禅学，对中土禅学的发展产生了巨大的影响。

随着禅经陆续被译介进入中土，习禅僧人日渐增多，但是由于所传禅法不系统和完备，而且缺乏有经验的禅师指点。禅学是实修之学，心灵感应和直觉认知最为重要，而且只能意会，不能言传，修习要有稳妥的次第，方能达致实效。佛陀跋陀罗来华之后，中土的禅法得到了根本上的改变，他本人既有系统传承，也有实证体验，所以为中土带来了系统的禅法，也建立了中土的禅师统续。佛陀跋陀罗本为释迦族人，译名觉贤，少年师从佛大先，后应智严之请，到京师长安传授禅法，因持戒精严，遭到罗什门下的嫉恨，遂离开长安，游化中原。幸慧远相迎，在庐山停留一年期间，译出《达摩多罗禅经》，向西游化江陵，最终返回京师，住居道场寺，陆续译出《华严经》《摩诃僧祇律》《观佛三昧海经》和《大方等如来藏经》等。觉贤的专长和贡献主要在禅法，其师承自佛大先，可以上溯到罽宾有部的大禅师富若罗和富若密罗，乃至阿难和大迦叶，他不仅精通大小乘禅法，还熟知大小乘戒律，而且严格实行头陀苦行，其门风也严峻。

《达摩多罗禅经》又名《修行方便禅经》，是系统完备介绍上座部五门禅法的经典。经中依次介绍了慈心观、安般观、不净观、界分别观、十二因缘观、四无量观、阴观、入观等，重点详述了安般和不净二观（亦称"二甘露门"），并以方便道和胜道配合解释，类同于止观。该经将禅修过程分为四个阶段，即退、住、升进、决定。退即退灭，初修之时烦恼生起，则修行后退；住即不退不进的稳定状态，随着修行的深入，心渐牢固，控制住烦恼染性；升进即精进修行，在住的基础上，烦恼染性减退，清净善性增进，心转清净；决定即生解脱智，出离三界，心地坚固，永不退失的状态，这是修行的最高和纯熟的阶段。此四个阶段亦与生、住、异、灭的有为法四相相应，体现了小乘渐修渐悟的特色，也为修行者提供了循序渐进和行之有效的途径。《观佛三昧海经》则系统介绍了大乘观佛法门，描述了佛色身的三十二庄严相好，以及地狱的各种惨状，提出了观佛真心即慈、悲、喜、舍四无量心，以及修六念心（念佛、念法、念僧、念戒、念施、念天菩萨）。《观佛三昧海经》有云："修六念者名念佛心，念佛心者除十二亿劫生死之罪。"① 该经特别强调般若空慧必须与念佛三昧相结合，菩萨禅要高于声闻禅。以上两经代表了觉贤所传的大小乘禅法，而《大方等如来藏经》则代表着他的佛性论思想，该经肯定了众生身中本有如来藏，具有成佛的因性，如来藏常恒不变，自性具足，寂灭清净，为烦恼染法所覆，但不为其改变和染污，经中使用萎花藏佛、蜂蜜藏树、粳粮覆皮、真金隐泥、贫家宝藏、奄罗果实、金像裹物、丑女怀子、金像染灰等九种譬喻，来说明烦恼染污和清净如来藏之间的关系，但是该经只是肯定如来藏性的被动地位，如来藏本身不能化染为净，缺乏清除烦恼染法的力用。因此如来藏性的显发就需要借助外援，依靠佛、菩萨、善知识的指点和诱导，如来藏体性的这种"被动熏习"地位与《大乘起信论》的"净熏"和后世禅宗的"能生万法的自性"就迥异其趣了。

---

① 《观佛三昧海经》卷6，《大正藏》卷15，第675页上。

　　自鸠摩罗什和觉贤之后，中土禅学方始兴盛起来，尤其在北方地区，出现了一批影响巨大的禅师。觉贤门下人才济济，知名弟子有南方的慧观、宝云，北方的玄高、玄绍。慧观原为庐山慧远的弟子，后入关从学鸠摩罗什，最后追随觉贤习禅，为觉贤之后的江东佛教领袖，主持翻译了《杂心论》《楞伽经》《胜鬘经》等佛经，还曾著疏作序。慧观著有《辨宗论》和《论顿悟渐悟义》，在禅学思想上，继承了佛大先和觉贤，主张渐修渐悟；在判教理论方面，慧观最早提出了"五时三教"理论，将佛教分为顿教、渐教和不定教三种。就才学而言，慧观乃一代名僧，惜僧肇般若玄论和道生的顿悟说流行，声名不显。宝云曾云游天竺，精通梵汉等多国语言，回国后从学于觉贤，为许多来华高僧，如僧伽跋摩和求那跋陀罗做传译工作，实为《楞伽经》《胜鬘经》《大法鼓经》《杂心论》等经典的译者，曾与智严合译《普曜经》《广博严净不退转轮经》《四天王经》等，自译《佛本行赞经》《新无量寿经》等。

　　玄高为佛陀跋陀罗禅法的主要传人，主要修习《达摩多罗禅经》中的五门禅法，拥有六神通，能施行法术，从觉贤得法之后，西归天水麦积山隐居习禅，徒众甚多。后招诬陷，便避至河北林洋堂山，因好友昙弘帮助，被河南王尊奉为国师。玄高所习禅法属小乘，特钟禅定引发出的神通异能，他也因此以神异参与政事而最终丧命，为北魏太武帝所杀。玄高弟子玄绍神通第一，玄高被杀后亡命江东。另一弟子玄畅，通晓经律，深入禅要。既是义学名僧，又是得道禅师，神力自在不亚于玄绍。

　　北魏天竺佛陀禅师，经西域行化至北魏旧都恒安，深受孝文帝礼敬，遂于恒安城内证得道果。太和十八年（494年），随孝文帝南迁至洛阳，并于当地设静院以居之。太和二十年（一说二十一年），奉敕于嵩岳少室山创寺（即今少林寺），修习禅业。佛陀所传禅法源自印度传统，时四方来从学者，常达数百人。其下有慧光（地论宗南道派之祖）与道房，道房门下又出光稠、僧稠。其中，僧稠对北魏佛教之形成，影响深远。按照《续高僧传》的记载，僧稠"初从道房禅师，受行止观"。苦修禅业，"常依《涅槃》圣行，四念处法，乃至眠梦觉见，都无欲想……诣赵州障供山道明禅师，受十六特胜法……后从定觉，情想澄然，究略世间，全无乐者。"证入深定，觉后前往少室山拜谒祖师佛陀禅师，呈己所证，佛陀赞曰："自嶔（葱）岭已东，禅学之最，汝领袖。据《续高僧传》所载，与僧稠齐名的北周僧实禅师，咸阳灵武人，二十六岁出家，师事道原法师，复从勒那摩提习禅法，得其真传，曾受敕为昭玄国统。僧实精通戒、定、慧三学，尤于九次第定中调心之造诣更高，其禅法重在修心，与僧稠的教法相类似。其人矣。"① 僧实曾三辞魏孝明帝召请，在东魏和北齐各地传教弘禅，门徒众多，成为一代名副其实的佛教领袖。

自汉末禅法东传以来，魏晋玄学勃兴，道安事佛图澄为师，习禅并从学大乘般若思想。因北方战乱，南下襄阳，居十五载，后入长安，广开译场，七年之后逝世。道安著述、译经很多，对佛教贡献很大。他提倡"本无"（即性空）之学，创立了般若学六家七宗最早的"本无学派"。根据当时的律学，再配合实际需求，制定一套僧尼戒规，主张出家人均以"释"为姓，为后世所遵行。道安是当时译经的主持者，在他的监译下，译出了《四阿含》《阿毗昙》等经共百余万言。主持译事过程中，道安总结译经的经验与困难，针对魏晋玄学的"格义"论的弊端，归纳出佛经翻译著名的"五失本，三不易"观点，提倡直译，译笔要质朴。他对以前的佛经译本做了校订和整理工作，并编出佛教史上第一本佛典目录《综理众经目录》。他的著作不多，除《人本欲生经注》一卷外，还有《出三藏记集》所收录的经论序14篇。

在禅学方面，道安的亲教师佛图澄，史载其神通事迹颇多，以神变见称于世，而其神变又出于禅修。道安受佛图澄和康僧会的影响，非常重视小乘禅数之学，为当时已经汉译的禅经作注写序。跟其师佛图澄一样，他宣扬禅修能发生种种的神异现象，使其禅法具有极大的神异性，同时他也强调般若思想是一切修行的根本，认为愚痴与智慧决定了行为的垢正、邪净，般若智慧是禅修的指导，统率着具体禅观的修行。"慧则无往而非妙，终日言尽道也，故为八万四千度无极也。所谓执大净而万行正，正而不害，妙乎大也。"也就是说，禅修必须与般若智慧相结合，这是道安综合自汉以来佛学的两大系统——禅学和般若学的明证，并把两者融会贯通起来。道安弘化南北，其弟子甚多，遍布南北，慧远、慧持等名僧皆出其门下。

东晋名僧慧远，德高望重，为当时南方佛教领袖。早年追随道安，后

---

① 道宣：《续高僧传》卷十九，《僧稠传》。

常驻庐山东林寺，与僧俗徒众结白莲社，被奉为净土宗初祖。慧远继承了道安的禅学思想，更明确地将禅修和般若结合起来，强调禅智相济，止观双运，以毕竟空三昧为依皈。慧远对大小乘各家禅法兼收并蓄，特别是对小乘五部禅法在中国的弘传贡献颇大，针对东土禅法无师承统续的混乱状态，他曾请觉贤译出《达摩多罗禅经》，并为之作序，使得系统性的禅法得以弘扬，在《庐山出修行方便禅经统序》中，他评罗什的禅法"其道未融，盖是为山一篑"，对觉贤一系的禅法多有溢美之词。慧远继承了道安以大乘般若思想摄导小乘禅法的禅学思想，但反对道安以智摄禅的做法，主张禅智并重、定慧双开。"禅非智，无以穷其寂；智非禅，无以深其照，然则禅智之要，照寂之谓，其相济也：照不离寂，寂不离照，感则俱游，应必同趣……，运群动以至一而不有，廓大像于未形而不无，无思无为，而无不为。是故洗心静乱者，以之研虑，悟彻入微者，以之穷神也。"[①] 慧远认为习禅无智，便不能达到真正的寂灭；而智若无禅，便不能完全发挥照知之用。禅即是寂，为寂灭之体；智即是照，有照察之用。慧远借助于魏晋玄学的名相，如有无、本末、体用、动静等，来阐发佛教止观定慧的做法有开创性的意义，使得小乘禅数之学与波若禅智的大乘禅学更加融合，为佛教中国化奠定了基础。

尽管慧远融汇大小乘禅教，倍加推崇佛大先和觉贤的五门禅法，但他却没有依次第长期修行，也没时间专务禅修，而是选择了"功高易进"的念佛法门，以《般舟三昧经》的毕竟空三昧，作为其具体实践的究极目标。慧远所习的念佛法门，并非后世昙鸾、善导一系所讲的"称名念佛"，而是"观相念佛"或"实相念佛"，是禅修实践和往生西方净土信仰的结合。在他所作的《念佛三昧诗集序》中写道："念佛三昧者何？专思寂想之谓。思专则志一不挠，想寂则气虚神朗；气虚则智恬其照，神朗则无幽不彻，斯二乃是自然之玄符，会一而致用也。"[②] 于是，慧远就将"念佛三昧"定义为"专思寂想之谓"，包含了"止"（专思）与"观"（寂想）两方面。若使思虑集中，意念专凝于一，即是为"止"，入于定境中，不再随念而转。既而于定中专凝一意，内不随念转，外不受境扰，

<hr/>

① 《佑录》卷九，页65中至下。
② 《广弘明集》卷三十上，新文丰图书公司1986年10月版，第492页。

内外无一，通透无碍，则于定中起观，依所得禅智大小，随顺而化。他对入于三昧的定境描绘道："今入斯定者，昧然忘知，即所缘以成鉴，鉴明则内照交映，而色象生焉，非耳目之所暨，而闻见行焉。"① 这段话即观相念佛之"观"，如是直观得佛境界，似乎多少带有中观对佛境直观之神秘意味。所说"昧然忘知"，也就是入于定境中，止息理知分别想，"观"一切现象平等的状态，无有相对之差别相，故能够所就缘境而成万象，这已非由耳目感官之了知分别所可比拟。念佛三昧本属大乘初期禅法，由支谶传入，并未造成太大影响，但因其方便易修和适用性强的特点，上下九流皆可修习。由于慧远的提倡，念佛三昧和净土法门才开始成为中土僧俗常用的修行方法。

第二节　菩提达摩与祖师禅

随着禅学在中土的传扬和兴盛，禅学派系日渐形成，各派系在此消彼长的竞争中利用当时的法统观念来标榜自己的教义合法性。以传授"南天竺一乘宗"禅法为标榜的菩提达摩，极富传奇色彩，其身世、教说、行历和卒日，传说成分较多，因后人的记载不一，一直存在着争议。② 最早记载达摩事迹的是杨衒之的《洛阳伽蓝记》，认为达摩来自西域，波斯国人，世寿 150 岁。而道宣的《续高僧传》则认为达摩是南天竺香至王的第三子，属婆罗门种姓③，奉师之命，远渡重洋，于南朝宋末年到达广州。④"初达宋境南越，末又北度至魏，随其所止，诲以禅教"，游化为务，不测所终，自言 150 余岁。在其行化历程中，达摩会见梁武帝的故事

---

① 梶山雄一、中村元编，平乐寺书店 1981 年 2 月版，第 483 页。

② 菩提达摩，意为觉法，简称达摩，在后代禅门的传说中有不同名字。神会把《禅经序》的达摩多罗视为菩提达摩，这也变成了传说，《历代法宝记》就使用菩提达摩多罗的称谓。也有认为禅宗初祖的实际人物是北魏嵩洛间传法的佛陀扇多。由于梵语 Dhama 又译为达磨或昙摩，比如《杂阿毗昙心论》的作者昙摩多罗就被误认为是达摩多罗，《宝林传》之后，南方禅兴盛起来，菩提达摩就被改写为菩提达磨，成为禅门的定论。

③ 根据达摩弟子昙林和禅门弟子的看法，学术界一般认为《续高僧传》中的达摩身世更可信。

④ 关于达摩初来华的时间，有南朝宋时（479 年）一说，又有梁普通八年（527）一说。学术界一般接受前者。

并不见于 7 世纪中叶道宣所作的《续高僧传》和 8 世纪初净觉所作的《楞伽师资记》，应该属于禅门的传说，其事实根据并不充分，胡适先生曾在《楞伽宗考》和《菩提达摩考》中，断定此为后起神话，达摩与武帝的问答均属后世伪造。① 尽管这个传说在 8 世纪以后的《历代法宝记》初见端倪，并在以后的各种登录中添枝加叶，最终被收录到《六祖法宝坛经》之中，成为禅宗"廓然无圣"的般若禅智的典型表现。达摩与武帝交谈话不投机，不欢而散之后，"一苇渡江"，来到北魏少林寺，面壁而坐，终日默然，神秘莫测，被世人称为"壁观婆罗门"。达摩弟子昙林记载了他在北魏传禅的情形，"亡心（寂寞）之士，莫不归心；（取相）存见之流，乃生讥谤。"达摩禅一开始就显得与众不同，而能深得达摩赏识的，唯有道育和惠可二人。按照禅门的传说，达摩曾嘱咐弟子进呈禅修所得，并作了评价，道副仅得"皮"，比丘尼总持得"肉"，道育得"骨"，唯有惠可以"默然无语、依位而立"得"髓"，达摩便将正法眼藏衣法和《楞伽经》付与惠可，成为东土禅宗第二祖。大约在魏大统年间，达摩化缘完毕，端居而逝，葬于熊耳山，起塔于定林寺。达摩的仙逝引发了许多传说，道宣认为"达摩灭化洛滨"，《传法宝记》说达摩是六度被毒而示现入灭的，又说其棺空无一物，魏僧宋云在葱岭见过达摩，达摩仙逝之后复活回国，这纯粹是中国道教化的传说。

　　关于达摩禅学思想的记载，据杜朏《传法宝记》中的看法，当时流行的《达摩论》并不一定是达摩的心传，而是达摩门人自己的理解和记录，且此书已经遗失。因此，《续高僧传》和《楞伽师资记》中所记载的达摩禅法应该属于原始资料，二书大同小异，明确提及了达摩亲说的"大乘入道四行"，这也是昙林《略辨大乘入道四行》序文中谈及达摩传授给道育、惠可的"真道"，即"大乘安心之道"，"如是安心，如是发行，如是顺物，如是方便。此是大乘安心之法，令勿错谬。如是安心者，壁观；如是发行者，四行；如是顺物者，防护讥嫌，如是方便者，遣其不著。"具体的修行方法是二入四行，"夫入道多途，要而言之，不出二种：一是理入，二是行入。"

---

　　①　胡适：《近现代著名学者佛学文集·胡适集》，中国社会科学出版社 1995 年版，第 162、100 页。

"借教悟宗。深信凡圣含生同一真性，但为客尘妄覆，不能显了。若也舍忘归真，凝住壁观，无自（无）他，凡圣第一，坚住不移，更不随于言。此即与真理冥符，无有分别，寂然无（为），名之理入。"①所谓"教"，指的是随顺众生经教、言教和教法；所谓"宗"，指的是"自宗通"，远离语言文字和妄想的自证自觉，出自于《楞伽经》中"宗通"和"说通"之分，显然经教是通向觉悟的手段，而宗才是佛教真理的核心，悟宗是修行的目的。达摩对宗教的区分奠定了后世禅门判教的基础，禅宗以"宗门"自居，视其他教派为"教下"，自我标榜为佛心宗，所谓"教外别传、不立文字。"达摩并没有废除经教的作用，他所说的教法主要为《楞迦经》中的如来藏性说，众生本具清净佛性，为客尘染污所覆盖。但是，只要深信如来藏教说，舍妄归真，凝住壁观，无自无他，凡圣等一，坚住不移，不随他教，就能达致般若正观。

理入是行入的基础，佛法不止是悟理见道，还需要按照觉悟的真理，在实际生活中修行，消除无始以来的积习，在修道过程中做到理事圆融，修到究竟圆满，名为"无学道"，这也就是大乘佛教所讲的"信解行证"。达摩把修行分为四种，"行入者，所谓四行；其余诸行，悉入此行。何等为四行？一者报怨行，二者随缘行，三者无所求行，四者称法行"。入道四行，是一切佛教修行的总纲，需要在日常生活中磨炼，在一切情况下都能安心不动。

抱冤行，指在身处苦难时，要接受现实，并把现状理解为是过去恶业所带来的果报，甘心忍受，不生怨悔。"云何报冤行？谓修道行人，若受苦时，当自念言：我往昔无数劫中，弃本从末，流浪诸有，多起冤憎，危害无限，今虽无犯，是我宿殃，恶业果熟，非天非人所能见与，甘心甘受，都无冤诉。经云：逢苦不忧。何以故？识达故。此心生时，与理相应，体冤进道，故说言报冤行。"

随缘行，指一切得失都是业缘果报，随缘而生，缘尽还灭，无论喜乐善报，都不应执着。"随缘行者：众生无我，并缘业所转，苦乐齐受，皆从缘生。若得胜报荣誉等事，是我过去宿因所感，今方得之，缘尽还无，何喜之有？得失从缘，心无增减，喜风不动，冥顺于道，是故说言随缘行。"

---

① 《大正藏》八五卷 1284 下至 1285 中。

前二行都是要摄心安住不动，不受外缘影响，不为外物所动。自心自足自在，自然无所外求。无所求行即不贪着，万有皆空，水月镜花，无物可求，人身是苦，苦海无涯，亦不可贪着。"无所求行者：世人长迷，处处贪着，名之为求。智者悟真，理将俗反，安心无为，形随运转，万有斯空，无所愿乐。功德黑暗常相随逐，三界久居，犹如火宅，有身皆苦，谁得而安？了达此处，故舍诸有，止想无求。经云：有求皆苦，无求即乐，判知无求，真为道行，故言无所求行。"

外缘不入内心，内心不著外缘，内外不动，自心安稳，前三行可谓出离八苦中的怨憎会苦、爱别离苦和求不得苦。安心无为，才能破除分别妄想，显发本心正智。"称法行者：性净之理，目之为法。此理众相斯空，无染无着，无此无彼。经曰：法无众生，离众生垢故；法无有我，离我垢故；智者若能信解此理，应当称法而行。法体无悭，身命财行檀舍施，心无吝惜，达解三空，不倚不着，但为去垢，称化众生而不取相。此为自行，复能利他，亦能庄严菩提之道。檀度既尔，余五亦然。为除妄想，修行六度，而无所行，是为称法行。"达摩所说的三空，即《金刚三昧经》第五入实际品中的"空相亦空，空空亦空，所空亦空"，深明空理，无行而行，悟解万法实相无相，知分别二见之虚妄。可见，达摩称法行所说的"法"，是指般若空理，四行先明自心不受外缘所缚，然后明自心无所外求，最后明境界皆空，无得无求，无有执着，心安理得。以般若思想指导修行，这是达摩禅学思想的精髓，达摩本人是南印度人，南印度是小乘佛教大众部和大乘佛教般若思想盛传的地区，龙树的中观学派思想便渊源于此。也正基于此，道宣称达摩禅法为"摩法虚宗，玄旨幽赜"。

达摩所说的四行，前三行是"顺物"，称法行是"方便"。印顺法师对此分析道，"人是生活在世间的，要本着自悟的境地，无怨憎，不骄侈，不贪着，而做到自他无碍，皆大欢喜。这是防护讥嫌的'顺物'，也就是不违世俗，恒顺众生，从克己中去利他的。称法行是'方便'，——以'无所得为方便'而行六度。行菩萨大行而无所行，摄化众生而不取众生相，'三轮体空'，从利他中消融自己的妄想习气。这样的处世修行，才能真正地自利、利他，才能庄严无上菩提。"[1] 达摩禅学的创造和发明

---

① 印顺：《中国禅宗史》，江西人民出版社 1999 年版，第 10 页。

在于壁观修行，所谓"舍妄归真，凝住壁观"，即面壁端坐（或站立），《传灯录》卷三附录说："为二祖说法，只教曰：外息诸缘，内心无喘，心如墙壁，可以入道。"（大正 51·219 下）《黄檗禅师宛陵录》说："心如顽石头，都无缝罅，一切法透汝心不入，兀然无着，如此始有少分相应。"（大正 48·386 下）百丈曾言："心如木石，无所辨别，……兀兀如愚如聋相似，稍有亲分。"（大正 51·250 上至中）这些都说明壁观的含义是凝心、安心、住心。壁观本是印度南方瑜伽禅法所通用的"十遍处"中的第一处"地遍处"，以墙之土色为观想对象，在禅定中想见天地一色，进而实现内心清净。因此，壁观就具有心如墙壁、无所执着的意义。达摩壁观来源于地遍处，与达摩多罗"开一色为恒沙"相同，墙壁本身具有一色、不动、平等的特征，既譬喻"无自无他，凡圣等一"的平等观，又象征"坚住不移"的不动观，更明示"不随言教"的实相观。

达摩在传授禅法的过程中，特别重视《楞伽经》的传授，将其视为印心的信物，五祖之前皆是以此经印心。道宣在《续僧传》第十六卷《惠可传》写道："初，达摩禅师以四卷楞伽授可曰：我观汉地，唯有此经，仁者依行，自得度世。"① 该传还记载了惠可弟子那、满等禅师常以四卷楞伽经为心要，随说随行。四祖道信仍然依《楞伽经》传播禅法，《入道安心要方便》说："我此法要，依楞伽经诸佛第一。"（大正 85·1286 下）尽管五祖弘忍开始强调《金刚经》，但根据《坛经》的记载，他曾叫卢珍画《楞伽变相》。《楞伽师资记》中，称神秀论楞伽经"玄理通快"，《全唐文》卷二三一也称其为"持奉楞伽，递为心要"。弘忍的另一弟子玄赜，作《楞伽人法志》，玄赜的弟子净觉作《楞伽师资记》。可见，达摩禅在早期的传承，是被看作楞伽禅的传承，它亦被称为如来禅或祖师禅。

《楞伽经》有三个译本。一是宋元嘉二十年（443 年）求那跋陀罗译的四卷本《楞伽阿跋多罗宝经》；二是魏延昌二年（513 年）菩提流支译的十卷本《入楞伽经》；三是唐久视元年（700 年）实叉难陀译的七卷本《大乘入楞伽经》。菩提达摩选择了求那跋陀的四卷本，表明了二者之间在禅学思想上存在亲缘关系，依《出三藏记集》，跋陀所译经典共十三

---

① 《大正藏》五十卷 552 中。

部、七十三卷，主要以如来藏唯心大乘为主，重视南天竺的如来藏说，《宗镜录》延寿就肯定了达摩与跋陀三藏之间的传授关系。《楞伽经》主要以通过大慧菩萨一百零八句问法，揭示了第一义谛真实之理，以五法、三自性、八识、二种无我为中心内容，融通性相二宗，调和如来藏识与阿赖耶识，以自觉圣智为皈依。五法三自性和八识二无我，皆不外乎一心，若能参透此一法门，即能达到自证圣智所行之境界，正所谓"大乘诸度门，诸佛心第一"，宋译本各品皆冠以"一切佛语心"的称谓，因此该经主要教导"一切万法，唯心所现"的道理。

"五法"即相、名、妄想、正智和如如，"三自性"为依他起性、遍计所执性和圆成实性"八识"为眼、耳、鼻、舌、身、意、末那和阿赖耶，"二无我"为人无我和法无我。这些名相既是法相宗、唯识学主要研习的对象，也是性宗研究必不可少的概念工具。《楞伽经》主张八识是阿赖耶识大海生起的波浪，阿赖耶识是"根本识"和宇宙的本体。五法摄三自性和二无我，名、相摄妄想自性，妄想摄缘起自性，正智、如如摄成自性；息灭名、相、妄想即得人无我，正智观照如如境界即得法无我。三自性也摄八识，遍计所执性（妄想自性）摄前六识，依他起性（缘起自性）摄第七识，圆成实性（成自性）摄第八识。自觉名、相、妄想皆是自心所现，本无自性，悉归空无，便得自觉正智以契真如，显发自身如来宝藏，知自心即如来藏，幻现一切境界，为世、出世间一切法的根本。亲证如幻三昧，即得涅槃。《楞伽经》非常重视自性解脱，强调自力悟道，追求自觉圣智。它协调融会了法相宗和如来藏系的学说，贯通性相二宗，将如来藏识与阿赖耶识并置，既讲赖耶缘起，也明如来藏缘起，既有对自性妄识杂染的分析，也有显发自性清净本心的论述。同时也融会了空有二宗，从内容上看，五法属于般若思想，三自性、八识属于大乘瑜伽行有宗，二无我属于大乘通教，一心则为一乘教法。以般若空慧扫相，明世间一切万法皆无自性，种种名相皆是假名，一切均是妄想分别造成的，应远离有无、断常等错误知见，以般若正智来观察思维万有背后的如来藏法身常住不变的自性。"诸法无我，非无如来藏法身常住之性，"即谈"空"，也谈"不空"，《楞伽经》很好地贯通了性相空有。

《楞伽经》还讲到四种禅法：外道和小乘所修的愚夫所行禅，主要指观人无我、五门禅法和四念处等；大乘所修的观察义禅，观人无我之后的法无我；大乘所修的攀缘入禅，了知人法二无我之后，如实处不生妄想；最上乘的如来禅，入如来地，获自觉圣智三昧乐住，住于真如不动真际，破除妄想分别，凡圣等一，无自无他。在佛性问题上，《楞伽经》也展现出来圆融贯通的特色，既谈五种种性说，也肯定一阐提具有佛性，可以成佛。

达摩入灭前，将正法信衣传与慧可，是为禅门第二祖。《续高僧传》《南阳和尚问答杂徵义》《历代法宝记》《宝林传》《景德传灯录》等禅籍里有所记载，慧可年少时外览坟素，内通藏典，老庄儒籍，无不综该，声名著于伊洛。年四十方始遇达摩，从学九载，禅门中一直流传着"立雪断臂"的故事，但道宣的《续高僧传》却明确地记载说他遭贼斫臂，"以法御心，不觉痛苦，火烧斫处，血断帛裹，乞食如故，曾不告人"。达摩灭化之后，慧可本"埋形河涘"，隐居修禅，但道俗二众，纷至沓来，求其开法，于是他"奋其奇辩，呈其心要"，后北至邺都，弘传禅法，但遭僧稠一系禅师如道恒之流的残酷迫害。慧可便从容随俗，佯狂市井，乍托吟谣，以通俗易懂的歌谣来传播正法，对后世禅宗影响颇大。北周武宗灭法之时，慧可为保护经像，不惜舍命，后受辩和法师诬谤，被打致死。

《楞伽师资记》中比较详细地记录了慧可的禅法。慧可继承了达摩的思想，以"楞伽"为心要，"借教悟宗"，效法达摩祖师，兼行头陀苦行，其宗风超脱经教，依义不依语，合乎《楞伽经》卷一所说："一切修多罗所说诸法，为令愚夫发欢喜故，非实圣智在于言说。是故当依于义。莫著言说。"（大正 16・489 上）慧可不著文字，不重言语，灵活运用教法以诱导学者"领宗得意"，他本人经常游化四方，住阿兰若，体现了达摩禅的特色。道宣在《续僧传》中说过慧可"专附玄理"，这里所说的玄理并非魏晋玄学家所热议的老庄之学，而是佛法般若性相之学。向居士等观烦恼与涅槃、众生与佛、迷与悟、愚与智、空与有，认为世出世间法一切皆"幻化非真，虚妄无实"，最终达到"得无所得，失无所失"的境界。慧可对此作了答复："说此真法皆如实，与真幽理竟不殊。本迷摩尼谓瓦砾，豁然自觉是真珠。无明智慧等无异，当知万法即皆如。愍此二见之徒辈，申词错笔作斯书。观身与佛不差别，何须更觅彼无余。"（大正 50・552 中）从中我们可以看出，慧可把般若性空的真理视为遍在一切之中的"真如"，真理遍在一切众生之中，是众生中本有的"佛智"，于是般若智慧扫除了一切虚妄分别，显明了如如不动的清净如来藏性，般若思想和佛性思想就很好地结合在一起了。慧可还发展了如来藏系染中有净的思想，认为染即是净，万法皆如，愚智无别，身即是佛。同样，迷与悟，从体上来说是一致的，分别在用，由于无始以来的无明熏习，世人长迷不醒，不知自身即同如来，以之为瓦砾碎石，豁然开朗之时，方知自身等同佛身，如同摩尼宝珠。迷悟一途，全由自心的观点，对后世禅门影响深远，特别是六祖惠能，迷则轮转生死，悟则出离三界，迷则以净为染，悟则知染是净。

禅宗三祖僧璨的身世难以明了，正如《楞伽师资记》所言："罔知姓位，不测所生"，其三祖地位也最具争议。从慧可密受衣法，但在道宣《续僧传》中却未单独立传，仅见于《法冲传》中的只言片语，"可禅师后璨禅师"。后人主要根据道宣的《辩义传》和《道信传》中的记载，来确认他的祖师地位。综合《祖堂集》《传法宝记》《南阳和尚问答杂徵义》《楞伽师资记》和《景德传灯录》等禅籍来看，僧璨出生于北魏末年，遇慧可前已是居士。魏末佛法凋敝，慧可为避法难，南游至舒州皖公山，逢璨禅师求其忏悔，觉璨为法器，并治愈其风疾。僧璨从可十余年，北周武帝毁佛之际，僧璨隐居司空山，隋开皇年间，正式开法，接引群品，收弟子道信，约仁寿三年（603 年）于皖公山圆寂。

僧璨生逢乱世，隐居深山。据《楞伽师资记》所载，僧璨"萧然净坐，不出文字，秘不传说法"，并认为"圣道幽通，言诠之所不逮。法身空寂，见闻之所不及；即文字语言，徒劳施设而已"。可见，僧璨秉承达摩禅重视体证，轻视经教的宗风。然而，《景德传灯录》卷三十载有《信心铭》，以诗体写成，146 句，四字一句，共 584 字，其真实作者有待考证，但后世禅门一直认为是僧璨所作。《信心铭》从历史与现实，祖师与信徒、教义与修持的结合上，阐明义理，大开方便，应机施教。有学者称其是禅宗第一部经典，与《六祖坛经》并称为佛教中国化的典籍，为禅宗以文字总结其修习经验开创了理论先河。《信心铭》的中心思想是"一体不二"，一体指的是真如本心，正所谓"一即一切，一切即一"；"无二"指无分别二见，以般若空慧扫除一切分别相，即"真如法界，无他无自"，很好地展现出般若思想与佛性思想的结合。僧璨还进一步援引了老庄的思想，以无为来阐释般若的不执空有的态度，以自然任运来解释随缘自在的禅修人生，强调任性逍遥，不取不舍。"放之自然，体无去住……任性合道，逍遥绝恼……万法齐观，归复自然……虚明自照，不劳心力"。在解脱论方面，僧璨指出自性本自具足，众生本具佛性，"智者无为，愚人自缚"，众生自身是佛，本来解脱，这是典型的自性解脱思想。将老庄玄学熔铸到禅理之中，可以说是僧璨对禅学本色化的一大贡献。此外，从僧璨隐姓埋名的一生来看，与达摩和慧可相比，其传法策略有了很大的改变，改变上层弘法的方略，变面向达官显贵为面向下层群众，变在都市城郭建寺院为在深山僻壤布道场。

　　四祖道信一生的经历和事迹，主要见于《续高僧传》《楞伽师资记》《传法宝纪》《历代法宝记》《神会语录》《历代法宝纪》《祖堂集》《传灯录》等文献。据《续高僧传·道信传》的记载，道信俗姓司马，世居河内（今河南沁阳县），后迁徙蕲州广济（今湖北武穴），生于陈太建十二年（580 年），卒于唐永徽二年（651 年），世寿七十有二。他的一生大体经历了密怀斋检、随师修禅、附名吉州寺、传法双峰山几个阶段。道信 7 岁出家，并不因师长的戒行不净而放逸，虔诚向佛，严行戒律，受持斋戒，多次反谏其师，五年之后，到达舒州皖公山，从学三祖僧璨习禅法十年，《续僧传》写道："又有二僧，莫知何来，入舒州皖公山，净修禅业。闻而往赴，便蒙授法。"根据《传法宝纪》，皖公山的二僧即僧璨及其同学神定禅师。十年后，僧璨前往罗浮山，不许道信跟随，自此开始独立修禅传法。大业年间，道信付住吉州寺，传出教大众粘摩诃般若波罗蜜而退贼的传说，表明他受到了盛传江南的般若学和三论宗的影响。后意欲前往南岳，中道留住庐山大林寺，又经十年，庐山大林寺是三论宗兴皇法朗的门人智锴创建的道场，道信在这里再次受到以般若性空为核心的三论宗义的浸熏。庐山曾是东晋慧远倡导"念佛三昧"的所在地，从道信在《入道安心要方便法门》中主张"念佛心是佛"以及援引《无量寿经》文句加以发挥来看，很可能是受到了"念佛三昧"方法的影响。约 40 岁左右，道信应蕲州道俗之请，入黄梅双峰山聚徒修禅传法，"择地开居，营宇立象，再敞禅门"。道信在双峰山传法三十余载，门徒多达"五百余人"。唐贞观年间，唐太宗四度诏道信赴京，均辞谢不往，表现出隐居山林之志。道信预先嘱咐弟子造塔，临终前将衣法传与弘忍，永徽二年，道信卒于双峰山。

根据净觉《楞伽师资记》的记载，"信禅师再敞禅门，宇内流布，有菩萨戒法一本，及制入道安心要方便门，为由缘根熟者说"（大正85·1286下）。《菩萨戒法》早已佚失，内容不明，但说明道信的禅法有戒有禅，戒禅合一，禅与菩萨戒的融合，使得道俗两界可以共同修行，这对达摩倡导头陀苦行是一种革新。道信传菩萨戒法，住锡破头山（后改名双峰山），终止头陀行，定居收徒，农禅并举，农耕自给，远离政治，面向民众。开启了禅门的新气象，对后世禅门影响深远，五祖弘忍也秉持禅法与菩萨戒结合的禅风，六祖惠能也"兼授无相戒"，神秀在《大乘无生方便门》中也曾说道："菩萨戒是持心戒，以佛性为戒。"（大正85·1273中）道信以自性清净佛性为戒体，戒禅合一的禅法，可能是受到自南朝以来，南方盛行的菩萨戒与天台宗的影响。

道信的禅法，从借教悟宗的角度看，所借之经教主要是《楞伽经》和《文殊说般若经》，其《入道安心方便法门》，就是依据这两种经典而作的。《楞伽师资记》中他说："我此法要，依《楞伽经》诸佛心第一，又依《文殊说般若经》一行三昧，即念佛心是佛，妄念是凡夫。"（大正85·1286下）道信游学南方，深受"摩诃般若波罗蜜"法门的熏陶，其引用的《文殊说般若经》是梁曼陀罗仙所译的二卷本《文殊师利所说摩诃般若波罗蜜经》，此经属于般若经典，但含有明显的如来藏说，从如来性空、众生性空来谈"法界不二"，强调众生与佛的平等无二，这与《楞伽经》的如来藏学说一致。因此，道行禅法就具有融合《楞伽》和《般若》的特色，将《楞伽经》的"诸佛心第一"与《文殊说般若经》的"一行三昧"结合起来，体现了大乘佛教从性空而进展为真常妙有的趋势，般若扫相，"一切皆空"，并不能把"空空"或"空无一物"理解为虚无主义意义上的"恶趣空"，空的真意是"即空而非空"，即在一切不可得的寂灭境界中，直觉到不可思议的真性（或心性），也就是常住不变的如来藏性。

一行三昧，本是念佛法门之一种，从理上说是要观真如法界的平等之相，即所谓"法界一相，系缘法界，是名一行三昧"（《文殊说般若经》卷下）。从事上说，是指坐禅法门，念佛法门。不过道信一行三昧的修行方法，从本质上讲，也是任心运作的无修之修。他强调："身心方寸，举足下足，常在道场；施为举动，皆是菩提。"（《楞伽师资记》卷一）至于具体的修行方法，道信是讲方便法门的，他主张先要行忏悔，端坐不动，念诸法实相，除去障碍妄想，在此基础上，进行念佛，以进一步去除执心，念念不断，最后忽然而得到澄明解脱。

这种念佛并不是往生西方，念西方的佛，而是念自心之佛，因为佛在自心中，离开众生的自心就没有别的佛。这一看法把达摩以来的心性论进一步突出为佛性论，突出了众生与佛性的关系，并不是一般地讨论自性清净心问题。这种众生与佛的平等不二观正是祖师禅的宣言之一。息一切妄念而专于念佛，心心相续，念佛心就是佛。道信的这一"入道安心要方便"，确实非常方便，将念佛与成佛合二为一，正因为此，双峰法门才能极深而又能普及大众。

道信把这种念佛称为安心，他提出了五事方便来实现安心法门：一是了知心之本体，这就是心的体性本来清净，无染无污，与佛相同。二是了知心的相用，心能生灭万法，而心的本身却是不生不灭的，万法皆由心生，从本质上讲与心没有差别。三是经常保持这种觉悟之心，了知诸法的空寂本性，而能于相无相，不生执着之念。四是观身，观自己的色身是空，空幻如影，可见而不可得。五是守一不移，不论是动是静，常守本心，这样就可以明见佛性，早入定门。这个"守一不移"，是道信对于安心法门的具体操作方法的概括，他这样描述："守一不移者，以此空净眼，注意看一物，无问昼夜时，专精常不动。其心欲驰散，急手还摄来，如绳系鸟足，欲飞还掣取，终日看不见，混然心自定。"（《楞伽师资记》卷一）但是，这种具体的看心形式，却是祖师禅一贯反对的法门。

道信的方便法门也是针对不同根性的学人而施设的，他区分四种根性：有行有解有证，是上上之人；无行有解有证，是中上之人；有行有解无证，是中下之人；有行无解无证，是下下之人。对于上根学人，只须任运而修：亦不念佛，亦不捉心，亦不看心，亦不计念，亦不思惟，亦不观行，亦不散乱，直任运，亦不令去，亦不令住，独一清净，究竟处，心自明净。这就是既受祖师禅也受分灯禅赞赏的任运修习，其实这是一种无修之修，不过道信还没有像后来的禅人那样从入世的角度来讲任运。而对于下根众生，则可以行看心之法：或可谛看，心即得明净，或可一年，心更明净，或可三五年，心更明净。这是需要长期渐进修习才能达到最终觉悟的，也是祖师禅所激烈反对的，在祖师禅前史中，可以说是道信首次明确地提到渐修渐悟的形式和具体方法。对于学人的悟解方式，道信也作了区分，或者是听他人解说而悟，或者是不须人说而自悟。可以看出，道信的禅法已比较全面系统了。

道信对中国禅法的另一巨大影响在于，他提倡教众自养自立，《传法宝记》中记载了道信禅法的简单描述，一是坐禅；二是作务（即劳作、劳动）："（信）每劝诸门人曰：努力勤坐，坐为根本，能作三五年，得一口食塞饥疮，即闭门坐，莫读经，莫共人语。"这与口说玄理的僧粲就不一样了，这种"作"，主要指的是农业耕作。祖师禅是讲自立的，所谓自立，不仅仅是禅法上的自悟自修，而主要指禅在经济上的自养，政治上的自立，摆脱官禅命运。禅宗道场一般都建在诸省交界处，或者是深山僻壤，有助于实现这种自立性。在政治上自立的一种表现，就是和皇室保持一定距离，不入宫廷，不当国师，在道信以及弘忍、惠能身上，都有拒绝敕命入宫的传说。鉴于道信双峰禅法所开出的新气象，他也被有些佛教学者称为中国禅宗的实际创始人。

禅宗五祖弘忍在中国禅史上享有崇高的地位，其生平事迹被后世门人增添了不少神秘色彩。慧洪《林间录》的记述最为神奇，言弘忍乃道信破头山中植松道者转世，七岁路遇四祖，与祖问答透着禅机，祖觉其为法器，遂化其母，允其出家。更有甚者，此书还记载了弘忍遥见蕲州城被困，施以援手解困，颇类似于道信吉州之为。现存关于弘忍的传记，主要有《传法宝纪》《楞伽师资记》《神会语录》《历代法宝记》《宋高僧传》《传灯录》等。弘忍俗姓周，湖北黄梅人，祖籍浔阳，学界一般认为他出生于隋仁寿二年（602 年），逝世于唐上元二年（675 年），大多数禅典认为他 7 岁随道信出家，只有《传法宝纪》说"他年十二事信禅师"，弘忍出家后，侍奉道信左右，住双峰山长达 30 余年。弘忍禅师性格内向，少言寡语，宽忍柔和。白天劳作，夜晚坐禅，通宵达旦，精进修行，经年累月，不曾懈怠。虽然文化水平不高，但却能深契佛法，因而得到道信的赏识，最终"悉以其道授之"，付与衣钵，并说了一首传法偈语："华种有生性，因地华生生。大缘与性合，当生生不生。"道信圆寂后，弘忍搬到双峰山以东的冯墓山（简称东山），大阐双峰禅法，广摄信众，《传法宝纪》中记载道："二十余年间，道俗受学者，天下十八九，自东夏禅匠传化，乃莫之过。"六祖惠能正是慕名，从新州远道而来求法。弘忍善巧化导，不择根机，其禅法被世人称为"东山法门"，形成了中国禅学的主流，在佛教界享有崇高的威望，两次受到高宗皇帝的诏请，《楞伽师资记》有载："则天曰：若论修道，更不过东山法门。"（大正85·1290 中）弘忍在世时确立了禅宗五祖的法统，手下有十位得意的弟子，包括神秀、惠能、智诜、老安、法如等，推动了东山法门在全国的传播，完成了中国禅宗的创建。临终前，五祖意欲付法，命门人呈偈，结果惠能得授衣法，以《金刚经》印心，命惠能南去，遂解散僧团，不日圆寂。

　　五祖全面继承了四祖的禅法和宗风，"萧然净坐，不出文记。口说玄理，默授于人"。据传弘忍有《修心要论》之作行世，但《楞枷师资记》的作者净觉不同意。他认为那是别人的伪托，因为弘忍是"不出文记"的。但是净觉又说他"口说玄理，默授与人"。这本书很可能是他说的"玄理"，听法的弟子记录，整理成书之后，取名《修心要论》。该书敦煌本名为《导凡趣圣悟解脱宗（或作"凡趣圣道悟解真宗"）修心论》，《续藏》与《大正藏》题为《最上乘论》。《修心要论》的主题是"守本真心"，与惠可"守一"之"一心"，僧璨"圆同太虚，无欠无余"之心，道信佛即是心毫无二致。"夫修道之体，自识当身本来清净，不生不灭，无有分别，自性圆满清净之心。此是本师，胜念十方诸佛。"弘忍所说的心，不是我们所说的杂染心，而是真心，是自性圆满清净之心，此心乃"本师"，念心超过念佛。道信将念佛法门改铸为念心法门，认为心即佛，念心即是念佛，弘忍更进一步，视念心远胜于念佛，修道的根本是要自识清净的心性，也即惠能所说的"明心见性"。故此，该论对"守本真心"法门大加赞叹道："此守心者，乃是涅槃之根本，入道之要门，十二部经之宗，三世诸佛之祖。"该文没有多花笔墨谈及《楞伽》的"看净"和"观心"，以及《文殊师利所说摩诃般若波罗蜜经》中一行三昧念佛法门，而是着重守本真心，将其视为习禅的要法和成佛的唯一途径。"三世诸佛无量无边，若有一人不守真心而成佛者，无有是处。"显然，弘忍将慧可的"不因坐禅"改变为"不守真心"，于是成佛与坐禅就不存在必然的关联，心净即是禅定，行住坐卧皆是形式，这便是最上乘法的精义。

　　守心的关键是识心，自识本心，了此心源，念念莫住，妄念不生，我所心灭，则不失本心，证取道果。"自识本心，念念磨炼莫住者，即自见佛性也。于念念中，常供养十方恒沙诸佛，十二部经念念常转。若了此心源者，一切心义自现，一切愿足，一切行满，一切皆办，不受后有。会是念念不生，我所心灭，舍此身已，定得无生，不可思议。"五祖为上根人直言念念守心，为中根及以下人说观心看识，妄识息灭，真心显露，这两种守心方便法门，开启了后世禅门的顿渐之分。弘忍的禅学思想特别突出了"自心"的不生不灭性，与道信从般若性空来谈生佛不二不同，他从众生皆有真心并借此获得佛果来谈生佛不二，认为自然禀赋的真心是三世诸佛的"本师"，只要守住本心，即可得度。弘忍的守心论进一步发展了道信即心即佛之义，将本真之心等同于当下自心，本真之心并非别有一物，乃当下存思之自心，即自性本心，后来留住的"自性是佛"即源于此。弘忍在世时，《金刚经》流通甚广，他在《楞伽经》外，增加了以《金刚经》印心的新内容，并为惠能为首的南宗所继承，改变了自达摩和道信以来的禅学传统。

在禅学实践上，弘忍继承和发展了道信的禅法。他以聚集山林的农禅生活代替了以往禅者的头陀苦行，主张禅者应以山居为主，远离嚣尘，禅徒集中生活，自行劳动，寓禅于生活之中，把搬柴运水，都当作佛事。禅者在生活的这种变化，在中国佛教史上影响深远。后来的马祖道一和百丈怀海，创丛林，立清规，道场选址在深山老林，称道场为"丛林"并提倡农禅并重，主张一日不作，一日不食，显然都是受了道信、弘忍禅风的影响。

第三节　般若学与佛性论

从以上关于禅学在中土的传播来看，禅学思想的发展是大乘佛教在中土迅速传播的直接产物。大乘佛教约产生于公元前 1 世纪左右，由小乘部派佛教中的大众部发展而来，其最初的标志便是般若经典的出现和般若思想的流传。般若思想源于原始佛教和部派佛教，是佛教与婆罗门教正统激荡会通后的产物，是大乘佛教发展的理论基础，被称为"诸佛之母"，对大乘佛教各经典和学派产生了广泛的影响。

现今学术界一般认为《般若经》产生于公元前 1 世纪左右，该经盛行流布的地点大致与大众部和正量部一致。《般若经》原本为梵语，现存有梵语、藏语和汉语文本。历史上的梵语原本数量较多，具体数目不详，大多已经佚失，目前保存下来的梵语《般若经》有十万颂、二万五千颂和八千颂三个版本；藏语《般若经》也有八千颂和十万颂两个版本；汉语《般若经》保存了较多的梵语原本。《般若经》的部类非常多，古代的记载有二部、三部、四部、八部、十六会等传说，成书越晚，部类越多，这说明《般若经》是次第发展之后集成的，绝非一人一时所作。中观学派创始人龙树在阐发《般若经》的巨著《大智度论》中谈道："般若波罗蜜部党，经卷有多有少，有上中下——光赞、放光、道行。"① 可见龙树知道《般若经》有三部，"上本"是十万颂本，"中本"与"下本"就是汉语佛教界所说的"大品"与"小品"。"上本"即唐玄奘所译《大般若波罗蜜多经》的初分，第一卷至四百卷，共四百卷。"中本"即汉语佛教界所称的"大品"，现存汉文译本五部：一为西晋竺法护译的《光赞般若波罗蜜多经》，已经佚失，现存十卷；二为西晋无罗叉译的《放光般若波罗蜜经》，二十卷；三为鸠摩罗什译的《摩诃般若波罗蜜经》，三十卷；四为唐玄奘所译《大般若波罗蜜多经》第二分，四零一卷至四七八卷，共七十八卷；五为唐玄奘所译《大般若波罗蜜多经》第三分，四七九卷至五三七卷，共五十九卷。"下本"即汉语佛教界所说的"小品"，现存汉文译本七部：一为东汉支娄迦谶译的《道行般若经》，十卷；二为东吴支谦译的《大明度经》，六卷；三为西晋竺法护译《摩诃般若波罗蜜钞经》，传为前秦昙摩共天竺佛念译，已经佚失，现存五卷；四为后秦鸠摩罗什译的《小品般若波罗蜜经》，十卷；五为唐玄奘所译《大般若波罗蜜多经》的第四分，五三八卷至五五五卷，共十八卷；六为唐玄奘所译《大般若波罗蜜多经》的第五分，五五六卷至五六五卷，共十卷；七为宋施护译的《佛说佛母出生三法藏般若波罗蜜多经》，二十五卷。在所有汉文《般若经》中，最早译出的是支娄迦谶的《道行般若经》，最晚译出的是施护的《佛说佛母出生三法藏般若波罗蜜多经》。在历代所译的《般若经》中，唐玄奘所译的《大般若波罗蜜多经》收集的类别最广，篇幅最大，全书共十六会，前五会被称为"根本般若经"，后十一会被称为"杂般若经"，在中国佛教流传甚广的《金刚般若波罗蜜经》和《般若波罗蜜心经》被玄奘归入到"杂般若经"中。

---

① 《大智度论》卷六十七，《大正藏》二五·五二九中。

各类《般若经》经典的出现，标志着大乘佛教思想的确立，也对后起的一些经典，如小品《宝积经》《维摩诘经》《法华经》《华严经》等产生了广泛的影响，并最终导致了大乘中观学派的产生。中观学派是印度大乘佛教初期形成的主要学派，其代表人物为公元 2—3 世纪的龙树和提婆，公元 3 世纪的提婆弟子罗睺罗跋陀罗，以及公元 5 世纪末的佛护和清辩论师。中观学派对当时流行的大乘经典（主要是般若经典）进行了系统而又深入的研究，创立了大乘般若思想的系统学说，代表性著作是龙树的《中论》《十二门论》《大智度论》和提婆的《百论》，中国佛教宗派"三论宗"便直接渊源于此。广义而言，般若思想包含各类《般若经》、早期大乘经典、中观学派和中国三论宗论著，其核心的思想是"般若""无分别""空""中道"和"二谛"。

"般若"是梵语智或智慧（梵文：**प्रज्ञा**，prajñā，巴利文：paññā）的中文音译，又译作波若、钵若、般罗若、波罗若、钵肾穰、钵啰枳穰等。其梵文字首**प्र**（Pra）是比较级，代表更高、更大、超过、超越的意思，因此在字义上，佛教的智慧（prajñā）是一种高级的知觉能力，是一种有情众生都拥有的分辨是非、于法简择的能力。[1] 具备智慧的人，可以依靠自己的观察力和判断力，来做出正确的决定，而缺少智慧的人，则处于愚痴无明之中。一般而言，般若是佛教三无漏学之一（慧学），小乘佛教说一切有部将其列为大地法、心所之一，大乘佛教将其列为六度之一（般若度）。

佛教教义一般把般若分为二种、三种或六种。二种般若有三种区分方法，一种是共般若和不共般若之分，前者是为声闻、缘觉、菩萨三乘共通而说，后者仅为十方住十地菩萨所说；第二种为实相般若与观照般若，实相为理体和终极实在，即以般若智慧所观照一切对境之真实绝对者，虽非般若，但可起般若之根源，故称般若，后者即能观照一切法真实绝对实相之智慧；第三种是世间般若与出世间般若，前者为世俗的、相对的般若，后者为超世俗的、绝对的般若。三种般若的区分来自于中国佛教三论宗和天台宗教义。三论宗提出了实相、观照和文字三种般若，祖师吉藏在

---

① 参见玄奘译《阿毗达磨俱舍论》卷四："慧，谓于法能有简择。"和《阿毗达磨顺正理论》卷十："简择所缘邪正等相，说名为慧。"

《三论玄义》中说："如三种般若，中是实相般若，观是观照般若，论是文字般若。"① 天台宗将文字般若改为方便般若，祖师智者在《金光明玄义》中说道："云何三般若？般若名智慧。实相般若，非寂非照，即一切种智；观照般若，非照即照，即一切智；方便般若，非寂而寂，即道种智。"② 六种般若即实相、观照、文字、境界、眷属和方便，文字般若系包含实相、观照般若之般若诸经典，境界般若随般若智慧现起的一切诸法境界，眷属般若是伴随般若以助六波罗蜜行的诸种修行方法，方便般若系以推理判断，了解诸法差别之相对智。

　　般若并非佛教专门术语，在佛教之前的婆罗门教典中就已出现，是一种真正或超常的智慧，能使人摆脱轮回之苦，而达到永恒之境。在大乘佛教中，般若经常跟波罗蜜一词联用，波罗蜜（巴利文：पारमि pāramī）或作波罗蜜多（梵文：पारमिता pāramitā），巴利语"pāramī"由"pāramā"和后辍"ī"所组成，"pāramā"意为"至上的"，在这里特指菩萨，因此波罗蜜为"菩萨的责任"或"菩萨的财富"。一般汉译为"度""到彼岸"，意谓从生死的此岸能因佛法而救度到涅槃解脱的彼岸。佛教认为，波罗蜜是所有菩萨行者必修的善德，是成就究竟菩提一切圣者的根本资粮。在佛教文献中，般若波罗蜜一般也简称为般若，其字义是"到达最高或完美的超常智慧之彼岸"。《摩诃般若波罗蜜经》卷十一中说："般若波罗蜜能示导坠邪道众生离二边故，世尊，般若波罗蜜是诸菩萨摩诃萨母，能生诸佛法故，……是般若波罗蜜中，出生诸佛菩萨辟支佛阿罗汉。"③ 龙树菩萨在《大智度论》中肯定般若波罗蜜为遍知诸法实相的智慧，认为诸法实相即是般若波罗蜜，"以其能到智慧大海彼岸，到诸一切智慧边，穷尽其极，故名到彼岸"。④ 由此可知，般若度即是以超世间的特殊智慧，引导人们修行，摆脱烦恼、无明和虚妄邪见，到达解脱和涅槃的境界，是成佛菩萨道的根本途径。大乘佛教认为从生死轮回的此岸到达涅槃解脱的彼岸世界有诸多途径（度法），常见的有六度和十度，六度即檀那、尸罗、羼提、毗梨耶、禅那、般若；汉译为布施、持戒、忍

---

　　① 《大正藏》四十五·十三。

　　② 《大正藏》三十九·三。

　　③ 《大正藏》八·三零二。

　　④ 《大正藏》二十五·一九零至一九一。

辱、精进、禅定、智慧。而十度，就是六度再加上方便波罗蜜、愿波罗蜜，力波罗蜜、智波罗蜜。不论六度，还是十度，般若波罗蜜都处于核心的位置，被称为"第一义"，既是诸佛母，也是佛法本身，是六度万行的中枢，《摩诃般若波罗蜜经》卷十一中说："若五波罗蜜得般若波罗蜜将导，是时五波罗蜜名为有眼。般若波罗蜜将导得波罗蜜名字。……般若波罗蜜于五波罗蜜中最上第一，最妙无上无等。"①

　　般若是一种超越的独特智慧，导致解脱和涅槃的实现。般若思想依据因缘和合的宇宙观，视一切心识名相为虚妄，缘聚则有，缘散则无，以般若智慧来观照世界一切现象，均无差别，而世俗的各种智识则不同，总是能看到现象和事物之间的各种差异，因此，般若是无分别的圣智，是对各种世俗知识的超越，无分别是般若的特性，即唯识学所说的转识成智之智，"有分别是识，无分别是智"，也即《肇论》所说的般若无知。玄奘译《大般若波罗蜜多经》卷四百二中说："菩萨摩诃萨如是修行般若波罗蜜多，不见生，不见灭，不见染，不见净。何以故？但假立客名，分别于法而起分别。假立客名，随起言说。如如言说，如是如是生起执著。菩萨摩诃萨如是修行般若波罗蜜多时，于如是等一切不见，由不见故不生执著。"②《般若经》中的"无分别"观念主要是批判小乘佛教的说一切有部，认为事物不过是"假名"，而对事物的认识不过是"虚妄忆想"。同属般若类经典的《维摩诘经》在谈论"不二法门"时对一系列对反的事物或概念进行了深入分析，认为生死涅槃、世出世间、色与空等区别，依圣智来看实际上都是"不二"。中观学派不像《般若经》那样强调般若智慧的否定性，而是坚持"中道"，反对执着，既要充分揭示用世间的言语和概念进行分别的虚妄性，又防止把世间的虚妄性推向极端。相较而言，唯识学派对于"分别"持较为肯定的立场，虽然讲无分别之智，但识更为根本，识是万物得以显现的根本，有分别的作用，一般分为八种。识分别是虚妄，但识本身是实有。

　　《般若经》在破除一切名相分别的虚妄性之后，开显的是诸法的"性空"。"空"的梵文是 śūnya，巴利文是 suñña，字义为"空的""空无"或

------

① 《大正藏》八·三零二。
② 《大正藏》七·十一。

"虚无"。由空又派生出"空性"（梵文：śūnyatā，巴利文：suññatā）这一概念，实际上是空的名词化。在以前的汉译佛典中，这两个概念都是翻译为空，自玄奘译出瑜伽系经典之后，才严格区分了二者，空是遮遣妄执，破除一切虚妄，而空性是空所显性，是离妄执着而显的法性，是如实而有的，亦可称为涅槃境界。《摩诃般若波罗蜜经》卷十七中说："深奥处者，空是其义，无相、无作、无起、无生、（无灭）、无染、寂灭、离、如、法性界、实际、涅槃。须菩提！如是等法，是为深奥义。"① 关于空的分类，大乘佛教有七空、十四空、十六空、十八空和二十空的说法。如《摩诃般若波罗蜜经》有十八空之说：内空、外空、内外空，空空，大空，第一义空，有为空、无为空，毕竟空，无始空，散空，性空，自相空，诸法空，不可得空，无法空、有法空、无法有法空。《摩诃般若波罗蜜经》在广说十八空后将所有空类归结为四种：法法相空，无法无法相空，自法自法相空，他法他法相空。一般而言，《般若经》对空的理解偏重于破执的否定含义，认为事物当体即空，而且对事物的分别认识皆是虚妄执着，如《金刚般若经》所说的："一切有为法，如梦幻泡影，如露亦如电，应作如是观。"大乘中观学派继承和发展了般若空观，对空观做了新的解释，基于"中道"的立场提出了"缘起性空"的理论，既反对说一切有部"三世实有""法体恒有"的实有论，也批判部派佛教方广部的"恶趣空"和"虚无论"，在否定事物实在性的同时，也在一定程度上肯定缘起的"假有"，正所谓"性空"不妨碍"假有"。中观学派对般若空观的阐释，很好地解决了其所面临的诘难，在理论上完善了般若空观，自身也赢得了"空宗"的美名。后起的瑜伽行派主张境由心造，主要谈"境相"之空，肯定"心识"的实有不空。

般若学说继承了原始佛教和部派佛教中的中道思想，但是表现并不明确。"中道"的梵文是 madhyamā‑pratipad，巴利文是 majjhimā paṭipadā。在梵文中，madhya 是形容词，中间的意思，加上最高级词尾 mā，形成 madhyamā，意为最中、至中，而梵文 pratipad 的意思是道路、行道、道支、正道。因此，madhyamā‑pratipad 的基本意思就是远离偏邪、极端和边见，行在真理和正确的道路上。般若经中的后起部分所提出的"沤和"

① 《大正藏》八·三四四上。

和"方便"概念，多少有些校正般若思想中的偏空倾向。中观学派极力倡导和发展了佛教的"中道思想"，龙树在《中论·观四谛品》中说："众因缘生法，我说即是空（无），亦为是假名，亦是中道义。"鲜明地提出了中道思想的核心地位，其"八不"理论中讨论了生灭、常断、一异、来出四组概念，认为中道精神只能以否定的方式"不"或"非"才能显现出来，只有通过否定的思维形式才能把握离言绝智的"实相"，中观学派的中道思想也发挥了般若思想中的无分别和无所得的思想，除"八不"之外，在世间和出世间、真谛和俗谛、性空和方便等理论中，也运用了中道精神来解决问题，把般若中道思想上升到普遍的思想指导原则和方法论高度。瑜伽行派从根本唯识的立场对般若中道思想有所发挥，体现在真空妙有、三性三无性理论上。《成唯识论》卷七说："我法非有，空识非无。离有离无，故契中道。慈尊依此说二颂言：虚妄分别有，于此二都无，此中唯有空，于彼亦有此，故说一切法，非空非不空，有无及有故，是则契中道。"①显然，我与法皆不实在，即是真空，而空与识却是有，这是唯识中道。在"三性"理论上，以事物的"依他起性"而认识"遍计执性"的不正确，从而认识事务的实相，达到圆满的认识，即"圆成实性"。与此相应，在"三无性"理论上，远离"遍计所执"产生的虚妄分别，认识到"相无性"，依"依他起性"而知法我之不实，认识到"生无性"，进而领悟并接受"圆成实性"，达到"真如"境界。天台宗的"一心三观"，空、假、中三观，华严宗"一多相即"和"理事圆融"的思想，都体现着般若中道精神。

"二谛"理论亦是般若思想的重要组成部分，是般若思想发展的自然结果。般若空宗离言扫相，着力否定世间万法的实在性，这就产生了如何以中道精神看待世间认识和出世间认识的关系问题。般若思想区分了"真谛"（梵语 paramrāthasatya，巴利语 paramattha－sacca）和俗谛（梵语 samvrtisatya，巴利语 sammutisacca），前者称为"第一义谛"或"胜义谛"，简称为"第一义"或"胜义"，后者亦译为"世俗谛"或"世谛"，简称为"世俗"。"谛"是真空的意思，此处指的是真理。真俗二谛是事物所具有的两种真理。凡夫从时间上由于经验或习惯所观察的事物原理

---

① 《大正藏》三十一·三十九。

（有）名为世谛或俗谛，圣人由究竟处体验事物的真实情况（空），名为第一义谛或真谛。《摩诃般若波罗蜜经》卷第二十四中说："佛告须菩提：世谛故分别说有果报，非第一义。第一义中不可说因缘果报。何以故？是第一义实无有相，无有分别，亦无言说，所谓色乃至有漏无漏法，不生不灭相不垢不净，毕竟空，无始空故……须菩提，以凡夫人实不知世谛，不知第一义谛，不知道，不知分别道果，云何当有诸果？须菩提，圣人知世谛，知第一义谛，有道有修道。以是故，圣人差别有诸果。"① 可见，两种"谛"都是必要的，即"二谛相即"，圣人随顺凡夫，以世谛引导凡夫了知圣谛。中观学派继承了般若的"二谛相即"理论，以中道精神突出了佛以"二谛"而非"世谛"为凡夫说法，并将其作为理论体系中的重要部分。《中论》卷四说："诸佛依二谛，为众生说法，一以世俗谛，二第一义谛，若人不能知，分别于二谛，则于深佛法，不知真实义……若不依俗谛，不得第一义，不得第一义，则不得涅槃。"② 真谛明性空，俗谛表假有，二者缺一不可，都是对众生说法的言教，中观派的二谛论很好地解决了世出世间的矛盾。瑜伽行派并不重视"二谛"理论，但也提出了世俗道理和胜义道理的区分，与中观派将二谛建立在性空假有的基础上不同，瑜伽行派的二谛是建立在心识及其转变的唯识理论上的。中国佛教三论宗也很重视二谛理论，嘉祥吉藏曾撰有《二谛章》，提出"于谛"和"教谛"，前者指于世间为实，于圣人为实，由所对成谛而言，后者指依所对说真实的言教属谛的当体。

　　般若思想在中土的传播始于各种《般若经》的翻译，自东汉灵帝光和二年（公元179年）支谶在洛阳译出《道行般若经》十卷以来，至西晋时，已有多个不同版本面世，如现今保存下来的支谦译《大明度经》六卷；竺法护译《光赞般若》十卷；无罗叉和竺叔兰译《放光般若》二十卷；鸠摩罗什重译大、小品《般若经》。魏晋南北朝时期《般若经》的多次译出，反映了般若思想在当时中国社会的盛行。当时的中国士人，多崇尚由王弼、何晏等人创立的玄学，辨析名理，注重老庄，以虚无之道来破除儒家名教的束缚。支谶、支谦和竺法护借用了玄学家的"本无"和

① 《大正藏》八·三九七。
② 《大正藏》三零·三十二、三十三。

"虚无"概念来格义般若的概念"空"或"实相",这代表了中国人对般若的早期理解。东晋初年,出现了"六家七宗",他们主要是从中国本土文化的立场(不少人是以魏晋玄学的观点)来解释《般若经》的,形成了有别于印度佛教的中国特色的般若学派,当然,从印度般若经典的角度来看,这些本土学派的理解都显得"偏而不即"。鸠摩罗什及其门生翻译了大量般若中观经论之后,这种状况才得到了改变,其所译中观学派论著《大智度论》《百论》《十二门论》《中论》《摩诃般若波罗蜜经》《小品般若波罗蜜经》和《金刚般若波罗蜜经》。中观学派论著的译出,使得中国佛教界能够了解到般若思想鼎盛期的精髓。罗什对中国佛教的贡献还在于培养出一批在般若学造诣较深的学僧,其中著名的有僧叡、僧肇和竺道生,僧叡的贡献主要在为罗什译著作序,僧肇是中国佛教史上最杰出的般若思想家,其《肇论》倡"物不迁""不真空""般若无知"和"涅槃无名",比较全面地阐释了般若中观学的基本思想,道生将传统般若思想与佛教佛性论结合起来,主张一阐提悉有佛性和顿悟成佛,在中国佛教思想史上影响甚巨。东晋时期南方佛教领袖慧远曾涉略般若思想,他虽与罗什书信研讨佛理,但受传统文化影响甚深,未能准确把握般若真义,其"神不灭论"显然与"我法俱空"相抵触。受罗什译出《成实论》的影响,成实论论师在融通佛理的同时对般若学的传播和发展做出努力。隋唐时期,中国佛教进入了创宗立教的鼎盛阶段。三论宗是直接承袭印度般若中观学经论的中国佛教派别,其创始人嘉祥吉藏在广研佛教典籍的基础上,对般若中观经论做了进一步的阐释,代表作有《三论玄义》《大乘玄论》《中观论疏》等,他将中道理解为空、实相、涅槃和佛性,中道即佛性的思想出自于《大般涅槃经》,吉藏之后,虽有传人,但逐渐式微。天台宗虽宗《法华经》,但尊龙树为初祖,其"一心三观"和"圆融三谛"的理论体现出了中道精神。玄奘和窥基创立慈恩宗,虽以传习瑜伽行派为使命,但亦重视般若经论的研习,玄奘晚年亲自翻译最全的汉语《大般若经》,其弟子窥基和圆测撰写了般若经的赞述。华严宗所宗的佛典《华严经》本身就与般若思想有内在关联,其实际创始人法藏在《华严金师子章》中关于"空""有""无分别"问题的均体现出般若思想的影响。禅宗是特具中国色彩的佛教宗派,不像其他宗派那样尊奉某部佛经,而是大乘佛教思想本色化的产物。在禅宗的祖谱中,龙树和提婆尊者分列第十

四、十五位，自五祖道信以《金刚般若波罗蜜经》付法印心以来，般若经论在禅门思想受到了极大的重视，《般若波罗蜜多心经》《金刚般若波罗蜜经》和《维摩诘所说经》等般若经典广为传颂，对禅宗影响深远。

佛性论即如来藏说，是大乘佛教晚期兴起的学派，大约兴起于公元 3 世纪，盛于公元四五世纪，以般若思想中"一切法空"为不究竟了义，主张"自性清净心"和"真常我"，认为众生与佛有共同的体性，即成佛的因性，被中观和瑜伽行派斥为不了义。佛性（梵文：बुद्धधातु，buddha‑dhātu）这一佛教术语，最早出现于《大般涅槃经》，汉译佛典里，梵文 buddha‑dhātu、tathagata‑dhatu、dhatu、gotra、tathagata‑gotra、buddha‑garbha 及 tathagata‑garbha 等单字皆被译为佛性，有时这几个单字也被译为如来藏、如来性等。大致上，佛性主要由梵文 buddha 与 dhatu、gotra、garbha 这几个名词组合而成。dhātu 意为界，Buddha‑dhātu 字面直译为佛界或如来界。gotra 意为种性，buddha‑gotra 字面直译为佛种性，garbha 字根源自动词 grbh（抓），引申出隐覆、胎藏之意。最早出自《梨俱吠陀》中的《生主歌》，以人类从子宫出生的例子，想象世界亦由一个胚胎开始，胚胎中蕴藏了世界的一切，buddha‑garbha 字面上直译为佛藏或如来藏。这些名词在意义上虽有差别，但都意指众生与佛本性不二，皆具有成佛的可能性。

与如来藏学相关的经典，从公元 3—7 世纪，持续被译为汉文。佛经方面，最早由竺法护所译三卷本《如来兴显经》（是晋译《华严经》的《宝王如来性起品》和唐译《华严经》的《如来出现品》的异译本）和八卷本《大哀经》（昙无谶所译《大方等大集经》中《璎珞品》和《陀罗尼自在王菩萨品》异译本），法炬译一卷本《大方等如来藏经》（已佚失），佛陀跋陀罗译《大方等如来藏经》，法显译六卷本《大般泥洹经》，智猛译二十卷本《泥洹经》，昙无谶译四十卷本《大般涅槃经》和《大云经》。求那跋陀罗所译二卷本《大法鼓经》、四卷本《央掘魔罗经》、初译二卷本《胜鬘师子吼一乘大方便方广经》（菩提流志译《胜鬘夫人会》）和四卷本《楞伽阿跋多罗宝经》（菩提流支译十卷本《入楞伽经》和实叉难陀译七卷本《大乘入楞伽经》），失译一卷本《宝积三昧文殊师利菩萨问法身经》（阇那崛多重译一卷《入法界体性经》），昙摩流支初译二卷本《如来庄严智慧光明入一切佛境界经》，僧伽婆罗译一卷本《度一切诸佛境界智严经》，法护再译为五卷本《大乘入诸佛境界光明庄严经》，菩提流支译一卷本《不增不减经》，真谛译二卷本《无上依经》，月婆首那译七卷本《胜天王般若波罗蜜经》（玄奘译《大般若波罗蜜多经》第六分为异译本），地婆诃罗译三卷本《大乘密研经》（不空再译同名本）。论著方面，有勒纳摩提译的四卷本《究竟一乘宝性论》，真谛所译四卷本《佛性论》，提云般若所译二卷本《大乘法界无差别论》，以及备受争议的《大乘起信论》。①

　　佛性论的主要概念有如来藏、涅槃、自性我。如来藏是后期大乘佛教的术语，由梵文如来（tathāgata）和藏（garbha）组合而成。如来音译为多陀阿伽陀，是佛十个德号之首，也是佛的简称，佛和如来两个名称一般可以通用。按《大智度论》卷二的解释，"云何名多陀阿伽陀？如法相解；如法相说；如诸佛安隐道来，佛如是来，更不去后有中：是故名多陀阿伽陀。"② 龙树是从佛的智慧通达诸法实相，按照诸法实相而说法，依照佛道修习得佛果这三个方面来解释的，"如"是平等不二的实相，佛是如如的圆满体现者，"如来"即"从如中来"，悟入真如而来成佛，所以叫如来。藏是界藏或胎藏，古印度婆罗门教的创世神话中，多用人类生育比拟生主（最高神）的创世活动。由此，如来藏在大乘佛教的发展中有如古印度的金胎说，譬喻如来在众生位，虽没有出现，但已经具足如来智慧德相。如来藏思想不是直接源自原始佛教和部派佛教，而是承继早期大乘佛教《般若》和《华严》，适应当时印度神教和文学，发展成为独特的思想流派。《般若》的性空说包含了一切本空、皆如如平等的理念，《华严经》法法平等、相即相入和事事无碍的理论，自然得出佛与众生不二的推论，《大方广佛华严经》中《如来性起品》明确提到"众生觉悟圣道，具见如来智慧在其身内，与佛无异"。③ 继承《如来性起品》的《如

---

　　① 《大乘起信论》，是深远影响中国佛教的重要经论之一，中国佛教的主要宗派如华严、天台、禅、净土等皆深受其影响，但这也是历来争议性颇大的一本书。隋代法经撰《众经目录》，卷五称："（大乘起信论）一卷，人云真谛译，勘真谛录无此论，故入疑。"这是最早对本论提出的疑问。唐均正著《四论玄义》，卷十称："起信论一卷，人云马鸣造。北地诸论师云：非马鸣造论，昔日地论师造论，借菩萨名行之，故寻翻经目录中无有也，未知定是否。"这是唐代对本论提出的质疑。

　　② 《大正藏》二十五·七十一中。

　　③ 《大正藏》九·六二四上。

来藏经》是对大乘佛教有重要影响的譬喻集，如来神变的九种譬喻寓意众生烦恼身中有清净如来，以《大般涅槃经》为代表的初期如来藏圣典，主张如来常住大般涅槃，一切众生皆有佛性，涅槃四德异名同实，该经卷七说："我者，即是如来藏义；一切众生悉有佛性，即是我义。"①

《大般涅槃经》对如来藏我的强调，使其披上了神我论的色彩，这与佛陀的无我说相忤逆，之后的佛教论典无不对如来藏加以解说，使其符合佛教正统教义，代表性著作是《究竟一乘宝性论》，对"一切众生有如来藏"的三种含义作了解释说："有三种义，是故如来说一切是、一切众生有如来藏。何等为三？一者，如来法身遍在一切诸众生身（或本作'众生心识'），偈言法身遍故。二者，真如之体，一切众生无差别，偈言无差别故。三者，一切众生皆悉实有真如佛性，偈言皆实有佛性故。此三句义，自下论依如来藏修多罗，我后时应知！"法身遍入众生，真如清净不二，众生有如来界，是一体三义，如来藏依此立义。《究竟一乘宝性论》亦说如来藏有四种义和四种名，即法身、如来、圣谛、涅槃。② 瑜伽行派多从无差别的真如体性来解说如来藏，如世亲在《摄大乘论释》中说："自性本来清净，即是真如，自性实有，一切有情平等共相；由有此故，说一切法有如来藏。"③ 真谛将《宝性论》中的如来藏学与瑜伽学的阿赖耶识结合起来，提出了境识并泯的真如实性，即阿摩罗识。《楞伽经》以瑜伽学来会通如来藏说，说无我如来藏，"大慧！我说如来藏，不同外道所说之我。大慧！有时说空、无相、无愿、如、实际、法性、法身、涅槃……如是等句说如来藏已，如来应供等正觉，为断愚夫畏无我句故，说离妄想无所有境界如来藏门。……开引计我诸外道故，说如来藏，令离不实我见妄想，入三解脱门境界，悕望疾得阿耨多罗三藐三菩提。是故如来应供等正觉，作如是说如来之藏。……为离外道见故，当依无我如来之藏！"④ 佛说的无我和涅槃，让外道凡夫感到畏惧，故将真如说为接近外道神我的如来藏，但如来藏我却是无我真如之我。《大般涅槃经》也有类似的论述，"闻说佛性即我故，即发阿耨多罗三藐三菩提……佛性者实非

---

① 《大正藏》十二·四零七中。
② 参看《大正藏》三十一·八三五中。
③ 《大正藏》三十一·三四四上。
④ 《大正藏》一十六·四八九中。

我也；为众生故，说名为我。"《涅槃经》的常乐我净，自然含有如来涅槃不空之义，确是适应世俗及神教的方便教法。

涅槃（梵文 **निर्वाण** nirvāṇa，巴利文 **निब्बान** nibbāna），又译为般涅槃、波利昵缚男、泥洹、涅槃那，意译为圆寂、灭度、寂灭、无为、解脱、自在、安乐、不生不灭等。在巴利文中，nibbāna 是源自动词 nibbāti，意为"被吹灭"或"被熄灭"，在梵文中，nirvāṇa 有出离、解脱、无臭、无烦恼等等意义。玄奘大师新译为圆寂，避免因把断灭生死烦恼理解为死亡的误解，圆即福德圆满，寂即永离一切生死烦恼。佛教教义认为涅槃是将世间所有一切法都灭尽而仅有一本住法圆满而寂静的状态，所以涅槃中永远没有生命中的种种烦恼、痛苦，从此不再受后有，不再坠入六道轮回之中，是佛教修行的理想终极目标。在小乘佛教里，阿罗汉体会到的涅槃分为两种：有余涅槃和无余涅槃。前者指断灭招感生死业因的见思惑，但前业所招的生死果报身未灭，烦恼虽然断尽，过去执取所产生的诸蕴犹在；而后者则指以前烦恼所受之身消失，再不随业受生死，过去执取的五蕴之身灭尽。在大乘佛教里，变易生死的因尽为有余涅槃，变易生死的果尽为无余涅槃。大乘佛教认为小乘佛教所证的涅槃是有余的，小乘仅断见思烦恼，灭分段生死，但其余的尘沙、无明烦恼未断，变易生死未了，而只有大乘佛教才做到三惑全断、二种生死永灭，无其余的烦恼生死可断，是无余涅槃。大乘佛教般若中观学派提出自性涅槃说，从自性空的立场来阐明万法本性寂灭，达到生死即涅槃的理解，而不像小乘佛教灭生死而涅槃，涅槃即空、无相和无愿。法相唯识宗将涅槃分为四种，分别是本来自性清净涅槃、有余依涅槃、无余依涅槃和无住处涅槃。如来藏系提出了大涅槃之说，无上涅槃即无上正等正觉（阿耨多罗三藐三菩提），意即如来的法身，大涅槃是诸佛的法界和甚深的禅定，亦即常乐我净的境界，唯佛能亲证。正如《法华经》所言："唯如来证大菩提，究竟圆满一切智慧，是名大涅槃。"如来藏派涅槃说的中心思想是如来法身常住、具备常乐我净四德和众生皆有佛性，以"真我妙有"对治般若"真空无我"说而来的流弊。

自佛教创立以来，"无我说"便成为佛教区别于印度其他宗教流派的根本教义（三法印之一的"诸法无我"），无我（梵文为 **अनात्मन्** 或 anātman，巴利文为 anattā）是指事物没有一个永恒常驻的实体性的存在。

如来藏系倡如来性、自性我、自性清净心、真我、妙有等说，仿佛承认有一实在之"我"的存在，蒙上了一层"神我论"的色彩。佛教以"无我"为正法，否认有一个实体性的永恒自我（ātman）的存在，否定任何物质实体和精神实体（如上帝、诸神灵和人的灵魂、神识等），这就与业报轮回理论相抵牾，业报轮回要求有轮回的主体或承受者，在佛教理论的发展过程中，部派佛教时代注意到这个佛教教义的阿基里斯之踵，公元二、三世纪间，佛教内分化出有我论的部派，如被称为"附佛外道"的犊子部和说转部，提出了"补特伽罗"说。《异部宗轮论》说："说一切有部：……有情但依现有执受相续假立。说一切行皆刹那灭，定无少法能从前世转至后世，但有世俗补特伽罗说有转移。"① 说一切有部立世俗补特伽罗为"假名我"，作为业报承受的主体，实属方便善巧，在根本意义上并没有实体的自我可得。犊子部及其支派倡导不可说我，是三世有为法和无为法之外的不可说藏，依蕴、处、界假施设名，《异步宗轮论》说："犊子部本宗同义：谓补特伽罗非即蕴离蕴，依蕴、处、界假施设名。……诸法若离补特伽罗，无从前世转至后世，依补特伽罗可说转移。"② 从原则上来说，犊子部的不可说我与说一切有部的假名我没有实质上的差异。大乘佛教般若思想扫相破执，在业感缘起的基础上说我法两空，即人无我和法无我，中观学派秉持中道，将我安立在世俗谛，名之为假我，而在胜义谛上空无我我所。瑜伽行在阿赖耶缘起的基础上，以识变来阐述因缘，种子就是因缘，作为根本种子识的阿赖耶识既是轮回的主体，也是宇宙人生的总根据。唯识学的三性三无性说很好地阐发了般若中观学的缘起无我论，以遍计所执性说诸佛假名安立自性差别，众生妄执五蕴、十二处和十八界以及宇宙万法为实有，执着假有为自性；以依他起性说一切法缘生自性，因缘和合而生，是相有性空的假有；以圆成实性指法法平等的状态，彻底远离虚妄遍计所执自性，真正明了一切皆依他起自性，依他起上彼所妄执我法俱空。与三自性相对立的是三无自性，相无性指一切事物、现象皆无自性，生无性指一切因缘和合而生的事物皆无自性，胜义无性指认识到人法无我和真空妙有之理，既是圆成实的真如实

① 《大正藏》四十九·一六下。
② 同上。

性，也是阿耨多罗三藐三菩提。胜义无性即是圆成实性，所谓我是假我，即无我。唯识学所说的自性，梵文为 svabhāva，由 sav（自己的）与 bhāva（有）组成，意为自己本身存在的性质、自有自成。在佛教文献中，它与本性（prakṛti）经常被视为同义词，但自性的起源较晚，直到部派佛教的论藏中才使用这个术语。

如来藏系肯认众生皆有佛性，从如来的常、乐、我、净，说到佛性我、如来藏我，如来与我的关系，遂类似于印度神教中梵与我的关系，大乘佛教在神化佛陀的同时，逐渐与印度神教同化。《大涅槃经》以佛性和如来藏为我义，《大法鼓经》以烦恼垢除后得我，常住安乐必有我，《央掘魔罗经》声言众生皆具如来藏我，烦恼断即见我界。正如印顺法师所言："可见我与我界，众生与众生界，都就是如来藏、如来界（性）、佛藏、佛性的异名。这是如来藏法门的根本论题，是生死和涅槃的主体；是迷成生死、悟成如来的迷悟所依；是证见的内容，这样的如来藏我说，在佛法中，的确是初期大乘所不曾见过的。"[①] 如来藏系是从果位来说我的，主要针对般若思想所产生的负面影响，倡涅槃法身不空。在面对神我论的诘难时，如来藏系采取了兼容论的策略，肯定印度外道所说的梵我也是佛陀所宣说的，不过只是凭借传说误解，缺乏真知。这显然与史实不符，如来藏我就其本性来说是空无自我，是无我之我，说我乃是方便善巧之说，正如《楞伽经》"开引计我诸外道故，说如来藏"。公元 450 年左右菩提达摩从南印度传来的禅宗，受到了如来藏思想的影响，其所传禅法，即"如来（藏）禅"。

如来藏说中的自性清净心，是指在众生烦恼覆盖中，有本性清净的如来。自性清净心，由"心"（citta）即心意识，"自性"（prakṛti 或 svabhāva）即本性、本原，"清净"（śuddlha）即无杂染分别三个词组合而成。在如来藏经论中，自性清净心就是如来藏，但二者之间还是有差别，《宝性论》中说："清净者，略有二种，何等为二？一者，自性清净；二者，离垢清净。自性清净者，谓（自）性解脱，无所舍离，以彼自性清净心体，不舍一切客尘烦恼，以彼本来不相应故。离垢清净者，谓得解脱。又彼解脱不离一切法，如水不离诸尘垢等而言清净，以自性清净心远

---

① 印顺：《如来藏之研究》，中华书局 2011 年版，第 120 页。

离客尘诸烦恼垢，更无余故。"① 可见，自性清净是众生位，离垢清净是佛位，离烦恼得解脱，自性清净心在众生未减少一分，成佛亦未增加一分，真如体性，不增不减。作为大乘佛教后期的思潮，如来藏系提出了"真常心"和"真常唯心论"，真常心即从六识之心心相续中，想见其内在之不变常净，受般若性空论之影响，亦融会了瑜伽行派阿赖耶识，《楞伽经》提出了如来藏识藏，视其为真识，即真常不变、清净周遍之心体。《大乘起信论》将如来藏思想和唯识说结合，阐明"一心"（如来藏心）、"二门"（心真如门和心生灭门）、"三大"（体大、相大、用大）和真如缘起的教理，提倡"四信"（信根本真如、信佛法僧）、"五行"（布施、持戒、忍辱、精进和止观）的修持方法。《起信论》所说的"一心"，是指众生心，"离念"指无念，"有念"即不觉，这对禅宗和惠能产生了直接的影响。按照印顺法师对大乘佛教三期的划分，真常唯心是继性空唯名和虚妄唯识的晚期大乘佛教理论，是大乘佛教与梵同化的产物，但却对中国佛教产生了深远的影响，中国佛教除三论和法相二宗，均受其深刻影响，天台、华严、禅和净土尤其如此。

如来藏说是印度大乘佛教佛梵同化的结果，为密教的发展奠定了理论基础。从佛法本义和中观瑜伽两个大乘佛学派的观点来看，佛性论，特别是真常唯心论是摄导众生皈向佛法的善巧方便，是不了义。但如来藏真常唯心论却契合了中国传统文化中的某些要素，从而得到发扬光大，中国文化中"人人皆可为尧舜，人人皆可成圣贤"的思想与"众生皆具佛性，皆可成佛"的佛性思想深相契合，死后鬼魂不灭与法身恒常不灭也遥相呼应。佛性论在中国的发展始于魏晋时期，东晋名僧慧远曾作《法性论》（已佚）和倡"神不灭论"，本无的法性亦永恒的本体，以般若中道思想来解释佛性，改变了道安以玄学"本无"概念来解释佛性的风气。竺道生是佛性论在中国发展的中坚人物，在《大涅槃经》全译本未面世之前，他曾首倡人人皆有佛性，断了善根和信心不足的一阐提亦能成佛，众生皆有成佛的内在根据，佛性是法身、法性和实相的内在体现。道生亦倡"顿悟成佛"说，否定渐悟论，成佛是刹那间的觉悟，顿时照察自心佛性，体悟诸法实相，佛性、佛理为一整体，顿悟成佛，不容阶级，没有间隔。

---

① 《大正藏》三十一·八四一中。

第四章　惠能的佛学思想

惠能天资颖悟，对佛法有着深刻的领悟，并有新的阐发。虽然其佛学理论修养不足，难成唐玄奘那样的一代佛学论师，但依据《法宝坛经》的论述，可以知道他通晓当时流传的主要佛学经论，如《涅槃经》《金刚经》《维摩诘经》《楞伽经》《法华经》和《菩萨戒经》等，能够将佛学理论与自己的亲身体验结合起来，将其对佛法的理解在传统文化的语境中阐发出来，从而奠定了中国本色化佛教即禅宗的理论基础。考其宗教思想实质，实以解脱论为核心，融合会通般若思潮和佛性论，并提出了相应的宗教修行境界和方法。

解脱论是佛教的核心教义，其在佛教教理中的地位，有如称义论在基督教神学体系中所处的中枢位置。佛教虽然有因缘和合生万物的宇宙论，但其着力解决的问题依然是人生所面临的生存困境，如何从轮回不休的生死循环中摆脱出来，达到不生不死的永恒境界，并摆脱人生中的种种烦恼、困惑和痛苦，这构成了释迦牟尼及其历代信徒宗教反思和实践的中心问题。解脱是印度宗教的重要宗教与哲学概念，印度教、耆那教与佛教皆继承了这个观念，但在理论上则有不同见解。其梵文是 मोक्ष（mokṣa）或 मुक्ति（mukti），意即"解放"，来自同一语根 *muc*，意即"解开"和"放开"，意指生命体能脱离在世间之中的生死轮回及其伴随而来的各种苦。在印度佛教修行实践中，解脱的方法有许多种，如持诵陀罗尼、念诵佛号、修禅定、习瑜伽，依各教派传承而定。《瑜伽师地论》卷89："云何解脱。谓起毕竟断对治故。一切烦恼品类粗重永息灭故。证得转依令诸烦恼决定究竟成不生法。是名解脱。"[1] 解脱即断绝生灭之因，对治人生中

---

① 《大正藏》三十·一五七九。

的烦恼和痛苦，从而达到究竟圆满的理想生存境界，与"涅槃"和"圆寂"意义相通，故解脱就是透过佛法的修行，从较粗的烦恼——五下分结（疑结、边见结、戒禁取见结、欲贪结、嗔恚结）开始断，终至断除最粗的烦恼——五上分结（掉举结、色界贪结、无色界贪结、我慢结、无明结），达到涅槃的境界，解脱三界生死、六道轮回之苦。

　　佛陀舍弃王位，抛弃妻儿和世俗的奢华享受，遁世苦行修道，在菩提树下入定七七四十九天，发下不证悟宇宙人生真谛绝不起身的誓言，为的是寻求断除生命中因无知而来的烦恼和痛苦的理论方法，即著名的"四谛论"。所谓"苦""集""灭""道"，痛苦和烦恼是一切生命的普遍现象，十二因缘详细地解释了其来源，也为破除无知和痛苦构成的轮回提供了条件，八种通往解脱的途径是正确生活并通向最终解脱的准则。佛陀本人对许多抽象的哲学问题并不关注，如十四无记和箭喻，便是其重视人生问题的明证。禅宗历来重视人生问题，力图通过禅定修行，发明自性清静本心，从而出离三界，不堕轮回。禅宗五祖弘忍临终付嘱衣法时曾对弟子明言："吾向汝说，世人生死事大，汝等终日只求福田，不求出离生死苦海。自性若迷，福何可求？汝等各去看智慧，取自本心般若之性，各作一偈，来呈吾看，若悟大意，付汝衣法，为第六代祖。火急速去，不得迟滞，思量即不中用。见性之人，言下须见。若如此者，抡刀上阵，亦得见之！"① 生死问题是生命个体所面临的终极问题，对此作出严肃的思考和寻求通达永恒之境的方法，是禅门信徒的共同命题。

　　惠能求法的动机是要成佛，从其听闻客颂《金刚经》便心悟，离家远去黄梅求法的经历来看，他生命中肯定经历了类似的困惑，力图从佛法中找寻答案。《坛经》中记载惠能得法的经历极其简略，初礼五祖，言谈不凡，论佛性无南北、自心智慧和自性福田。因根性大利，深受五祖器重，为免其受害，五祖差其到槽厂破柴踏碓。八月有余，师徒二人互相表明心迹，随后五祖命令门人呈偈来看，以付嘱衣法。与神秀上座相比，惠能所呈偈更透彻和深刻，符合五祖"识自本心、见自本性、出于无上菩提自性"的要求。五祖遂决意付法与惠能，三更时刻，招惠能入室，为

---

　　① 惠能：《六祖大师法宝坛经》，参见河北禅学研究所编《禅宗七经》，宗教文化出版社1997 年版，第 324 页。

说《金刚经》，至"应无所住处而生其心"，彻悟一切万法不离自性。领得衣钵之后，五祖亲自送至江口，希望其回故乡弘扬佛法，惠能谨遵师嘱，隐遁15年，出广州法性寺，讲经说法，"唯论见性，不论禅定解脱"，大开东山法门。"见性"即返本迴照，发明自心本有般若智慧，悟入佛之见地，也即觉悟，禅定是佛教，特别是早期禅学的主要修行方法，佛教三学和大乘佛教六度之一，惠能以觉性批判禅修，标榜"明心见性、自性即佛"的思想，实际上开启了中国禅宗的新时代。从整部《坛经》来看，"自性"概念占据了最主要位置，在五祖付法彻悟之际，惠能说道："何期自性，本自清净；何期自性，本不生灭；何期自性，本自具足；何期自性，本无动摇；何期自性，能生万法。"[①] 自性清净无染、永恒不灭、具足万法，解脱成佛，只须回归自性，无须外求，明心见性，顿入佛地，惠能将自性即佛的思想贯彻到其般若思想、净土思想和对宗教实践的批判思想之中。五祖印可了其自性即佛思想，回应说："不识本心，学法无益。若识自本心，见自本性，即名丈夫、天人师和佛。"[②] 自性、本性、本心和当下自心在惠能的语境中，含义基本相通，可以贯通使用。

"自性即佛"的命题自然可以推衍出"自性般若"的思想，自心拥有佛性，必然内含佛的般若智慧。惠能的自性般若思想鲜明地体现于其针对神秀所作的得法偈上，"菩提本无树，明镜亦非台，本来无一物，何处惹尘埃。"菩提即觉性，梵文和巴利文皆为 bodhi，意译为觉、智、知、道，在佛教教义里特指断绝世间烦恼而成就涅槃之智慧，也即佛、菩萨、缘觉和声闻三乘各于其果所得之觉智。三乘所获菩提中，以佛之菩提为无上究竟，故称阿耨多罗三藐三菩提，译作无上正等正觉、无上正遍智、无上正真道、无上菩提。由于佛陀本人是在菩提树下禅定七七四十九天悟道的，菩提树自然与佛的证悟相关联，并成为佛陀智慧的象征，同样镜子的成像功能也被用来比喻照亮一切的智慧。神秀将人的身心分别比喻为菩提树和镜台，以勤拂拭比喻精进修行，尘埃喻烦恼，符合佛法的教理，在修行次第上属于渐法。惠能所呈的偈则体现了般若扫相、离言绝非的特点，从佛

---

① 惠能：《六祖大师法宝坛经》，参见河北禅学研究所编《禅宗七经》，宗教文化出版社1997年版，第327页。

② 同上。

教证悟的果位和般若智慧来看，万物皆因缘和合，自性皆空，远离生灭，如如不动，是为真如本体，故身心皆非菩提树和明镜台，本性即空，无有一物，无有尘埃和染污，故无须拂拭。惠能的得法偈出自本心般若之智，为见性之论，深刻地揭示出佛法的本质。

在《坛经·般若品》中，惠能详尽地阐发了其自性般若思想。惠能在法会上首先要求信众净心念摩诃般若波罗蜜，明言菩提般若智慧就在人的本性之中，只是因为心迷未悟，需要善知识的导引，才能见性自悟。人们所谓的愚智之别，实际上是迷误之别，在本性上，众生皆佛。惠能批判了佛教徒常见的弊病，口念般若和说空，但却不识自性般若，无法见性。对于从轮回苦海中解脱出来的智慧方法——摩诃般若波罗蜜，惠能解释道："善知识！摩诃般若波罗蜜是梵语，此言大智慧到彼岸。此须心行，不在口念。口念心不行，如幻如化、如露如电；口念心行，则心口相应，本性是佛，离性无别佛。"智慧解脱的般若，是到达涅槃圆寂的根本法门，般若就在人心之中，如果时时反照内心，就能开启内心的觉性，明白自身内具佛性。惠能以心量广大和虚空来解释摩诃，指出自性真空，能含藏万法，佛性即是空性，"诸佛刹土，尽同虚空。世人妙性本空，无有一法可得。自性真空，亦复如是"。[①] 在此，惠能以般若解释佛性，认为佛性的本质是空慧，也即般若，同时也批评了口念般若而心不行，空心静坐，百物不思等邪见。针对般若，惠能不局限于佛教的一般解释，而是以心体加以阐释。"心量广大，遍周法界。用即了了分明，应用便知一切。一切即一，一即一切，去来自由，心体无滞，即是般若。"[②] 智慧照用，心念无滞，"般若无形相，智慧心即是"。佛教的解脱智慧就存在于自性之中，般若行就要做到一切时间和处所念念不愚，念觉念智，心生般若，念迷念愚，般若断绝。以智慧观之，到达彼岸的波罗蜜变得尤其清晰，彼岸并不是另外存在的一个世界，而是就在此岸之中，二者的关系犹如波浪与水性，著境生灭起，解义离生灭。凡夫与佛并非一种位格上的区分，而是同一生命的不同存在状态，烦恼与菩提亦是如此，佛与众生、烦恼与菩

---

① 惠能：《六祖大师法宝坛经》，参见河北禅学研究所编《禅宗七经》，宗教文化出版社1997年版，第330页。

② 同上书，第331页。

提皆处于动态变化之中，以般若观之，凡夫与佛、烦恼与菩提皆是不一不二。惠能将摩诃般若波罗蜜视为解脱的最尊、最上和最第一法门，三世诸佛皆从中出，是成佛的正道，能够破除五蕴烦恼尘劳，变三毒为戒定慧。

为要获得无上解脱智慧，入甚深法界和般若三昧，必须修般若行，持诵《金刚般若经》，惠能将其称为"见性"。惠能继承了五祖以《金刚经》传法的传统，赞其具有无量功德，是成佛的最上乘法门，但不能局限于文字经教，善知识、三世诸佛和十二部经，人性中本自具有，自悟者不假外求，不悟者须要善知识和佛经的指导，惠能本人教育水平不高，不识文字，但天资聪颖，闻经便悟解，曾为无尽藏尼说《涅槃经》。解脱即发明本性自有般若之智慧，自用智慧常观照，不向外求，照见自性，"迷心外见，修行觅佛，未悟自性，即是小根。若开悟顿教，不执外修，但于自心，常起正见，烦恼尘劳，常不能染，即是见性。"[①] 见性即返回本心自性，以内心自有知识自悟，智慧观照、内外明彻，一悟即至佛地。这就是惠能及后世禅门所标榜的"明心见性"，成为中国禅宗解脱论的代名词。众生与佛的区别只在一念之间，悟则成佛，迷则为众生，万法皆在自心中，如果从自心中识见清净本性，顿见真如本性，即成佛道。"明心见性"即发明内心觉知，常以智慧观照，即自性般若的照用，惠能还作了一无相颂来说明此见性法门。

以自性般若为理论基础，惠能批判了净土宗的理论和实践，提出了身中净土或自心净土的观点。净土是相对于娑婆世界而言的清静极乐世界，由佛菩萨愿力所示现，是一个成佛的过渡场所，念佛往生于此的净众可以上求佛道，下化众生。原始佛教中有佛国观念的萌发，念佛作为"六念处"之首，是广泛应用的修行法门，《阿含经》中记载了弥勒菩萨的事迹，称其为"未来佛"。大乘佛教时期，净土思想蓬勃发展，在"佛身"、"佛国"和"佛性"理论方面做了充分探讨，出现了多种净土，如兜率天净土、西方阿弥陀佛净土、东方药师佛净土、燃灯古佛净土、色究竟顶天净土、观音如来净土、普贤王如来佛国净土、华藏世界和五方佛净土等等。从教判来说，中国净土宗创始人昙鸾法师将净土法门判为易行道，乘

---

① 惠能：《六祖大师法宝坛经》，参见河北禅学研究所编《禅宗七经》，宗教文化出版社1997年版，第332页。

佛愿力往生净土，而依靠自力修行的法门则是"难行道"。净土宗的经典一般有两说：一是"三经一论说"，即《阿弥陀经》《观无量寿经》、《无量寿经》和世亲菩萨的《往生论》；另一是"五经一论说"，即除以上三经一论外，加上《大方广华经·普贤菩萨行愿品》和《大佛顶首楞严经·大势至菩萨念佛圆通章》。魏晋南北朝以来，净土思想在中土广泛传播，所谓"家家观世音，户户阿弥陀"，念佛带业往生的法门方便易行，赢得了广大信众的欢迎。

在《坛经·决疑品》中，韦刺史向惠能请益西方净土得生事宜，惠能提出了自性净土的理论。他认为许多信众没有理解佛陀所说西方净土的真义，真正的净土既不在西方，也不在东方，而是在自心之中，心净则佛土净。对于见性的上智之人来说，西方净土离此不远，无须怨东怨西，重要的是消除心中的一切恶念。"心地但无不善，西方去此不遥；若怀不善之心，念佛往生难到。今劝善知识，先除十恶，即行十万；后除八邪，乃过八千。念念见性，常行平直，到如弹指，便睹弥陀。使君！但行十善，何须更愿往生？不断十恶之心，何佛即来迎请？若悟无生顿法，见西方只在刹那；不悟念佛求生，路遥如何得达？"① 智慧不足的下根人无法见性，往往向身外求，希冀乘佛菩萨愿力，往生西方，直至成佛，故言西方距离十万八千，却不知心中十恶八邪是阻碍进入净土的因缘，否则往生西方的人又求生何方。凡愚不认识自身心中净土，不明了清净自性，向外驰求，怨东怨西，觉悟之人随缘安适。

在《阿弥陀经》《观无量寿经》和《无量寿经》中，西方净土无比清净辉煌，穷尽了人间一切美辞妙语。惠能以自性般若，向会众演示了西方极乐世界，以人的色身比喻城池，以眼耳鼻舌比喻城门，心喻地，性喻王。自心自性是佛国，性觉是佛，性迷是众生。以慈悲喻观音菩萨，喜舍喻势至菩萨，能净喻释迦佛，平直喻阿弥陀佛。须弥喻人我分别，邪心喻海水，烦恼喻海水，波浪喻烦恼，恶龙喻毒害，鬼神喻虚妄，鱼鳖喻尘劳，贪嗔喻地狱，畜生喻愚痴。常行十善便进天堂，除却人我分别便能毁坏须弥山，摈弃邪心、烦恼和毒害。"自心地上，觉性如来，放大光明，

---

① 惠能：《六祖大师法宝坛经》，参见河北禅学研究所编《禅宗七经》，宗教文化出版社1997年版，第336页。

外照六门清净，能破六欲诸天；自性内照，三毒即除，地狱等罪，一时消灭。内外明彻，不异西方。"① 佛教是对法，对治人内心中的贪嗔痴三毒，修行即修心，自心智慧观照，离染清净，便是自性西方。为此，惠能还作了无相颂，倡导心平、行直、恩孝、义怜、礼让、忍辱，向内心寻求觉悟，西方净土自然现前。惠能的自性净土思想，对净土法门的实践具有批判性意义，修行的重点是修心，称名念佛、观想观像念佛和实相念佛，均要口念心行，而心行即是要见自性。

在功德问题上，惠能也以自性般若的思想对佛教修行做了批判性反思。佛教徒在修行过程中，在佛法信解行证上不断深入，不仅自觉追求功德，同时也会受到同修的鼓励，会把世俗性的幸福或德性看作是佛法修行的外显，从而加以追逐，便形成了一些错误的观念。最著名的例子便是梁武帝，梁朝武帝一生笃信佛教，造寺度僧，布施斋戒，延请高僧，主持佛经翻译，制定了汉传佛教戒律和忏法仪轨，断肉断酒，三次舍身同泰寺，俨然佛教的大护法。但就是这么一位对佛教发展作出巨大贡献的君王，也被达摩祖师斥为毫无功德，惠能支持祖师的判断。一般而言，在佛教修行实践中，拜佛、诵经、供养、布施、修寺、造像、抄经、放生等善行都被称为功德，梁武帝的护教善行竟被达摩和惠能否定，那么什么才是真正的功德？

就其汉语字面意思来看，功德指功业和德行，功是指善行，德是指善心。其梵语是 guna，音译作惧曩、麌曩、求那，意指功能福德，为行善所获之果报。元魏昙鸾法师在其《往生论注》中区分了真实和虚伪两种功德。隋慧远《大乘义章》卷九（大四四·六四九下）解释道："言功德，功谓功能，善有资润福利之功，故名为功；此功是其善行家德，名为功德。"隋吉藏《胜鬘宝窟》卷上（大三七·一一中）说道："恶尽曰功，善满称德。又德者，得也；修功所得，故名功德也。"近人丁福保认为，功者福利之功能，此功能为善行之德，故曰德，又，德者得也，修功有所得，故曰功德。关于功德，佛教经典中还有其他名称，如功德海、功德宝、功德藏、功德聚、功德庄严、功德林，等等。《大乘义章·十功德

---

① 惠能：《六祖大师法宝坛经》，参见河北禅学研究所编《禅宗七经》，宗教文化出版社1997年版，第337页。

义三门分别》写道："功谓功能，能破生死，能得涅槃，能度众生，名之为功。此功是其善行家德，故云功德。"可见，功德是指能够带来解脱的一切宗教修持善行，当然也可能有助于个人福利的实现。但功德不同于福德，福德泛指世俗间一切财富和利益，不能导致解脱。

惠能认为梁武帝混淆了福德和功德的区别，将福德当作功德，"武帝心邪，不知正法，造寺度僧，布施斋戒，名为求福，不可将福便为功德。功德在法身中，不在修福。"① 真正的功德实际上是净智妙圆、体自空寂，不求于世的本性或佛性，修德有功，性德方显。众生体性中本有如来清净智慧德相，这是本性固有的妙德，但本性受烦恼执着妄想缠附，性德无法显现，故需要自身修持的功德来涤除一切尘劳妄想。惠能明确把明心见性视为功德，正所谓"见性是功，平等是德，念念无滞，常见本性，真实妙用，名为功德"。发明心性，显露佛性，智慧妙用，明心见性的一切努力都皆被视为功德。"内心谦下是功，外行于礼是德；自性建立万法是功，心体离念是德；不离自性是功，应用万法是德，若觅功德法身，但依此作，是真功德。"② 福德是可以自他共同受用的，是善行的果报，而功德则不是缘起及所缘的果报，是自受用的善行，是成佛的关键，可以帮助修习佛法的人勇猛精进，直驱一真法界。"念念无间是功，心行平直是德。自修性是功，自修身是德。善知识！功德须自性内见，不是布施供养之所求也。是以福德与功德别。武帝不识真理，非我祖师有过。"③ 广义地说，武帝所做的一切护法善行皆为功德，但惠能认为他没认识到功德的真谛，即导致解脱的根本善行——明心见性，只一味追求外在的善业，混淆了功德与福德的区别。追求人生幸福是人的天性和正常要求，但是在宗教实践中，还有更高的追求或精神境界，如果把修福当作修道，便是误入歧途，这也是普通佛教徒在宗教实践中常犯的错误，"迷人修福不修道，只言修福便是道，布施供养福无边，心中三恶元来造。拟将修福欲灭罪，后世得福罪还在"。④ 惠能在严格区分功德和福德的基础上，提出了自性

① 惠能：《六祖大师法宝坛经》，参见河北禅学研究所编《禅宗七经》，宗教文化出版社1997 年版，第335 页。

② 同上书，第336 页。

③ 同上。

④ 同上书，第344 页。

功德的主张，功德在自性中，须自悟自修。

在佛教修行中，戒定慧被称为三乘共学，是解脱成佛的根本正途，正所谓"摄心为戒，因戒生定，因定发慧"。无论是小乘的八正道或三十七觉支，还是大乘佛教的六度万行，都可以统摄为戒定慧，此三学亦被称为三无漏学。戒学是佛教徒的行为规范和准则，定学是修行净心摄念的基础，慧学即彻悟宇宙人生实相的般若智慧。戒律是外在的行为规范，定慧是内在的修心法门，天台宗将定慧之学称为止观法门，所谓"定慧双修，止观双运"。在《坛经·定慧品》中，惠能对定学与慧学的关系做了明确的辨析，指出定慧是成佛法门的根本，但二者是一体不二的关系，"定是慧体，慧是定用；即慧之时定在慧，即定之时慧在定"。① 定与慧并非存在先后差别，定先慧后，慧先定后，皆是错误的认识。心口俱善，内外一如，定慧即等，定慧一体，犹如灯光。定，亦称禅定，梵文为 samadhi，音译为"三摩地"或"三昧"，意译为"正定"或"等持"，即心无杂念，专注一境而不散乱的精神状态。《大智度论》卷七："善心一处不动，是名三昧。"佛教以三昧为作出确定判断的心理条件，是佛教重要修行方法之一，也用来喻指事物的奥妙、诀窍。小乘佛教的定学主要有四禅和四无色定，大乘佛教定学主要有念佛禅和实相禅。一行三昧，最初出于《文殊师得所说般若经》"一行三昧"，又称为一三昧、真如三昧、一相三昧、一相庄严三摩地。一行，就是行住坐卧，任何的状况，都保持实相的、智慧的心。"三昧"，又称"正定"；指有智慧、能导致真正解脱的定，不是外在的强迫和压抑。简单而言，"一行三昧"，就是无论行住坐卧，都保持虚空、实相和智慧的心，惠能直接用"直心"来诠释"三昧"这种精神心理状态，行一行三昧即行一直心，并非常坐不动，不起妄心。"一行三昧者，于一切处行住坐卧，常行一直心是也。《净名经》云：'直心是道场，直心是净土。'莫心行谄曲，口但说直。口说一行三昧，不行直心。但行直心，于一切法勿有执著。迷人著法相，执一行三昧，直言常坐不动，妄不起心，即是一行三昧。作此解者，即同无情，却是障道因缘。"②

---

① 惠能：《六祖大师法宝坛经》，参见河北禅学研究所编《禅宗七经》，宗教文化出版社1997 年版，第 338 页。

② 同上。

直心即觉心，修习一行三昧，不能常坐不动，形同木石，或者如神秀北宗所主张的看心观静（净），不动不起，都是迷见，应该以《金刚经》"应无所住而生其心"，心不住法，不受法缚，以智慧直心直入三昧。

禅定修习，如果没有正确的观念和方法，并不能达到修行的目的。基于自性般若的思想，惠能对坐禅做了新的阐释，"善知识！何名坐禅？此法门中，无障无碍，外于一切善恶境界，心念不起，名为坐；内见自性不动，名为禅。善知识！何名禅定？外离相为禅，内不乱为定。外若著相，内心即乱；外若离相，心即不乱。本性自净自定，只为见境思境即乱；若见诸境心不乱著，是真定也。善知识！外离相即禅，内不乱即定，外禅内定，是为禅定。"① 禅定为净虑定思，排除杂念之学，静坐并非呆坐，百物不思，离相不染，明心见性，自性不动，内心不乱，是为坐禅或禅定。惠能所说的禅定即明心见性，于念念中，自见本性清净，自修自度，自成佛道。在《坛经·付嘱品》中，神龙元年，武则天、中宗谴内侍薛简迎请六祖赴京，遭辞，遂向六祖善请法要。惠能否定了由坐禅习定而会道的通途，发惊世骇俗之言，"道由心悟，岂在坐也？"，颠覆了禅学初传以来的禅数之学，力倡如来清净禅和大乘不二法门。会道的关键是内心的觉悟，明心见性方能悟入佛道，坐禅并非得道的充分必要条件。"无所从来，亦无所去，无生无灭，是如来清净禅。诸法空寂，是如来清净坐。究竟无证，岂况坐耶？"② 从般若智慧来看，诸法无生，本性空寂，自性禅定，非由坐而入禅定。在《坛经·顿渐品》中，神秀弟子志诚奉师命至曹溪听法，告知神秀常指示住心观净，常坐不卧，被惠能斥为是病非禅，"住心观净，是病非禅，常坐拘身，于理何益？听吾偈曰：生来坐不卧，死去卧不坐，一具臭骨头，何为立功课？"③ 神秀将戒定慧理解为诸恶莫作为戒，诸善奉行为慧，自净其意为定，惠能判其为大乘人说，不是为究竟的最上乘人说法，离体说法，实为相说，真正的戒定慧法，皆从自性起用，"心地无非自性戒，心地无痴自性慧，心地无乱自性定，不增不减自

---

① 惠能：《六祖大师法宝坛经》，参见河北禅学研究所编《禅宗七经》，宗教文化出版社1997年版，第340页。

② 同上书，第359页。

③ 同上书，第355页。

金刚，身去身来本三昧。"① 可见，自性戒定慧不过是明心见性的另一种表达。

在佛教徒的修行中，上香礼佛是基本的礼仪，其真实意义在于表达对佛陀的尊敬、感激与怀念，去染成净，奉献人生，觉悟人生。如此而行，自然福慧具足，心想事成。上香的真实含义是虔诚恭敬供养三宝，感通十方三宝加持，燃烧自身，普香十方，寓意佛门弟子无私奉献，譬喻点燃了佛教徒的戒定慧真香，熄灭心中贪嗔痴。佛所喜悦的是并非富贵大香，而是戒定慧真香。对此，惠能传自性五分法身香，"一、戒香，即自心中无非、无恶、无嫉妒、无贪嗔、无劫害，名戒香。二、定香，即睹诸善恶境相，自心不乱，名定香。三、慧香，自心无碍，常以智慧观照自性，不造诸恶；虽修众善，心不执著；敬上念下，矜恤孤贫。四、解脱香，即自心无所攀缘，不思善不思恶，自在无碍，名解脱香。五、解脱知见香，自心即无所攀缘善恶，不可沉空守寂，即须广学多闻，识自本心，达诸佛理，和光接物，无我无人，直至菩提，真性不易，名为解脱知见香。"② 五分法身香在自性内求，各自内熏，莫向外觅，喻示着自性自度的几个步骤，由戒定慧三学而明心见性，悟入佛之见地，获得解脱，但未到无余涅槃，必须博闻多学，直至获得无上三藐三菩提。

佛教教义认为，无始劫以来，众生不断造业，有善有恶，纠葛牵缠，冤亲相报，在六道轮回中，相互还债，无有边际。这就需要忏悔罪业，斩断轮回，忏是发露过去所作的旧恶，悔是知错以后不会再作，忏悔就是向冤亲债主道歉，请求原谅。惠能解释道："云何为忏？云何为悔？忏者忏其前愆，从前所有恶业愚迷骄诳嫉妒等罪，悉皆尽忏，永不复起，是名为忏；悔者悔其后过，从今以后，所有恶业愚迷骄诳嫉妒等罪，今已觉悟，悉皆永断，更不复作，是名为悔，故称忏悔。"③ 惠能批评了凡夫只知忏其前罪，不知悔其后过，结果前愆不灭，后过又生，罪业永随。为此，惠能提出了无相忏悔，强调念念不被愚迷骄诳嫉妒等罪业侵染，灭三世罪，令身口意三业清净。在佛教礼仪中，忏悔是有一定仪式和程序的，依循正

① 惠能：《六祖大师法宝坛经》，参见河北禅学研究所编《禅宗七经》，宗教文化出版社1997年版，第355页。

② 同上书，第341页。

③ 同上。

确的方法才能灭除罪恶。佛教界按照佛经论述，将忏悔总结为三种：作法忏、取相忏和无生忏。作法忏是依一定的程式，发露自己所造的恶业，包括僧侣的遮罪，借着方法的运作，达到忏悔灭罪的目的，类似于基督教的告解，在僧侣面前发露或陈说自己犯的戒律。取相忏悔就是在佛菩萨像前，发露过去所造的恶业，然后不计困劳地礼拜佛菩萨，以求见到瑞相，见瑞相之后，身心就会清净舒适，罪恶感随之消失。无生忏悔就是站在无生法忍的立场上，观察恶业或罪业的由来，了知业性本空，只是凡夫的虚妄执着而已。所以，追究恶业的由来，求之了不可得，无有生处。恶业既然是无生，也就没有恶业的存在，那又何用忏悔呢？借着对无生之理的体会而自然达到忏悔的目的，即是无生忏。《观普贤菩萨行法经》说："若欲忏悔者，端坐念实相，众罪如霜露，慧日能消除。"[1] 从般若智慧看来，罪业终究是虚幻的，罪业不可得，作者和受者亦不可得。作法忏和取相忏是从事相上来说的，亦称为事忏，罪业存在，方须忏悔，借着诵戒、诵经、礼佛、念佛、持咒、观想而清除罪业；无生忏是从理体上来讲的，亦称为理忏，借着对佛法的理解，业性本空，罪业虚妄，无作者受者，内心的罪恶感渐渐消失。惠能所说的无相忏悔，应该属于理忏或无生忏，是从般若实相来观照罪业和忏悔，自性自悟，自性忏悔。

惠能提出了著名的四弘誓愿，将众生和烦恼归于自心，无尽法门和无上佛道归为自性。"自心众生无边誓愿度，自心烦恼无边誓愿断，自性法门无尽誓愿学，自性无上佛道誓愿成。"惠能并不认为自己能化度众生，众生须自性自度，他所说的众生并非生活在世间的芸芸众生，而是指人内心中的邪迷、诳妄、不善、嫉妒、恶毒等恶业。自性自度，就是要以般若正见破除心中邪见烦恼愚痴，邪来正度，迷来悟度，愚来智度，恶来善度，自见本性，常行正法，下定决心，行于真正，离迷离觉，常生般若，除真除妄，即见性成佛。

惠能传授了无相三皈依戒，提出了自皈依的思想。一般而言，成为佛教徒，皆要皈依佛法僧三宝，佛为福德圆满和究竟的智慧真理，法为修行成佛的方法和理论，包括三藏十二部经，僧人是现在修习佛法，同时也是护持众生修习佛法的师傅。惠能授无相三皈依，以觉为佛，以正为法，以

---

① 《大正藏》第九册三九三页中。

净为僧，"善知识，皈依觉，两足尊；皈依正，离欲尊；皈依净，众中尊。从今日去，称觉为师，更不皈依邪魔外道，以自性三宝，常自证明，劝善知识，皈依自性三宝。佛者觉也，法者正也，僧者净也。自心皈依觉，邪迷不生，少欲知足，能离财色，名两足尊。自心皈依正，念念无邪见，以无邪见故，即无人我贡高贪爱执着，名离欲尊。自心皈依净，一切尘劳爱欲境界，自性皆不染著，名众中尊"。① 皈依觉、正和净，即是自性皈依，本性是佛，见性即是皈依佛，若不皈依自佛，便无所皈依，皈依他佛，与佛教经文明显抵触。惠能明确把见性视为皈依的起点，"今已见性，各须皈依自心三宝。内调心性，外敬他人，是自皈依也"。② 自悟自修，自性功德，是真皈依。明白自性是佛，自心便只需要皈依自性。"自皈依者，除却自性中不善心、嫉妒心、谄曲心、吾我心、诳妄心、轻人心、慢他心、邪见心、贡高心，即一切时中不善之行，常见自己过，不说他人好恶，是自皈依。常须下心，普行恭敬，即是见性通达，更无滞碍，是自皈依"。③

在大乘佛教里，三身佛的梵文为 Trikāyāḥ，指法身佛、报身佛、应身佛三种佛身，又叫自性身、受用身、变化身。身不只有体貌相状的含义，还有"聚集"的意思，指由觉悟和聚集功德而成就的佛体。由此而有三身、三十二应身、千百亿化身等说法，以"三身"的说法影响最大，即所谓理法聚而为法身，智法聚而为报身，功德法聚而为应身。因一佛具三身之功德性能，所以三身即一佛。大乘佛教三身佛是佛陀神格化的结果，佛陀由人格而神格化的过程中，充斥着过去七佛、十方三世诸佛、密乘金刚曼荼罗界五方佛等说法。法身佛即毗卢遮那佛（Vairocana），意为光明遍照，遍一切处，密教译为"大日如来"，奉为至高无上的本尊。法身，指佛所说之正法、佛所得之无漏法，及佛之自性真如如来藏，法身佛即以正法为身，聚集了教的真理和正法。法身空寂，本自清净，周遍含融，能生万法。报身佛即卢舍那佛（Locana），亦有光明遍照之义，又译作"净满"，表示证得了佛法真谛获得佛果，显示佛的智慧。报身顾名思义就是

---

① 惠能：《六祖大师法宝坛经》，参见河北禅学研究所编《禅宗七经》，宗教文化出版社1997年版，第342页。

② 同上。

③ 同上书，第343页。

报应所得之身，系因果报应原则下，由过去作业所感得的果报。智慧和正法聚集而为报身，是因智慧心起观照作用而感得的果报，行一切善法观照自心修证圆满，就能成就圆满报身佛的果位。化身佛即释迦牟尼佛，又称应身佛，指佛为超度众生、随缘应机而呈现的各种化身。众生无量，佛也无量，世界无量，佛土亦是无量。佛应机缘，化现在百千万亿世界中化导众生，不同世界的化佛，各有其名号，如娑婆世界教主本师释迦牟尼佛，西方极乐世界的教主阿弥陀佛。三身佛即清净法身佛、圆满报身佛、千百亿化身佛，法身是万法的本体，报身和化身则是法身所呈现的相貌和作用。体、相、用三位一体，法、报、化不即不离，皆在意念心之中。

惠能对一体三身佛做了特别的阐释，提出了自性一体三身佛，主张于自己色身内皈依三身，明心见性，见自性三身佛。"善知识！色身是舍宅，不可言归，向者三身佛，在自性中，世人总有，为自心迷，不见内性，外觅三身如来，不见自身中有三身佛。汝等听说，令汝等于自身中，见自性有三身佛。此三身佛，从自性生，不从外得。"① 自性即佛，三身佛在本性色身宅内，惠能认为自性往往被妄念覆盖，如果能听闻正法，除却迷妄，便能自见自性三身佛。法身佛并非密教所说的人格化的大日如来，而是宇宙人生的本体。"何名清净法身佛？世人性本清净，万法从自性生。思量一切恶事，即生恶行；思量一切善事，即生善行。如是诸法，在自性中，如天常清，日月常明，为浮云覆盖，上明下暗，忽遇风吹云散，上下俱明，万象皆现。世人性常浮游，如彼天云。善知识！智如日，慧如月，智慧常明，于外著境，被妄念浮云盖覆自性，不得明朗。若遇善知识，闻真正法，自除迷妄，内外明彻，于自性中万法皆现。见性之人，亦复如是，此名清净法身佛。"② 报身佛并非卢舍那佛，而是于实性之中，不二法门，不染善恶，"何名圆满报身？譬如一灯能除千年暗，一智能灭千年愚。莫思向前，已过不可得；常思于后，念念圆明，自见本性。善恶虽殊，本性无二；无二之性，名为实性。于实性中，不染善恶，此名圆满报身佛。自性起一念恶，灭万劫善因；自性起一念善，得恒沙恶尽头。直

---

① 惠能：《六祖大师法宝坛经》，参见河北禅学研究所编《禅宗七经》，宗教文化出版社1997年版，第342—343页。

② 同上书，第343页。

至无上菩提，念念自见，不失本念，名为报身。"① 明心见性，智慧观照，自见本性，念念常明，即为所感果报。化身亦非释迦牟尼佛，而是心念起用，变化无穷。"何名千百亿化身？若不思万法，性本如空；一念思量，名为变化。思量万事，化为地狱；思量善事，化为天堂。毒害化为龙蛇，慈悲化为菩萨，智慧化为上界，愚痴化为下方。自性变化甚多，迷人不能省觉，念念起恶，常行恶道。回一念善，智慧即生。此名自性化身佛。"② 总之，惠能提出的自性三身佛，是对三身佛的慧解，自性即佛，法身本具，念念自性自见，即是报身佛，从报身思量，即是化身。在《坛经·机缘品》中，惠能为智通解释三身四智，将清净法身视为人之本性，圆满报身为人本性具有的智慧，千百亿化身为人本心中的意念和外在的行为，发明自性三身，便成四智，即本性清净的大圆镜智，心无病患的平等性智，正见非功的妙观察智，形同圆镜的成所作智。

　　惠能将自性般若的思想延用至佛性理论的探讨，基于中道实义，摒弃佛性论上关于"本有"和"始有"的种种争论，将心性说与佛性论融合在一起，主张众生本有之心性或自性为佛性，倡"即心即佛"说。如前所述，佛性论是中国佛教的主要论题，自竺道生倡众生皆有佛性，一阐提人皆可成佛以来，佛性是先天本来具足，还是后天经过修行才产生的？关于佛性"本有"和"始有"问题，据隋吉藏撰《大乘玄论》列举，当时南北各家关于佛性论的观点有十余种之多。隋唐时期，天台宗提出三佛性（正因佛性、了因佛性和缘因佛性）和五佛性（前三种佛性加上果佛性和果果佛性而成）说，华严宗以有情众生圆满具足之成佛可能性为佛性，法相宗独树一帜，仍坚持"一分无性说"。惠能继承了中国佛性论的主流传统，认为一切众生皆有佛性，同具成佛的可能性，众生内具的佛性平等无差别。惠能出生边方，出身低微，对平等的要求非常强烈。初次拜谒五祖之时，五祖问其来意，惠能回答自己是岭南人，唯求作佛，不求余物。五祖遂诘问他，岭南獦獠如何才能成佛，惠能回答说："人虽有南北，佛性本无南北，獦獠身与和尚身不同，佛性有何差别？"佛性平等，众生平

---

　　① 惠能：《六祖大师法宝坛经》，参见河北禅学研究所编《禅宗七经》，宗教文化出版社1997年版，第343页。

　　② 同上书，第343—344页。

等，众生与佛也是平等，这是惠能说法中一直强调的主题。众生与佛平等，差别唯独在于迷悟，"自性迷佛即众生，自性悟众生即是佛"。迷和悟的区别，决定了众生和佛的不同。迷即不悟，"不悟即是佛是众生，一念若悟，即众生是佛"。佛是觉悟了自性的众生，众生就是还未觉悟自身佛性的佛，尚未观照自性所具有的般若之智。惠能的佛性平等观还体现在他对顿渐法门的见解之上，针对时人称谓南能北秀和南北二宗顿渐之分，惠能说道："法本一宗，人有南北；法即一种，见有迟疾。何名顿渐？法无顿渐，人有利钝，故名顿渐。"① 佛教正法，本无顿渐之分，所谓顿渐，皆因人性利钝而立假名，迷人渐修，悟人顿契，自识本心，自见本性，即无差别。

　　原始佛教教义虽很少涉及佛性问题，但有心性论方面的论述。据《异部宗轮论》记载，部派佛教中说一切有部主张心性有净与不净的区别，而分别论者与大众部则主张心性本净。主张心性本净，实际上是主张心体不变，恒常清静；所谓染污和不净，实际上是指烦恼客尘覆盖和染污了本净的心性，这种思想对佛性论的形成和发展至关重要。惠能在佛性论的探讨中，也是结合了"心性"和"佛性"，"心"和"性"构成了其禅学思想中的基本范畴。相关的论述颇多，一般而言，惠能所说的"心"，有真心和妄心之别，而"性"则指本性，因此心和性的关系也是相对的。比如，"心即是地，性即是王"，在此，本性作心灵主宰义解；又如，"若言著心，心元是妄，知心如幻，故无所著也。若言著静，人性本净，由妄念故，盖覆真如，但无妄想，性自清净。"② 在此所说的"心"，大多是指妄心，而"性"则多指清净自性，真如本性；再如，"识心见性，自成佛道"，"自识本心，自见本性"，"一切万法，尽在自身中，何不从于自心顿现真如本性。"这些论述无不表明本心即本性、自性、真如、佛性，心性和佛性基本一致。惠能所说的心同于一般所说的心灵，根据佛教的唯心论，心生则万法生，由妄念而表现为种种心，如不善心、嫉妒心、谄曲心、吾我心、狂妄心、清人心、慢他心、邪见心、贡高心，等等。但本

---

① 惠能：《六祖大师法宝坛经》，参见河北禅学研究所编《禅宗七经》，宗教文化出版社1997年版，第354页。

② 同上书，第340页。

心、心性却是清净不染，离诸法相，智慧常明，即是智慧心，自心、本心和自性、本性根本上是一致的。

惠能入寂前的教示体现了"即心即佛"的佛性论思想。惠能对法海的回答明确提到了"识自心众生，见自心佛性"，心佛一体不二，识得众生，即见佛性，众生心中自有真佛，"只为众生迷佛，非是佛迷众生。自性若悟，众生是佛；自性若迷，佛是众生。自性平等，众生是佛；自性险邪，佛是众生。汝等心若险曲，即佛在众生中。一念平直，即是众生成佛。我心自有佛，自佛是真佛。自若无佛心，何处求真佛？汝等自心是佛，更莫狐疑！外无一物而能建立，皆是本心生万种法"。[①] 自心是佛，成佛只须向内寻觅，以自性般若观照，识别自心众生，发明自心觉性，看见自心佛性，成就自心真佛。他留下的《自性真佛偈》向信众开示了明心见性之途，视人心为佛魔争战之所。佛即心中真如自性，魔即邪见三毒。邪迷之时，邪见三毒主宰心性，即是魔王住舍；正见之时，邪见三毒消除，即是佛在堂。佛魔的转换，只在心之一念。若能转向自身心性，离开五欲，除却淫性，忽悟自性，刹那见性，见真见佛。惠能要求弟子但识自本心，见自本性，自性自度，不修善，不造恶，断见闻，心无著。

从即心即佛很容易推导出顿悟说。根据惠能的佛性平等观，佛与众生的转换只在一念之间，自性悟则众生即刻变为佛，自性迷则佛即刻变为众生，自心一念平直众生即刻变为佛，自心一念险曲佛即刻变为众生。众生之所以迷妄不悟，根本原因在于没有发明本心，彻见清净本性。众生之心实为虚妄之心，未悟清净本性，此心贪著外境，引发妄念浮云覆盖本心，不能发明众生本具之心和如日月常明之自性。如若念念开佛知见，开启众生自性菩提般若之智，便能驱散一切迷妄，摒弃众生知见，吹却迷妄，内外明彻，明心见性，彻见清净法身，即刻超世间而入出世间。明心见性，即心即佛，成佛只在刹那间，因此，惠能经常标榜自己的教法为"顿教"或"顿教法门"，这与其法无顿渐，见有疾迟的佛性平等观并不相悖。从佛法自身来说，是一，无有差别，所谓顿渐，皆是因人之根机而说。惠能在答智常关于佛说三乘、最上乘法之疑时说道："法无四乘，人心自有差

---

① 惠能：《六祖大师法宝坛经》，参见河北禅学研究所编《禅宗七经》，宗教文化出版社1997年版，第365页。

等。见闻转诵是小乘，悟法解义是中乘，依法修行是大乘，万法尽通，万法具备，一切不染，离诸法相，一无所得，名最上乘。乘是行义，不在口争，汝须自修，莫问吾也。一切时中，自性如如。"① 佛法本身没有高低大小之分，所谓大小乘和最上乘，只是入佛修习方法上的区别，顿渐之分亦是如此。

　　一般而言，成佛需要经历艰苦而又漫长的道路。如小乘佛教罗汉道的禅定苦修，大乘佛教菩提道次第论，六度万行，累世修习，方可成佛。更有甚者，净土法门直接否定五浊恶世成佛的可能性，将成佛寄托到佛国，仰仗佛菩萨的愿力和护佑，以信愿行三学，往生净土后才能圆成佛道。惠能则将成佛的过程大大减缩，佛与魔，佛与众生的转变仅在一念之间，成佛也在当下一念之间，悟则众生佛，迷则佛众生，明心见性，顿悟成佛，无须累世修行，不落阶级秩序。惠能的顿悟说肯定了众生皆有成佛的可能性，佛性本身平等无差别，众生皆可发明本性自有般若智慧，除却愚痴迷妄，证见本具的清净本心本性，自性自悟，自性自度，达致涅槃，实现最终的解脱。参禅持戒不再是成佛的决定性因素，一念顿悟，当下成佛，成佛只须向内心求，一切外在性皆被横扫一空，惠能创立的南宗顿悟说，受到了从上层士大夫到下层普罗信众的广泛欢迎，中唐以后，逐渐流行开来，最终取得了禅宗的正统地位。南宗也被称为顿教法门，最上乘法门，敦煌本《坛经》题为"南宗顿教最上大乘摩诃般若波罗蜜经"，便是一个明证。

　　在《坛经》中，惠能明确提到了顿教最上乘法门的具体修证纲领，即无念、无住和无相，"我此法门，从上以来，先立无念为宗，无相为体，无住为本。无相者，于相而离相；无念者，于念而离念；无住者，人之本性"。② 从出处上看，三者都导源于般若思想，在性空无所得的般若观和非有非无的中道观指导下，契入真如实相。《金刚经》有言，实相非相，佛离一切诸相，非相即无相。无相主要是用来说明佛教真理和涅槃的，意指真理超绝众相，涅槃无男女等十相。《涅槃经》卷三十说："涅

---

　　① 惠能：《六祖大师法宝坛经》，参见河北禅学研究所编《禅宗七经》，宗教文化出版社1997年版，第350页。

　　② 同上书，第339页。

槃名为无相，以何因缘名为无相？善男子！无十相故。何等为十？所谓色相、声相、香相、味相、触相、生住坏相、男相、女相，是名十相，无如是相。故名无相。无相即空，按照般若思想，一切染净之法，悉为因缘生，故诸法皆无自性，如梦幻泡影，诸法皆空，甚至空亦为空，所以诸法皆空无相也。"从佛性论来看，真如自性和涅槃，离相寂静，所以无相。无住即不执着，不受他物的缠缚，自由自在。从般若性空的立场来看，法无自性，无自性故，无所住著，随缘而生。《金刚经》倡导"应无所住而生其心"，也即不住色香味触法而生心，心有所住即为非住。《维摩诘经》也将无住视为万法之根本。无念即无妄念，除却妄念即是正念，所谓无意无念万事自毕，有意有念万事皆失。

在惠能看来，三者之中，无念最为根本。他在《定慧品》中，他认为无念是于念而离念，心念不染诸境，常离诸境，不于境上生心。无念并非形同木石，百物不思，将无念视为念尽断绝，实际上是一种谬见。念绝即是死亡，如果以此谬见劝进他人，实在是自迷不见，谤佛毁经。针对这种广泛流行的谬见，惠能确立了无念为宗的修证纲领。他解释道："善知识！云何立无念为宗？只缘口说见性，迷人于境上有念，念上便起邪见，一切尘劳妄想从此而生。自性本无一法可得，若有所得，妄说祸福，即是尘劳邪见。故此法门立无念为宗。"①

在《般若品》中，惠能将无念视为解脱后的境界，即般若三昧，为智慧光照的定境，诸佛的境界，须识心见性之后才能达到。"善知识！智慧观照，内外明澈，识自本心。若识本心，即本解脱。若得解脱，即是般若三昧，即是无念。何名无念？若见一切法，心不染著，是为无念。用即遍一切处，亦不著一切处。但净本心，使六识出六门，于六尘中无染无杂，来去自由，通用无滞，即是般若三昧，自在解脱，名无念行。若百物不思，当令念绝，即是法缚，即名边见。"② 无念是般若慧境，定中亲证，惠能将无念法门高举为万法尽通的佛境界和佛地位，这是一种超越尘世的绝对自由、游戏自在的境界。作为顿教法门的宗门，无念很好地体现了惠

---

① 惠能：《六祖大师法宝坛经》，参见河北禅学研究所编《禅宗七经》，宗教文化出版社1997年版，第339页。

② 同上书，第333页。

能融合般若思想和佛性论思想的精神特质，无念即性空扫相，分别心不起，但并非念尽意绝，真如自性起念，念佛菩提自性。"善知识！无者无何事？念者念何物？无者无二相，无诸尘劳之心，念者念真如本性。真如即是念之体，念即真如之用。真如自性起念，非眼耳鼻舌能念。真如有性，所以起念。真如若无，眼耳色声当时即坏。"① 真如与念的体用关系体现了顿教法门真如缘起的观念，真如佛性是生命的性体，决定六根六识的活动，但六根六识的功用并不妨碍自在真性，真如自性不染万境。般若佛性的功用无穷无尽，但自身永远不变，正如《金刚经》所言："能善分别诸法相，于第一义不动"。

无相为体，般若扫相，无相即于相而离相，于空而离空，无有空相，心不染著。"善知识！外离一切相，名为无相。能离于相，则法体清净。此是以无相为体。"② 无相即无分别，实为不二法门之异称，除《定慧品》之外，惠能多处阐述了无相，如在《般若品》《决疑品》和《忏悔品》中宣示的无相颂，《忏悔品》中特别提及无相忏悔，将无相视为顿教明心见性的重要途径，"吾祖唯传此顿法，普愿见性同一体，若欲当来觅法身，离诸法相心中洗"。③ 在《机缘品》中，惠能多次提到无相，如答疑法海时谈到离一切相即佛；在答疑智常时谈到虚空无形，本性无相，"汝之本性，犹如虚空，了无一物可见，是名正见；无一物可知，是名真知。无有青黄长短，但见本源清净，觉体圆明，即见性成佛，亦名如来知见"。④

无相即无有二相，一切对立皆是同一，动静、真假、生灭、来去、断常、内外、明暗等等分别，实质上无二。

由般若智慧而照见实相非相，无念即于诸境上心不染著，于自念上常离诸境，不于念上生其心，无相即于相而离相，心不著相。无念和无相都要求心不执着念想和色相，不执着即不住，不住即无住，惠能将无住称为人之本性。"于世间善恶好丑，乃至冤之与亲，言语触刺欺争之时，并将

---

① 惠能：《六祖大师法宝坛经》，参见河北禅学研究所编《禅宗七经》，宗教文化出版社1997年版，第339页。

② 同上。

③ 同上书，第344页。

④ 同上书，第349页。

为空，不思酬害。念念之中，不思前境。若前念今念后念，念念相续不断，名为系缚；于诸法上，念念不住，即无缚也。此是以无住为本。"① 心著法相，有相有念，即被缠缚，不得自在。惠能认为般若的开发和明心见性，是从无念、无相和无住的修证中获得的。从般若法门的无所住立场出发，心无罣碍，来去自在，用自真如性，以智慧观照，于一切法不取不舍，即是见性成佛道。修行重要的是修心，不能执着于一端。惠能的禅学思想就很好地体现了无执无住，他批判了传统禅学注重坐禅形式和技巧的做法，呵斥坐相，将神秀的"观心看净、长坐不卧"的教法斥为谬见，"住心观净，是病非禅，长坐拘身，于理何益。"从般若法门的无住观来看，执着坐相的修行，本身就是住相。因为道是无相，遍一切处，应该从行住坐卧是生命活动中去体证。在坐禅的用心方面，小乘禅观讲究从六根门头摄一而入，系心一境。而《坛经》要求心无所住，惠能曰："此门坐禅，元不著心，亦不著净，亦不是不动。若言著心，心元是妄，知心如幻，故无所著也。若言著净，人性本净，由妄念故，盖覆真如，但无妄想，性自清净，起心著净，却生净妄；妄无处所，著者是妄，净无形相，却立净相。言是工夫，作此见者，障自本性，却被净缚。"② 心若住法，即为障道因缘，名为自缚，心不住法，道即通流。从见性和证悟实相的角度来说，无住是般若智慧的应用，惠能否定坐禅为会道和解脱的关键，实际上是肯定般若智慧才是解脱成佛的唯一途径。从自性般若来看，戒定慧三学实为一体，而小乘禅观则强调因皆生定，由定发慧的分别秩序，显然是从修行次第来谈的。

惠能以无念、无相和无住为修证纲领，在《付嘱品》中详细阐发了自性般若的教法，"先须举三科法门，动用三十六对，出没即离两边，说一切法，不离自性。忽有人问汝法，出语尽双，皆取对法，来去相因。究竟三法尽除，更无去处"。③ 三科法门即阴界入。阴是五阴，即色受想行识等五蕴。入是十二入，即色声香味触法等外六尘，眼耳鼻舌身意等内六门。界是十八界，包含六尘六门六识，六尘为色声香味触法，六门为眼耳

---

①　惠能：《六祖大师法宝坛经》，参见河北禅学研究所编《禅宗七经》，宗教文化出版社1997年版，第339页。

②　同上书，第339—340页。

③　同上书，第360页。

鼻舌身意，六根六尘中间生出眼识、耳识、鼻识、舌识、身识和意识等六识。三科法门涵盖了世界上的一切精神和物质现象，惠能持真如缘起理论，认为一切万法，皆从自性起用，自性也就等同于唯识学的第八识——阿赖耶识，也即含藏识。三界唯心，万法唯识，心如工画师，绘世间种种相，根据唯识学赖耶缘起的八识理论，第八识阿赖耶识是宇宙人生的本体，又称为藏识，含能藏、所藏、执藏三义，是本性与妄心的和合体，含有一切善恶种子。由无明而起的妄想概念，称为阿赖耶识的见分，因这妄想概念而幻现出的对象境界，称为阿赖耶识的相分。一切众生，每一个起心动念，或是语言行为，都会造成一个业种，这种子在未受报前都藏在阿赖耶识中，所以此识有能藏的含义。前七识的作用是能熏能缘，第八识是前七识所熏所缘，所以有所藏义。第七识为末那识，末那是梵语 manas 的音译。末那识是意识的根本，其本质是恒审思量。因为它是执取第八识（阿赖耶识）的见分或其种子为我，使意识生起自我意识，所以末那识又称为"我识"。末那识具有我执的作用，形成烦恼的根本，它恒定执此识中的见分为我，而为它所爱，所以有我爱执藏义。末那识若起思量，即为转识，生六识。出六门。见六尘。如是一十八界。唯识学赖耶缘起理论阐明了现象世界（十八界）中一切事物的生成和消亡过程，运用了大量名相概念，如五法三自性、转识成智、见分相分，等等，而真常唯心论的真如缘起则是赖耶缘起的简化形式，自性具足万法，自性起用，则万法生，自性若邪，则起邪用，自性若正，则起十八正。自性清净，则万法归寂。

三十六对法门是惠能临终对弟子的嘱咐，包括各种成对之法。在分清外界的认识对象和没有生命的无情之物方面，有五组相对的概念：天对地、日对月、暗对明、阴对阳、水对火。在语言和法相方面，一共有十二组成对的概念：有为对无为、有色对无色、有相对无相、有漏对无漏、色对空、动对静、清对浊、凡对圣、僧对俗、老对少、大对小、高对下。自性方面有十九组：长对短、邪对正、痴对慧、愚对智、乱对定、戒对非、直对曲、实对虚、险对平、烦恼对菩提、慈对害、喜对嗔、舍对悭、进对退、生对灭、常对无常、法身对色身、化身对报身、体对用。性与相有十九对，言语与法相有十二对，外境无情有五对，这些内容就叫作三十六对法。三十六对法，遍及一切经论，惠能要求弟子在传法的时候，以中道的立场灵活运用这些对立的名相，破除一切偏执，出入即离两边，外于相而离相，内于空离空，不著文字，不废文字。"汝等若悟，以此说，以此用，以此作，以此行，即不失本宗，若有人问汝义，问有将无对，问无将有对，问凡以圣对，问圣以凡对，二道相因，生中道义。汝一问一对，余问一以此作，即不失理也。设有人问何名为暗？答云：明是因，暗是缘；明没则暗，以明显暗，以暗显明，来去相因，成中道义。余问悉皆如此。汝等于后传法，依此转相教授，勿失宗旨。"① 显然，惠能继承了中观学派的中道理论和方法，在理论修习上，须破除一切边见，摆脱一切言语名相的束缚，方能契入不二不一的实相真如境地。中道的教学法，实际上是要引导受教者破除一切对立所带来的困惑，自悟法性，自识真理，让真理诞生在游戏边见的消亡之中。这颇类似于苏格拉底的辩证法，旨在通过对话性自由探讨发现对方说法的矛盾，进而发展知识，走向真理。苏格拉底曾有名言："我只知道一件事，就是'我一无所知'。"此言并不只表示他对真理的谦虚态度，而是他在寻求真知的论辩过程中，一直使用的一种方法，即通过一问一答式的辩论，不断揭露对方的矛盾，迫使对方不得不承认错误，从而否定自己原来已经肯定的东西，将对方推入词穷言尽的境地，以便获得一般的概念性知识。苏格拉底把他讨论问题时所惯用的方法称为"助产术"，意味着真理、真知识是在不断往复的问难中会闪现自身，从而为论辩双方所领会。惠能的"二道相因，生中道义"，亦是要以对立的观点去否定受教者原来所持有的观点，致其摆脱一切对立观点的困惑，而悟入中道实相。

自性般若，即心即佛，惠能将般若思想和佛性论思想融为一体，融贯空有两宗，开创了中国禅学思想的新风貌，这种结合在《真假动静偈》和《无上涅槃偈》中表现得非常明确。前者将般若智慧之观照视为真如的起用，在真假问题上，否定有自存的真假，真假形影不离，离假即真，非别有一真存在。动与静（不动）亦是如此，动静相对而在，若觅真不动，动上有不动。唯有惠能善分别诸相，于第一义不动；后者对无上涅槃的解释，亦凸显了中道不二的思想，将涅槃视为死亡的凡愚见，视为断灭的外道见，以及视为无作的二乘见，都是一种边见。无上涅槃，圆明寂

---

① 惠能：《六祖大师法宝坛经》，参见河北禅学研究所编《禅宗七经》，宗教文化出版社1997年版，第361页。

照，平等无二，应用于诸根识，不起用想，分别一切法，不起分别想。涅槃微妙不可思议，其相为真常我乐，惠能在答疑僧志道时说道："佛愍此故，乃示涅槃真乐，刹那无有生相，刹那无有灭相，更无生灭可灭，是则寂灭现前。当现前时，亦无现前之量，乃谓常乐。"①

　　总而言之，惠能的禅学思想关注的是人的现实生存状况，如何从无明惑业，生死轮回中解脱出来，构成了其生命经历、信仰实践和禅学思考的核心问题。惠能的禅学思想很少关注哲学上的宇宙生成论、本体论和认识问题，类似于原始佛教中佛陀的"十四无记"和"箭喻"。惠能所倡导的"直指人心、明心见性"的南禅思想是对佛陀教导的复归，他所谈的心并非作为认识主体的主观精神，亦非作为修心实践的客观对象，既非本体论预设上的真心，亦非杂染不净的妄心，而是现实中众生所具有的当下之心，此心超越一切对立，内含万法，实为解脱的精神主体。此心念念相续，无有妄念执着，随缘任运，是当下活泼现实的生命。惠能以般若性空会通涅槃妙有，将实相无相与心性本净相结合，融通空有两宗，在破除世间万法的真实性的同时，开显了与佛性、如来藏合一的自心自性。基于般若佛性理论，惠能就将"安心"禅法建立在慧解般若实相，重视心悟，而不强调禅观禅修，禅修的意义就在于觉悟众生本有之佛性和彻见众生心性之本源，念念无住的当下之心，并非可修可观的对象化佛性心性。故而，惠能在解脱论上提出了"即心即佛""明心见性"和"自性自度"的主张，人皆有佛性，众生即佛，将超越玄妙的佛性拉入人心，剔除了大乘佛教对佛的神化，将佛还原为人。惠能的解脱论将人心、佛性和般若智慧相结合，主张解脱是一种任心自运，无著无住，自由自在的精神境界，应在日常生活中运用自性般若智慧，从各种生存烦恼和困扰中脱离出来，实现个体在当下的自我解脱。在修行观上，惠能否定了净土念佛法门，既不重视传统的禅定数息，也贬低北宗渐修渐悟的禅观之学，而是在顿悟的基础上提倡自悟自性，明心见性，重视心悟体证，将修与证统一在当下一心之行中，顿修顿悟，顿悟顿修，乃至无修无证，常行直心，顿悟成佛，真正回归到智慧解脱的佛教终极法门上。

---

　　① 惠能：《六祖大师法宝坛经》，参见河北禅学研究所编《禅宗七经》，宗教文化出版社1997 年版，第 350—351 页。

第五章　惠能佛学思想的影响

　　在佛教中国化的进程中，惠能所创立的禅佛教南宗在诸多禅宗学派中脱颖而出，经门弟子的弘扬，在晚唐五代十国时期成五家七宗竞艳之势，最终成为中国佛教的主导宗派，影响最大，流传最广，对中国的宗教文化和社会思想造成了广泛的影响。禅宗自达摩东来，至四祖道信，一门单传。自四祖道信立门以来，门下有了法融牛头禅和五祖弘忍东山禅之分，前者六代而终，后者传承不息。弘忍在湖北蕲州双峰山聚集徒众，建立教团，秉承达摩以来众生心性即佛性的思想，践行自立自信，自性解脱和顿悟成佛的宗教理想，吸引了众多学道者前来皈依。五祖逝世之后，弟子广传禅法，主要有活动于皖豫一带的法如系，活动于四川的智诜系，活动于京洛地区的北宗神秀系，以及先崛起于岭南地区，后传遍大江南北的南宗惠能系。五祖法系中，最初由于神秀法师由荆州北上京洛，受到帝王的礼遇而声名大振，观心看净的渐修法门广受欢迎；而惠能则偏安岭南，拒绝了神秀的举荐和帝室的召请，弘化四十年，默默无闻。南能北秀二系，在施化设教的契机和方法上有所不同，表现为禅法禅风上的差异，起初还能和平共处，互致敬意。直至神会北上，滑台大会之后，神会与普寂之争，南北二宗孰为正统的问题才凸显出来。

　　据《坛经》的记载，惠能所收的第一个徒弟是得法南逃途中追害他的惠明。岭南藏匿期间，不时随机说法，法性寺受菩萨戒后正式传法，后居曹溪宝林禅寺，广收门徒，行化 40 余年，门徒达数千人。各版本《坛经》均记载了他的十大弟子：法海、志诚、法达、智常、志通、志彻、志道、法珍、法如、神会。惠能临终前曾召唤他们说："汝等不同余人，吾灭度后，各为一方师，吾今教汝说法，不失本宗。"①　正是有了这些弟子的弘法利生工作，惠能禅才慢慢在岭南传扬开来。当然，在惠能的诸多弟子中，真正使得惠能禅走出岭南，传遍中原的是亲炙弟子神会与后来的行思和怀让，三大禅系荷泽神会、青原行思和南岳怀让的贡献功不可没。

　　神会（684—758），又名南阳和尚，籍贯湖北襄阳。自幼从儒者学五经，继而研修老庄，后读《后汉书》而知佛教，遂出家学法。曾师从荆州玉泉寺神秀法师学习禅法，后因神秀接受皇室召请，听从秀师吩咐，前往曹溪惠能处参禅，深得惠能器重，不离左右，六祖于示寂时为他授记。几年后，神会北归，见神秀禅法在北方非常流行，不闻六祖之顿旨。遂于开元二十年（732 年）在河南滑台大云寺与山东崇远论战，同时批判神秀传法弟子普寂，指斥神秀一门"师承是傍，法门是渐"，以达摩衣法付与惠能为证，力图确立南宗惠能系之正统传承与宗旨。并于天宝四年（745年）著《显宗记》，判南北顿渐两门，以南方惠能为顿宗，北方神秀为渐教，"南顿北渐"之名由是而起。随着神会护国有功，受到帝室的优渥礼遇，弟子们竭力攻击神秀之渐门，于是南宗日盛而北宗大衰。神会对惠能的禅学思想做了进一步的发挥，以无念为最上乘，提出"寂知之体，无念为宗"，华严宗人宗密曾阐发了其禅学思想，在其《禅源诸诠集都序》中将其归入"直显心性宗"中。神会禅系虽在中唐时期煊赫一时，及至唐武宗灭法和黄巢农民起义，与皇室关系密切的荷泽神会系便坠入了北宗神秀的同样宿命，最终丧失了影响力。

　　与荷泽神会系形成鲜明对比的是，活跃在南方地区的青原行思和南岳怀让两个禅系，由于受战乱破坏少，远离政治，倡导农禅并作，加之禅法灵活，迅速在南方发展起来，晚唐五代出现的禅学五宗皆由此二禅系演变而来。南岳怀让通过马祖道一和百丈怀海开衍出临济宗与沩仰宗二宗，青原行思通过石头希迁一系开衍出曹洞、云门和法眼三宗，印证了达摩祖师的预言偈，"吾本来兹土，传法救迷情，一花开五叶，结果自然成"。②

　　南岳怀让（677—744）虽未被列入惠能的十大弟子之列，但却是南

　　①　惠能：《六祖大师法宝坛经》，参见河北禅学研究所编《禅宗七经》，宗教文化出版社1997 年版，第 360 页。
　　②　同上书，第 363 页。

宗兴盛的中坚。按照《坛经》的说法，怀让禅师俗姓杜，金州人，最初从五祖弘忍弟子嵩山安国禅师参学，随后参学曹溪惠能。因以"说似一物即不中"和"修证即不无，污染即不得"。来说明佛性，获得六祖赏识，随侍其左右十五年。惠能圆寂后，前往南岳衡山般若寺（后改为观音寺），弘传佛教，大阐心法，随机教化，广收门徒。曾示众曰："一切法皆从心生。心无所生，法无所住。若达心地，所作无碍。"这多少体现出惠能无相、无住和无执的般若思想，以及任心自运的禅法。怀让门下得法者有九人，最著名的是马祖道一（709—788），他是怀让的同修，怀让见其终日坐禅，便以磨砖成镜启迪，使之晓喻禅非由坐，而由心悟的南宗宗旨，皈依怀让门下。马祖晚年住钟陵（今江西南昌）弘扬禅法，创立洪州宗。马祖道一的禅法，从引导修行者达到最好修行境界的角度看，分为三个阶段，即从"即心即佛"到"非心非佛"，直到最后的"平常心是道"。"平常心是道"的思想对后世中国禅学影响深远，马祖将惠能的无念心诠释为平常心，主要是要强调道不在修，无修而修，任身心自运。"道不用修，但莫污染。何为污染？但有生死心。造作趋向，皆是污染。若欲直会其道，平常心是道。何谓平常心？无造作，无是非，无取舍，无断常，无凡无圣。经云：非凡夫行，非圣贤行，是菩萨行。只如今行住坐卧，应机接物，尽是道。"① 其教学方法更加灵活，常用打、呵、拂等身体言语动作示众，令请法者幡然醒悟。马祖道一同样继承了惠能道由心悟的思想，但他更强调身心一体的行为，处处都可以体证众生本来是佛，任身心自运，在日常生活的当下就可以体认自己与佛无异，凸显了惠能在当下现实之心中悟入真如世界的思想。马祖道一禅师弘禅道场洪州开元寺成为当时江南的佛学中心，其门下极盛，有"八十八位善知识"之称，法嗣139人，以百丈怀海、西堂智藏、南泉普愿最为闻名，号称洪州门下三大士，其中百丈怀海影响最大，他大胆进行了教规改革，制定了百丈清规，其门下开衍出临济宗、沩仰宗二宗，临济后来又开出黄龙、杨岐二系，黄龙系失传后，杨岐系便代表临济传至今日。可见，与石头希迁禅系并称于世的马祖道一禅系，通过百丈怀海，后来一统禅门，世称"临天下"，印证了惠能对马祖的预言："西天般若多罗谶，汝足下出一马驹，

① 《卍新纂续藏经》第 69 册 No.1321。

踏杀天下人。"①

　　行思，又名青原行思（671—740）。按照《坛经》的记载，其俗姓刘，生于庐陵（吉安）人，听闻曹溪法席盛化，前来参寻礼拜。请问六祖，"当何所务，即不落阶级？"六祖问曰："汝曾作什么来？"行思答曰："圣谛亦不为。"六祖问道："落何阶级？"行思答曰："圣谛尚不为，何阶级之有？"惠能非常器重他，居众弟子上首。② 行思得法之后，受惠能嘱托前往吉州青原山净居寺弘禅，在世时名声沉寂。行思著称于世，主要靠弟子石头希迁。石头希迁禅师（700—790），俗姓陈，端州高要（今广东省高要县）人。于惠能晚年前往曹溪参礼，受沙弥戒，六祖灭度前，嘱咐希迁"寻思"去。希迁许久才明白六祖的真意，便前往青原山师事行思，达十五年之久。希迁机辩敏捷，受到行思的器重，最终成为行思的上座弟子，得其真传。希迁在南岳衡山南台寺东边的巨石上结庵，故时称"石头和尚"，时誉甚高，与马祖道一齐名，并称为禅门二大士。希迁撰有《参同契》和《草庵歌》，继承了惠能明心见性的禅法，提出"触目会道"的当下解脱思想，"执事元是迷，契理亦非悟。门门一切境，回互不回互。回而更相涉，不尔依位住。"③ 希迁从理与事、心与境的统一关系中，反复阐明一心与诸法间的本末显隐交互流注的关系，以从个别的事上显现出全体理的联系。作为万法本源的本心，统摄万法，而又不染著其中，触目会道，即事而真，当下顿悟，了知本心。在接机示众的风格方面，石头希迁不像马祖道一及其门下那样，机锋峻峭，棒喝峻烈，大机大用，而是绵密回互，灵活自如，圆转无碍，被马祖评为"石头路滑"。石头希迁门徒众多，承受希迁心法的药山惟俨，常事闲坐，并有"思量个不思量底"之说。再传到云岩昙晟，提出了"宝镜三昧"法门，以临镜形、影对显的关系，说明由个别上体现全体的境界。续传到洞山良价、曹山本寂，终于成为曹洞一派。此外，经他的门下天皇道悟弘传，道悟传龙潭崇信，崇信传德山宣鉴，宣鉴传雪峰义存而续传于云门文偃，行化自南而北。义存的别系经玄沙师备、地藏桂琛而传法于清凉文益，文益为五家

---

　　① 惠能：《六祖大师法宝坛经》，参见河北禅学研究所编《禅宗七经》，宗教文化出版社1997年版，第352页。

　　② 同上书，第351页。

　　③ 《景德灯录传》卷三十。

中最后出的法眼宗的开祖。衍生出为云门、法眼两系，他们同样着重在"一切现成"，和希迁所主张的"即事而真"的宗旨一脉相通。

南岳怀让、马祖道一门下的沩仰和临济，青原行思、石头希迁门下的曹洞宗、云门宗和法眼宗，加上临济所出的黄龙和杨岐，统称"五家七宗"，在唐宋时期影响深远，无所披靡，奠定了六祖惠能在中国禅宗，乃至在中国佛教的崇高地位。中晚唐时期，菏泽神会、青原行思、南岳怀让、南阳慧忠和永嘉玄觉并称为惠能六祖门下五大弟子。慧忠国师（675—775），俗姓冉，越州（今绍兴）人氏，16岁出家后遍学经教，后赴曹溪从六祖惠能受心印，为惠能门下高足之一。受法曹溪后，游历吴楚之四明、天目、武当和罗浮等山参学，后入南阳白崖山（今河南淅川县东）的党子谷，潜修40余年，道誉甚高。受玄宗、肃宗和代宗的礼遇，受封国师。慧忠与神会同在北方弘扬六祖禅风，博通经律，批评当时在南方（江西）阐扬"平常心是道"的马祖道一，驳斥南方禅者不重视经典而随意说法的作风，所以慧忠国师平日特别重视经律论的教学。他提出"无情说法"的禅法思想，成为教禅融会的杰出范例，倍显大乘空有双融、理事无碍的不二精义。慧忠禅法，源本曹溪，首重直指，发扬顿悟，然融会禅教，抉择见地，兼以渐修，故顿渐并重。玄觉禅师（665—713），温州永嘉（位于浙江）人，俗姓戴，字明道，号永嘉玄觉。根据《坛经》的记载，年少出家，遍读经论，精修天台止观法门，常静坐冥思，因读《维摩诘经》而悟解佛法，发明心地。"我等方等经论，各有师承。后于《维摩经》悟佛心宗，未有证明者。"① 因惠能弟子玄策来访，遂向其寻求开悟的证据，玄策告诉他威音王以后无人能够无师自证，皆为天然外道，便带他参拜六祖。惠能开示其体取无生，速了生死根本，玄觉以"体即无生，了本无速，分别非意"对答，获得印证，遂告辞别，六祖劝其留宿一晚，故有一宿觉的别称，后回温州龙兴寺弘禅。玄觉著有《证道歌》，盛行于世。其禅学思想以顿悟无生法忍，直入不二法门为纲，继承了惠能禅学的精髓，《证道歌》有言："自从认得曹溪路，了知生死不相干。行亦禅，坐亦禅，语默动静体安然。纵遇锋刀常坦坦，假饶毒药

---

① 惠能：《六祖大师法宝坛经》，参见河北禅学研究所编《禅宗七经》，宗教文化出版社1997年版，第352页。

也闲闲。……几回生，几回死，生死悠悠无定止。自从顿悟了无生，于诸荣辱何忧喜？"南阳慧忠和永嘉玄觉均有嗣法弟子，但迅即断绝。

沩仰宗是禅家五宗中最早创立的宗派，会昌法难后，江南禅宗复兴运动中，由洪州禅门百丈怀海弟子沩山灵祐（771—853）及其弟子仰山慧寂（815—891）创立，因而得名。灵祐和慧寂的禅学理论皆源于华严宗的理事圆融，强调体用兼得，理事不二。《五家宗旨纂要》就其宗风评价道："沩仰宗风，父子一家，师资唱和，语默不露，明暗交驰，体用双彰。"父唱子和之说，点明了沩仰之间是默契圆融，沩仰成宗，全凭师徒之间的方圆默契。而仰山在教导学人时，又加上"圆相"之说（据说传自六祖惠能），作图示意，表相现法，示徒证理，形成沩仰宗风又一个亮点，更使沩仰宗默契而深邃奥秘。沩仰宗在参禅的形式上，用"参玄"代替"参禅"，颇有魏晋玄学的意味，受到了士大夫阶层的欢迎，此外，沩仰宗也剔除了为禅门津津乐道的神秘预言，即"悬记"，主张可以预记"见解"，而非"行解"，追求"理通"而非"神通"，研习和理解佛教义理，摒弃一切禅定中的神通幻觉。沩仰宗创立并兴盛于晚唐五代，在五家中开宗最先，前后传承约一百五十年，入宋后逐渐衰微。

临济宗由义玄（？—867）创立，曾师从百丈怀海门下的黄檗希运，溯源于南岳禅系马祖道一，因义玄为河北镇州（今河北正定）滹沱河旁临济院住持，故称临济义玄。义玄是在洪州宗诸大禅师的哺育下成长起来的，他三次参问希运，三次遭到黄檗棒打，随后向大愚禅师请教，言下彻悟，师从希运，参加普请劳作，为其信使。希运提出"无心说"，不注重经教和苦修，主张读公案和顿悟，接引方式为单刀直入，机锋峻烈，伴以棒喝。义玄继承了道一的"即心即佛"说和希运的一切禅法思想，主张"以心印心，心心不异"，是自本心，不生不灭，斯何别乎，本圆满故，有别后世"心心相印"一说。与其师黄檗不同的是，他非常肯定人的自信自主，主张"随处作主，立处皆真"，实际上是发挥六祖惠能"心即是佛"的思想。义玄的禅学思想还表现在所谓"四料简""三句""四宾主"和"三玄三要"等观点上，后世门徒对其禅法传授方式作了发挥，便被禅宗界当成了临济禅法的主要特色，即禅宗史书所谓的"临济施设"或"临济门庭"。临济宗风峻烈，语言亲切活泼，接引方式随机灵活，具体表现在棒喝应机，与曹洞绵密的宗风形成了鲜明对比，禅宗史上自古就有"临济将军、曹洞士民"的说法。

临济宗经兴化存奖、南院慧颙、风穴延沼，至首山省念，已成颓废之势。宋初，省念弟子汾阳善昭倡导公案代别和颂古，将参禅转化为参玄，把对禅境的直观体验变成了文字玄谈的文字禅，着重凸显古圣先贤言语中的禅意禅境，引发了士大夫对禅的浓烈兴趣。善昭之后，颂古之风流行弥漫整个禅宗界，其著名弟子石霜楚圆晚年在潭州（今湖南长沙）弘教传禅，将临济宗的活动区域扩大至南方。楚圆的门徒以黄龙慧南和杨岐方会最为著名，他们自立门户，分别形成了黄龙派和杨岐派，禅宗史上将这两派与唐末以来的五家合称为"五家七宗"。黄龙慧南（1002—1069），因晚年常住南昌黄龙山而得名。大师善取公案广度四众，曾于室中尝设"佛手、驴脚、生缘"三转语以勘验学人，世称"黄龙三关"，其弟子慧洪特别推举文字禅的合理性，与士大夫交往甚频，著有《临济宗旨》等禅书。杨岐方会（992—约1049），因住袁州杨岐山普明禅院（今江西萍乡上栗县杨岐山普通寺）而得名，其禅法朴实无华，不像惠南那样，使用"三关三转"的固定格式来启悟学者，而是侧重灵活的机语，巧言善辩，推重机锋棒喝。方会在世时并不出名，但其麾下著名弟子有白云守端和"中兴临济"的五祖法演，法演弟子以"三佛"最为出名，即佛果克勤、佛鉴慧勤、佛眼清远。北宋末年，杨岐派在朝廷中产生了极大的影响，把临济推向了全盛的局面，逐渐取代了黄龙派，在全国形成席卷之势。禅宗其余五家，宗绪皆绝，曹洞则一息虽存而不绝如缕，因此禅史上有"临天下，曹一角"之说。以至后世论及禅宗，多以杨岐派为临济或禅宗正脉，东传日本的禅宗也以临济为主。

曹洞宗源出六祖弟子青原行思和石头希迁，希迁传药山惟严，药山传云岩昙晟，云岩传良价禅师，创始人为洞山良价（807—869）及其弟子曹山本寂（840—901）。良价在涉足洞山时，见水中倒影而彻悟，认为佛在性中，心即是佛，觉悟不假外求，得道靠顿悟，无须打坐息想、起坐拘束其心地终年修行来渐悟，著有《宝镜三昧歌》《玄中铭》《五位君臣颂》《五位显诀》等偈颂。本寂著有《五位君臣旨诀》《解释洞山五位显诀》《注释洞山五位颂》等偈颂，在禅理论和禅行观上倡导"五位君臣"之说，以君臣关系为譬喻，来解释理事、体用、正偏、宾主、动寂之间的关系，用五位君臣、偏正回互，来说明理事圆融、体用一如的真如法性，最终归结为无心解脱。曹洞宗禅风以回互细密见称，"家风细密，言行相应，随机利物，就语接人"，其宗旨是万物皆虚幻，万法本源为佛性，曹山法系四传之后便断绝，良价另一法嗣道膺一脉绵延趋盛，传到天童正觉时，曹洞宗再度广扬天下，国内许多著名禅林都是由曹洞宗法嗣所创。曹洞宗于13世纪由日僧道元传入日本，成为日本佛教的主流宗派。

与曹洞宗一样，云门宗也出自青原行思和石头希迁，由石头门下天皇道悟的四世法孙文偃（864—949）创立。文偃学道时，曾入闽参礼雪峰义存，义存死后，复参韶州灵树如敏，如敏为百丈禅系门徒，其道行孤峻。如敏卒后，文偃率众于云门山建光泰禅院，大阐石头禅学思想，世称"云门文偃"。文偃的禅学思想主要集中于"云门三句"，文偃曾示众："涵盖乾坤，目机铢两，不涉世缘，作么生承当？"众人无对，遂自答："一镞破三关。""涵盖乾坤"指绝对真理遍布天地之间，涵盖整个宇宙；"目机铢两"指师家为断除学人烦恼妄想，超越语言文字，促使学人内心顿悟；"不涉万缘"，指师家应机说法，施行活泼无碍的化导。后来云门法嗣德山缘密汲取云门三句精髓，改其语为"涵盖乾坤""截断众流"和"随波逐浪"，禅林或称为德山三句。云门宗宗风陡峻，以简洁明快、不可拟议的手法破除参禅者的执着，返观自心。云门宗既不像临济那样棒喝峻烈，也不像曹洞宗那样丁宁绵密，而是以激烈言辞，指人迷津，剿绝情识妄想。其机锋险绝，不容拟议，无路可通，非上等根机者难以悟入，云门宗接化学人，犹如天子的诏敕，一次即决定万机，不得再问，令人毫无犹豫之余地，因而又有"云门天子"之称。雪窦重显大振宗风，中兴云门，使云门宗在北宋盛极一时，同时也开始与其他宗派相融合。云门宗通过香林一系而延续到了南宋，到了元初，其法脉遂湮没无闻。

法眼宗是禅宗五家中最晚出现的，系青原系石头希迁的七世孙清凉文益（885—958）所创，历经文益、德韶、延寿三祖，活跃于唐末宋初的五代时期，宋中叶后衰微。文益俗姓鲁，余杭人，曾师从桂琛，听闻"若论佛法，一切见成"而彻悟，晚年在金陵清凉寺传法，故世称"清凉文益"，圆寂后，南唐中主李璟谥为"大法眼禅师"，其法系被后世称为"法眼宗"。文益继承了石头希迁融会华严教理的禅学思想方法，在理事圆融的基础上发挥"三界唯心、万法唯识、般若无知、一切现成"的思想。文益融会华严和唯识教理入禅的做法被三祖永明延寿（904—975）

发挥到了极致，延寿著作等身，代表性作品为一百卷本《宗镜录》和六卷本《万善同归集》，延寿虽属法眼血脉，但弘扬范围极广，其禅法特点为禅教合一，禅诵无碍，禅净并修，禅戒均重，内外兼修，正所谓"举一心为宗，昭万法如境"。《宗镜录》"禅尊达摩，教尊贤首"，反映出当时中国佛教教禅融合的新趋势。法眼宗接引学人的方法被称为"法眼四机"，即箭锋相拄、泯绝有无、就身拈出、随流得妙。法眼宗的宗风，简明处似云门，隐密处类曹洞。其接化之语句似颇平凡，而句下自藏机锋，有当机觌面而能使学人转凡入圣者。据宋代晦岩智昭所著《人天眼目》有云："对病施药，机身裁缝，随其器量，扫除情解。"法眼宗在禅宗五家七宗之中理论著作最为宏富，虽然丰富了禅宗的理论与实践，同时也使禅宗本色模糊不清，难以作为禅宗的一个独立支派继续流传。

五家七宗诞生于晚唐、五代，极盛于唐宋，在宋以后的元、明、清三个朝代里，与净土宗一道，延续着中国佛教对中国社会的影响，逐渐走向式微。这一时期的禅宗，主要以杨岐派的临济宗、曹洞宗和云门余脉为主。五家七宗在中国佛教历史上的主导地位，说明了惠能及《坛经》所奠定的南宗对中国佛教的广泛影响。惠能的"明心见性、自性自度"的顿悟解脱论思想，是五家七宗的根本，尽管各家宗风特色不一，但都保持着惠能禅的基本特点，以公案话头，机锋棒喝等接引方式不过是为了令学禅之人"直指人心，当下顿悟"，参学、行脚、云游等方式也是服务于顿悟解脱这一宗教信仰目的的。在五家七宗的发展过程中，特别是入宋以后，走向了教内融合对话，教外与儒道合流的路程。在这一趋势中，惠能南宗禅慢慢与天台、华严教门融合，汲取了法相唯识和三论宗的思想，融摄净土和律宗，将禅的精神渗透到佛教其他教派中，扩大了禅宗在各朝代社会中的广泛影响。大量涌现出的公案、灯录、语录、颂古、代别等禅学文体，文字禅兴起，取代了以往的看话禅和默照禅，参玄取代了参禅，引发了大量士大夫参禅的风气，宋代士大夫参禅、解禅、说禅之风胜过唐代，便为禅的精神融入蓬勃兴起的宋明理学创造了积极条件。入元以后，整个禅宗思想理论没有新的创造和发展，而是在儒、释、道三教融合的过程中，加深着对被定为统治思想的理学的依附，逐步走向衰落。

隋唐时代，是中国佛教传教立宗的辉煌时代，同时也是印度佛教传入中国 500 年后本土化的结果，而在中国佛教八宗十派之中，禅是最能体现中国佛教特质的宗派，可以说是佛教本土化的一朵奇葩。相比其他宗派，禅宗之所以能在隋唐及其以后的朝代取得广泛的主导性影响，其原因不止在于其理论较少地完整继承印度佛教某个宗派的思想，而是在中国佛性论的基础上，继承印度佛教的中观思想和唯识论的主要观点，积极汲取中国传统文化中的儒道思想，开启了儒释道三教对话和融合的先河。在佛教中国化的历程中，惠能处于枢纽的地位，他在坚持佛教基本思想和方法的同时，融合了老庄玄学的自然主义人生观和儒家的心性论学说，形成了独具特色的禅学理论和修行方法。惠能宗教思想的核心是心性论，他首先认为心性是万物的本体，"自性能含万法是大，万法在诸人性中。"但是他并不着意从理论上探讨心物关系等本体论问题，而是强调自心本来清净无染，自性圆满具足一切，反观自心，明心见性，顿悟成佛，故本然心性是成佛解脱的根据，其心性论的落脚点是解脱论，重点探讨自我解脱的可能性和实现途径。其意义正如洪修平先生所言："惠能通过革新而引导中国佛教从关注佛法义理发展为重在当下的修行，并把修行归结为修心，通过心悟去把握佛陀的精神，突出人的自心自性，主张人人有佛性，息除妄念以回归清净的本性，即能觉悟成佛，实现解脱。这不仅将印度佛教烦琐的教义、复杂的修行简单化，使中国的广大民众易懂易行，而且把现实之人的当下解脱推到了突出的地位。"①

　　"心性论"是中国哲学中一个重要的"哲学问题"，中国古代儒道二家都有丰富的心性论思想。先秦时代，儒家创始人孔子尚未确立完整的心性论。孔子没有论及心，论性也只有一句："性相近也，习相远也。"（《论语·阳货》）孔子教导的重点在于仁学，重点探讨何为仁的问题。亚圣孟子发展了孔子的仁学思想，其理论核心则由仁本身转向"为仁之方"，自觉地将孔子仁学的终点作为自己仁学的起点，并通过对"为仁之方"的论述，建立自己的心性论。孟子认为人与动物的本质性区别，在于人先天地具有恻隐、羞恶、辞让、是非之心。这才是人之所以为人者，才是所谓的人性。"无恻隐之心，非人也；无羞恶之心，非人也；无辞让之心，非人也；无是非之心，非人也"（《孟子·公孙丑上》）。心之四端为人之本性，心与性不二为一，人性即心性，从天赋具有不学而能、不虑

① 洪修平、孙亦平：《惠能评传》，南京大学出版社 1998 年版。

而知的功能来看，心就是性；而从其居于人内心，作为思想和行为主宰的角度来看，性就是心。孟子还进一步提出了性善论学说，认为人性和人心的本原是先天性的善，它是为仁向善的基础，具体来说就是人本身原有的四端，"恻隐之心，仁之端也；羞恶之心，义之端也；辞让之心，礼之端也；是非之心，智之端也"（《孟子·公孙丑上》）。一切善行和礼节，并不是强加于人的外在事物，而是直接根源于人心、人性，并且是由其发育出来的东西，"仁义礼智，非由外铄我也，我固有之也"（《孟子·告子上》）。孟子提出的心性论和性善说，为儒家所倡导的仁义之道确立了理论上的根据。荀子与孟子在心性论上有着原则上的区别，他主张心性为二，人性固然是天赋的，但趋利避害是人与动物共同的自然本性，故提出了人性本恶说，从而人身修养的过程，在荀子看来，完全是一个"化性起伪"的过程，"故人知谨注错，慎习俗，大积靡，则为君子矣；纵性情而不足问学，则为小人矣"（《荀子·儒效》）。荀子把心理解为感官和身行的主宰，"治之要在知道。人何以知道？曰：心。……心者，形之君也，而神明之主也；出令而无所受令"（《荀子·解蔽》）。荀子所说的心不是孟子的本心，而是具有主观意识和思维功能的感官之心，心与性没有直接关联。荀子的性恶论和心性二分论在儒家学说里长期处于边缘地位。

《老子》和《庄子》中没有直接提到性这一概念，但有相关的论述，如《老子》之"德"与"命"、"朴"与"素"、"赤子"与"婴儿"，《庄子》之"德""真"和"性命之情"等概念，均与后来所说的"性"的概念相当。《老子》把性看作是"自己如尔"的自然之性，"常德不离，复归于婴儿……常德乃足，复归于朴"（第28章）。"朴"与"素"、"赤子"与"婴儿"等都是隐喻，象征着未加雕琢修饰和社会化（起伪）的自然人性，是人性的原初和本然状态。《庄子》通过"真""伪"之辨深化发挥了老子的自然人性论，以马之真性来解说人性是"益之而不加益，损之而不加损"的"常然"（《知北游》），与真对立的是伪，二者关系类似天人之分，真主要指自然之性，《庄子》中后来所谈到的"吾丧我"之我和"真人"即是此意，而伪则指社会文化的塑造。

《老子》的"无为"概念赋予了自然本性以心性的深度，主要指体道的内心恬淡的精神境界，同时也指宇宙玄寂的虚无状态，还指批判儒家仁义道德的政治法则，因循顺物的政治策略，其旨要不离于"心"。实际上，道家心性论就是围绕"无为"思想建构起独具特色的心性论，同时建构了"独与天地精神相往来而不敖睨万物"的境界学说。析而言之，"无为"意味着无知、无欲和无情、无乐，也就是说"致虚守静"的心性境界。无为也意味着超然于是非善恶之外、喜怒哀乐之上。所以，无为不仅意味着无心，也意味着"无情"。从《庄子·德充符》中庄子和惠子关于有情、无情的辩难中，可知庄子所谓"无情"的本质是精神高于物外的逍遥精神：既从价值判断（是非善恶）中解放出来，复归其自然之性，也从情感纠葛（喜怒哀乐）中解放出来，达到"喜怒哀乐不入于胸次"，"形若槁木，心若死灰"（《庄子·知北游》）的恬淡心境和虚静状态。

从古代中国哲学的整个发展历程上来看，依次展现为先秦的宇宙本体论，两汉经学，魏晋玄学，南北朝隋唐的心性学，宋明理学。惠能深受魏晋南北朝时期中国佛教两大思潮即般若和佛性论的影响，融合了隋唐时期的儒家心性之学，发展出独具中国特色的佛教思想理论。惠能禅的理论核心是心性论，他将佛性与本心联系起来，视心体、性体和佛性为一，这样就贯通了佛教与儒道两家心性论，建立起以佛教为中心的儒释道三教合一模式，既继承了佛教中国化的传统果实，也开启了宋明理学援佛入儒，禅理交融的理论模式，促进了宋明理学的诞生，因此在中国传统文化史上占有重要的地位。

根据《宋史》记载这些有关的资料，宋儒的理学大家们，几乎都是先有求道之志，而且都是先求之于佛、老若干年或几十年后，再返求诸六经或孔、孟之说而得道的体用。理学家们参学问道，与禅师们友善交往，受益匪浅 。如程颢遍读佛经，坐如泥塑人。程颐常瞑目静坐，并曾问道于灵源禅师，其四大弟子均崇尚禅学。朱熹曾参学于"看话禅"的创始人大慧宗杲及其徒谦开善等高僧。理学的主旨是"穷理尽性"，"理"被程朱视为最高的本体，为理学的最高哲学范畴，这一概念的提出也受到了佛教的深刻影响。禅宗祖师达摩的"理入"，华严的"理法界"，惠能批评梁武帝时曾言"梁武帝不识正理"（见敦煌本《坛经》），依惠能弟子永嘉玄觉的解释，这里的"正理"，乃真如佛性也。程朱理学的许多根本点与佛性理论多有相通之处，理学所谓《天理》"天命之性"，实为佛性。程朱诸人所言之"天理""天命之性"则是一种天道化了的道德本体。宋明理学的"修心养性"与惠能南宗的"明心见性"，说法不同，实质无异，所以在一定意义上可以说宋明理学是心性之学。

　　陆王心学更加丰富地体现出惠能南宗对宋明理学的影响。程朱将心与性分离，认为心属气，性属理。象山倡简易功夫，心性一致，"即心即理"，实与禅宗"即心即佛"相当。在治学方法上，象山注重人的自觉精神，"自立自重"，反对迷信权威和古代经典，提倡学贵有疑，"小疑则小进，大疑则大进"，这与禅宗提倡的"小疑小悟，大疑大悟，不疑不悟"如出一辙。王阳明进一步发展了陆氏心学，其著名的"王门四句教"，"无善无恶心之体，有善有恶意之动。知善知恶是良知，为善去恶是格物。"阳明的格物致知之学，旨在使人心解除私心和物欲的遮蔽，回到无善无恶的本然状态，获得正确的良知，才能正确地格物。阳明将"良知"视为"良生天生地的造化之精灵和万物之本原，（良）知是心之本体，心自然会知。见父自然知孝，见兄自然知悌，见孺子入井自然知恻隐，此便是良知不假外求。"为"人人之所同具"（见《传习录》）。阳明所说的心体和意动，与惠能禅宗的心性本觉和无念本净是相通的，良知实为本觉。从伦理道德的层面上来说，良知是一种先天的道德观念和辨别是非之心；从哲学的层面来看，良知是心之本体，生天生地，造化万物。"良知之体皦如明镜，略无纤翳。妍媸之来，随物见形，而明镜曾无留染。……无所住而生其心，佛氏曾有是言，未为非也"。[①]他肯定良知即是禅门所说的"不思善不思恶的本来面目"，作为众生成圣的根据，良知与成佛根据的佛性自有妙通之处。阳明在致良知和本体功夫上面，与禅门的修行方法有诸多类似之处，既然良知是一无所不能的清净本体，那么致良知就是"明心反本"，使受私欲障蔽的本体复得明朗，如此见得清净本性，自然与圣人无异。王阳明在这一层次上的致良知的修养方法，与禅宗的明心见性、顿悟自性的修行方法十分相似。

　　惠能及其禅系在宗教实践方面的教导，对中国化佛教的塑造起着重要的作用。印度佛教中，僧人在印度皆是托钵乞食，苦行禁欲，云游四方，居无定所。佛教传入中国后，为适应中国国情，在教义理论、修行仪轨、伦理道德教导方面不断调整。教义理论方面，从最早的以老庄格义，以般若思想附丽魏晋玄学，到南北朝佛性论的滥觞，始有隋唐各佛教宗派对心

---

　　① 《传习录》中，《王阳明全集》，上海古籍出版社 1992 年版，第 70 页。

性的探讨；修行仪轨上，各种忏仪应时而现，即世间而出世间的大乘佛教契合了中国人的文化心理需要，得以盛行开来；伦理道德方面，以出世间为主旨的佛教与中国传统伦理道德始终处于冲突和融合之中。大乘佛教普度众生的入世品格和佛国信仰，虽然与儒家兼济天下和天下大同的社会理想相通，但佛教出世解脱的个人理想与儒家忠君孝亲的纲常伦理始终处于冲突之中。佛教离家修行的生活方式总是受到儒家礼教的批判，典型的例子有《牟子理惑论》，其中将佛教徒剃发出家、不娶不育、不行跪拜之礼等行为视为"不仁不孝"。东晋曾发生两次关于沙门是否应敬皇权、易礼典、弃名教、违常务的争论。东晋名僧慧远为此特著《沙门不敬王者论》5 篇，申述佛教虽在形式上不跪拜王者，但实际上是支持王者的。隋唐以后，正统儒家仍然视佛教为"不忠不孝，舍弃君臣父子"。唐玄宗即位，对佛教采取限制政策。即位之初，就有削除佛教舍弃君亲妻子习俗之意，至开元二年（714 年），遂颁令僧尼致敬父母。自此，沙门不敬王者之争渐息。

　　禅宗从早期的禅定数息之学，经达摩禅系的努力，逐渐由止观双运、定慧双修转变为"道由心悟"的佛心宗，"识心见性"的顿悟法门取代了头陀苦行。修行方式也由隐遁独居，云游乞食，转变为山林聚居，建寺同修，农禅并作，摆脱了对封建统治上层集团的依赖，实现了经济上的独立和弘法传教的自主性。伦理道德属于世间法，禅宗尽量在坚持佛法要义的基础上融摄儒家的伦理纲常，以减缓出世理想和世间道德之间的冲突。这其中，惠能禅系发挥了极其关键的作用。本着世出世间不二的般若精神，基于万法唯识、心外无境的唯识理论，以佛教空有不碍的圆融智慧，努力调和佛教基本教义与世俗伦理道德之间的矛盾，提出佛法常驻世间，觉悟不离世间的观点，"佛法在世间，不离世间觉，离世觅菩提，恰如求兔角"。①世间与出世间的转换只在一念之间，开佛知见、正见即为出世，开众生知见、邪见即为世间。所谓的世间和出世间的区分，只是心识心念的作用，重要的是回归清净本心，以般若智慧摄导万行，识心见性，无执无著，以出世间慧摄导世间行。惠能对西方净土的论述最典型地表达出出

---

① 惠能：《六祖大师法宝坛经》，参见河北禅学研究所编《禅宗七经》，宗教文化出版社1997 年版，第 335 页。

世间与世间法的一致性，"但心清净，自性西方"，直心净土的看法将遥不可及的西方净土拉回到了咫尺眼前，西方本是一心幻现。

伦理道德毕竟是世间法，是规范人际关系、人与社会关系的各种礼仪制度，具有安立世间的作用，但不能导致心灵的自由和生命的解脱。因此，佛教以超越世间的般若智慧来对待伦理道德事务，不是为道德而道德的道德主义，像儒家那样把德性视为人生实践的终极意义。相反，超越道德方能成就道德。惠能认为心体离念，无善恶之别，本性清净无染，不著善恶之法，"兀兀不修善，腾腾不造恶，寂寂断见闻，荡荡心无著"。①惠能认为善恶之法皆从本性心识中生出，"世人性本清净，万法从自性生。思量一切恶事，即生恶行；思量一切善事，即生善行。"②如果以高于道德之上智慧作为行为的动机，那么行为一定符合佛法的慈悲本怀，也一定是善美的。也正是站在超越的智慧和慈悲精神的高度上，佛教才能够融摄儒家的伦理道德规范，惠能禅以"随缘而行"的方便法门接纳和适应封建时代的纲常名教。惠能为会众开示在家修行所作《无相颂》中，将直、恩、孝、义、让、忍等儒家修身德目做了发挥，在家修行与儒家的伦理不相悖逆，惠能本人对母亲就很孝顺，参礼黄梅五祖前便为老母备置衣粮，安置妥当之后方辞别老母。"心平何劳持戒，行直何用修禅。恩则孝养父母，义则上下相怜。让则尊卑和睦，忍则众恶无喧。"③惠能禅系门下，北宋著名高僧契嵩力倡禅净合一，儒佛一致，作《辅教篇》，阐明儒佛两教殊途同归，异曲同工，相辅相成，儒家在于治世，佛教在于治心，但其目的都是一个。他把佛教"五戒"与儒家的"五常"等同起来，提出了"孝为戒先"的重要命题。说明了佛教之孝重在理，儒家之孝重在行，两者不可分割。南宋临济高僧大慧宗杲批判了当世文字禅的流弊，焚毁《碧岩录》，将佛教的菩提心与儒家的忠义心直接贯通起来，"菩提心则忠义心也，名异而体同。但此心与义相遇，则世出世间一网打就，无少无剩矣。予虽学佛者，然爱君忧国之心，与忠义士大夫等。但力所不能，而年

---

①　惠能：《六祖大师法宝坛经》，参见河北禅学研究所编《禅宗七经》，宗教文化出版社1997年版，第366页。

②　同上书，第343页。

③　同上书，第337页

运往矣！"① 契嵩和宗杲的言论表明，在宋代三教合流的文化大趋势下，惠能禅也认同了儒家的伦理，并将其作为自己道德实践的一个部分。

中国佛性论思想主张人人本具佛性，人人皆可成佛，这就突出了人的自我和个体性，将人从世俗的人际关系和事务中脱离出来，面对真正的自我，实现并把握自我。惠能禅主张"即心即佛、顿悟成佛"的思想，对于个体生命的解放和尊重予以了高度的提升。成佛并不是一件遥不可及的事情，像菩提道次第中菩萨修行五十二阶位，要修习至等觉妙觉的大圆满佛境地，必须经过长年累月的修行实践，佛与魔，佛与众生就在现实心念的当下转换之中，"一念觉即众生佛"。佛及佛境也不是什么神秘不可言说的事物，返观自照，自见本性，自性是佛，天然自成。人的本来面目、佛性、清净心、法性在未悟之前是神秘不可知的，但在悟了之后，却似拨云见日，朗朗晴空，并无神秘可言。如人饮水，冷暖自知，佛及佛境实际上是一种公开的秘密（open secret），对未悟是神秘，对已悟是体证的事实。正如惠能得法南逃时，为惠明说法，惠明问是否还有密意否？惠能答道："与汝说者即非密也。汝若返照，密在汝边。"② 禅宗乃至整个佛教是要参悟诸法实相，觉观世界万物的本来面目，一旦获得这种无分别的般若智慧，觉悟到诸行无常、诸法无我和涅槃寂静，世界的奥秘便当下呈现，并无秘密可言。觉悟了佛性的人，挺立于空寂的世界中，唯我独存，正如释迦文佛出世所言：天上天下，唯我独尊。佛教对自我的提升，是一种对世俗的超越，完全不同于儒家在礼法伦理纲常中修身养性穷理。

---

① 《大慧普觉禅师语录》卷二十四。
② 惠能：《六祖大师法宝坛经》，参见河北禅学研究所编《禅宗七经》，宗教文化出版社1997年版，第328页。

第三部分　路德与惠能宗教思想之比较

第一章 宗教核心理论

路德的思想涉及神学、哲学、伦理、社会政治、经济、教育、音乐艺术等领域。宗教神学思想虽然不系统，但也基本涵盖了系统神学的所有内容，分为对上帝的认识和上帝的作为两个方面。前者包括辩证上帝观、十字架神学、上帝之道、信仰、理性、《圣经》；后者包括三一论、基督论、人论、恩典论、律法和福音、因信称义、自由观、教会论、圣礼论、末世论，但最为核心的是"称义神学"和他独创的"十字架神学"。惠能禅学思想的主旨是"识心见性，即心即佛"，执持"自立自信、自性解脱"的宗教理想，主要佛学内容是自性般若论、佛性论、心性论、无念、无相、无住、戒定慧、忏悔、皈依、功德、佛国等。

路德和惠能都是因为个体生命存在中的问题而走向宗教修行之路的。路德是在从家乡返校途中偶遇雷雨闪电，摔倒在泥地里，日久积累的焦虑和绝望使他感到死亡、地狱和审判的迫近，遂向圣亚拿发誓当修士，选择了一条人类死后审判时走在前面的确定道路。惠能也是在听闻客颂《金刚经》心悟之后，前往蕲州黄梅，参礼五祖，欲求作佛，了断生死，出离苦海。可见他们都遭遇到了生存论上的危机，对终极未来的理想境界燃起了强烈的渴望，在路德是尽力修道，与上帝和好，获取上帝的恩典，以免堕入地狱和硫黄火湖，以期最后直升天堂，即基督教救赎论；在惠能是觉悟宇宙人生的真相，出离生死苦海，永不堕入轮回，最后涅槃寂灭，即佛教解脱论。标志路德救赎论的主题词是"因信称义"，而惠能解脱论主题词是"明心见性"。解脱与拯救是佛教与基督教的根本区分。

基督教救赎论的主题是人的罪恶和拯救，救法已经赐下，耶稣基督道成肉身，为人类赚取了救恩，核心的教义是"因信称义"。前述已经论及路德如何解除了中世纪末期的救赎论神学对此教义的遮蔽，消除了关于此教义的消极理解，路德视"因信称义"教义为基督教主要的基本教义，关系到教会的成败，是全部教义的基石。路德一生为此教义所写的神学著作，超过了除圣餐教义以外的其他教义。对于此教义的重要性，路德在1537年的《施马加登信条》中说道："此信条的任何一点都不能放弃或让步，即使天地、世界万物将被毁灭……我们所教导和实施的反教皇、魔鬼和尘世的一切活动都端赖于此教条，因此我们对它必须完全坚信不疑，否则就要失去一切，而教皇、魔鬼及我们所有的敌对势力就将取胜。"① 简单说来，"因信称义"的基本意思就是人的罪恶因为信仰基督耶稣而被赦免。

罪的基本含义是背离上帝，与上帝处于一种疏离的关系中。路德依从《圣经》的教导，认为不信即是罪，罪的根源是不信，只有通过《圣经》中的上帝之道才能发现人内心中隐秘的罪和内在的不纯洁，"主要的真正的罪是不信，这时人蔑视上帝，当人不像他肯定应该的那样不敬畏、不爱、不信赖上帝时，就会发生这种情况，而人肯定应该敬畏、爱、信赖上帝"。② 就罪的起源而言，奥古斯丁提出了原罪说和自由意志理论。原罪说认为罪是与生俱来的，植根于人性之中，通过生殖行为可以遗传，所以人天生有罪；而自由意志理论则认为罪行来自于自由意志，意志偏向低级的事物和善，就会犯罪，尘世之城的人以自我为中心，只追求自己的利益，天国之城的人以上帝为中心，不求自己的利益，只求上帝和属灵的益处。路德基本上继承了奥古斯丁的原罪观点，认为罪是个人的，也是本性上的，来自于亚当的堕落；同时他也不把罪的起源归结给上帝，通过对堕落的分析，提出"罪的原因是魔鬼和我们的意志"，路德作为中世纪末期德国农民的后代，家庭信仰就含混着民间的诸多迷信，奥古斯丁在罪的起源上并未提及魔鬼。路德认为上帝在离弃撒旦的同时，也激励他犯罪，人易受撒旦诱惑并为之驱使，因此撒旦与人类的罪有关。

罪的工价是死（罗6：15），不在主基督耶稣里享有神性的永生。路德在《囚徒意志》一书中，阐明了罪对意志的束缚和控制，由于罪的染污，理性的意志能力受到削弱。在涉及人类以下的事务上，人的意志有选

---

① WA 50, s. 199.

② WA 31, s. 148.

择的自由。而在关乎救恩的事情，神拥有绝对的主权，人的意志毫无自由可言，这点上颇类似于奥古斯丁对佩拉纠主义的批判。奥古斯丁是从人类堕落来谈论意志自由的，在面对上帝恩典的事情上，人无从采取主动。路德从人的受造性来看待意志自由问题，认为只有上帝享有绝对自由，人的有限意志与上帝无限意志相比，不配享有上帝的自由，意志自由对人来说甚至是徒有虚名。上帝禁锢人的意志以示对罪的惩罚，使人伏在罪的统治之下，成为罪的奴隶，处于撒旦控制之下，失去了为善的能力。

罪的后果如此严重，人依靠自己的力量无法去除罪恶，被称为无罪的义人（the righteous）。基督耶稣道成肉身，传播天国的福音，受难被钉上十字架，复活升天，赐下救法，使人除罪称义。称义是法庭用语，喻指人在上帝审判法庭上，能够站立得稳，被上帝宣布罪得赦免，为其悦纳。称义的途径是信仰基督，唯独信仰，没有其他的救法。耶稣来到世间的目的，是为医治罪人，所以称义也是他作为救主最主要的事工。称义作为一个宣判事件，常指的一般意思是上帝宣布无罪为义的审判（iustum reputare et computare），在上帝之义的发现过程中，路德曾提到在上帝面前（coram deo）之义即此含义，称义是上帝的行动，将基督的义转归（imputare）于人并承认它属于人，义来自于上帝的恩典，是外在的属基督的异己之义，人不能为自己挣得这种义，这种义也不是人心的本性，只能因基督之故，靠上帝白白的恩典而获得。因此，信仰基督被称义，实质就是抓住基督，路德说信心"理解或抓住基督"①，也把它理解为一种领会能力，也说"我们的信心是一种领会之力"（virtus apprehensive）②。但称义在路德的理解中还包含成义的层面，即信徒此生在尘世上的称义始终是不完全的，彻底的义是末世论意义上的现实。称义的后果是将基督带入人心，圣灵做工，人的生命从上帝那里得到了重生。信基督使人领受到罪得赦免并由此得到了义的转归，同时也在创造新人，使人本身成为义，称义使人有了一个全新的开始，有新的顺服，走向将要来临的义和完全。因此，在现实的境遇下，基督徒就只能同时是罪人和义人，是义人乃是因为上帝对罪的赦免，因着基督之故，披戴了他的义，但就人本身而言，仍然

---

① 参见 LW 34，p. 153.

② 参见 WA 39（Ⅱ），s. 319.

是罪人。罪和义的转换在一瞬之间，在上帝的审判面前，人是罪人，而在上帝的怜悯里，人不算罪人；有无基督也可以作为判分的标准，不在基督里便不算义人，在基督里便算为义人，关键在有无外在的基督之义的转归。义人和罪人的身份同时属于个人，贯穿于生命的整个过程，这种基督徒的悖论性存在，是理性和逻辑都不能理解的。同时是义人和罪人，并不意味着部分是罪人，部分是义人，而是类似基督的二性论，人性和神性是同等完全的，基督徒同时是完全的罪人和完全的义人。正是如此，中国当代基督教领导人丁光训主教才将基督徒称为"半成品"，处于上帝救赎计划的进程之中。因着信仰而称义的直接后果是人的重生，新的顺服，善功的实行，与罪恶的持续争战，最后的后果是完全的拯救和永生。

　　佛教的解脱论认为人由于无始以来的无明，虽此生难得，最终不免堕入六道轮回中，辗转受生。佛陀的"四谛说"将人生视为苦，由于众生有贪嗔痴等烦恼，造种种善恶业因，招感生死等三界苦果，只有修持八正道，才能进入断灭生死轮回的涅槃境界。人终有一死，生命的死亡是正常的自然现象，宗教对死因做出了超自然的解释。基督教将死亡归于罪恶，是人犯罪招感了死亡，而与上帝永恒的神性生命隔绝。佛教十二因缘说对死亡的产生过程做了详尽的分析，有生便有死，死最终来自于无始以来的无明，由于缺乏智慧，任由贪嗔痴等心念活动，造种种业，遭生死轮回报应。只有依靠般若圣智，才能照破根本无明，心起正念，积聚善因，依法修行，方能出离生死苦海。因此，佛教的解脱方法是修习戒定慧三学，自力证真，智慧解脱，般若正智才是解脱的根本法门。就惠能而言，道不在坐，由心而悟，明心见性，顿悟成佛。从前述的惠能宗教思想可知，明心即是要发明自心内含的般若圣智，用智慧返观自照，于自心自性，常起正见，烦恼尘劳，皆不染著，即是见性。见性即返回本心自性，以内心自有知识自悟，智慧观照、内外明彻，一悟即至佛地。明心即显明自心自性内具的般若智慧，见性也即照见自心自性内具的佛性，因此，以般若智慧照见心性本然，即是顿悟成佛。众生本具清净佛性，心内自有成佛根据，无须外求，若识本心，即本解脱。若到解脱，即得般若三昧，是为无念。在确立了"明心见性、即心即佛"的解脱论原则之后，惠能开列出了通向解脱的顿教修行法门：无念、无相和无住。悟无念法，万法尽通，见佛境界，至佛地位。般若离言扫相，于相而无相，见诸相非相，即见如来。无住为人之本性，诸行无常，于念而离念，心念无缚。

惠能提倡顿悟说，认为"迷即佛众生、悟则众生佛"，佛与众生的差别只在迷悟刹那之间，但并不意味着他就认同觉悟成佛是一次性行为的观点，解脱不可能是一蹴而就的事件，而是一个通向无上大涅槃的生命过程。在九江驿与五祖弘忍的临别谈话中，他对"悟"与"度"这两个概念进行了区分。"迷时师度，悟了自度；度名虽一，用处不同。惠能生在边方，语音不正，蒙师付法，今已得悟，只合自性自度。"① 他所说的"悟"是指开悟入佛之知见，识见本心本性，从而对佛法生起坚定信心，这只是走向解脱和涅槃的开始。悟后的漫长解脱过程就是"度"，也就是禅门人所讲的保任功夫。为要使开悟获得的大智慧不致退失，加上与生俱来的尘沙惑（根本无明）和种种习气种子的熏发，本觉的心性又会被贪嗔痴染污和遮蔽，造种种业，陷入轮回报应之中。但是，避免造业，并不是说要除灭一切身心活动，惠能反对枯禅静坐和沉空守寂的修行观，认为获得解脱智慧之后须学习世间的学问和知识，在平凡的日常生活中修行，不断调整和控制自己的心理活动，使心身万物时时处于和谐自在的状态，内心无牵挂执着，与外物圆融无碍。惠能在解释第五自性五分法身香时说道："解脱知见香，自心即无所攀缘善恶，不可沉空守寂，即须广学多闻，识自本心，达诸佛理，和光接物，无我无人，直至菩提，真性不易，名解脱知见香。"② 可见，他认为通过戒定慧三学获得解脱之后，仍要博闻多学，不可空心看静，守心独处，而是要在生命的流程中自性自度，念念般若观照，不染万境，常离法相，无滞无碍，自由自在。"万法尽通，万法具备，一切不染，离诸法相，一无所得，名最上乘。乘是行义，不在口争，汝须自修，莫问吾也。一切时中，自性自如。"③ 惠能所说的三乘佛法之外的最上乘法实际上就是明心见性、即心即佛，只有在"度"的过程中保持心灵的明悟，才能安全抵达彼岸，所以"悟"也贯穿于整个生命过程之中，没有一劳永逸的悟，正如后世禅师大慧宗杲所说的"日日悟、时时悟"。

① 惠能：《六祖大师法宝坛经》，参见河北禅学研究所编《禅宗七经》，宗教文化出版社1997年版，第327页。

② 同上书，第341页。

③ 同上书，第350页。

从路德的"因信称义"教义和"明心见性"顿悟法门，可以看出，他们都认为通向宗教理想境界是一个漫长的人生过程。对路德而言，称义只是真正信仰的开始，通过信仰获得上帝的恩典，披戴上基督耶稣的义袍，以更大的信心和力量来抵御罪恶的侵袭，经历无数与罪恶的争战，不断圣洁己心，直至成为完全的义人，通过最后的审判，被上帝拣选，进入天国；对惠能而言，明心、见性、顿悟虽然是一刹那之间的事情，但发明本觉，悟入佛境仅仅是成佛的开始，这是从理上来说的，悟后起修，自性自度，要时时以般若正智观照心念，以免心念攀缘外境，造贪嗔痴种种业，加之无始以来的尘沙惑和习气种子的熏习，与种种惑业斗争的困难程度可想而知，真正在事上圆成佛道，得无上正等正觉，进入无余涅槃，恐怕一生一世是无法实现的。可见，救赎和解脱不是一蹴而就的，而是相伴一生的宗教修习历程。

在走向终极理想境界的过程中，现实生命的更新和转化才是最重要的，信徒面临着生存论悖论的挑战。路德非常重视信仰的个体性特质，他认为没有人能代替别人获得救恩，或者为他人的拯救代祷，每个人都必须为自己信仰，①正如人必须独自面对死亡，他一定得自己去死。没有人能为别人信仰，只有自己信仰时，其他人的信仰才会对我有益，团契和教会的信仰才会使自己的信仰坚固。信仰使得个体直接与上帝建立联系，无须教会、神职人员的中介，路德曾用灵魂的婚礼来比喻信徒灵魂与上帝的亲密关系，个体的良心直接聆听上帝之道。信仰是无条件的个人行为，上帝之道要求人以独一无二的自我站在他面前，唤起真实而肯定的信仰，救赎是个体灵魂的属事。惠能更是将佛法的个体性揭示无遗，他所说的明心见性之心，最主要的是指个体现实的当下活泼之心，顿悟成佛，智慧解脱，都只关乎自身。解脱的根据、方法、途径和理想目标均在自身之内，自性自度，自成佛道，自了生死。正如禅门有谚，"如人饮水，冷暖自知"，解脱成佛只能是自己的事情，关乎内在智慧生命的成长变化，任何人都无法代替。

路德和惠能都比较重视现实生命的更新和变化，对路德而言，信仰意味着上帝的呼召、恩典的临到和圣灵的感动，因信而被称义的信徒，以往

---

① LW 35, p. 151.

的过错、罪恶均已赦免，基督内驻人心，新人已经造就，但在通向成义成圣的路途上，义人仍旧会犯罪，信心仍旧会软弱，因此时时刻刻会被罪恶染污，必须与种种诱惑、软弱做斗争。路德关于"同时是义人和罪人"的命题很好地说明了信徒现实的生存悖论和困境，随着基督借着信仰进入人心开始工作，灵魂里圣灵就开始与旧我做斗争，存在于同一个人里的罪人和义人就处于紧张的关系中，义人和罪人的矛盾持续存在于今生此世的生命之中，直至死亡，义人和罪人同时并非是指一种静止的关系，人是处于义人和罪人的动态转换之中。信仰的对象上帝之道是永恒不变的，人的信心却不能一劳永逸地带来永恒的拯救，信与不信的争执有时会助长灵性的傲慢。基督借着信心实施工作，人借着圣灵向旧的自我开战，就会具有义人身份；如果人同时保持"肉体"的旧我，就会抵挡真道，死在罪里，就拥有罪人身份。路德认为，在朝着完全的义的来世盼望中，新我逐渐模成基督的样子，人逐渐摆脱了对自己的信任，愿意旧我彻底死去，以便完全与上帝的意志合为一体。路德关于信仰的论述也凸显了基督徒的生存悖论，信仰由于其对象上帝之道的超越性，必然超越经验和理性，信仰与经验事实和理性认知相对立，信仰就意味着放弃理性的观点和自己的想法，相信上帝隐而不显的道，"信仰就得反对理性、自己的感觉或直觉，反对自己只局限于对可经验的事物的理解"。① 信仰存在于律法与福音的紧张关系之中，律法诱使人们不相信福音，只听从自己的良心，而福音则促使人摆脱情感和良心的谴责，只相信基督和福音对罪的宽恕，不相信自己的良心。因此，信仰就面临着怀疑和试探。路德的十字架神学很好地说明了信仰与经验之间的冲突，上帝的怜悯总是隐藏在其威严的审判之中，要学会摆脱感觉经验的羁绊，坚定地相信上帝之道在否定中隐藏的深刻而又秘密的肯定，"操练"自己的信仰。

　　惠能的顿悟说是从心性本净论出发的，众生本具清净佛性，只缘烦恼覆盖，如浮云蔽日，不得证见清净本然自性。若是发明自性般若，瞬间智慧观照，云散天开，无明烦恼消失，定见本地风光。顿悟是瞬间的，也是全体性的。悟仅就理上而言，悟入佛之见地，证见诸法实相，离事上圆成佛道有十万八千里之遥，顿悟之后的漫长起修过程，禅门谓之"保任功

---

① 　WA 40，s. 61.

夫"。时时般若智慧观照自心，不使心念为无明烦恼染污覆盖，迷与悟、
众生与佛、烦恼与菩提皆在一念转化之间。"善知识！凡夫即佛，烦恼即
菩提；前念迷即凡夫，后念悟即佛；前念著境即烦恼，后念离境即菩
提。"① 可见，在佛教徒的慧命成长过程中，时时都处于一种争战和紧张
关系中，智慧观照，念念常明，即是佛与菩提；一念愚迷，贪嗔痴三毒生
起，我执习气慢漫滋生，执妄成真，本心覆盖，佛性不彰显，即是众生与
烦恼。众生与佛，烦恼与菩提的差别仅仅在于智慧有无之际。惠能将解脱
分为悟与度的阶段，其在船上告别五祖言道："迷时师度，悟了自度；度
名虽一，用处不同。惠能生在边方，语音不正，蒙师付法，今已得悟，只
合自性自度。"② 显然，悟只是成佛的开端，度是悟后一生的事情，即从
生死苦海此岸到涅槃解脱的彼岸，都需要仰赖自性中内含的般若智慧，大
乘佛教讲六度，般若智慧是六度中具有决定意义的解脱方法。悟是顿悟，
明心见性，悟入诸法实相；悟后起修，无念无忆无著，不起诳妄，用自真
如性，以智慧观照，于一切法，不取不舍，见性成佛。无论悟，还是度，
凭借的都是无差别的般若智慧，自般若观之，众生与佛本无差别，烦恼与
菩提二而为一，每一个生命个体都同时具有这相反对立的身份。众生本有
佛性，天然是佛，因此可以说众生即佛，众生本有佛性为无明烦恼所覆
盖，不能发明清净觉性，证得本有菩提自心，故说烦恼即菩提。在解脱的
过程中，如果智慧观照，生命即为智慧所摄，于念而无念，无住而生心，
于相而离相，即能破除无明烦恼，解除其遮蔽，具有佛的慧命，获菩提觉
性；反之，即为无明烦恼遮蔽，失去了智慧的观照，为客尘所覆，为诸执
缠绕，便没有佛的慧命，实为凡愚众生。智慧与烦恼之间遮蔽与解蔽的争
斗，决定了佛教徒生命的状态和身份。当我们看到路德倡言基督徒同时是
义人和罪人之时，同时也看到了惠能关于佛教徒同时是众生和佛的论断，
不能不说路德同样有着般若的智慧，在通往终极理想境界的路途中，无论
佛教徒，还是基督徒，都面临着经验世界的挑战，智慧和信仰的超经验
性，烦恼和罪恶的在世经验性，始终处于冲突之中，这种紧张关系一直持

---

① 惠能：《六祖大师法宝坛经》，参见河北禅学研究所编《禅宗七经》，宗教文化出版社
1997 年版，第 331 页。

② 同上书，第 327 页。

存于生命过程中，智慧和信仰在人心里都不是一劳永逸的，直至最后理想境界的实现。

综观惠能的解脱论和路德的救赎论，可以看出有神论他力拯救和无神论自力解脱的区别。"明心见性"明示解脱成佛不执着外修，只向内求，反观自照，开启本心自性般若之智，悟入无念法，自在无滞，见诸佛境界，至佛地位。在悟与度的整个阶段，都是依靠本性般若智慧，才能去除无明烦恼的侵袭，和与生俱来的习气的熏染，自性自度，自悟自修，自了生死。惠能对净土宗的批判和直心净土的主张，剔除了大乘佛教对佛菩萨的神化，其众生即佛，顿悟成佛的思想，将佛从大乘佛教功德圆满、遥不可及的理想神格，还原为现实生活中的人格。惠能禅"明心见性、直指人心、顿悟成佛、自悟自度"的解脱主张，鲜明地凸显出了佛陀自力证真解脱的精神，向佛陀本怀回归。"因信称义"表明赦罪称义乃至成圣，需要仰赖上帝的恩典，通过信仰分享基督耶稣里已经做成的义和救赎。路德否定《雅各书》中因行为称义的主张，认为在拯救的事情上，人一切的作为、善行、自信、聪慧都毫无益处，反而只能使人头颈僵直，引以自傲，悖逆上帝，犯下更多的罪行。拯救只能是"唯独恩典"和"唯独信心"，而信心本身就是上帝的工作和恩赐礼物。在救恩的事务上，人只能处于完全被动的地位，路德所说的囚徒意志即是此意。弃绝自我，不信赖自己的理性、良心、能力，完全仰赖上帝的恩赐，通过信仰里灵魂与基督的联姻，在意志上与上帝合而为一，成为上帝意志运作的工具，舍弃自我，完全倚赖上帝，他力拯救。

解脱的自力性和救赎的他力性之区分，决定性的因素在于惠能和路德对终极实在的理解不同。在路德的上帝观里，作为终极实在的上帝被区分为两重：我是我所是的上帝与道成肉身的上帝，作为本体的上帝与启示出来的上帝，在其自身的上帝与为人类的上帝，绝对的上帝与教父们的上帝，绝对威严的上帝与以色列之子的上帝，赤裸的上帝与隐藏在道和应许中戴上面纱的上帝、离开道和应许的上帝，天堂里的上帝与在基督其人里的上帝，通过思辨构想出来的上帝与显明的上帝，漫游的上帝与在其道里有固定地方可识别的上帝。路德在十字架神学中凸显了自隐的上帝与自我启示的上帝的区别，这自隐的上帝就是上帝自身，是本体、赤裸、绝对、威严和蒙面的上帝，上帝自身是隐匿不显的万物的本体，人虽然可以通过思辨来构想他，但他终究是漫无目的的，他既在天堂里，又无所不在，人不可能对其获得完全的知识。既然人不能认识上帝本身，那么上帝采取了主动，自我启示，将自己显明给人类，对于犹太人来说即是亚伯拉罕、以撒和雅各的上帝，对于基督徒来说则是道成肉身的基督，他是应许的，为人类的救赎而来的上帝，人们通过信仰可以认识这样一位在确定地点启示出来的上帝。路德的上帝观是辩证的，上帝的可见与不可见，可知与不可知的两个方面有机地统一起来，标示着路德对终极实在的理解是比较全面的。当然，路德实际上对经院哲学家关于上帝本身的沉思和思辨并不感兴趣，其上帝观主要侧重于对启示于十字架上的上帝的默想和信仰，因为他能带来对罪恶、生死和地狱超越，而不是关于上帝的高深神秘的思辨知识。

　　相较而言，佛教的无神论思想似乎否定了作为神的终极实在的存在，其实它所否定的只是作为一个绝对超越于一切的人格性终极实在，它把非人格性的终极实在理解为实相、真如、法性、空、阿赖耶识、佛性、本心，等等。惠能作为禅宗巨匠，自然也是否定人格性的终极实在，他更多地把终极实在标示为本心和自性。自性具足一切，万法皆从自性生，是为不二之实性，"实性者，处凡愚而不减，在贤圣而不增，住烦恼而不乱，居禅定而不寂。不断不常，不来不去，不在中间，及其内外，不生不灭，性相如如，常住不迁，名之曰道"。① 这里所说的实性即含藏般若智慧的空性，这是从般若学来看的实在。而本心是从佛性论来看的实在，自心是佛，心生万法，心外无物，这是受到了《大乘起信论》中一心开二门的影响，真如与生灭均统一在一心之中。所谓本心和自性，从哲学的角度来看都是一种预设的本体论实在，明心见性依靠的是般若智慧观照，方法是直觉性的体证认知，即顿悟，对终极实在的认识不是通过概念思维的理论思辨，而是通过体悟证见自性本心中的如来藏清净佛性。当然，这心性中的真如本性，不可思议，即不可以理论思维，起心动念即妄，它不是思想的对象；不可以言诠，言语是无法穷尽对觉悟境界的描述的，拟议即乖。类比来说，惠能所说的真如佛性即是上帝本身，它超越于人的思想和语言

① 惠能：《六祖大师法宝坛经》，参见河北禅学研究所编《禅宗七经》，宗教文化出版社1997年版，第358页。

之外，只在一种悟境或直觉性体验中呈现于人的内心，因此，它不可把握，玄妙难解，其确定性在于生命的亲证。路德所说的通过信仰而认识启示的上帝，上帝将自己启示在信心里的基督里，那是确定无疑的上帝，是居于上帝之道和应许中的，可以言说和思考，并大声传扬。因此，可以说惠能宗教思想中的终极实在是本体论意义上的，而路德则持一种辩证性的实在观。信仰基督是路德救赎论强调的核心，在称义神学讨论中，路德对信仰做了充分的讨论，信仰既有认识终极存在即上帝的一面，也有领受上帝恩典的救赎论含义。信对于惠能而言，意味着一种自信，惠能强调自性自度，明心见性的前提是相信众生本有佛性，本性即佛，自性本有般若智慧，完全可以顿悟成佛，因此信是开悟的前提，正如大乘佛教讲的修行次第：信解行证，信为修行的第一步，正所谓信为功德母，当然惠能没有明确论及信在解脱中的作用，但是其解脱论蕴含着信的预设。

第二章 宗教实践的批判

　　任何宗教都不可能是只关涉内心和灵魂世界，超越性的解脱与拯救虽然是宗教关注的核心，但宗教精神的理念需要落实到日常的宗教生活实践中，由此演绎出系统的宗教修行制度和方法，并慢慢形成了自己的传统。作为社会中实存的组织，各个宗教不可避免地关涉自己的世俗利益，如何将自己的信仰和精神贯彻到世俗事务中，是各个宗教必须面对的现实问题。一般说来，各个宗教都倾向于鼓励那些有助于宗教修行目标实现和宗教组织发展的行为，将其视为善功（good works）并会带来相应的功德（merit），而在宗教实践的具体过程中，善功善行的推广又往往会起到相反的效果，削弱了行为中的宗教精神和价值。

　　基于对宗教核心理论的探讨，路德和惠能针对各自所处时代的宗教状况，对各自宗教的实践展开了批判。路德对中世纪晚期的天主教的宗教实践展开了批判，从前述可知，中世纪晚期天主教会教义混乱、道德堕落、灵性衰退，愿意过宗教生活的人进入修道院，献身上帝，成为神职人员。大多数的平信徒们更愿意听从教会的吩咐和安排，出席弥撒，向神父悔罪，经历各种圣礼，参观圣迹，收集圣徒遗物，购买赎罪券，行补赎礼，做各种各样的善功。天主教的拯救模式基本上是人神协作论，承认救恩来自于信仰中的基督，但人也须为自己灵魂的拯救发起主动，响应上帝的救恩和呼召。中世纪晚期的天主教会，为了弥补教会财政上的亏空，经常举行赎罪券集市，售卖赎罪券，也出售圣徒遗物，宣扬它们有免除相应年数的炼狱刑罚的特殊功效。这样，悔罪不是出自自己的内心和良知，只需钱物就能够买到罪恶的赦免，声名狼藉的赎罪券与圣徒遗物已经吸引了人们对罪恶真诚悔改的关注。

　　赎罪券，或者允许降低补赎要求或减轻真心痛悔的罪人的惩罚，是中世纪的产物，与悔改圣礼的发展历史相关。起初，颁发赦罪的权力掌握在会众手里。一个被会众处以绝罚的悔过罪人，可以为自己的罪感到懊悔（contritio cordis），在口头上承认罪（confessio oris），作出由会众决定的、与教会设立的悔罪法典或法规相一致的悔罪行动（satisfactio operis），然后就会得到罪的赦免（absolutio），并且在会众中恢复教籍。在由教士主持的私人悔改逐渐取代了公开悔改，并逐渐变成了教会圣礼制度的一部分之后，教皇就开始把它当作增强自己权力和财富的工具。赎罪券的发放始于第一次十字军东征时期，只颁发给那些参军的战士，后来也颁发给那些以金钱来代替参与十字军东征的人。当十字军东征的热情衰退之后，赎罪券就逐渐被颁发给禧年期间参访罗马圣地的人们。在公元1300年禧年日，教皇卜尼法斯八世（Boniface VIII）为每一位于当年以及以后的禧年期间来罗马朝圣并行补赎礼的人颁发了大量的赎罪券，完全赦免了悔罪之后仍要偿付的一切今世惩罚。到了14世纪末，大量的赎罪券被颁发给那些付钱给教皇购买的人们。在13世纪期间，为了解释为何教皇能够减轻上帝所要求的刑罚，经院神学家也制定出了关于功德宝库的教义。这个宝库是基督和众圣徒功德的一个储存室，他们所做的多于上帝所要求于他们的。教皇作为彼得的继承人，基督已经给予了他钥匙权，可以在颁发赎罪券的时候从此宝库中提取功德。为了确保教皇对罪人的权威不会随着人的死亡而中止，教皇西克图斯四世（Sixtus IV）于公元1477年宣布教皇也对炼狱里的灵魂拥有管辖权，但是仅以为他们代祷的形式表现出来。普通的基督徒不可能轻易地识别代祷和完全司法审判的区别，因此随意为死者购买赎罪券。

教皇尤利乌斯二世（Julius II）于公元1510年宣布的禧年赎罪券，其收益被用来建造罗马的新圣彼得大教堂。公元1513年尤利乌斯逝世之后，教皇利奥十世（Leo X）又重新售卖这种赎罪券。公元1515年3月，他委任美因茨和马格德堡大主教、哈尔伯斯塔特主教霍亨佐伦的阿尔布莱希特，在其教区和勃兰登堡的一些地区出售赎罪券。阿尔布莱希特为了这三个教区和那条象征其在美因茨的主教权威的白肩带，对教廷负债累累，遂向福格尔家族银行借了许多钱。作为回报，售卖赎罪券所得，一半归福格尔家族和他自己，另外一半上缴给教廷国库。阿尔布莱希特委任多米尼克修士约翰·台彻尔担任自己的代理人，其人自公元1504年以来就替教廷和福格尔家族售卖赎罪券。虽然路德并不了解教皇、阿尔布莱希特和福格尔家族之间在罗马达成的交易内幕，但是他却知道教皇谕旨中以及阿尔布莱希特对赎罪券售卖者所做出的指示条款。他们向赎罪券购买者保证，说经过忏悔者随意挑选的神甫的宣赦，这种赎罪券就能解除所有今世之罪和炼狱之苦。神甫被迫向凡持有赎罪券的信徒宣赦，否则便会被台彻尔革除教籍。而且，无须告罪或悔改，人们能通过赎罪券为炼狱中的死者买到罪的总赦。尽管台彻尔和其他赎罪券售卖者也谈到教会的官方教义，但他们的唯利是图给人一种印象，金钱可以赦免一切滔天大罪所要承受的罪咎和罪罚，而且会直接把炼狱中的受苦灵魂送上天国。

路德 1517 年发布的《九十五条论纲》，并没有就赎罪券的功效做出神学理论上的系统探讨，而是表达出对赎罪券滥用的义愤。他认为赎罪券效能的无限夸大，只会使得平信徒错误地认识到赎罪券能带来救恩，反而放弃了内心的真诚悔改。他并没有反对教皇，反而是出于维护教皇权威，认为教皇对刑罚和罪行的赦免只能基于教会法的规定，教皇没有超越于炼狱之上的权利，只能为炼狱里的灵魂代祷。"信靠赎罪券获得拯救是徒劳的，即使是赎罪券的代理人，甚或是教皇本人以灵魂作为保证"[1]。教会的圣功宝库是否是赎罪券恩惠的来源，这一点并没有经广大基督徒充分讨论，教会的真正财富应该是神圣的福音，含有上帝的荣耀和恩惠，这财富是因着基督的功德而被给予的。相反，赎罪券带来的恩惠，只能是教会促进增收的工具，与十字架上的虔敬和上帝的恩典相比，微不足道，结果只会使人脱离。1518 年 8 月，经过数月的思索和反复修改，他写就了《九十五条论纲附释》，完整地阐述了自己在赎罪券上的观点，坚持教皇没有赦罪的权利，赎罪券只对教会所课处的现世惩罚有效，对炼狱中的灵魂毫无效用。赦免人罪的，不是宗教圣礼，而是信徒在圣礼中的信心。同年，他做了《论赎罪券与救恩》的讲道，指出赎罪券不能代替补赎，只能使得懒惰的基督徒免于受难、善功和对上帝的敬爱，"以为自己能做出罪的补赎，这是非常严重的错误。上帝总是用无价的恩典来宽恕这些罪过，只要求人随后过上良善的生活"[2]。赎罪券只是给了那些懒惰和不完善的基

---

① LW 31, p. 30.

② WA 1, s. 245.

督徒借口，拒绝勇敢地做善功和挑战难以承受的困苦。

　　对赎罪券的批判引发了路德对善功的批判性反思，在 1520 年 5 月出版的《论善功》一书里，路德从福音神学的立场表述了基督徒出自信心的美善工作。该书按照十条诫命的顺序展开论述，在前三条诫的论述中，一至十七条阐明了善功的本质，及其与信仰的关系。自第四条诫开始，每条诫单独成篇，路德详细论述了第四条诫和第五条诫，占了全书篇幅的一半，论述了作为诸般善功首脑的信仰，应当从诫命的尊奉中来证实自身是活泼的信仰，诫命和善功的实行都是因着信心的运作，同时也是信仰的外在证明。

　　路德开篇明确以诫命来区分善功与恶行，"首要知道的事情是，除了上帝命令的以外，没有任何善功。正如除了上帝所禁止的以外，没有任何罪恶一样。"① 他引用了太 19：16—22 来说明遵守上帝诫命是进入永生的关键，善功来自于上帝的诫命，而非来自于工作的外表、大小和数量，也不依从人的意见、法律和习俗来判别。在一切善功中，最重要的是信仰，根据约 6：28—29 中所提及的上帝及他所差遣来的即是做上帝的工，路德提出了"一切善功中第一、最高、宝贵的是信仰基督……因为诸般善行皆从此善行而出，从信仰中接受源源不断的良善。"② 路德肯定信仰是首要的善功，也就说一切尊奉上帝诫命的善功都为信仰所产生，方才蒙上帝悦纳。在人前看为好的行为，如果在信仰之外，仅凭良心行出，那就会是死的，好树结好果子，坏树结坏果子（太 7：17）。因为信仰从耶稣基督而来，所以可以分享基督的恩宠和赦免。很多人视第一诫的工作在于歌颂、念诵、弹琴、念弥撒、守祈祷的时长、建筑并装饰教堂、祭台和修道院、收集宝石、礼服和财物，朝拜罗马和圣地，如果没有用内心的信靠来遵守，这些行为就只是徒有外表，就都不受称赞。正如当时许多愚顽的基督徒炫耀教谕、印章、旗帜、赎罪券、建立教堂、捐款、设立基金、祈祷等等行为，其实都是没有信心的表现。因为信仰对所有行为一视同仁，诸般行为一律平等，因为行为蒙悦纳不是由于行为本身的缘故，而是由于信仰。"因为信仰要作为对上帝的唯一事奉，其他行为不得享受侍奉的名称

----

① LW 44，p. 23.

② LW 44，pp. 23—24.

和荣誉，除非信徒从信仰领受了，即当行为是出于信仰和凭着信仰时，便从信仰如此领受了。"① 可见，信仰与善功的关系为，信仰本身是善功且是一切善功的来源，它使得一切善行具有功德价值，带来救恩和宽恕。

关于第三条诫命，不可妄称上帝的名。路德认为遵守第三条诫命，就要因上帝所赐的无数恩惠赞美他，让赞美和感谢永不止息。避免一切俗世的尊荣和赞美，永不为自己求名，永不歌颂自己，并在各种需求和困乏中呼求上帝。行善若是怕羞和爱慕美名，那就不值得称赞，当存有高贵的动机，即上帝的诫命和应许，以及敬畏敬爱和相信上帝的心。由此可见，路德的善功论是一种动机伦理学，一切善功都是信心的直接产物。关于第四条诫命，当守安息日为圣日。这意味在安息日要放下一切的劳作，专事敬拜上帝，如参加弥撒、祈祷、主日听道。路德批评了当时普通信众在圣徒节和主日上的表现，听弥撒讲道而无教诲，祈祷而无信仰。大家只用眼观弥撒，用耳听讲道，用口做祷告，一切都变得形式化和肤浅化。真正的弥撒是要带着心灵参加的，并将基督的话背诵出来，因此，除非一个人心灵忧伤，渴慕上帝的怜悯，盼望脱离罪恶，就不能从弥撒中获益；讲道应该宣传上帝的福音和美好的约，要引起罪人为罪而忧伤，心里渴慕福音宝贝；祈祷不应该按照常规数算经页和念珠，而是要专注某种急需，诚心渴望可以获得，用信心仰赖上帝，不怀疑他必然会垂听。祈祷是信仰的一种特别训练，而信仰是使祈祷得蒙悦纳和应许的前提。"一切教堂和修道院里面固然充满了祷告唱诗，但是为何很少有进步和恩惠，事情反而愈来愈坏呢？……因为祈祷没有信仰和信靠，便是死的，只是一种难堪的劳苦和工作而已。它若得到什么，也不过是属世的利益，对心灵没有什么助益，甚至大大地伤害并蒙蔽心灵，以至于他们行他们的道，啰啰唆唆，不管自己是不是接受，或渴望，或信靠，他们在这种不信中极其反对信仰的运用和祈祷的性质。"② 路德极为重视祷告在基督徒生活中的重要性，将其视为神学研究的三要素之一（其余为试练、默想）。要认识善功和实行善功，需要凭着信心操练自己，首先带着自己的急需和苦难，言出由衷，心里存着信仰和渴望，诚恳地希求口中所说的，不怀疑必蒙听允，那才是上

---

① LW 44, p. 33.
② LW 44, p. 59.

帝看为伟大的行为。信徒不要觉得自己非得变得纯洁，才能对上帝有所祈求，而且不相信上帝会聆听罪人。其实上帝并不仇视罪人，他只是敌视不信之人，因为不信之人不悔罪，也不求上帝的帮助与治疗，反倒自洁自持，无须上帝恩典，不让上帝成为一位只与不求的上帝。更美好伟大的祷告是共祷，是为着全基督教、众人、仇敌和朋友的需要，特别是为着本教区或主教区里面的人的而举行的。共同的祈祷是大有能力和宝贵的，教会也因此被称为祷告的殿堂。路德将安息诫命分为两种：身体的安息和灵魂里的安息。前者是指的是停止营业和工作，以便聚集到教堂，观弥撒、听上帝的道、作共同的祷告；后者指止息我们自己的工作，唯独让上帝在我们里面做工。灵魂安息首先是要借着自己的努力，抵挡自己的肉体、感官、意志和思想，训练肉体，使得肉体安息，禁食、警醒、勤劳并非是善功。安息意味着止息自己的工作，让上帝掌权，路德说道："以安息日为圣，于是一个人不再引领自己，不再为自己求什么，也不再有什么能以扰乱他，上帝自己要引领他，除了纯洁的快乐，平安和其他诸般美德和行为以外，不再有什么。"[1]

第五条诫命，当孝敬父母。路德认为孝敬父母是第二块法版中最好的善功，孝敬父母即服事尊长，孝敬高于爱，包含一种畏惧，畏惧与爱联合，是真正的孝敬。这条诫命在家庭生活中非常重要，父母要将前四条诫命教导孩子，让他们服从上帝。父母若是溺爱孩子，教训孩子只追求今世的快乐、尊容、财产、世上的权柄，便会造成他们的不孝敬。父母应该训练儿女的心灵，让他们侍奉上帝，造就他们，双手便满有善功，把家庭当作福音传扬的场所。"上帝以你的家作为他们的医院，以你作为他们的护士长来看护他们，并以善言善行给他们为饮食，使他们信仰、信靠、敬畏上帝，寄希望于上帝，尊敬上帝的名，不起誓，也不诅咒，以祈祷、禁食、警醒，勤劳克制自己，参加崇拜，听道，遵守安息日，好叫他们学会轻看属世之物，忍受不幸，既不怕死，也不贪生。"[2] 这条诫命的第二种行为乃是尊敬并服从属灵的母亲和权威，即基督教会，遵循她所吩咐、禁止、指派、规定、释放和捆绑的，并且要尊敬、畏惧、喜爱属灵的权威，

---

[1] LW 44, p. 78.

[2] LW 44, p. 85.

如同我们尊敬、畏惧和喜爱父母一样，在不违反前四条诫的事情上服从此权威。路德注意到当时教会的弊病，不乏属灵的权威，缺少属灵的治理，同时批评了属灵权威的滥用，恐吓信徒、实行特赦、收费和宽免教会权力以外的宽恕，不应保留禁食日和节日。这条诫命的第三种行为是顺服世上掌权的，如罗 13 和提 3 所说，世上的君王是上帝的佣人，有责任惩罚作恶的，保护良善的。与属灵的权威相比，属世的权威作恶造成的伤害较小，因为属世的权力无论行善作恶，都不能伤害灵魂，所以属灵的权威行不义时，必须抵抗，但世上掌权的，虽行不义，也不应抵抗，这是路德政治思想保守的反映。路德认为世上的权威有三件特别的工作，一是禁止可怕的贪食和醉酒；二是禁止奢华服饰；三是废除买进收租权。这条诫命的第四种行为乃是仆人和工人对主人和主妇的顺服，仆人和工人的顺服，主人和主妇的体谅，都体现出信心中上帝的慈爱。"服从是受治者的责任，体谅是治人者的责任，就是治人者要小心治理人民，善待人民，在凡事上造福并帮助人民。那是治人者到天上去的道路，是他们在地上所有的最好行为，他们有这些行为，比没有这些行为而专行奇事，更容易蒙上帝悦纳"。① 仆人对主人，工人对主妇的服从，实际上是顺服上帝，尊奉上帝诫命的体现。

前五条诫是在心灵中工作，它们将人掳掠过来，加以治理，使其顺服，好叫他不赞美自己，不抬高自己，反倒谦卑认识自己，让自己接受领导，可以抵挡骄傲。接下来的诫命涉及人的邪情私欲，要将它们除灭。第六条诫命，不可杀人，是针对愤怒和复仇说的。这条诫命要求人有温柔的行为，包含诸多善行，排除许多恶事。表面的温柔徒有外观，真正的温柔是完全善良的，向对手和仇敌表示出来，不伤害他们，不施报复，不加诅咒，不说他们的坏话，不蓄意陷害他们，即使他们将自己的财物、尊荣、生命、朋友和一切都夺去，却仍然如此待他们。甚至以德报怨，心存善意，为他们祷告。第七条诫命，不可奸淫，这条诫命要求人要心灵纯洁或贞洁。为要保持贞洁，必须行很多善功，以禁食节制代替贪食醉酒，警醒早起代替懒惰多眠，勤劳代替闲散。对内心淫欲的最坚强防御是祷告和上帝的道，凡活着仰望从上帝得一切恩典的人，便以心灵的纯洁为乐，因此

① LW 44, p. 99.

更能抵抗肉体的污秽。路德认为真正有价值的贞洁并不是那安逸的贞洁，而是那与不贞洁作战，并将肉体和邪灵用以攻击它的一切恶毒不停地加以铲除的贞洁。第八条诫命，不可偷盗，乃是要抵挡人性中的贪婪。"贪婪源于不信，慷慨源于信仰。一个人若信靠上帝，他便慷慨，不会疑惑他常常有够用的；相反一个人之所以贪婪忧虑，乃是由于他不信靠上帝……没有信仰，慷慨便没有价值，反是浪费金钱了。"① 人若愿意不仅行善，而且行神迹，蒙上帝称赞，便不追求金钱，倒是让金钱来追求他，这才是真正的慷慨。第十条诫命，不可做假见证陷害人。这条诫命是要禁止舌头上行恶事。隐匿真实，说谎做假见证，致使他人受诬，如同因受贿而缄默的人一样，偏离福音真理，不愿为福音和信仰的真理做见证。这条诫同样包括信仰，信仰必定是不做假见证的工头，没有信仰，一切形式和名称上再完美的善功都是死的，人也没有勇气实行诫命。

　　总而言之，路德是以上帝的诫命来规定善功，认为信仰才是首要和最大的善功，且是其他一切善功的来源。路德根据自己的灵命经历和神学突破，冲破了中世纪天主教善功称义和修道主义的藩篱，提出"因信称义"学说，清除了中古天主教信仰和善功同为获救必须条件所造成的思想混乱，带来了信仰生活的新变化。凭借信仰所从事的各种职业和日常生活，是服事上帝的最美好场所，都是善功。这样唯我独尊的教士，世人皆浊独我清的修士，在福音和信仰面前，与平信徒便是平等的。路德的善功观改变了中世纪天主教会的宗教实践和作风，回归到使徒时代的福音教会立场，提高了一般职业和生活的宗教价值和责任，改良了教会和社会的风貌。

　　惠能对宗教善功的批判，主要体现在功德与福德的区分之上。许多佛教徒将福德视为功德，以为善功的回报是福德，修行的目的也是求福报。福德是世俗性的幸福，以此为修行目标，必然与佛法解脱法门相乖离，达摩批评梁武帝不知正法即是此理。武帝心邪，造寺度僧，布施斋戒，做了有利于佛教发展的种种善行，为中国佛教徒亲自制定忏仪，被佛教徒视为大护法，善功不可谓不卓著。然而，这一切善功都是外在的行为，并不能导致个体生命的解脱，功德是指能够导致解脱的一切宗教修持善行，能断生死，能得涅槃，能度众生。真正的功德在法身之中，是净智妙圆、体自

---

① LW 44, pp. 108—109.

空寂、超越世间的如来清净智慧德相。惠能视见性为功，念念无滞，常见本性，真实妙用，实为功德。发明心性，显露佛性，智慧妙用，明心见性的一切努力都皆被视为功德。福德与功德的区别在于，福德是可以自他共同受用的，是善行的果报，而功德则不是缘起所缘的果报，是自受用的善行，是成佛的关键，可以帮助修习佛法的人勇猛精进，直驱一真法界。功德在自性之中，只须启明自性般若，证悟自性，是导致解脱的根本善行；而福德则是外在的善业，如果只修福不修道，形同迷人，心中罪恶仍旧没有去除。功德在自性中，自性功德，自性自悟。正是基于自性功德观，惠能才对禅门的诸多修行方法，如忏悔、坐禅、念佛等做出了批判，善行是无边无际的，以有生之涯，追求善行的回报即福德，不免蹉跎，真正要紧的善行应该是导致生死解脱的明心见性。在此，我们看到了路德和惠能在善功本质上的一致方面，都从救赎论或解脱论的立场上来反思善功，路德认为使人获得救恩的信仰才是首要的善功和一切善功的来源，在上帝眼里具有最大的功德。惠能则直接认为功德在自性中，不假外求，开启自性般若，明白本心即佛，就是功德，其余皆是福德。善行无边，需要以更高的智慧或信仰加以判别，从信仰或智慧中生发出的善功才是表里如一的善行，缺乏信仰或智慧的善功，只徒具外表上的善。

　　佛教是出世的宗教，出家修道，摆脱世俗的牵挂，过一种清净自在的生活，这是众多佛教徒的理想。但是在大乘佛教中，也有许多在家信徒，修行进入很深的境地，有很大的成就，如维摩诘居士。出家人被称为僧人，僧是梵语"僧伽"之略称，意为众，凡三比丘以上和合共处称为众（旧译作四比丘以上）。出家制度并不是佛教特有的，印度古代各教派都有出家的规定。其出家者统称为"沙门"，义为止息一切恶行。印度其他教派既未传入中国，于是沙门也就成为出家佛教徒的专用名称了。世俗也称比丘为'和尚'。和尚是印度的俗语，若用梵文典语则是'邬波驮那'，意为亲教师，与习俗所称师传相同。世俗又称比丘中的知识分子为"法师"，意谓讲说经法的师傅。其中比丘，沙门二词多用于书面语；僧人，和尚多用于口语。男性出家人称为比丘，女性出家人称为比丘尼，根据戒律制度要分别承受不同的戒法，有沙弥戒，比丘戒和菩萨戒。在家弟子男性称为优婆塞，女性称为优婆夷，合称为居士，居士也可受戒，有五戒、比丘戒。出家人可以舍弃戒律，还俗过普通人的生活，称为舍戒。出家人如果违反戒律，仍然待在寺庙，那就是破戒，要当众悔改并接受责罚。总的说来，佛教认为众生平等，四众弟子在生命上是平等的，区别只是道行的深浅和对佛法的领会不同，都在佛道上精进同修，信解行证，趋入涅槃解脱门。当然，普通信徒对荷担如来迦叶的出家人要保持尊敬，对道行高深的僧侣要生起敬仰之情。佛教虽然有僧伽制度和各种戒律，但寺庙里的等级关系层级不多，基本上保持着和合共修的僧团精神，各个寺庙间（除去子孙庙外）并没有领导关系，没有一个类似罗马教廷那样的中央集权教阶体制。

大乘佛教特别重视菩萨行，提倡入世度人的精神，菩萨要留一丝烦恼，贬低声闻、缘觉的自了独觉趋向。因此，大乘佛教认为世间即道场，正所谓出世即世间，涅槃即生死。相比寺庙的清修，世俗生活充满了种种障道因缘，某种意义上，需要坚不可摧的定力和高深的智慧，阻碍越大，烦恼越多，解脱得方才更彻底，在佛法的解悟上会有更大的成就。在四众弟子之间的关系上，惠能基本上沿袭了佛教的共同看法，佛教众生平等的教导，似乎对于出身寒微的他有着更大的吸引力，刚礼拜五祖时，他的佛性本无南北差别的超绝之言，就是一个明证。作为祖师，他在说法接引善知识时，并没有表现出任何的自是和傲慢，反而是自信中生发出的平和。"迷时师度，悟了自度"，师傅只是修道路途上的助缘，"若自不悟，须觅大善知识，解最上乘法者，直示正路。是善知识，有大因缘，所谓化导令得见性，一切善法，因善知识能发起故。三世诸佛，十二部经，在人性中本自具有，不能自悟，须求善知识指示方见。若自悟者，不假外求；若一向执谓须他善知识方得解脱者，无有是处"。① 智者与愚人，只在迷悟之间，终究是平等的。因此，在修习佛法上，出家僧人并不比普通信徒拥有更优越的智慧和地位，惠能批评西方净土修行时说道："若欲修行，在家亦得，不由在寺。在家能行，如东方人心善；在寺不修，如西方人心恶。"② 修道在于治心，心外一切场所都无关紧要，惠能的明心见性教义，完全否定了心外求佛的一切路径，道由心悟，佛性人自具足，因此出家修

① 惠能：《六祖大师法宝坛经》，参见河北禅学研究所编《禅宗七经》，宗教文化出版社1997年版，第333页。

② 同上书，第337页。

道的僧侣和在家修道的居士，都能悟道成佛，救度他人。四众弟子皆应在忏悔后，发四弘誓愿：自心众生无边誓愿度，自心烦恼无边誓愿断，自性法门无尽誓愿学，自性无上佛道誓愿成。

　　天主教的修院制度由本笃于 6 世纪初创立，他在卡西诺山上创立了基督教最早的隐修院，制定了《本笃会规》，修士入院需发三绝誓即绝色、绝财和绝意，奠定了西方修院制度的基础，被称为西方隐修生活的始祖。中世纪是信仰的时代，出现了很多修院和修会，如克吕尼修会、西多会、多米尼克会、佛兰西斯会、奥古斯丁会和加尔默罗会。路德作为一名奥古斯丁修会修士，在批判赎罪券和教皇制之后，逐渐认识到修道主义与圣经上的福音真理不相符合。1520 年，在《致德意志贵族书》中，路德谈及了修院生活和教士独身问题。在瓦特堡隐居期间，维滕堡发生的改革状况促使路德全面详尽地思考修道誓词和修道主义问题。马格德堡和梅森教区的三位神父结婚的消息，促发了关于教士独身问题的激烈辩论，路德的同事卡尔斯塔特很快出版了论文和书籍，主张所有教士都应结婚，而且 60 岁以下的人不应进修道院，此年龄下的修士和修女都应结婚。很快，路德的学生神父巴托罗缪·本哈迪（Bartholomew Bernhardi）结婚了，梅兰希顿认为这是个人的私事，而且圣经和早期教会也不禁止教士结婚。路德很快写了致维滕堡教会主教和牧师的《论修道誓词》，根据因信称义的理论基础，他主张修道誓词与基督教根本教义相悖，是不虔敬和无约束力的。尽管他没有激烈地谴责修道生活，但他认为修道主义会导致颠覆福音，修道主义的普遍实行，会造成很多危害。当时许多修道士都抛弃了道袍，离开了修院，路德认为留下来的僧侣应该要保持好的良心，并对事态的发展表示担心，遂写下《马丁·路德对修道誓词的审判》一书，此书并非论战檄文，而是给那些已经离开和将要离开修院的修士修女们写的。该书于1522 年出版，同年 6 月 13 日校订再版。

　　路德以一封致父亲的书信作为序言，坦承自己发修道誓词是侵犯了十诫中的第五条诫命，致使父亲长期不悦。16 年后，他认识到当年的修道誓词不值一文，救主已经将其从誓词的束缚中释放出来，如今"他是一位僧侣，但也不是一位僧侣；道袍属于他，而不是他属于道袍"。[①] 路德

---

① LW 48, p. 335.

并不否认发誓和守誓能带来灵性上的保障，他更希望错误的信仰不要撕裂父子亲情，但问题的关键在于什么才是真正的誓词。路德从五个方面来回答此问题。第一，修道誓词不是上帝之道的命令，相反与之相悖。凡不是基督所命令和喜悦的都不属信仰，而是罪恶。修道誓词的内容并不独属于修道生活，而是属于全体基督徒。基督徒的真顺服是变得谦卑并与邻人和睦相处。真正的守贫是不求自己的益处，只以己有谋邻人之福。修道主义对此的理解是肤浅和外在的，不是出自于信仰。第二，路德认为修道誓词与信仰相悖。把永恒的誓词当作获救的必然条件，就否定了基督并拥抱事工称义。基于因信称义的道理，路德毫不犹豫地宣称修道誓词是徒劳空虚的东西。第三，强调修道誓词的必要性和永恒性是对基督徒自由的侵犯。路德并未倡导废除修道生活，只是说人应该自由选择去过修道生活，要有一颗不依赖和相信事工的自由良心。修道生活与人所选择的其他生活一致，绝没有优越于其他生活的地方。因此，修道生活应该与其他生活一样，二者都致力于邻人的福利和反思上帝之道，宗教生活和世俗生活的差别仅在形式而非内容。第四，修道誓词极大地触犯了第一条诫命。它以信仰取代工作，将宗教修会的创立者抬升到基督之上，不仅否定基督徒对邻人的责任和义务，实际上还起到了阻碍作用。他们阻碍儿子关心父亲，使那些发誓者免除了慈爱的工作。第五，修道誓词与日常感知和理性相违背。他清楚地说明出于某些原因，人不可能持守誓词，比如疾病、监禁和缺钱，容许有特许。但是在独身的誓词上，不容有特许，所以它是对灵魂和肉体的折磨。

该书最后部分，路德对安贫、顺服和守贞三个修道誓词做了总结性的陈述，以福音和上帝之道的精神来审视它们。贫困分为灵性和物质两种，灵性困乏的人有福了，将得到天国的奖赏，这是真正的福音的守贫。而修院守贫誓词是由撒旦设计出来，给修士一个借口，使信徒免于帮助贫困人的责任，无须承担爱邻人的工作。该誓词使他们关闭在修院里，所以根本不可能帮助别人，不从事劳作，反而受人服侍。顺服分为福音的顺服和肉体的顺服两种，前者是在洗礼时发誓的，不可更改，要求服从他人。后者是指由妻子、孩子、儿女、奴隶和囚犯出于某种原因对他人的顺服。福音的顺服是自由和自发的，没有任何的负担，顺服他人，不是出于他人的命令和要求，除非上帝要求这么做。和前两个誓词一样，守贞誓词也只能在特定时间和地点有效，它有其不虔敬之处，自夸信仰，认为其胜过普通的一般信仰，这简直就是对基督的不顺服。并不是处子和守贞的人将得到救赎，而是所有的基督徒都会得到拯救。在基督里，只有一信，一洗和一主，男人和女人，处女和妻子均没有分别。如果没有信心中的灵的临在，贞洁就没法保持，守贞的事工也不蒙上帝悦纳。圣徒们正是这样来理解贞洁，并以欢快和喜悦的心情来守贞，毫无瑕疵和丑闻。该书最后章节里，路德以信仰的立场来理解修道誓词的本质，根据良心的反思和考证《圣经》，路德对修道誓词做了总结性的评价，"圣经的某些证据清晰明确地证明，修道誓词本质上与上帝之道、福音、信仰、基督徒自由和上帝的诫命相悖，更不用说与普通常识及其内在矛盾的冲突。"① 在对提前5：1解释的附录中，路德赞同卡尔斯塔特的观点，任何人60岁以前都不应该进入修道院。在对修院誓词的反思中，路德站在圣经和福音的立场，探讨了誓词的本质，这无疑是符合圣经真理的，但他对修道誓词的某些攻击却是偏颇的，修道主义作为宗教生活的一个独特领域，禁绝性欲，抛弃私有财产，单独侍奉上帝，过一种灵修的隐居生活，探索人类灵性生活的各种可能性。至于他批评修道士放弃劳作，免除对邻人的服侍工作，便是有些牵强，职业有分工，个人的社会涉入可深可浅。福音和信仰生活在社会生活中体现得更为明显，路德冲破修道院的藩篱，要在社会职业生活中贯彻宗教信仰生活，将信仰和基督教爱的精神在社会和家庭生活中实现出来，考虑到人性的自然状况，杜绝修院修士的种种丑闻和恶行，这与大乘佛教的世出世间一致的精神一致，也与惠能修行不由住寺的观点一致。当然，不能忘记，惠能是出家僧人，一生过着修道生活，而路德是从修院破墙而出，积极投身到以福音和信仰精神改革社会宗教生活的改革家。

前面谈及中世纪罗马天主教效仿罗马帝国的政治制度，发展出了中央集权的教会体制，有着等级森严的教阶体制，有自己的教会法规和法庭，拥有大量的土地和庞大的神职人员，其首领是教皇或教宗。天主教会出于维护教会利益的缘故，不断强化教皇制及其权威，以三大神学理论来支撑"教皇至上论"。第一，教皇是上帝在尘世上的代表，是宗教和精神的领袖。根据托马斯·阿奎那的神权政治理论，教权必定高于世俗的王权，英

---

① LW 44, p.354.

诺森三世的名言，"教皇是太阳，皇帝是月亮"，就是教皇享有最高权威的最佳诠释。教皇具有对世俗政权和万民的领导权、《圣经》解释权、教会立法权、赦罪权、终审裁判权，其发布的通谕在整个基督教世界都将得到实行。第二，教会之外别无拯救的理论。教会是人神交往的中介，教皇手中握有天国的"钥匙权"。信徒的祈福和赎罪都只能通过神父主持的七项圣礼，才能得到上帝的施恩。信徒在罪得赦免之后，必须听从教会教导行补赎礼。第三，教士特权论，由于教皇是耶稣门徒彼得的继承人，便拥有钥匙职，各级神职人员都掌握着神权，只有通过他们主持的圣事，恩典才能降临。神职人员是受了神的"印记"的人，所以是特殊的"属灵阶级"，高于世俗君王、贵族、市民、农民、平民和手工业者。

自路德发表《九十五条论纲》以来，赎罪券风波给教会带来的最大威胁不是赎罪券在神学理论上的澄清，而是教会权威的名誉扫地。1519年7月4—14日，路德在莱比锡大学与埃克进行辩论，主要就第13条论纲展开争辩，涉及教皇权威与罗马教会的管辖权问题。罗马教会的管辖权仅仅是400年前教皇谕令和教会法的产物，古代教会罗马主教对东方希腊教会无管辖权。基督并未单独授权彼得来管辖其他使徒，也未承诺这种权力可以由彼得的继承人罗马主教掌握。教会和使徒继承人的主要职责是喂养基督的羊群，就是向基督徒传扬上帝之道。所以，钥匙职便被解释为宣扬福音的诫命。教会的存在仅仅是因为基督的临在，基督临在于按其诫命传扬福音与施行圣礼的地方，教会的元首是基督。1520年5月初，佛兰西斯修士阿尔维尔德（Alveld）用拉丁文写了一篇反驳路德的论文，题为《论教皇之管辖权》，主张教会必须有一个行政首脑，因为任何一个人类共同体都有这样的头。接着又写了一部向平信徒宣传捍卫教皇统辖权的小书，惹恼了路德，遂在不到两周的时间之内（5月8—20日），写就了《论罗马教皇制度——答莱比锡的罗马著名人士》。路德认为阿尔维尔德是用人的理智来证明信仰，信仰必须以《圣经》为根据。他以基督徒的自由和公民的自由为前提，证明无论在政府和教会中均不必有一个人做唯我独尊的头。路德在此文中探讨了教会的性质，教会是信仰基督属灵的合一（communio），即《使徒信经》中的圣徒相通。缺少这种属灵的合一，任何空间、时间、人物和事工等的合一都不足以构成一个合一的教会，教会外表的合一并不重要。基督徒若在属灵的合一中便是在真教会中，信仰才是判别真教会的标尺。一切属灵真教会所具备有形的恩典工具和标记就是圣洗礼、圣餐礼和福音，哪里用信仰领受这些，哪里就有真教会。路德的教会观实际上与奥古斯丁无异，真正的教会是无形的属灵团契。路德驳斥了亚氏以教皇为有形教会首领的说法，以经解经，证明亚伦并非教皇而是基督的预表，磐石是指基督和信仰，并非指彼得，基督所赐的钥匙权，并非是给彼得的，那是给全教会的。他也指明钥匙权只涉及告解礼，将罪捆绑或释放，但罗马教会竟然将其作为管辖人的工具。此时路德虽认为教皇权威出于人而非上帝，但他仍然尊重教皇权威。前面已述，惠能及禅宗的僧团是依寺而住，师徒相授，虽有百丈怀海制定了丛林清规，但修行的和合僧之间的关系，仍是同道同修，类似于路德所说的福音教会，主导僧团的是内在的佛法，外在的戒律清规并不能给人以管制他人内心的权利。

　　1520 年 6 月 15 日，路德在接到教皇绝罚通谕之后，走上了与罗马教会和教皇决裂的道路。花了两星期的时间写就了《致德意志基督教贵族公开书》，公开指责罗马教会的腐败，拆毁了教皇制赖以存在的三道城墙：属灵权威高于属世权，只有教皇有权解释《圣经》，只有教皇有权召开教会会议。罗马教会正是借着这三道城墙的庇护，才稳固地窃取了属灵和属世的双重权力。路德根据《圣经》，揭示出信徒皆为祭司的真理，以此击破罗马教会的三堵城墙，世俗政府并不在教皇管辖权之下，在其职权范围内可以统治属灵权，个人有解释《圣经》的权利，基督教政府有权召开教会会议，并改革教会。他在该书中做了如下建议：抑制教皇擅权；委任圣职；征税；准许教士自由结婚；遏制修道主义，减轻或取消教会律例的处罚，改良婚姻律；消除强迫的禁食；约束滥发特许、安魂弥撒、朝圣等；废除野外小礼拜堂；减少教会节日；禁止乞食修道；应公平对待波希米亚人胡斯，改良大学中的神学教育；反对将俗务提交罗马；改良法律，取缔重利、奢侈、醉酒、败德等行为。该书将基督徒从教皇制度中解放出来，任何信徒都有权解释《圣经》，并参与到教会改革事工中，同时激发了德国民众的民族精神，反抗罗马教会长期以来对德意志民族的专制压迫和经济盘剥。

　　接着，路德写就了《教会之巴比伦之囚》，他以犹太人历史上的巴比伦之囚做譬喻，意指欧洲基督徒被掳掠离开《圣经》，被迫屈服于教宗制度的暴政，而这一暴政的实施是靠圣礼制度，尤其是圣餐礼和弥撒。路德在该文中讨论了罗马教会的全部七项圣礼，一半的篇幅集中于圣餐礼和洗礼。他以《圣经》为准绳，只承认由基督借有形之物赐无形之恩所设立的才是圣礼，圣礼存在于上帝的应许之言与外在标志的结合之处，应该凭着信心去领受。所以符合此条件的圣礼只有圣餐礼和洗礼，在此书结语里他写道："所以严格说来，上帝的教会只有两种圣礼——洗礼和圣餐礼。因为只有在它们里面，我们才能看到神所设立的记号和赦罪的应许。"①路德批评罗马教会在圣餐礼中的暴政、将圣杯从平信徒手中夺走、变体说中的奥秘，以及弥撒献祭中的巫术。罗马教会相信弥撒是基督道成肉身和钉十字架的重演，其中饼酒由神甫献上之后就变质为基督的肉身和血，基督在祭台上再次死亡，其身体被分发给领餐者。由于担心平信徒不慎打泼了基督的血，所以就不给他们圣杯，而只给神职人员。路德反对这种巫术般的圣餐观，否定"变体说"，主张"临在说"，即圣餐是上帝恩赐的，饼酒并未变质，因着基督设立圣餐时所说的话语，基督的身体和血便临在饼酒中而赐下恩典，基督道成肉身和钉十字架只有一次，神甫用弥撒祭使基督道成肉身，以基督为献给上帝的祭品，与圣经道理不符。路德特别强调要亲自用信仰领受圣餐中的应许，纪念基督之死，心存感激，才能蒙恩得救。他反对罗马天主教会为罪恶、补赎、死者和人的需要而举行弥撒祭，主张弥撒祭应该使用民族语言，以激发信徒的信心。路德将弥撒祭改为圣餐礼，击中了罗马教会圣礼制度的核心，他认为饼酒同时赐下，所以平信徒应该领圣杯，实际上将信徒从神职人员操纵的弥撒祭仪中解放出来。路德认为罗马教会忽略了洗礼中的上帝应许和对应许所生的信心，只注重外在的形式和记号，使人得救的是洗礼中的上帝应许。人生只能有一次受洗，受洗时发的誓言是对上帝的永远皈依，他否认罗马教会的修道誓愿，批评以修道为第二次洗礼的修道主义观点。

对于告解礼，路德只希望保留补赎礼的纯粹形式，不承认其为圣礼，因其缺乏基督设立的有形记号。他强烈反对神甫施行的告解礼，神甫利用告解使信徒效忠于教皇的专制和敲诈勒索，罗马教会将基督所赐的赦罪应许变成了暴虐无度的专制，用来建立超越世俗政权的统治，将神借神甫赦罪的宣布变成了神对神甫赦罪的追认。他斥责罗马教会将应许和信仰废弃

---

① 路德：《路德文集》第一卷，上海三联出版社 2005 年版，第 386 页。

而代之痛悔、认罪和补罪，将痛悔置于信心之前，视为个人的努力，将私人自愿的认罪变成了强迫的认罪，并将罪保留，将补罪置于宣赦免之后，使得补罪成了敷衍了事的行为。对于路德而言，不再犯罪是悔改的最高形式，新生是最好的悔改。路德坚决否认了其他五项圣礼。他视坚振礼为按手礼，因没有神的应许，这就解除了教会对青年人的辖制。路德将弗5：31中的"圣礼"，希腊文解释为奥秘，意指基督与教会。他赞成神甫应当结婚，主张性能力的丧失使得婚姻无效，批评罗马教会因贪婪加诸婚礼上的种种仪式规定。婚姻是神圣的，但非圣礼，这就将成年人从罗马教会的辖制下解放出来。路德认为圣职礼是教会选择传道人的一种仪式，并非圣礼，并不能将一种"不可磨灭的身份"加诸受职者身上，使其超越平信徒。路德在此重申了众信徒皆是平等的祭司，神职人员不过是会众同意，分派出来传道并施行圣礼的人，在特殊情况下也可由会众派立任何平信徒，执行此职责，故无所谓教士特权阶级，这就将平信徒从教士阶级的辖制下解放了出来。路德驳斥罗马教会根据雅5：13设立临终膏油礼，将为病人涂油祈祷，身体痊愈并蒙赦免，演变为临终膏油圣礼，这就将老年人从罗马教会的辖制下解放出来。

　　路德根据《圣经》，将罗马天主教会的七项圣礼缩减为两项，提出了信徒皆祭司的平等原则，摧毁了神职阶层凭借圣礼所攫取的特殊地位。圣礼是上帝之道所提供的上帝应许的标志，它是为信仰而存在的，若没有信心的参与，对人的拯救毫无作用。圣礼的有效性只在于信仰，不取决于人的权力和地位，他在《为所有信条辩护》第7条中说道："确信圣礼不依圣洁、地位、权力、财富、帽子、手套、教皇、主教、神甫或修士而定。它们取决于你的信心，以至不论给你宣赦的人是否圣洁、地位高低、贫富、是教皇或是神甫，你都坚信是上帝借他赦免你，你就得了赦免。"① 可见，路德是以基督徒信心的自由，将信徒从罗马教会的专制主义、礼仪主义和修道主义中解放出来。惠能对当时的禅门仪轨几乎没有论及，他只关心如何发明自性般若智慧，出离生死世间，一切仪轨都应服从解脱的需要，应该导向超度世间、到达彼岸的终极目标，才会具有价值和意义，这一点上，惠能与路德有共同的地方。惠能对念佛往生法门的批判，西方人

---

① 路德：《路德文集》第一卷，上海三联出版社2005年版，第532页。

造罪，往生何处的质疑，仍然是以自性般若为本，念念见性便弹指间到西方，面睹如来，"若悟无生顿法，见西方只在刹那"。进香本是佛教徒表达恭敬三宝的仪式，惠能传自性五分法身香，仍旧是在强调自心内熏，莫向外觅。忏悔仪式也是佛教徒修行的必要法门，忏其前愆，悔其后过，关键在于前念今念后念，悉皆忏悔，永不被愚迷、骄诳和嫉妒染污，永不复起。惠能传无相忏悔的意思，是要以智慧断绝前业，悔过自新，不再犯罪。皈依三宝，是佛教徒修行的必行礼仪，惠能传无相三皈依戒，主张皈依自性三宝，以觉喻佛，以正喻法，以净喻僧，皈依自佛，不皈依他佛，"今既自悟，各须皈依自心三宝。内调心性，外敬他人，是自皈依也"。①无论是圣礼还是禅门的修行仪轨，都必须在其中体现出宗教救赎或解脱的精神，并以此为裁决宗教实践的标准。对于路德而言，圣礼因信心中的上帝应许和恩典而有效，并不取决于实行圣礼的人或外在的合规仪式；对惠能而言，修行仪轨都要导向修心，明心见性，自性自度，才能使修行仪轨导向解脱顿悟的法门。

---

① 惠能：《六祖大师法宝坛经》，参见河北禅学研究所编《禅宗七经》，宗教文化出版社1997 年版，第 342 页。

第三章　宗教的革新和贡献

　　作为宗教改革家，路德因发现"上帝之义"的真义，重新恢复了保罗所讲的"因信称义"的圣经真理，奠定了新教神学的理论基础，为整个宗教改革运动做了理论上的准备。前述路德实现了称义神学的突破，实际上就是突破了经院新学救赎论的模式，契约神学就是一个明证。契约神学认为人应主动发起自己的拯救意愿，尽其所能地做到教会及上帝所要求的一切，持守契约关于人这一方面的约定，尽自己的责任和义务，做出相应的善功。当然，人所做的一切只是救恩的必要条件，并不是决定性的条件，上帝的恩典才是决定性的，人的努力和善功在上帝眼里根本不值一文，上帝只是出于对人类的爱和情谊，把它们算为功德，而赐予人获救的恩典。契约神学是中世纪救赎论中人神协作走向拯救的一种形式，托马斯的人神协作论，承认人性中有一种受造恩典，一切善功和圣化均由此而来，似乎人的努力和功德配得救恩的奖赏似的，是一种配享的功德，看起来更符合人的理性。相较而言，经院新学的契约神学更多地削弱了功德在拯救中的重要性，拯救依赖于神人之约定，意含拯救在于上帝和人对契约的信守，契约的实现需要立约双方的诚信来做保证，最终还是要相信上帝的恩典允诺，这就把信仰在救恩中的重要作用凸显出来了；而人在上帝恩典的作用下圣化自己以成义的托马斯观点，更多地强调了拯救之中人的主动参与，其中爱的行为是蒙福的重要保障，尽管救恩的临到是上帝意志的自由行为，但爱德明显高于信德，因此信仰在人神拯救合作中的作用就被淡化了。

　　从路德的神学突破历程来看，他先是在契约神学的框架内发展谦卑神学，视谦卑为神人契约对人的最低要求，随后路德认为人信仰基督的行为能满足最低条件，但一直未有获救的保证，灵里未尝到救恩的平安和喜乐。最终，他彻悟获救称义靠的是基督里的信仰，这信仰却不是人的行为，而是上帝对个体的特殊恩典，是一项恩赐礼物，与人性中的任何特质或善功努力无关，这就突破了整个中世纪人神协作救赎论的框架，特别是改教运动中发展出来的"唯独恩典"和"唯独信仰"的口号，更明确地宣示出上帝在救恩中掌握着全部主权，其在 1525 年的《论囚徒意志》一书，更是将人在拯救事务上的无能为力表露得清楚明白。路德的称义神学讨论使救赎论的探讨回到了《圣经》和教义的立场上，因信称义实质上是一种"圣恩独作论"（Monergism），它破除了中世纪经院哲学家在救赎论上的种种理论构造。无论是托马斯的"恩典受造习性"概念，还是新学家的"尽其所能"概念，都过分强调爱德的重要作用，凸显人的自由意志在灵魂拯救事务上的积极作用，将教会倡导的种种善功视为导致救恩的功德性行为，使得救恩仿佛是人努力的结果，好像人配得上帝恩典的赏赐似的，某种程度上就把灵魂救赎变成了人神之间庸俗的相互交易。这就严重损害了上帝的绝对神性和主权，使人可以自傲和盲目，削弱了上帝的恩典和启示。路德的十字架神学便是一种启示神学，基于圣经上所载的上帝之道，他提出的"唯独《圣经》"原则，在神学上的反映便是神学应以《圣经》为权威和先决条件，其神学即是对《圣经》篇章的注释实践。路德认为神学的主观内容是人的罪和救赎，这是基督教作为一个宗教最应关注的核心生存论问题。神学关涉神和人的知识，对二者的认知都只能从神人相互关系来获得，上帝只能通过与人的关系才能被认识，人也只能借着神的视角才能获得本质性的认识，因此神学既是一种关于上帝的知识，也是一种人类学。由于神学的主题是罪与拯救，耶稣基督作为救主和道成肉身的上帝，人神的中保，自然被路德视为神学的对象。

　　路德神学是一种福音神学，他严格地区分了神学和哲学的关系。他认为哲学，特别是中世纪流行的亚里士多德哲学将人看作是社会秩序中的理性存在物，将思辨生活和德性实践作为人生的目的，没有借助《圣经》和上帝之道来探究人，无法回答人从哪里来往哪里去的根本问题，人只有在面对自己的本源即上帝时才能知道自己的本性，也只有借助创世论和末世论，人才能知晓上帝最初创造的完美个人，在死亡和恶魔的驱使下滑向罪恶的深渊，通过基督获得罪的赦免和自由，在末日上帝恢复人的完美形象和赐予永恒的生命。在认识上帝方面，路德认为哲学家谈论的上帝只是形而上学里的思辨对象，可以获得上帝的旨意和对世界的管理的认识，这些都属于客观知识。但是他们不能回答上帝对具体的个人的态度、关系和作为，不能肯定上帝的位格和人的位格之间的关系，哲学家面对的上帝只是思想中的概念，而不是活生生的上帝，倾听人的祈求，安抚哀伤的心灵，指引人的生活，因此不是对上帝的真正认识，他曾说道："柏拉图不能确信上帝在关怀我、在倾听并帮助那些缺乏的人。他没有超越形而上学。"① 哲学局限于人类理性所认识的有限内容，不能对为我们而在的活生生的上帝产生真正的认识，此外经院神学和非基督宗教如伊斯兰教都有此局限，原因在于它们都不以基督为研究和信仰的对象，没有上帝之道提供的确实性。正是基于对哲学的论域和限度的明晰看见，路德在《致德意志基督教贵族书》中第二十五条建议中，批评了当时大学教育中重视《箴言四书》和异教亚里士多德哲学，而忽视圣经研究的倾向。他甚至极端地说道："倘若大学的现状不加以改革，那么他们不过是像马加比书所说'以希腊的荣光来训练青年的场所'，在其中流行着放荡的生活，不教授《圣经》和基督教的信仰，而且那盲目和异教的师傅亚里士多德统治着一切，甚至架乎基督之上。关于这一点，我的忠告是：亚里士多德的物理学、玄学、灵魂论、伦理学，从来都是被认为他最好的著作，现在应该完全作废，其他论自然的著作，也应作废，因为关于自然或关于心灵的事，我们并不能从那些书学到什么。"② 路德甚至极端地认为陶匠的自然知识都要比亚里士多德自然哲学丰富，而亚氏的逻辑学、修辞学和诗学之所以有价值，仅仅是因为它们对青年传道和讲演有帮助。路德的大学教育改革，似乎是要将大学办成一所《圣经》学校，其中圣教父的神学著作只是作为《圣经》研究的初阶，俗世的法律应该废止，大学应该培养一批精通《圣经》的专家，以便造就神甫和主教，以基督教的精神造就人。这种基督教教育观，现在看来局限性非常大。

　　路德以罪与拯救作为神学的双重主题，"舍此之外的一切追寻都是错误的，在神学里只是无聊的闲谈。"③ 这就返回到了《圣经》的主题，耶

---

① WA 40 Ⅲ, s. 78。

② 章文新［编］：《路德选集》上册，金陵神学院托事部 1968 年版，第 223—224 页。

③ LW 12, p. 310.

稣传福音的目的便是希望世人悔改,通过信仰而获得新生。因此,路德严格区分了哲学和神学的界限,消除了哲学参与神学建构而产生的错误,在西方思想史上再次凸显了耶路撒冷与雅典之争,直面基督教的核心问题,回到启示和信仰的源头,以《圣经》和《信经》为神学思想的权威。我们转头看看惠能,他同样如此,其禅学思想虽然受般若学、唯识学和佛性论的影响,但他仅仅是接受了这些佛学思想流派的基本观念,用以表达自己的禅学体验和思想,并未从事佛学理论的建构。他并未继承中观学派或瑜伽行派的学术理路来阐发宇宙人生的真谛,而是将万法归于一心之中,心即宇宙,心即世界,本性是佛,"三世诸佛,十二部经,在人性中本自具有"。他所关注的是出离生死轮回这一佛教核心问题,他所说的"明心见性、即心即佛",即是要觉悟本心,佛性即觉性,即佛祖释迦牟尼在菩提树下证悟的解脱智慧。惠能同样返回到了佛之本心,觉性之本源,而且影响到了整个禅宗。禅者,法门之秘要,诸佛之心髓,佛以心为宗,无门为法门,禅即是心,以心为宗,故曰禅宗。佛者,觉也,觉之唯在一心,心外更无别佛,佛即是心,心即是佛,是心是佛,是心作佛。《金刚经》云:应无所住而生其心。拈花一笑,妙契斯旨,达摩西来,唯传此心,不假阶梯,单刀直入,令人当下识取自心,心外更无余法,但离妄缘,即如如佛,故曰直指人心。人心本是佛心,心性还同佛性,心佛与众生,是三无差别,见此心者即见佛性,证此性者即成正觉,故曰见性成佛。此心非色非空,离名离相,言超四句,体绝百非,言诠所不及,文字亦徒设,从上以来,唯是以心印心,以心传心,故曰教外别传。此法唯接最上根机,单传佛祖心印,扫相归宗,泯空绝有,直示心性,不设教相,是为不立文字。

惠能禅学所关注的双重主题是心性之谜与悟,烦恼与菩提,众生与佛,如何转迷成悟,转烦恼为菩提,转众生为佛,这是其禅学的核心问题。这也就规定了其禅学的实践特质,后世的禅门在如何见性和顿悟方法上不断推陈出新,比如临济机锋棒喝,曹洞之绵密回互,理论上却几无建树。惠能虽然认为禅是心宗,高于言教经论,提倡不立文字,但他也强调不离文字,指出解脱之后知见的重要作用,在心悟和言教经论之间,他没有极端的立场。反观路德,其救赎论导向的福音神学,决定了其神学同样的实践性特质,他对经院神学的批判,对教父神学的过低评价,将神学局限于对《圣经》和《信经》的阐释。路德虽然认为信仰是上帝恩赐的礼物，圣灵的指引对信徒生活具有重要的意义，但他认为上帝之道已经完全启示在《圣经》和基督之中，神学研究是对上帝之道的回应，用个体的生死去回应上帝的召唤，理解上帝之道对个体的真意，所以他提出了神学研究的三个要素：试练、祈祷和默思（Meditio）。

路德在神学上实现了革新，使得新教神学变成了圣经阐释，凸显了神学的实践特质，神学的核心内容是福音、信仰和上帝之道，信仰的目的是改变生命和抛弃旧我，造就基督里的新人。神学的言说不再依赖世俗哲学理论，神学的理论建构也不再求助于世俗的思想潮流，耶路撒冷要求意志上顺服上帝的信仰智慧，与雅典以理性为基础实现自我的智慧，其间的差异被绝对化了，两种智慧从此在新教神学中分道扬镳，后世伟大的新教神学家加尔文和卡尔·巴特的著作便是明证。神学革新的直接后果，便是宗教生活实践的变革。这些变革主要体现在教会制度的简化，圣礼的简约，修道生活的舍弃，职业的神圣化，婚姻家庭的新理解。

路德的教会观承袭了奥古斯丁的观点，而更强调"不可见的教会"和属灵的一面。他在1520年的《十诫、信仰和主祷文简介》中说："教会是尘世圣徒、虔诚信徒的集合，借圣灵得以集合、保存和治理，通过上帝的道和圣礼每日增长。"① 显然，教会是信徒和圣徒的属灵团契，由真基督徒构成的教会就是路德"两个王国"中的上帝王国，也是奥古斯丁所说的上帝之城。路德在强调属灵教会的同时，也未否定属世教会的存在，属世教会是尘世所有基督徒的集合，是基督的新娘，随着福音的传播，基督教会遍在全地，它们在肉体上虽然是分开的，但精神上却在福音和信仰中，以基督为首领。上帝之道是判定教会真假的尺度，"一个标志是必要的，我们也有，就是洗礼、圣餐，但首先是福音，这三个是基督教的真正标志。哪里有洗礼、圣餐和福音，就不要怀疑，那是教会"。② 教会权威必须服从上帝之道的权威。路德提出了"众信徒皆祭司"，废除了教士的特权，他认为主教和神甫与平信徒的区别仅在于他们身负天职，负有传扬上帝之道和施行圣礼之责。这样，在改革教会里，就没有庞大繁杂

---

①　WA 7, s. 219.

②　WA 6, s. 721.

的圣品和教阶制度，教会组织结构也变得比较简单，以牧师为中心，靠会众的捐赠来维持教会的运转，整个教会是以使徒时期的会众治理为原型而建造的，信徒之间是平等的关系。结果就是神职人员大为减少，同时从罗马天主教会的教阶等级压迫中解放出来。从《教会的巴比伦之囚》一文中，我们知晓路德将罗马天主教会的七项圣礼缩减为洗礼和圣餐礼，从此神职人员就免除了圣职按立礼，青年人免除了坚振礼，成年人免除了婚配礼，老年人免除了膏油礼，所有信徒免除了告解礼，都可以领受圣杯，而且免除了烦琐的弥撒祭祀仪式。

在《致德意志基督教贵族书》中，路德提出了诸多改革建议，首先要约束教皇和教廷的权力，杜绝教会涉入世俗事务谋取利益的做法，诸如世俗事务不应交由罗马审判，教皇的保留权不再有效，主教职位的任免权不应属于教皇，废止圣职买卖，主教任职不应向教皇宣誓，教皇除了给皇帝加冕和膏油之外，不应有对世俗的其他权柄，不要插手世俗王国的事务，废除亲吻教皇之脚的礼仪，禁止到罗马朝圣。其次准许主教和神甫结婚，不得再设立教团，废除行乞，废止周年纪念日、圣徒纪念日和安魂弥撒，教会律例中的惩罚如禁谕也该禁止，废除献堂纪念日和森林荒野外的教堂，废止用基金设立弥撒，取消兄弟会、赎罪券、放任状、许可吃奶油状、享受弥撒惠益状、特许状等等事项，废除妓院，等等。这些建议均是要恢复教会的圣洁和属灵特性，将中世纪晚期教会和国家颠倒了的关系回归正状，"上帝的归上帝，恺撒的归恺撒"，可见教会是基督在尘世上的身体和圣殿，路德的改革建议实则是净化了上帝的殿，如同基督耶稣荣入圣城洁净圣殿的行为一样。

路德对补赎礼和善功获救的批判，使得新教徒在信心中得着获救的确据和盼望，凭着对上帝的绝对信赖，凭着信心里的基督和上帝之道，才能自由地尊奉上帝诫命，行出善功。天主教的补赎礼由三个步骤组成：痛悔、宣赦和补赎，即信徒因自己的罪过而痛悔，向神甫私下告解，神甫宣告罪得赦免，信徒需要做出一定的善功来表明自己的悔改，而这些善功往往是神甫和教会所吩咐的工作。因信称义教义废除了教士在赦罪过程中的中介作用，只有上帝才有权赦免人的罪过。因此，随着补赎圣礼的废除，一切教会吩咐的善功都被否定了，信徒不用向神甫行告解礼，向信友陈述的罪过也会得到赦免。路德否定修道誓词来自上帝的话语，他也不主张30 岁之前的年轻人发独身誓词，除非有人能够为上帝约束，事实上，很多修士都无法守贞和安贫，反而违背了誓言，让教会和信仰蒙羞。路德否认中世纪教会认为修道誓词是上帝的一种特别的呼召（vocatio），修道士和独身神职人员被视为侍奉上帝的天职（beruf），高于尘世的任何职责，并且修道誓词被视为高过洗礼。路德否定了修道主义凭借自力善功邀取圣宠的观点，认为这就贬低了基督的作用，独身修道违背"当孝敬父母"和"爱邻人"的诫命，修道士逃避尘世责任，自私自利，冷漠无情。在路德提出的天职观中，修道誓词没有一席之地。

随着宗教改革运动的展开，路德被迫与罗马教会和教皇决裂，也被动地卷入世俗社会事务中的各种争端，对修道生活理想神圣性的扬弃，使得他一方面以福音精神重建教会；另一方面更加注重将福音精神贯彻到世俗社会的方方面面，建立新的世俗伦理以安排社会关系和生活。路德提出了天职理论，来解决社会生活中出现的问题：教会干涉世俗事务、世俗统治者插手教会事务，家庭关系没有爱，问题的出现都是因为社会中的这三种秩序被打乱了，没有建立在上帝之道的真理上。路德的天职观既继承了《圣经》对使徒的呼召（calling）和中世纪修道士受上帝呼召过修道生活的观念，也深受中世纪晚期神秘主义的影响，人响应内在的呼召，所有的行为都是在执行上帝的意志，是对上帝的侍奉和神圣服务，一定会蒙上帝喜悦。路德摒弃了中世纪将修道生活看作唯一天职的观念，吸收了神秘主义将上帝呼召与世俗劳动相结合的思想，指出基督徒在尘世上所从事的各种正当职业（amt/befehl/berufung）和身份（stand），都是上帝赋予的天职，叫人相互效力，相互服务，参与上帝的创世工作，在履行劳动的义务中获取上帝的悦纳。人的各种身份和职业，都是上帝赋予的天职，这就体现了天职的平等性和世俗性，职业和身份由神所赋，因此具有神圣性。这样路德一方面将天职概念的内涵从中世纪唯一的修道生活，扩展到世俗的各种正当职业和身份；另一方面又将世俗的职业和身份神圣化了。当代许多学者都高度评价了路德的天职观念，是宗教改革运动的基本理念和伟大洞见，如社会学家马克斯·韦伯就认为天职观念是路德在翻译《圣经》时的创造，将神的呼召（vocatio）与劳动（arbeit）结合在一起。①

---

① 参见马克斯·韦伯《新教伦理与资本主义精神》，康乐、简惠美译，广西师范大学出版社 2007 年版，第 244—245 页。

　　路德的因信称义学说拉近了上帝和人之间的距离，其天职观更是将神圣与世俗紧密地联系在一起，他将上帝赋予的天职贯彻到社会生活中的教会、国家和家庭三种秩序中。教会的天职在于属灵治理，主要体现在上帝之道的传扬和洗礼的施行，教会的各个神职人员负有不同的天职，路德否定教士的独身制度，但也承认其天职身份，婚配和按立圣职虽然不是圣礼，但同样是天职。路德在批判教会独身制度的过程中，发展出了新的婚姻观，他认为婚姻和生育是上帝设立的神圣制度，是每个人的天职，神职人员和平信徒都有结婚的义务。家庭成员要在复杂的家庭关系中操练自己的灵性，家庭中的天职包括：夫妻间的相互敬重，丈夫照顾家庭，妻子料理家务并服从丈夫，生育儿女并培育他们，用福音和诫命教导儿女，儿女应孝敬父母，负有供养并服从父母的天职，主人对待仆人要克制，仆人对主人要服从。婚姻是神所设立的，但不再是教会的圣礼，与教会相分离，逐步归世俗民政当局管理。国家或政府也是神所设立的神圣制度，中世纪教会一直认为教会高于国家，但路德认为二者同等神圣。国家的天职在于维护基督教信仰，维持社会秩序，为民众谋取公共福利，推行义务教育，发动正义战争，镇压叛乱。臣民的天职是服从国家和世俗政府，尽量服从政府，不许武力反抗，但服从并非无限度，当君主侵犯信仰事务时，可以不服从，进行消极反抗；士兵的天职在于服从，当在参加战争之前，也须对战争的性质做出良心上的判断，只有自卫的战争才能参加，可以拒绝参加不正义的战争。路德以天职厘清教会和国家间的关系，将政府权威限制在世俗领域，将教会权威限制在宗教信仰的领域，反对二者僭越自己的职责，尤其反对政府参与宗教战争，这种政教分离的原则虽然没有达到现代国家治理的水平，却是近代国家和社会形成的前提。

　　总的来看，路德是以福音精神来建构世俗伦理，要使基督的爱和信心在现世的各种不同职业和身份的基督徒身上实现出来，每个基督徒不管职位尊卑，都需要在自己的职业中完成对上帝的顺服，在克尽天职的过程中进行属灵的操练。这就打破了神圣和世俗的对立，实现了宗教虔敬与工作生活的统一。

　　惠能及其禅系受制于佛教的出世性，栖居山林，远离闹市，对身处其中的社会生活保持淡漠的态度。惠能及许多时誉甚隆的禅师甚至拒绝了皇室的召请，只注重修行、讲法、传戒，过着一种比较纯粹的宗教修道生活，对社会问题鲜有声音，不像路德那样被卷入欧洲宗教和社会改革的旋涡，对社会生活中的诸多问题，基于福音的立场，阐发了自己的观点。因此，惠能思想仅局限于宗教领域，其丰富性远不及路德。禅宗思想来自于般若空宗，体现出了世出世间与圣凡不二的空观精神，惠能就曾在《坛经·决疑品》中谈及修行不在乎在家出家，只在净心，见取自性般若智慧，直成佛道。他所作的《无相颂》就倡导以般若智慧指导修行和生活，平静的心灵不需要戒律的约束、正直的行为不需要禅修，恩爱、情义、忍让等美德可以使家庭和人际关系和睦融洽，改过不护短，听逆耳忠言，服苦口良药，日用常行饶益，施舍不能成道，菩提只向内心寻求。[①]

禅宗发展出来的农禅生活最能体现出惠能禅修行与生活一体不二的观点。佛教徒在印度本是过出家云游的生活，不从事生产活动，托钵乞食，靠施舍供养为生。中国禅宗信徒最早定居山林并从事农业生产劳动的是四祖道信和五祖弘忍，禅僧从事农作以满足自己的物质需要，《坛经》里也记载了惠能在黄梅槽厂踏锥劈柴八月有余。马祖道一始开丛林安居禅僧，结束了禅僧寄居律寺别院的历史，其弟子百丈怀海折衷大小乘戒律制定了禅门清规，提出了"一日不作一日不食"的口号，反对乞食，自力更生，成为禅者的生活信念和行为方式。百丈开创的"禅苑清规"不久即行于全国，"天下禅宗，如风偃草"。"一日不作一日不食"要求每一个僧尼都要参加劳动和寺院建设，这即是禅门中的"普请"（俗称出坡）劳动原则，意思是普请大众，上下合力，共同劳动。其后禅门高僧如黄檗开田择菜，沩山摘茶合酱，石霜筛米，云严做鞋，临济栽松锄地，仰山牧牛开荒，洞山锄茶园，雪峰斫槽蒸饭，云门担米，玄沙砍柴等等都是这种价值认同的具体表现。禅者并不是仅仅把劳动作为一种谋生的手段，更是作为触类见道、直指本心的修行方式，实际上即是从劳动中悟道修行，肯定了劳动在以修行促劳动。《祖堂集》《景德传灯录》《五灯会元》等禅宗典籍不仅书写了禅者田园生活的艰辛、纯朴和快乐，还记载了禅者斗禅谈玄之精彩，表现了他们从现实的劳动中悟到的禅修真谛。如五代布袋和尚著名的插秧偈："手把青秧插满田，低头便见水中天，六根清净方为道，退

---

① 惠能：《六祖大师法宝坛经》，参见河北禅学研究所编《禅宗七经》，宗教文化出版社1997年版，第337页。

步原来是向前。"在禅宗那里，劳动本身及其物质资料、工具、成果，统称为"事"，后者是一个超越、内在、绝对的"理"的表象。所谓农禅就旨在通过在农耕实践中参悟理事、心境关系，从而一方面在劳动中扬弃事相、证入理体，摄事入理，于事见理；另一方面透过外境、觉悟真心，发明本性，由境入心。禅宗农禅实践，提升了劳动的精神价值和道德意义，将身行与心悟有机统一起来，在生活中开启和发明自性本有的智慧，正所谓"垦土诛茅、运薪汲水、竖拳竖指之类皆自性天真之道用也"。

农禅实践面临着佛教戒律"不杀生"的拷问。佛教倡导众生平等与戒戕杀生命，认为农业生产劳动如锄地等会伤害无数的地下生命而造作无量罪孽，同时也为抑制物欲，因而反对出家人"安置田宅，一切种植，斩伐草木，垦土掘地"。《十诵律》《梵网经》等诸本戒律对此都严加禁止。百丈怀海以般若智慧来消解耕地杀生对戒律的违反，以及在心理产生的负罪感。《古尊宿灯录》记载了弟子与百丈的对话：

问：斩草伐木，掘地垦土，为有罪报相否？

师云：不得定言有罪，亦不得定言无罪。有罪无罪，事在当人。若贪染一切有无等法，有取舍心在，透三句不过，此人定言有罪。若透三句外，心如虚空，亦莫作虚空想，此人定言无罪。又云：罪若作了，道不见有罪，无有是处。若不作罪，道有罪，亦无有是处。如律中本迷煞人及转相煞，尚不得煞罪。何况禅宗言下相承，心如虚空，不停留一物，亦无虚空相，将罪何处安着？①

百丈清规实际上是回避了严格执行戒律的传统修行方法，使得农禅实践中戒律和世俗生产劳动杀生之间的紧张关系得到缓解。路德的天职观在士兵参战问题上也碰到了类似的问题，路德肯定士兵是一种天职，从上帝那儿获得作战的本领，为需要他的国家和政府服务，来自于爱的律法。在《士兵是否可以得救？》一文中，路德说道："士兵这个职务和身份，毫无疑问也是正当和神圣的。"② 在路德看来，士兵天职和其他天职一样，从

---

① 《古尊宿语录》卷1，《大鉴下三世》，中华书局1994年版，第15页。
② WA 19，s. 630.

服侍上帝的角度来看是神圣的，但履行士兵职责的活动却是世俗的，士兵参加战争，表面上是作为顺服的臣民服从世俗政府的命令，其实，士兵作为基督徒和罪人，是在上帝的旨意下为君主服务。难能可贵的是，路德谈及士兵服从君主的限度问题，他主张士兵不应参加不义之战，应该以自己的良知做出判断，如十字军东征这类战争就不应参加。"若他是错的，你就当敬畏上帝多于惧怕人，因此你应该不参加战争，也不该服侍他，否则你不能在上帝面前保持你的良心。"① 当不正义战争发生时，统治者强逼士兵参战，士兵根据自己的良心和上帝的要求，可以拒绝参加，但不能积极从事反抗君主的活动，只能消极逃避。路德为士兵提出了诸多职业规范，如以上帝的公义为标准决定是否参战，只参加正义战争，收取合理的报酬，不贪图钱财，不迷信，不寻求圣徒护佑，不追求世俗的荣耀，等等，这就解决了士兵参战杀敌与基督徒信仰所造成的心理困惑，正义之战也是上帝所恩准的，为上帝杀敌，并不犯戒，良心上的罪恶感也就消失了。

　　路德对德意志民族而言，非常重要，他的德语作品、讲章和《圣经》翻译奠定了近代德语的基础，他的性格构成了德意志民族性格的基本要素，他所发起的宗教改革运动激发了德意志民族的感情和身份自觉。路德对德国文化的影响，头等重要的事件就是将《圣经》译成了德文。在此之前，自乌尔菲拉斯（Ulfilas）把《圣经》译为哥特（Gothic）方言，总计有 23 个译本，他们都翻自拉丁文武加大（Vulgate）本，当时的人文主义者罗伦佐·瓦拉（Lorenzo valla）考证了拉丁文本的许多错讹，路德参考了埃拉斯谟的《新约》希腊文译本和罗伊希林的《旧约》希伯来译本，以萨克森领地法庭用语为基础，运用他所熟悉的各地方言，所译《圣经》与大量德文讲章、布道词赞美诗，造就了一种至今仍通行于德国的共同书面语言，并赋予这个曾经在政治宗教上四分五裂的国家以一种语言上的统一。当然，路德对德语的贡献并不像德国新教徒所夸饰的那样大，著名诗人海涅说道："Th. 弗林斯的研究结果清楚地告诉我们，路德不是生活在德语发展的前期，而是生活在已经有几百年发展历史的中期。他没有创造德国中东部语言，也没有像新教历史书大肆吹嘘的那样，创造了近代德语

---

① 　WA 19，s. 656.

标准德语和书面德语。"① 但是，路德对德语发展的历史性贡献不容否定，他古朴、自由的语言风格令后世的诗人哲学家尼采惊羡不已。

　　路德对德意志文化的多层次、多维度的影响，造就了一种典型的德国人性格。路德一生所关注的核心问题是上帝的国度、福音以及灵魂的救赎，宗教利益高于世俗利益。他对召命的理解并未弥合思想里的灵肉断裂，尽职于世俗事务的目的在于荣耀上帝，活出基督的生命，为进入天国做预备。对超自然事物的关注，铸就了德国人深沉、理性、刚毅的优秀品质，德国人的精神成就——神学和哲学，以其抽象思辨、深刻晦涩闻名于世，以至于海德格尔称德意志民族是一个形而上的民族。

　　路德的两个王国的政治思想，助长了德意志诸侯政府的特殊权利主义和中产阶级的谦恭卑顺。他忠实于《罗马人书》第 13 章，将有形教会交与诸侯管理，缔造了邦君统治教会。君权神授以及顺服在上统治者的政治要求，使得路德教会在纳粹"总体国家"面前懦弱屈服，无力倡言人类的正义和尊严。卡尔·巴特也因此批评路德使得教会过多地服从国家政府的需要，从而使教会丧失了独立于国家之外的道德批判能力。世俗权威具有神圣性，崇拜权威成为一种"天职"，此观念经过新教的洗礼已印在德国人心灵之中，不论这个权威是上帝还是国王，是普鲁士军官还是希特勒。农民起义时，路德为维护自己的改教事业公开声明自己支持杀戮义军。晚年，他频出反犹言论，后被纳粹理论家利用。因此，埃里希·卡勒尔认为，"事实上，近代德意志的特性和历史中几乎没有哪一方面——包括民族社会主义——不能追溯到路德"②。路德铸造德国人的心魂，随着文化的延续，德国历史展现出来的重大事件中，都或强或弱地隐含着路德的身影。对此，海涅做出了恰如其分的评价："路德不仅是我国历史最伟大的人物，同时也是最为德意志式的人物；在他的性格中德国人所有的一切优点和缺点完完全全地统一在一起，因而他这个人就代表了不可思议的德国。"③

　　路德发起的宗教改革运动，在《致德意志基督教贵族书》一书里，

---

① 亨利希·海涅：《论德国》，商务印书馆 1980 年版，第 234 页。
② 埃里希·卡勒尔：《德意志人》，商务印书馆 1999 年版，第 12 页。
③ 亨利希·海涅：《论德国》，商务印书馆 1980 年版，第 229 页。

表达出德意志人对罗马教会盘剥的极大愤慨，也唤醒了德意志的民族意识，他告诫德意志皇帝和诸侯不要被罗马教会从东罗马帝国偷来的帝号所迷惑，德意志民族应该有属于自己的廉俭教会。路德的改教著作当时多次再版，拉丁文作品也被立即翻译为德文，以飨读者，当时的路德成为名副其实的欧洲畅销书作家，他赢得了许多著名人文主义者如阿尔伯特·丢勒和乌尔里希·冯·胡腾的拥护和爱戴，还有爱国骑士弗兰茨·冯·济金根的武装支持。人文主义者和爱国骑士的理想，是要结束罗马教皇凭借伪《君士坦丁的赠礼》在西方的主宰地位，将科学和人文主义从经院哲学的桎梏中解放出来，将德意志从基督教会的影响和罗马的干预下解放出来，在重获新生的骑士阶级的领导下，建立一个新的、经过改革的德意志帝国。路德在政治上对诸侯邦国的服从，万事均从宗教立场出发，由于缺乏组织领导方面的天赋，性格中始终存在着服从和叛逆两种对立因素，激情和冲动有余，加之德意志帝国错综复杂的政治权力结构，使得路德的独立民族教会和国家成为幻影，就像爱国骑士们昙花一现一样。路德及爱国骑士们的理想，只有到 19 世纪信奉路德教的普鲁士国家才得以实现。毫无疑问，路德对于基督教德意志民族的影响，在语言、精神、文化、性格方面都起到了深远的影响，同时加深了基督教的德意志民族化，在他之后的西方神学界，一流德国神学家辈出，领导西方神学的潮流。

　　惠能及其禅系，极大地推动了佛教中国化。在宗教民族化方面，惠能与路德起到了相似的作用。印度佛教出离世俗，不尊君王，不孝敬父母，皈依佛法僧，舍弃世情，六亲不认，其教理玄奥幽深，无益于国民。而中华民族又是一个以现世为关切的民族，在当下现实的伦常生活中体证佛道，品味禅的意境，惠能禅的"直指人心，当下顿悟"的宗旨，引发了文人雅士和布衣平民的极大兴趣。他提倡尊敬君王，孝敬父母，以因果报应之法劝导世人行善去恶，修行亦为佑国安民。他主张在生活中修行，把般若智慧应用到生活中。他的心性既为儒家心性论，也为道家心性自然提供了融汇的可能，从而将禅宗乃至佛教更加紧密地与中国本土文化连接起来，使得佛教智慧的获得方式变得简易直接，契合了中国文化心理，推进了佛教的中国化。惠能禅学之所以流行的另一个因素，是说法、接引、开示使用了普通信众皆能明白的白话文。"白话"是指汉语书面语的一种。它是唐宋以来在口语的基础上形成的，起初只用于通俗文学作品，如唐代的变文，宋、元、明、清的话本、小说等，及宋元以后的部分学术著作和官方文书。到"五四"新文化运动以后，才在全社会上普遍应用。白话文相对于以先秦口语为基础，视秦汉经典著作为范式的文言文而言，也称为语体文。诸多学者都认为"白话文"可以追溯到唐代，胡适称由初唐到晚唐是一段逐渐白话化的历史，敦煌的新史料似乎佐证了这种观点。从惠能禅系的发展史来看，佛教的世俗化与汉民族化是同步的，相较于达摩之前的禅学和净土宗，惠能禅在唐宋以后的流行，使之成为真正中国化的佛教，烙上了中国人的智慧和创造。当然，佛教在中国传统文化里从来未处于主导地位，不像基督教在西方那样成为主流文化，因此惠能禅对后世中国文化的影响是隐而不显的，他对汉民族思想和性格的影响远不如路德对德意志民族那样的显著。

第四章 基督教与佛教的一般比较

    惠能和路德分别阐扬了各自宗教传统中那些最本质性的东西，通过对二者宗教思想，特别解脱论和救赎论的比较研究，可以对佛教和基督教的一些核心概念或观念进行简单的考察和辨析，进而简单地透视出佛教和基督教在精神旨趣上的差异。许多误解和成见都是概念的混淆和误用造成的，在基督教与佛教的对话与比较中，基督教的许多概念与佛教的许多概念相应地构成了一个概念组：上帝（神）（God）与空无（emptiness）、创造（creation）与缘起（pratityasamutpada）、天堂（heaven）与涅槃（nirvāna）、罪（sin）与无明（klesá）、上帝之道（word）与法（dhamar）、拯救（salvation）与解脱（vimukti, deliverance）、自由（freedom）与自在（care－free）、自我（self）与无我（non－self）、末世（last day）与轮回（recurrence）、信（faith）与信（sraddha）、望（hope）与愿（vow）、爱（love）与行（Cultivation）。

    具体而言，1. 用哲学的语言来谈，上帝是基督教信仰的对象和终极实在（ultimate reality），是万事万物的创造者、维持者和归宿，作为万物存在的根据，他使万物得以存在，超越于万物之上，同时也内在于万物之中。尽管基督教的上帝观是三位一体的，但这并不意味着基督教存在三个同等的终极实在，三个位格性上帝实际上是同一个上帝。上帝具有实体性，还具有公义、圣洁、善良、信实等道德属性。上帝是"最高的存在者""纯粹的现实""创造的行动"，是存在与本质同一的"存在自身"，从本体论的立场上看是"实在、肯定是、存有"。与此同时，基督教的"否定神学"，却将上帝视为人的理性和思维不能达到的奥秘之境，不能正面地陈述"上帝是什么"，只能以否定的方式来陈述"上帝不是什么"。在这种语境中，上帝在某种意义上就类似于"非存在"，它的在场只能通过否定现有的一切存在而显示出来，但这种对上帝的认识始终没有成为基督教的主流。

大乘佛教般若中观学派以"空"（sunya）来标示终极实在，"缘起性空"，说明事物无有恒常的自性，处于相对之中，自性即空。空有四重含义：空性指宇宙人生的本质是空，空理指认识到宇宙人生本性后形成的最高真理，空境指认识空性、知晓空理后体悟到的境界，空观指以空的真理和智慧来观察宇宙人生，并指导生活实践。根本无生的不二空性是泯灭了一切对立和差别的理境，消除了对实体性的执着，不具有任何的道德属性。中观学派彻底贯彻空的思想和方法，认为必须把作为假名的空否定掉，即"毕竟空"，或"空空"，这样空就类似于无，但却不是作为虚无的"恶趣空"。从原始佛教的十二因缘说自然能得出万法皆空的结论，佛教的终极实在是"空"，空内在于万物之中，作为万物的本性，但空本身又不可思议，故显示出"无"和"非有"的一面。当然，大乘佛教瑜伽行派因在本体与世界的关系上，提出"阿赖耶识"作为宇宙的本体，这第八心识能够幻现出世界一切现象，故而唯识被称为"有宗"，但从转识成智的教义来看，这终究是不究竟的。因此，佛教的本体又被称为"真空妙有"，有不是空宗的假有，但其本性为空，因为空是超越于有无对立的，佛教的本体论就显出了辩证的意味，禅宗的心性论即融摄了佛性恒常和般若空观的思想，从而显出辩证性。总之，不管唯识学的阿赖耶识、佛性论的真常自性清净之心，还是华严宗的"法性世界"和"理体"，都要以般若智慧空观来理解，因此，佛教的终极实在体现为"空、无、非"，而有宗的"实、是、有"只是一种法相分析的理论需要。①

2. 在宇宙观方面，基督教用神创世界的观点来阐释万物的起源。按照旧约的神话，上帝六日创世。后世神学家对于创世有不同解释，奥古斯丁在《忏悔录》中曾说上帝在瞬间创造了一切事物。基督教一般认为上帝仍然在持续创造，并在一切之中创造一切，创世与救赎计划同步，直至新天新地和完全义人的诞生，上帝救世计划的完成。

佛教则用缘起论来解释万物产生的因由，缘起是指一切事物和现象的

---

① 详尽的分析，请参见何光沪《百川归海——走向一种全球宗教哲学》，中国社会科学出版社2008年版，第85—125页。

生起都是有原因的，有条件的，是由相互依存的关系和条件决定的。佛教持因果报应说，认为一因不能生果，任何果都必须至少有两个因才能产生，单独的因必须有适当外缘，才会产生后果。世界万物就处于因果相续的联系之中，因果遍于三世，相续不断，因果关系间环环相扣，无始无终。原始佛教的"十二因缘"说属于业感缘起，另有大乘佛教真如缘起、法界缘起和赖耶缘起，亦是用来解决本体和现象界之间的关系，因缘和合现起的一切事物都是无常的，处于生、住、异、灭的流转过程之中，而永恒的真如、藏识、法界、法性等就内驻于事物之中。

相较而言，上帝创世论尽管受到进化论的挑战，但它提供的解释给宇宙人生一个完整的知识形态，要比缘起论更具有科学性，缘起论的解释毕竟没有给出万物的终极原因。缘起论只就现实事物之间的关系和结构做出分析，侧重事物间因果联系的分析，本具有科学分析精神，但佛教将因果联系拓展到六道轮回的事物之中，便丧失了科学性，仅具有道德劝世的作用。

3. 在宗教的目的和归宿方面，基督教有天堂和地狱之别，佛教有涅槃和六道轮回之说。天堂或天国是超时空的存在，是上帝、天使、诸圣徒和义人居住的场所，其中没有罪恶、刑罚和罪的权势的存在，所有人在上帝的团契中分享神永恒的生命，与神同在，在天国降临尘世时，与神共同统治。佛教的终极归宿是涅槃，是指脱离一切烦恼的束缚，灭除再生于迷妄世界的业因作用的境地。按涅槃一词的原意，指喷出之火熄灭的状态，佛教特指停息三毒之火的喷出状态，远离现世苦恼。涅槃是佛教完全解脱的境界，超越一切对立和差别的永恒状态，大乘佛教认为涅槃有常、乐、我、净四种德性。唯识学以真如离开障碍即为涅槃，《成唯识论》将涅槃分为本来自性清净、有余依、无余依和无住处涅槃。自性清净涅槃指的是众生本有的佛性或觉性，只要心不生不灭，寂灭就现前；有余依涅槃指小乘圣人所证果位，我执已灭，"人我"已了，善恶不着，所以能够出六道轮回，了分段生死，但法执未灭；无余依涅槃，人法两执着都断灭了，分段生死和变易生死都了尽，有漏之因都净尽，也叫作"漏尽通"，身死的时候证入；无住处涅槃，是大乘佛教的最高果位，即真如，从所知障摆脱出来，悲智双运，不住生死与涅槃，利乐有情，故虽已不再流转生死轮回，但亦不脱离世间。

　　佛教继承了婆罗门教的神话，也讲天，梵语为提婆（Deva）。天主要指有情众生因自己的善行而感得的殊胜果报，称为天道或天趣，不同于自然界的天，天意指光明照耀，高显在上，自然光亮。天是三界六道轮回中最妙最善的趣处，只有修习"十善业道"才能轮回投生于天界。天虽然是有情众生最优的趣处，能得到种种享受，但仍处于轮回之中，一旦前业享尽，就会进入下一个轮回之中。佛教讲的天界比较繁多，有欲界六天：四天王天、忉利天、夜摩天、兜率天、乐变化天和他化自在天。色界初禅、二禅和三禅各三天，四禅八天。通过修习四无色定而获得的果报，即空无边处、识无边处、无所有处、非想非非想处。

　　基督教不存在天的等级划分。而佛教的天的意义特别丰富，既指三界内的诸天，又指轮回六趣中有生命的最高存在——天神。一般说来，佛教将一切有神论的神格都看作是不究竟的生命存在形式。

　　4. 在人性论方面，基督教断定人都犯了罪，缺失了上帝的荣耀，而佛教却认为人因无明生惑，造种种业，流转生死轮回，不得出离。生命注定是要死亡的，这是一个自然的现象，各种宗教总是要找出超越于自然的原因。基督教将死亡的原因追溯到罪，而罪是人的意志背离上帝的结果，"罪的工价是死亡"。上帝创世时所造的人性是好的，人在使用上帝赋予的自由意志时，倾向于低级的事物而不是上帝，便犯了罪。

　　原始佛教十二因缘说有顺生门和还灭门，据《长阿含》卷十《大缘方便经》所载："无明缘行，行缘识，识缘名色，名色缘六入，六入缘触，触缘受，受缘爱，爱缘取，取缘有，有缘生，生缘老死忧悲苦恼；无明灭即行灭，行灭即识灭，识灭即名色灭，名色灭即六入灭，六入灭即触灭，触灭即受灭，受灭即爱灭，爱灭即取灭，取灭即有灭，有灭即生灭，生灭即老死忧悲苦恼灭。"十二因缘说分析了生命的二个世代和一重因果。顺而观之，前一世的生命本来清净，因一念无明妄动，有行为造业便有入胎之识。有入胎之识便有现生之胚胎，有了胚胎便具备眼、耳、鼻、舌、身、意等六根。出胎后，六根就会有六种触觉，有六种触觉便有六种感受。有感受便懂得爱，懂得爱之后，就会执着，极力去夺取，有所夺取，便会形成未来世之业因。有了未来之业因，就会领受来世之生。有生就必然会有老死，及一切忧愁悲伤苦恼；逆而观之，没有无明妄动，就没有行为造业。没有行为造业，就没有入胎之识，没有入胎之识，就不会有胚胎这个色身，没有色身，就不会有六根存在。没有六根，就不会有六种触觉。没有触觉就没有感受。没有感受便没有爱。没有爱就不会有执着夺取。没有执着夺取，就不会有未来生之业因。没有未来生之业因，就不会有未来世之生。没有生，就不会有老死，及忧伤悲苦。通过十二因缘的顺观和逆观，便能觉见实相法，得见佛性，破除生死轮回，即称缘觉。

路德关于基督徒同时是罪人和义人的观点，清楚地说明人的现实状况是罪人，受到罪的辖制和染污，依靠自己的能力是无法摆脱的，人性罪、原罪和本罪的观点使基督教对现实人性的洞察具有深度。而佛教则把死亡的原因追溯到无始以来就存在的无明，人的现实状况是缺乏解脱圣智，无法刺破根本无明，身受贪嗔痴三毒的困扰，佛教对人性缺陷的分析同样发人深省。

5. 解脱与救赎分别是佛教徒和基督徒追求的目标。所谓解脱即是要从虚妄颠倒和烦恼痛苦的束缚中逃逸出来，进入自由自在的境地，也即涅槃，是不生不死、法性尔尔的寂静状态。《传法心要》中说："前际无去，今际无住，后际无来，安然端坐，任运不拘，方名解脱。"① 可见解脱是一种绝对的活动。佛教主张自力证真解脱，修戒定慧三学和大乘六度万行，信解行证，断除烦恼惑见，趣入涅槃。

基督教的救赎是要将人从罪恶的辖制中解放出来，使人顺服上帝，遵行上帝的诫命，因着信仰基督而获得恩典的灌注，蒙圣灵指引，不断更新自己的生命，圣洁己身，最终成为完全的义人，得升天堂。救赎是要恢复人本有的神性尊严和荣耀，在天国里与神同在，得享安息和永生。由于灵魂救赎端赖上帝恩典和拣选，因此与佛教的自力主义不同，属于他力拯救。当然，也应注意到佛教净土宗一派，强调末世众生业障深重，已不能自力证真，只有信赖法藏比丘愿力所感的弥陀净土，称名念佛，乘佛菩萨愿力，蒙彼护佑，往生西方净土，听闻阿弥陀佛说法，成正等正觉。净土易行道主要针对下层民众，与佛陀的精神相去甚远，具有浓厚的神道色彩。基督教也有强调靠道德完善获得救恩的自力主义思想，如佩拉纠主义异端，天主教的救赎论也强调人的自由意志应积极回应上帝的恩召，其人神协作走向拯救的观点，并不否弃人为拯救而做出的积极努力。

---

① 《大正藏》48·384 上。

6. 基督徒是要追求灵性上的成长和自由，佛教徒追求慧命的充盈和自在。基督徒的自由从否定的含义上来说，是脱离撒旦、罪恶、律法、死亡、人的奴役的自由，是超越一切之上的灵性自由；从肯定的意义上来说，是指信徒的能力，服从上帝律法、自我责罚、履行责任、服务邻人。路德的辩证自由观很好地说明了基督教自由观的两个方面，这种自由来自信心中上帝的恩赐，同时也带来对上帝及邻人爱的责任和义务。佛教徒的自在从否定的含义来看，指摆脱烦恼惑业，不受缘尘分别影事的干扰，特别是解脱之后获得的大自在，神通游戏，无碍无滞，意指精神和意识上的自由。从肯定的含义来看，指佛菩萨所具有的能力，又名自在力。自在力有多种，如观境自在，谓菩萨以正智慧照了真如之境，能通达一切之诸法圆融自在；作用自在，谓菩萨既以正智照了真如之境，即能由体起用，现身说法，化诸众生，圆融自在。刹土自在，谓菩萨自由地生于种种国土，利乐有情；命自在，谓菩萨自由地主宰寿命的长短，菩萨成就法身之慧命，了无生死寿夭，延万劫而不长，促一念而不短，但为度脱有情，以诸方便随机示现长短寿命之相，其心无所挂碍。

许多人将基督教的自由和佛教的自在概念等同起来，这从自由的否定含义来看是成立的，但是自由概念还强调神人关系下人的边界和责任的承担。佛教自在概念过于强调佛菩萨的圆融无碍境界，自在应该是人的本真性存在状态，而忽视了现实的人在世间所承担的义务和佛乘人乘之间的分别。与基督教相比，佛教的自在观缺少理性因素，既看不清人性的限度，又不愿承认神性的维度，即没有道德的主体，也没有道德责任的重负。

7. 关于自我的理解，两个宗教无疑都要转化自然之自我生命。佛教"五蕴和合说"对人的结构要素的分析，说明人是色、受、想、行、识五蕴和合而成，服从缘生缘灭的法则，故实在没有一个自我，这就解构了实体性的自我。缘起性空说直接导出众生及万物无有自性，所谓"人法无我"，是佛教"三法印"之一。前面已述，佛教之我，是质码、实体义，佛教"无常""缘起"的宇宙观否定这种理解，作为五蕴和合之身的人，没有恒常的自我或不朽的灵魂。人若执着自我，便会造种种惑业，从而感受报应。佛教在否定自我的同时，也承认名言意义上的假我，即俗谛之我。大乘佛教真常唯心论提出佛性、本心等概念，加之涅槃经说涅槃有常、乐、我、净四德，仿佛在述说一种"真我"和"大我"论。其实，人皆有佛性，自性本心即佛的观点，是以自性心性本空为前提的，涅槃之我德，亦是为无我、我所之别的不二真谛所规定的。在大乘佛教各学系中，真常唯心系的有我论最接近于婆罗门—印度教的"神我论"；后者持"梵我一如"的观点，解脱的关键，在于体悟到个体与大梵的合一，小我消失，进入与梵同一的神秘境界。佛教似乎只关心破除我执见，脱离烦恼的束缚，从未对本真性的自我（慧命之我）做出明确地肯定，而一直坚持"无我说"，不管理论上在轮回主体上有着多大的漏洞。

基督教同样也是要更新人的自然生命，"旧我"被钉十字架，通过信仰里与基督的联合，让基督的生命活在自己的身体里，基督教神秘主义虽然有自我消亡、人神合一的观点，但基督教对人的位格性和实体性的理解说明了基督教实质上是一种"有我说"，人是灵魂体的结构，基督教和犹太教一样，认为末世人的复活必然是有身体性，脱离身体的灵魂复活是不可想象，不管复活后的身体是什么样子。可以说，基督教是通过上帝之道这面镜子来认识自我，在人与上帝的动态关系中把握自己，而佛教却通过冥思，反思到自我的本性，人的本质空性即无我。

8. 在历史观方面。基督教认为世界历史的开展过程是与上帝创世和救世的整个过程是一致的，某种意义说，世界历史的发展进程就是上帝意志实现的过程，救赎史贯穿于世界史之中。按照末世论的说法，基督复临所开启的千禧年，上帝、天使和众圣徒代表的善的力量，将与撒旦和罪人代表的恶势力决战，最终善必然胜过恶，最后的审判来临，上帝拣选分别，天堂地狱开启，随后天国降临尘世，上帝的公义实现了完全的统治。奥古斯丁两个城（天国之城和世俗之城）理论，和路德两个王国、两种治理（属灵和属世）理论都是对此最好的诠释。综而观之，基督教末世论展现出历史发展的线性方向，这是一种人类向着公义、信实的上帝复归的完善过程，在此过程中，历史本身承载了诸多价值和意义，上帝道成肉身而进入历史，人类将因尘世的困难与基督同钉十字架，在历史的终结之处进入上帝的国度。

佛教认为历史不过是永恒的重复，没有解脱的生命永远处在六道轮回中，要忍受其中的痛苦，不得出离。基于本体（法性）和现象界（因缘所生法）的区分，世界、历史不过是幻象，本身不承载价值。生命的本质没有改变，只有超脱于生死之外的法才是永恒的，人生的意义就在于证悟佛道，按照佛法修行，脱离充满五浊的恶世，清净寂灭，进入永恒之法界。

佛教的永恒轮回的教义，继承了古印度的传统文化，视万物为摩耶，为本体梵的幻现，无常流变。因此，佛教在历史观上总体上持虚无主义的观点，印度人不重视历史事实的记录和考证，只偏爱神话故事的流传，以至于自己民族的历史需要外国人来书写，就足以说明这一点。

9. 基督教伦理的核心是爱上帝及邻人，体现为信、望、爱三主德，佛教的伦理核心是业报轮回原则，体现为智慧与慈悲双运，在净土宗一派，修习净业的方法（资粮）为信、愿、行。由于基督教的实体性神格具有全善无罪的性质，信徒效法基督，活出基督的生命，自然在伦理行为上就会与基督一致，而这一切都是通过信仰。

信仰是基督教首要的德性，前述已经表明，路德的宗教改革运动将中世纪视爱德高于信德的错误观点拨乱反正。上帝诫命和爱的实行，包括一切善行，都赖于信心中圣灵的恩赐和指引，否则，人是没有能力靠自己来完成上帝的诫命和行出善行。基督教将信理解为上帝注入灵魂的恩典礼物，视信心为人神交往的纽带，信仰上帝就意味着自我的交托和对上帝的绝对信赖。《新约·希伯来书》论信心一章，详细论述了信仰的本质、意义以及历代信心伟人的见证。"信是所望之事的实底，是未见之事的确据"，因着信心，知晓上帝的创造、救赎和应许，由信生望。因着信仰，盼望神所应许的一切美好事物。神对人类最美好的应许是天国和永生，圣洁己身，除去罪恶，得入天堂，面见上帝，与基督和众天使同在。希望本是人的一种自然欲望和情感，伴随着极大的不确定性，惧怕与之相伴。就本质而论，希望本身不是一种美德，但因希求的对象是上帝之道和应许，以及道德上的善和美，因此成为神学美德之一。《旧约》中以色列盼望的是上帝赐予特选子民一位弥赛亚的到来，《新约》中耶稣所传福音启示出末世论的诸多实在，天国的意象，新天新地的诞生，万物在基督内的合一，人类生存处境的全然变化，等等。希望的动力和保证来自于信心里的基督，上帝之爱启示在基督的使命和受难复活之中，基督已经胜过罪恶、死亡和地狱，凭着信心里的基督，希望的目标——完全的拯救就一定能实现。希望能够给予人力量，以面对尘世的不幸和苦难，向着未来开放自己的内心，并响应改变世界的呼召，致力于人类社会问题的解决。

　　因着信仰，信徒领受了上帝的恩慈、义和赦罪，知晓上帝出于对世人的爱，舍弃自己的独生子，降卑为人，道成肉身，承受世间的苦难，被钉十字架，为世人的罪舍命，复活升天。这种爱是圣爱，保罗在《新约·哥林多前书》第十三章大声歌颂了上帝的爱，认为上帝对世人永不止息的爱是神学三德中最大的，使徒约翰也肯定上帝的本质是爱（约一4:16）。圣爱（agape）是不同于欲爱（eros），前者是一种节制和清醒的爱，意味着奉献和交流；后者是情欲之爱，从爱的对象中获取快乐和满足。《圣经》中圣爱用于上帝对世人的爱，或人对邻人的爱，正是上帝在先给予的恩典和神性生命，使得人对上帝和邻人的爱成为可能，人充满喜乐地赞许上主无限的善，希望在祈祷和爱的行动中增进他的荣耀，并与上帝合而为一。人对上帝的爱也属于仁慈之爱，能够克服冷漠和仇恨。爱作为基督教行为的最高原则，蕴含在善行功德之中，来自于信仰，也见证着信仰。

　　按照大小乘佛教的教义，信属于心所法，大善地法之一，是人的心理活动，意即诚信、守信、信仰。佛之妙法，唯信能入，唯智能度，大乘菩萨五十二位修行位次中的前十位，称为十信心或十心，其中信为第一心，谓妙信常住，一切妄想灭尽无余，中道纯真。《大乘起信论》特别强调正信的重要性，专门谈及四种信心及其修行。四种信心为：一为信根本，乐念真如法；二为信佛有无量功德，常念亲近供养恭敬，发起善根，愿求一切智故；三为信法有大利益，常念修行诸波罗蜜故；四为信僧能正修行自利利他，常乐亲近诸菩萨众，求学如实行故。这四种信心需要依靠五种方法来修成，修行有五门，能成此信，即施门、戒门、忍门、进门和止观门，实际上就是大乘的六度法门。菩萨因修五门得入佛智，成就净信。智慧所见实相，即是清净信心，信心是对智慧的坚守和无限肯定。

　　在佛教修行法门中，净土尤其强调信心，净土认为末法时代，娑婆世间，凡夫已经难以自力断惑证真，出离生死。唯靠弥陀愿力摄护，专称弥陀名号，发愿往生极乐世界，广度众生。净土之信，指坚信释迦牟尼佛宣说净土的存在，阿弥陀佛愿力不虚发，命终三圣绝对接引无疑。具体而言为四信：一者，深信娑婆是苦海，幻化无常，苦多乐少，离多聚少，秽多净少，五浊恶世，轮回六道四生，苦不堪言。二者，深信极乐清净微妙快乐，但受诸乐，无有众苦，西方净土正依二报庄严神圣，寿命无量，一生成佛。三者，深信释迦无虚言，三藏十二部圣典，依之修证即可成就无上菩提，九法界有情依之而成道，依净土法门奉行念佛三昧，一一如愿得以往生净土。四者，深信弥陀无虚愿，阿弥陀佛履行四十八大愿，愿愿度众生，只要虔诚一心称念佛号，无有一位不被彼佛接引往生者。故虽具缚凡夫，通身业力，若能信愿真切，即蒙佛慈摄受，一得往生，则烦恼恶业，彻底消灭，功德智慧，究竟现前。能如是信，可谓真信。真信分谛信和仰信，前者指通过阅读净土三经一论，知晓念佛一法之殊胜，乃上圣下凡共修之道，若愚若智通行之法，下手易而成功高，用力少而得效速，以其专仗佛力，故其利益殊胜，超越常途教道，既知如上所说义理，必须依此谛信。可见，谛信是理解了的信仰。后者指自己见不及者，未能知晓佛法义理，但也必也如是信，断断不可以己凡情测度，稍生丝毫疑念，是为仰信佛言。

愿是一种自然情感，希冀美好事物的实现。基督教中，信徒的祈祷是把愿望向上帝倾诉，蒙上帝垂听，如主祷文。修道士发三绝誓，表达终生舍弃尘世幸福并献身上帝的决心。佛教徒的誓愿中，最著名的要数四弘誓愿。菩萨行五十二位中第十信位和第一住位，愿心与发心住，要发大愿，要发四弘誓愿，学观音菩萨、地藏菩萨、普贤菩萨的大愿，不要失掉愿心。发心就是以正见发菩提心，学大乘经，学菩萨，菩提心不可缺少，"菩提心为因，大悲为根本，方便为究竟""一初发心即成正觉"，这叫发心住。受菩萨戒，也必须发菩提心，与无漏真如相应。根据佛教的业报理论，誓愿作为一种意业，一定会带来某种后果，因而具有某种力量，称为愿力。基督教祈愿的实现端赖于上帝的应许和信心的坚执，而佛教誓愿的实现则服从业果报应理论，最典型的即是净土中的法藏比丘四十八愿和药师佛十二大愿。弥陀愿力，感得西方极乐净土，在此说法讲经。信众发心，厌离娑婆，愿生极乐，一闻千悟，得大总持。临命终时，蒙佛接引，往生西方，了生脱死，超凡入圣，位居不退，忍证无生。

有信心与发愿之后，就必须提起修行的行动，广修六度，自利利他，坚定一生。关于行门，原始佛教的八正道，小乘佛教的三十七道品，大乘佛教六度万行，菩萨五十二位法，十信、十住、十行、十回向、十地、等觉、妙觉。其中有十行：欢喜行、饶益行、无嗔恨行、无尽行、离痴乱行、善现行、无著行、尊重行、善法行、真实行。这十行与回向行多为利他之行，而十信和十住多为自利之行。泛而言之，佛教所说的行，以智慧摄导万行，习戒定慧三学，即修行成佛，发菩提心，自利利他，自觉觉他，诸恶莫做，诸善奉行，觉行圆满，功德无量，圆成佛道。按照天亲菩萨《往生论》的说法，净土宗的行主要指"五念门"：一者身业礼拜，一心专至恭敬合掌，香华供养，礼拜阿弥陀佛。二者口业赞叹，专意赞叹彼佛身相光明，一切圣众身相光明，及彼国中一切宝庄严光明等。三者意业忆念观察，专意念观彼佛，及一切圣众身相光明、国土庄严等。四者作愿门，一切时一切处，皆须真实心中发愿愿生彼国。五者迥向门，以此随喜善根及己所作善根，皆悉与众生共之回向彼国。但中国净土宗特重念佛，念佛分持名、观像、观想和实相四种方式，其中持名念佛最为契机，持至一心不乱，念而无念，实相妙理，全体显露，西方妙境，彻底圆彰。即持名而亲证实相，不作观而彻见西方，实为成佛之捷径。

基督教的信、望、爱三个神学主德，与佛教净土宗的信、愿、行三资粮，的确存在着一定的类比性。基督徒由信生发出对天国的盼望，以及对上帝和邻人的爱；佛教徒，特别是净土宗徒，由信生发出往生弥陀净土的盼望，以及称名念佛的修证法门。当然，这组概念在各自语境里意义不尽相同，基督信仰主要是作为上帝的恩赐礼物，不是人的心理状态和行为，信类似于悟，是一次性对终极实在的把握；而佛教信仰则主要是人的行为和心理意愿，信心随着对佛法理解的深入而坚固，谛信即通晓佛教义理之后的正信。但净土信仰多属于仰信，其性质和作用与基督信仰基本雷同。望与愿性质基本一样，希冀死后进入一个美好的理想世界，发下誓愿，努力修行，基督徒盼望的天国的特征是公义、荣耀和净洁，是上帝及众圣徒的居所，与上帝一样永恒，而净土的特征主要是清净、极乐、光明，净土并不是究竟的处所，从佛教的义理来看，净土相对于实相而言是一种净幻。行泛指一切宗教实践，在佛教主要是菩提道修行次第，各宗派都有一整套修行仪轨和方法，基督教除了修道士和天主教有专门的修道和崇拜礼仪外，一般以遵守上帝诫命和爱为行为的内容。

10. 上帝之道首先是语言之道。《约翰福音》开篇所说的太初有道的道，英文译为言（word），而非逻各斯（logos），表明上帝是用话语来启示自己的，当然上帝的圣言与欲望性的人言在本性上是相冲突的。但天国里的好消息毕竟用人类的语言传播开来了，"可见信道是从听道而来的，听道是从基督的话来的"（罗 10：17）。用逻各斯去诠释上帝之道起源于逻各斯基督论，逻各斯这一希腊术语既有语言，也有规则、原理、理性等含义。而佛陀之道则非语言之道，佛教说佛法甚深微妙、不可思议，不可思意即在思想之外，不可议意即在语言之外，正所谓"心行处灭、言语道断"，只能用生命亲自去证验。体悟之道是语言所不能传达的，"言语即乖"，东方的许多宗教都认为最高的真理是语言之外的真实，如印度教吠檀多派的"上梵"、中国道教的自然之道、儒家的自然性天道，它们都是反语言性的道。语言是使事物得以公开自身的光亮，一种思想若不能在语言的层次上加以充分的阐释，它很可能是危险的混沌，佛道所具有的反语言和反思想特性使得她最终具有了反逻辑、反理性的精神，这在禅宗表现得最为明显，拈花微笑，棒喝机锋，种种方便法门都能契入真如自性。佛教般若类经典更是彻底地把语言文字当作言教的工具，如筏喻者最终要被抛弃，所谓"佛一生说法，未曾说过一个字"是也，维摩诘居士以默然无语的方式来宣示不二法门的真义。

11. 两大宗教都试图对人的自然生命进行转化，佛教使人由迷到悟、由染到净，基督教则以基督的生命去置换自然的生命，使人走上公义和道德的生活道路，它们都要超越自然的生灭变化现象，达到永恒不灭的生命状态。基督教认为自己的真理是生命之道，它以永生（the eternal life）来肯定超越的真理，按照教义，被拣选的义人的身体要复活，在天国里享有完好的灵魂、体结构，意即完整的人格。除了中世纪隐修士为追求圣洁而刻意敌视肉体之外，基督教一般把肉体看作是上帝的造物和圣灵的殿，肉体本身是净洁的，污浊的是人的恶念和贪欲。当然，基督教关心的是人的属灵生命和精神生命，罪恶对灵魂的侵蚀才是最应重视的事情，"那杀身体不能杀灵魂的，不要怕他们；唯有能把身体和灵魂都灭在地狱里的，正要怕他"（太 10：28）。对灵性生命的重视表明基督教对精神世界的关注和拓展，灵性的奋兴和精神对属天事物的追求受到鼓励，人对上帝的认识活动丰富了精神世界的内容，故而基督教又被许多哲学家如黑格尔成为精神宗教。佛教虽然认为肉体生命是父母淫欲恩爱的不洁产物，但对肉体也未采取极端禁欲主义的立场，佛陀本身也非苦行而证道，而且短暂的人生也是应该珍惜的。佛教认为重要的是要把握到生命的实相，生命本是因缘和合而起的现象，其本性空无一物，超越自然生命的结果是进入无生法忍的境界，不生不灭、不增不减、不垢不净的空相才是生命的本来面目。佛教对自然的超越如此彻底，以至于否定了精神活动的积极意义，"无念"的修行法门表明佛教极力回避思想、意识、精神和观念的活动，因为按照十二因缘说和唯识学的观点，意识活动即造业，带来了生死轮回。据说菩萨和罗汉等圣者还可以根据自己的愿力来改变寿命的长短，这叫"变易生死"，要从其中出离，也必须控制意识活动。生命充满痛苦，这是佛教乃至印度宗教的一般观点，厌世轻生的情绪铸就了佛教的出世性格。相比之下，基督教的永生之道更能使人的实际精神生命丰富，佛道终究是反对或贬低人的精神生命，"有念即乖、无念自正"。

通过以上概念组的比较研究，我们可以发现，尽管两大宗教对人、人性、生命、人生道路和归宿等问题做了深入探讨并作出了回答，但其探索路径和结果存在着深刻的差异，从而造就了两种宗教信仰精神旨趣上的巨大差异。作为宗教信仰，基督教信仰的对象是一个历史性的人物——作为神人的耶稣基督，核心是一个历史事件，即耶稣道成肉身、受难、死而复活。佛教信仰的对象是佛法，是关于宇宙人生的真理。不像基督教明辨人神之分，上帝对于人的认识能力永远是个谜，人只能通过信仰认识自我启示出来的上帝，佛教则是要启发人性中的本有智慧，亲自证悟宇宙人生的实相，觉悟之后，更加坚信佛法。两个宗教都热衷于讲道说法，但上帝之道乃是语言之道，耶稣是言成肉身，人借着信仰可以理解上帝的启示。佛道则是体悟之道，超越了语言、思想、意识的分别，在人的思维语言止步之处，佛道自我呈现。基督教比佛教具有更多的理性化色彩：人性恶、生命的永恒肯定、自由观、语言之道、位格性、人神距离等观点表明，基督教对现实的人有更为清醒的理解。佛教理论比基督教具有更多的超越性：人性超善恶、存在即本心、本体无生、自在观、非理性、不可思议之道等观点表明佛教致力于对人有一个更为彻底的理解。由于基督教理论中的本体和现象间不存在断裂，上帝的善和公义直接导出人类社会的价值观，因此宗教与道德能保持内在的一致性，同时基督教也具有更多的世间关怀；佛教的超越性导致了宗教与道德的外在一致性，佛教的出世性指向也削弱了其社会关怀功能。

结　语

　　基督教与佛教是两大世界性宗教，代表东西方的文化和智慧，无神论的宗教和有神论的宗教之间的对话，将是令人期待和富有意义的，必将碰撞出智慧的光芒和火花。国际上的佛耶对话始于日本禅学者铃木大拙将日本禅学译介到西方，日本京都学派的代表阿布正雄（Masao Abe）、西方神学家约翰·科布（John Cobb）、保罗·尼特（Paul Knitter）、雷蒙·潘尼卡（Raimon Panikkar）、唐·库比特（Don Cupit）是当代佛耶对话的先驱。他们在佛耶对话实践中对两个宗教间的一些核心教义做了比较研究，探索出适合两教对话交流的模式，找到了一些切入点，开启了佛耶对话的新时代。

　　马丁·路德和惠能宗教思想的比较研究，可以看作是基督教与佛教对话的一种个案研究和尝试。鉴于二者思想间的不对称性，对话仅局限于宗教思想，以救赎论和解脱论为核心，没有涉及社会政治层面。本文对路德和惠能人生经历、著作、宗教思想的主要内容，宗教上实现的突破，和宗教批判思想做了系统的论述和比较研究。发现二者作为各自宗教传统的改革家，在很大程度上具有可对话的空间，他们都凸显了各自宗教的核心问题，涉入宗教的生存论境域，批判了宗教理论的建构对宗教精神的淡化和误解，使得宗教返回到信仰的核心起点。他们对宗教修行的反思和批判，有诸多灵性的闪光和共通之处。借着二者宗教思想的对话，某种程度上，可以为佛教和基督教间的对话提供一个具体的视角，以便透视出二者之间在精神旨趣上的差异。

　　在比较研究中，遵循着宗教学创始人马克斯·缪勒的基本立场，平等地对待两个宗教，不站在任何一个特定的信仰立场上，尽量做到客观科学地描述和分析。在对话方法上，完全舍弃委身于某种信仰、完全排他的置换模式，和从某种特定信仰立场出发，对其他宗教持开放包容态度的成全模式。也不基于某种哲学理论来整合各种宗教，如希克的宗教多元论，不肯定各种宗教是对同一个终极奥秘的回应，但汲取宗教多元化的宗教互益观点，宗教对话不是为了劝服对方皈依，而是尊重彼此的他者性，以他者为镜鉴，返观自身，丰富对自身的理解和认识。正是对他者性的尊重，使得该研究也采纳了接受模式的部分观点，各个宗教的终极真理和信仰核心在根本上是无法相通的。

在比较研究的过程中，首先面临的问题是语言问题，不同宗教有着自成一体的语言和文化系统。路德和惠能对相似的人生问题和困境有着不同的解答和表述，在对话过程中，必然存在着一种互译行为，即以自己的语言、概念和逻辑去看待对方，不可避免地触及语言的边界，带来语言之间的相互照亮，激活那些固化在自身宗教语境中的观念，当然，这也会产生新的误解，误解某种意义上是新的阐释的开端。其次，二者宗教思想的比较肯定会涉及一些对应的关键核心概念，这些概念的含义在不同的宗教派别中理解也不尽相同，因此有必要对这些相对应的概念进行学理上的梳理，做出教义、神学和哲学上的分析。这种分析会带来彼此间的沟通，映射出彼此的认知，凸显出彼此的同异之处，使得比较研究逐渐深入，逼近到那"对话的不可能"之处。最后，对话的目的不仅是要实现对话双方的沟通和理解，而且要将对方作为一面佛教中所说的摩尼宝镜，从层层无尽的镜像中看到自己理论视角无法看到的特质，从而加深对自己的理解。路德和惠能宗教思想的比较研究，完全可以作为一项佛耶对话的实验，借着二者在各自宗教传统中所处地位的亲缘性，可以透视出佛教与基督教信仰和理论上的一些同异之处。

参考文献

外文文献

［1］ Martin Luther, *D. Martin Luthers Werke*, 126 *bandes*, Weimar, 1883.

［2］ Martin Luther, *Luther's Works*, 55 Vols, Saint Louis and Philadel-phia, 1955.

［3］ Martin Luther, *The Bondage of the Will*, Grand Rapids, 2000.

［4］ Martin Luther, *Basic Theological Writings*, Beijing, 1999.

［5］ Alister E. McGrath, *Luther's Theology of the Cross*, Oxford, 1985.

［6］ E. Harris Harbison, *The Christian Scholar in the Age of Reformation*, New York, 1956.

［7］ Charles B. Cousar, *A Theology of the Cross*, Minneapolis, 1990.

［8］ John Eck, *Against Luther and Other Enemies of the Church*, Michi-gan, 1979.

［9］ S. Augustine, *Three Anti – Pelagian Treatises*, London, 1887.

［10］ Brunner, P. and Bernard, J. H. , *Luther in the 20th Century*, Decorah, 1961.

［11］ Karl Holl, *What Did Luther Understand by Religion?*, Philadel-phia, 1977.

［12］ David C. Steinmetz, *Luther and Staupitz*, Durham, 1980.

［13］ Brooks P. N. , *Seven – Headed Luther*, Oxford, 1983.

［14］ E. G. Schwiebert, *Luther and His Times*, Saint Louis, 1950.

［15］ John C. Olin, *Selected Writings of Erasmus*, New York, 1973.

［16］ Etienne Gilson, *History of Christian Philosophy in the Middle Ages*, London, 1980.

［17］ James Mackinnon, *Luther and Reformation*, 2Vols, New York, 1925.

［18］ Gerhard Ebeling, *The Study of Theology*, Philadelphia, 1978.

［19］ Julius Köstlin, *The Theology of Luther*, 2Vols, Philadelphia, 1897.

［20］ Martin Brecht, *Martin Luther: His Road to Reformation* 1483—1521, Philadelphia, 1985.

［21］ Jaroslav Pelikan, *The Christian Tradition*, 5Vols, Chicago, 1984.

［22］ Steven Ozment, *The Age of Reform 1250—1550*, New Haven and London, 1980.

［23］ Archibald M. Hunter, *The Gospel According to St Paul*, Philadelphia, 1966.

［24］ St. Augusine, *The City of God*, New York, 1958.

［25］ St. Thomas Aquinas, *Basic Writings of Saint Thomas Aquinas*, Beijing, 1999.

［26］ ed. by E. L. Enders, Dr. M. Luthers, *Briefweschel*, Frankfurt A. M. , 1884.

［27］ ed. by Dr. M. Luther, *Theologia Germanica*, Speck, London, 1980.

［28］ ed. by Theodore G. Tappert, *The Book of Concord*, Philadelphia, 1959.

［29］ Martin Brecht, *Martin Luther*, Translated by James L. Schaaf. Philadelphia: Fortress Press, 1985—1993.

［30］ Euan Cameron, *The European Reformation*. Oxford: Clarendon Press, 1991.

［31］ Cargill Thompson, W. D. J. *The Political Thought of Martin Luther*. Edited by Philip Broadhead. Totowa, NJ: Barnes & Noble Books, 1984.

［32］ Mark U. Edwards, *Jr. Luther's Last Battles: Politics and Polemics*, 1531—1546. Ithaca: Cornell University Press, 1983.

［33］ Gerhard Forde, *On Being a Theologian of the Cross: Reflections on Luther's Heidelberg Disputation, 1518*. Grand Rapids, MI: Eerdmans, 1997.

［34］ George, Timothy. *Theology of the Reformers*, Nashville: Broadman Press, 1988.

［35］ Carter Lindberg, *The European Reformations*, Oxford. Blackwell

Publishers, Ltd. , 1996.

［36］ Walter von Loewenich, *Luther's Theology of the Cross*, trans. Herber J. A. Bouman. Minneapolis: Augsburg Publishing House, 1976.

［37］ Bernhard Lohse, *Martin Luther: An Introduction to his Life and Work*. Translated by Robert C. Schultz. Philadelphia: Fortress Press, 1986.

［38］ Alister E. McGrath, *The Intellectual Origins of the European Reformation*. Oxford: Blackwell Press, 1987.

［39］ Heiko Oberman, *The Dawn of the Reformation: Essays in Late Medieval and Early Reformation Thought*. Edinburgh: T & T Clark, 1986.

［40］ Heiko Oberman, *Luther: Man between God and the Devil*. Translated by Eileen Walliser – Schwarzbart. New York: Image Books, Doubleday: 1982.

［41］ Jaroslav Pelikan, *The Christian Tradition: A History of the Development of Doctrine*. Volume 4: Reformation of Church and Dogma (1300—1700). Chicago: University of Chicago Press, 1984.

［42］ Gordon Rupp, *Patterns of Reformation*. Philadelphia: Fortress Press, 1969.

［43］ Philip S. Watson, *Let God be God! : An Interpretation of the Theology of Martin Luther*. London: Epworth Press, 1947.

中文文献

基督教部分:

［1］ 章文新［编］:《路德选集》,金陵神学院托事部 1957 年版。

［2］ 路德:《加拉太书注释》,道声出版社 1966 年版。

［3］ 路德:《基督徒大问答》,道声出版社 1972 年版。

［4］ 雷雨田、伍渭文［编］:《路德文集》,上海三联书店 2005 年版。

［5］ 克尔［编］:《路德神学类编》,王敬轩译,道声出版社 1961 年版。

［6］ 迈克尔·马莱特:《马丁·路德》,王慧芬译,上海译文出版社 2001 年版。

［7］ 何礼魁:《马丁·路德传》,道声出版社 1992 年版。

［8］保罗·阿尔托依兹：《马丁·路德的神学》，段琦、孙善玲译，译林出版社 1998 年版。

［9］罗伦·培登：《这是我的立场》，陆中石、古乐人译，译林出版社 1995 年版。

［10］梅烈日科夫斯基：《宗教精神：路德与加尔文》，杨德友译，学林出版社 1999 年版。

［11］王艾明：《马丁·路德及新教伦理研究》，译林出版社 2010 年版。

［12］詹姆斯·基尔特森：《改教家路德》，李瑞萍、郑小梅译，中国社会科学出版社 2009 年版。

［13］威尔·杜兰：《马丁·路德时代》，台北幼狮文化公司译，东方出版社 2007 年版。

［14］格拉汉姆·汤姆凌：《真理的教师：马丁·路德和他的世界》，张之璐译，北京大学出版社 2004 年版。

［15］肖安平：《互爱不仅是友谊：马丁·路德论宗教与人生》，湖北人民出版社 2001 年版。

［16］马立臣编著：《德国宗教改革家马丁·路德》，商务印书馆 1983 年版。

［17］李叶：《路德传》，华君、舒柱译，商务印书馆 1989 年版。

［18］爱力克森：《青年路德》，康绿岛译，台湾远流出版事业公司 1990 年版。

［19］江守道编译：《马丁·路德小传》，基督徒出版社 1998 年版。

［20］史特潘妮：《马丁·路德》，陈一梅、孙尚杨译，鹿桥文化事业公司 1992 年版。

［21］博瑞尔：《路德传奇：马丁·路德的生平和思想》，徐炳坚译，财团法人道声出版社 1993 年版。

［22］张庆海、董月梅：《觉醒的德意志：马丁·路德与托马斯·闵采尔》，长春出版社 1995 年版。

［23］杨东川：《马丁·路德的痛苦与狂喜》，永望化事业公司 1996 年版。

［24］张广军编著：《马丁·路德》，中国国际广播出版社 1996 年版。

［25］波罗佐夫斯卡娅：《马丁·路德》，曹继荣、老草译，海燕出版社2005年版。

［26］雷吉·格兰特：《划破中世纪的黑暗》，阚春梅、杜霞译，北方文艺出版社2010年版。

［27］汉斯·昆：《论基督徒》，杨德友译，生活·读书·新知三联书店1995年版。

［28］汉斯·昆：《基督教大思想家》，包利民译，社会科学文献出版社2001年版。

［29］昆廷·斯金纳：《近代政治思想的基础》下卷：宗教改革，奚瑞森、亚方译，商务印书馆2002年版。

［30］朱孝远：《宗教改革与德国近代化道路》，人民出版社2011年版。

［31］蒂莫西·乔治：《改教家的神学思想》，王丽译，中国社会科学出版社2009年版。

［32］阿利斯特·麦格拉思：《宗教改革运动思潮》，蔡锦图、陈佐人译，中国社会科学出版社2009年版。

［33］G. R. 埃尔顿编：《剑桥世界近代史》第二卷：宗教改革，中国社会科学院历史研究所组译，中国社会科学出版社2002年版。

［34］米尔恰·伊利亚德：《宗教思想史》第三卷：从穆罕默德到宗教改革，宴可佳、姚蓓琴译，上海社会科学院出版社2011年版。

［35］奥利佛·克里斯汀：《宗教改革：路德、加尔文和新教》，花秀林译，汉语大词典出版社2003年版。

［36］查理·斯托非：《宗教改革》，高煜译，商务印书馆1995年版。

［37］威利斯顿·沃尔克：《基督教会史》，段琦、朱代强译，中国社会科学出版社1991年版。

［38］威尔·杜兰：《世界文明史》，幼狮文化公司译，北京东方出版社1999年版。

［39］雅各布·布克哈特：《意大利文艺复兴时期的文化》，商务印书馆1983年版。

［40］林赛：《宗教改革史》，孔祥民等译，商务印书馆1992年版。

［41］孔祥民：《德国宗教改革与农民战争》，北京师范大学出版社

1992 年版。

　　［42］刘友古：《伊拉斯谟与路德的宗教改革思想研究》，上海人民出版社 2009 年版。

　　［43］李平晔：《宗教改革与西方近代社会思潮》，今日中国出版社 1992 年版。

　　［44］朱孝远：《神法、公社和政府：德国农民战争的政治目标》，北京大学出版社 1994 年版。

　　［45］刘新利：《基督教与德意志民族》，商务印书馆 2000 年版。

　　［46］刘新利：《德意志历史上的民族与宗教》，商务印书馆 2009 年版。

　　［47］唐逸：《西方文化与中世纪神哲学思想》，东大图书公司 1992 年版。

　　［48］莫尔特曼：《被钉十字架的上帝》，阮炜等译，上海三联书店 1997 年版。

　　［49］卡尔·巴特：《教会教义学》，何亚将、朱雁冰译，生活·读书·新知三联书店 1998 年版。

　　［50］伯克富：《基督教教义史》，赵中辉译，宗教文化出版社 2000 年版。

　　［51］赵林：《西方宗教文化》，长江文艺出版社 1997 年版。

　　［52］赵林：《黑格尔宗教哲学》，武汉大学出版社 1996 年版。

　　［53］王晓朝：《基督教与帝国文化》，东方出版社 1997 年版。

　　［54］王晓朝：《希腊宗教概论》，上海人民出版社 1997 年版。

　　［55］爱德华·伯曼：《宗教裁判所——异端之锤》，何开松译，辽宁教育出版社 2001 年版。

　　［56］王亚平：《基督教的神秘主义》，东方出版社 2001 年版。

　　［57］傅乐安：《托马斯·阿奎那传》，河北人民出版社 1997 年版。

　　［58］亚里士多德：《选集·伦理学卷》，苗力田译，中国人民大学出版社 1999 年版。

　　［59］刘小枫：《走向十字架上的真》，上海三联书店 1995 年版。

　　［60］张绥：《基督教会史》，上海三联书店 1992 年版。

　　［61］许志伟：《基督教神学思想导论》，中国社会科学出版社 2001

年版。

    [62] G. F. 穆尔：《基督教简史》，郭舜平等译，商务印书馆 2000 年版。

    [63] J. T. 米勒尔：《基督教教义学》，李天德译，道声出版社 1966 年版。

    [64] 赵紫宸：《圣·保罗传》，中国基督教协会 1999 年版。

    [65] 弗朗西斯·费里埃：《圣·奥古斯丁》，户思社译，商务印书馆 1998 年版。

    [66] 詹姆斯·C. 利文斯顿：《现代基督教思想》，何光沪译，四川人民出版社 1999 年版。

    [67] 邓晓芒：《思辨的张力》，湖南教育出版社 1992 年版。

    [68] 伽达默尔：《真理与方法》，上海译文出版社 1999 年版。

    [69] 章文新［编］：《奥古斯丁选集》，金陵神学院托事部 1957 年版。

    [70] 约瑟夫·拉辛格：《基督教导论》，静也译，上海三联书店 2002 年版。

    [71] 刘小枫：《圣灵降临的叙事》，生活·读书·新知三联书店 2003 年版。

    [72] 马克斯·韦伯：《新教伦理与资本主义精神》，生活·读书·新知三联书店 1987 年版。

    [73]《马克思恩格斯选集》第一卷，人民出版社 1975 年版。

    [74] 亨利希·海涅：《论德国》，商务印书馆 1980 年版。

    [75] 黑格尔：《哲学史讲演录·卷三》，商务印书馆 1995 年版。

    [76] 赵敦华：《基督教哲学 1500 年》，人民出版社 1995 年版。

    [77] 阿利斯特·麦格拉思：《基督教神学手册》，校园书房 1998 年版。

    [78] 卓新平：《当代西方新教神学》，上海三联书店 1998 年版。

    [79] 卓新平：《当代西方天主教神学》，上海三联书店 1998 年版。

    [80] 卓新平：《宗教理解》，社会科学文献出版社 1999 年版。

    [81] 奥古斯丁：《忏悔录》，周士良译，商务印书馆 1994 年版。

    [82] 何光沪：《多元化的上帝观》，贵州人民出版社 1999 年版。

［83］张志刚：《猫头鹰与上帝的对话》，东方出版社 1996 年版。

佛教部分：

［1］大正大藏经

［2］惠能：《六祖大师法宝坛经》，参见河北禅学研究所编《禅宗七经》，宗教文化出版社 1997 年版。

［3］吕澂：《印度佛学源流略讲》，上海人民出版社 2005 年版。

［4］吕澂：《中国佛学源流略讲》，中华书局 1998 年版。

［5］汤用彤：《隋唐佛教史稿》，中华书局 2016 年版。

［6］汤用彤：《汉魏两晋南北朝佛教史》，商务印书馆 2015 年版。

［7］任继愈、杜继文、杨曾文：《中国佛教史》，中国社会科学出版社 1981—1988 年版。

［8］印顺：《中国禅宗史》，江西人民出版社 1999 年版。

［9］印顺：《如来藏之研究》，中华书局 2011 年版。

［10］印顺：《性空学探源》，中华书局 2011 年版。

［11］印顺：《中观论颂讲记》，中华书局 2011 年版。

［12］印顺：《空之探究》，中华书局 2011 年版。

［13］印顺：《净土与禅》，中华书局 2011 年版。

［14］杜继文、魏道儒：《中国禅宗通史》，江苏人民出版社 2008 年版。

［15］徐文明：《中土前期禅学思想史》，北京师范大学出版社 2004 年版。

［16］洪修平、孙亦平：《惠能评传》，南京大学出版社 1998 年版。

［17］洪修平：《禅宗思想的形成与发展》，江苏人民出版社 2011 年版。

［18］杨曾文：《唐五代禅宗史》，中国社会科学出版社 1999 年版。

［19］杨曾文校：《新版敦煌新本六祖坛经》，宗教文化出版社 2001 年版。

［20］吴立民等主编：《禅宗宗派源流》，中国社会科学出版社 1998 年版。

佛教与基督教对话部分：

［1］赖品超编：《比较神学》，香港道风书社 2006 年版。

［2］特雷西：《与他者对话》，陈佐人译，香港道风书社 2009 年版。

［3］赖品超：《大乘基督教神学》，香港道风书社 2011 年版。

［4］赖品超：《佛耶对话：近代中国佛教与基督宗教的相遇》，宗教文化出版社 2008 年版。

［5］赖贤宗：《佛教诠释学》，北京大学出版社 2009 年版。

［6］吴言生、赖品超、王晓朝合编：《基督教与佛教的对话》，中华书局 2005 年版。

［7］赖品超、学愚合编：《天国、净土与人间：佛耶对话与社会关怀》，中华书局 2008 年版。

［8］王志成、赖品超主编：《文明对话与佛耶相遇》，社会科学文献出版社 2012 年版。

［9］雷蒙·潘尼卡：《宗教内对话》，王志成、思竹译，宗教文化出版社 2001 年版。

［10］雷蒙·潘尼卡：《对话经——诸宗教的相遇》，四川人民出版社 2008 年版。

［11］约翰·科布：《超越对话：走向佛教——基督教的相互转化》，黄铭译，浙江大学出版社 2008 年版。

［12］何光沪：《百川归海——走向一种全球宗教哲学》，中国社会科学出版社 2008 年版。

［13］詹姆斯·L. 弗雷德里克：《佛教徒与基督教》，王志成、宋文博、段力萍译，宗教文化出版社 2010 年版。

［14］吴经熊：《超越东西方》，周伟驰译，社科文献出版社 2013 年版。

［15］赖贤宗：《海德格尔与禅道的跨文化沟通》，宗教文化出版社 2007 年版。

［16］保罗·尼特：《没有佛，我做不成基督徒：逾越与回归的个人信仰旅程》，王蓉译，宗教文化出版社 2014 年版。

［17］周伟驰：《彼此内外——宗教哲学的新齐物论》，宗教文化出版社 2008 年版。

［18］弗朗西斯·X. 克吕尼：《印度智慧》，叶济源译，浙江大学出版社 2008 年版。

[19] 保罗·尼特:《全球责任与基督信仰》,王志成译,宗教文化出版社 2007 年版。

[20] 唐·库比特:《上帝之后:宗教的未来》,王志成、思竹译,宗教文化出版社 2002 年版。

后　记

　　此书缘起于 2000 年时初接触路德传记时的突发奇想。1998 年在武汉大学哲学学院硕士学习期间，阅读了大量佛教经典，其中就有宗教文化出版社出版的《禅宗七经》，对惠能《坛经》及禅宗的"明心见性、顿悟成佛"的禅学思想印象深刻。2000 年后确定博士论文研究宗教改革家马丁·路德的称义神学思想，遂有对路德和惠能宗教思想做比较研究的愿望，博士论文已经有了点滴的思考。2007 年该研究曾得到国家社科基金委员会的资助，虽然研究是在博士论文基础上展开的，但由于学养浅薄，既无系统神学的训练，亦无佛学的涵养。一念心动，闯入了一个巨大的未知领域，苦于需要研读的著作太多，研究方法的缺失，写作过程非常艰难。路德著作太多，理论不成系统，观点零散，仔细研读需要时日；惠能虽然理论建树不多，但其思想背后的般若论和如来藏佛性论在整个佛教理论系统中却占有显著位置，且体系庞杂，二者宗教思想的比较也需要梳理整个中国禅宗思想史。研究方法上，目前西方学界的佛教与基督教的比较对话研究多是从基督教神学和宗教哲学的理论方法出发，有雷蒙·潘尼卡（Raimon Panikkar）的宗教对话理论，也有基于基督教系统神学的大乘神学，还有全球宗教神学和哲学视野下的佛耶对话。东方的佛教与基督教比较对话成就最高的要数日本京都学派（Kyoto School），京都学派学人主要基于哲学的立场来开展佛教与西方哲学的对话。更为致命的是，宗教并非文字意思的查考，关乎生命的领悟，正如佛教有文字般若和实相般若之分，《圣经》上也有字句和精义的区分。（林后 3：6）奈何慧根浅薄，入耶忘佛，入佛忘耶，灵界的挣扎，让形神在失望中疲惫不堪。这是两种多么异质性的信仰体系，其术语并置，并未显示出印欧语系之间的亲缘性，反而严重违和。祈求神灵的指引，还是内在般若智慧的观照，这成为了一个真正的问题！同时驾驭两种反差极大的宗教信仰，这是一种诱惑，也是一场艰难的挑战。

　　岁月蹉跎，光阴似箭，研究进展缓慢，现在呈现出来的样子，只能算是一段近乎失败的探索试验，离自己设定的目标还很远。姑且面世，内心极为忐忑不安，不免有仓促应世之嫌，唯求获得学界的批评和指正。假以时日，回到路德文本，拓展佛教禅宗、佛性论、般若思潮、真常唯心系的研究，辅以西哲存在主义和解释学理论的提升，直面路德和惠能，完成青年时代的学术愿望。以此一个新的开端，通向迎接挑战的路途。是为记！